人間の尊厳と人間の生命

西野基継

新基礎法学叢書

成文堂

はしがき

　私が「人間の尊厳」のテーマに関心を持ち研究を始めてから、20年以上の歳月が流れた。「人間とは何か」という根本的・存在的問いを実存哲学的に考えることを基軸にして、法存在論ないしは法人間学の可能性を探っていた頃の私にとって、このテーマには強く魅かれるものがあった。手探りで研究を始めて最初に書いた論文は、法哲学会報告を基にした「人間の尊厳についての予備的考察」（『法哲学年報』1990）である。それは、人間の卓越した内在的な能力・性質（神の似姿、道徳的自律）にではなく、（死への存在としての）人間存在の有限性から逆説的に構成される「かけがえのなさ」に、人間の尊厳の哲学的根拠を見出す試みである。この基本的発想は、今日でも変わっておらず、私の「人間の尊厳」研究の原点となっている。

　試行錯誤を繰り返しながら、「人間の尊厳」研究を続けていく中で、ドイツでは、ナチスによる人間を徹底的に侮蔑した全体的な暴力支配に対しての反省・克服から、基本法1条に定められた「人間の尊厳の不可侵」が、国家体制の根本的転換（国家のための人間から人間のための国家へ）を表現するとともに、法体系の最高価値として、すべての法規範の解釈を照射する中心点（アルキメデス的支点）に位置づけられ、その規範的意味の展開と深化が、実定法学と法実務の両面でだけではなく、法哲学や法社会学の基礎法学でも試みられる法学の包括的な考察と並んで、その周囲に人間の尊厳についての哲学的、生命倫理的、宗教的な考察が独自に展開されて、さらにそれらが相互に影響を及ぼしあうという錯綜した多次元的な議論状況を現出していることがわかってきた。

　人間の尊厳の概念は、これまでの西洋の精神史的発展の中で形成されてきた特殊文化的観念である。それは、その文化依存性のために広範に分化して、思想的な重畳性をなしている（公的生活における個人の功績、神の似姿性、道徳的自律、人間にふさわしい生存の最低条件という四つの祖型）。人間の尊厳

は、「人間行動や人間経験の全体的な多様性」を包含しており、人間に関心を寄せる多くの学問の諸成果に開かれていなければならいという意味で、学際的に仕上げられなければならない概念である。法的地平で見れば、人間の尊厳は、一方でこのように概念的に開かれた構造において法超越的契機を含むが、他方で法教義学的に構成されなければならない概念である。このような人間の尊厳の概念構造に対応して、法教義学的アプローチと非法教義学的アプローチという二つの研究方向が出てくるだろう。両者は、たしかに思考様式では対立しているが、内容面では截然と区別できるものでなく、前者における人間の尊厳の内容形成には、後者によって探究的に獲得された成果が浸透しているので、この考察は、後者から始められるのが事理に適っているだろう。人間の尊厳に対しての非法教義学的アプローチは、その考察の出発点に人間の抽象的・人格的本性を置くか、それとも経験的なファクターを置くかによって二分され、哲学的―価値論的アプローチ（伝統的立場）と経験的―社会学的アプローチ（革新的立場）を形成する。この基本的対立構図の周りに、さらに社会改革的・ユートピア的アプローチ、文化統合的アプローチ、言語分析アプローチ、討議理論的アプローチが織りなされる。私の「人間の尊厳の多義性」（一）～（八）（愛知大学『法経論集』131, 132, 134, 135, 149, 150, 153, 154号）は、このようにしてまとめられたものである。そして、人間の尊厳のもう一つの残された領域（人間の尊厳の法的性格、不可侵性、法的概念内容、基本権との関係、担い手資格等の法教義学的諸問題）に取り掛かり、これらの研究の取りまとめを最初の考察視角から再び吟味して（法教義学的概念の批判的考察）、最終的には人間の尊厳の概念の立体的な全体構造を提示することを目指すはずであった（「人間の尊厳―法哲学的考察―」）。だが、そんな頃に身辺上に大きな出来事（学部長就任）が起こり、研究の中断を余儀なくされた。

　任期を終え、再び研究に復帰した頃、人間の尊厳をめぐる議論状況が大きく変わっていた。これまで基本法1条（人間の尊厳条項）の解釈の権威とされてきたデューリッヒのコンメンタールに、ヘルデゲンのコンメンタールが取って代わったことである。いわば旧世代の基本法解釈から新世代のそれへの転換である。基本法体系の頂点にある人間の尊厳から他のすべての基本権

を演繹するヒエラルキー的価値秩序思想から、人間の尊厳と後続の基本権との相互的な照射（人間の尊厳の具体化への他の基本権の影響）に定位した実際的思考へのシフト、人間の尊厳の不可侵性に基づく絶対的な価値から、人間の尊厳の要求の状況に結びつけられた具体化・差異化へのシフト。さらに、20 世紀末から生命科学による人間の生命に対しての介入の程度・深度の増大化——自然的生殖の補完（体外受精）から自然的生殖の代替（クローニング）へ、遺伝子プログラムの自然的確定から遺伝子プログラムの人為的改変・固定化へ——に直面して、人間の生命に関わる最先端技術（着床前診断、消費的胚研究、遺伝子治療、クローニング技術）の利用の是非・条件が問われ、またその前提として人間の生命、特に未出生の生命の法的地位がいかなるものか、その法的保護がいつからどの程度与えられるべきか問われる中で、人間の尊厳が基本的な論拠として引き合いに出され、多方面で活発な議論が展開されていった。新しい世紀に入ると、いわゆる生命倫理的な問題圏への人間の尊厳の適用可能性を扱う法学文献の数と量が、飛躍的に増えていった。人間の尊厳の意味も、理性や自己決定を話題とすることができない人間存在の段階では、もはや人格存在の自律ではなく、生命の起源の自然発現性から考えられ、個人に基礎を置いた尊厳の観念から、人間の類に拡張された尊厳の構成の可能性へ展開されていく。このような潮流に引き込まれるように、再開後の私の研究は、人間の尊厳の保障の人的射程範囲について、初期の生命の発達プロセス（受精から、個体性の確立、着床、脳の形成、出生まで）のいずれの時点から法的保護が始まるのか、をめぐる多様で対立した議論状況を把握・検討すること、生殖技術の応用・拡大の中で、出生前診断、消費的胚研究、遺伝子治療、クローニングの法的規制について、胚の生命の保護と学問の発達・治療の原理との衡量を通して検討することに向けられた。それらの一連の成果が、「人間の尊厳と人間の生命」試論（『法の理論』26））、「人間の尊厳と人間の生命をめぐる最近のドイツの議論」（一）〜（四）（愛知大学『法経論集』173, 175, 176, 177 号）、「クローンと人間の尊厳」（愛知大学『法経論集』184 号）、「生殖医学の進歩と人間の尊厳・人間の生命の保護」（愛知大学『法経論集』193 号）である。

　当初の構想にあった「人間の尊厳―法哲学的考察―」の中に、これらの研

究成果を組み込んで、さらに残されていた人間の尊厳の法教義学的構成とその批判的検討を付け加えて、人間の尊厳の全体的構造を俯瞰した研究を一つの書物としてまとめることを考えたが、そのためにはまだかなりの時間を要することが予想されたので、それは見送らざるをえず、最近の研究成果を基にして、『人間の尊厳と人間の生命』と題した著作にまとめ上げることに努めた。しかし、この作業も決して生易しいものではなかった。人間の尊厳が、最高に扱いにくい概念（der heikelste Begriff）であるからである。それは、人間の尊厳の多層的なアンビヴァレントな構造——規範としての人間の尊厳の不可侵性と事実としての人間の尊厳の侵害可能性、人間の尊厳の規制対象としての人間存在の包括的な全体性（普遍化）と不可侵性に基づく衡量不可能性（超越化）、人間の尊厳の侵害が可能となるためには、被害者が尊厳をもつことが前提されなければならない（侵害レベルと保護レベル）、人間の尊厳の担い手性に関しての種所属性と人間の尊厳の属性としての理性・道徳的自律、人間の尊厳の最高原理性とその基本権への融合）——に由来する。また、人間の生命の概念も、それに劣らず複雑な構造——すべての人間的なものの基礎としての生命（全体的な価値としての人間の生命）、人間の生命の中の人間らしいことと生きていること（人間的な生命と有機体的実体の生命の統一）、人間の生命の規範的意味の理解の循環性、生命の連続性・不可分性と点状主義（切れ目の設定とその前後の差別）の矛盾——をもっている。さらに、人間の尊厳と人間の生命の関係についても、連結の側面と非連結の側面が、いかに全体として両立されうるか、人間の生命が人間の尊厳の生物学的基礎であるという見方と人間の尊厳の生命主義化が自然主義的誤謬に陥るという見方は、いかに評価されるべきか、まだ最終的に決着されていない。今回も、これらの基本的な問題群にすべて納得できる解決の見通しをつけるまでには至らず、その中途で退却せざるをえなかったところもあり、仕事をやり遂げた達成感からは程遠い心境である。大学での研究生活もあまり長く続けられない年齢を考えると、苦渋の決断をしなければならなかった。長い道のりであったが、本書は、私の「人間の尊厳」研究の第一作である。未熟なところは多いけれども、時間性の地平において人間存在の被投的企投の構造を現実に近接して（wirklichkeitnahe）考えるアスペクトから、人間の

尊厳、人間の生命、両者の交錯した諸相を明らかにすることに努めた。これまで考えてきたことは、できるだけ盛り込むようにした。そのことが、全体としてのまとまりをいささか欠くことになったことは否めない。ともかく一歩前進することができた事は、私にはささやかな喜びである。今回果たせなかった課題（人間の生命、身体ないしは有機体的構造と人格との交差についての考察の深化、具体的な現実的状況での他者との関係性における人間の生命の法的評価の重層性、その中でも私法的空間での親子関係のコンテクストでの人間の生命の法的地位の問題、特に「損害としての子」問題についての研究、優生学・エンハンスメントのコンテクストでの人間の生命についての研究等）は、本書の続編として逐次まとめていきたい。当初構想された「人間の尊厳─法哲学的考察─」は、そう遠くない時期に「人間の尊厳」研究の第二作として上梓できるように、さらに精進を重ねていく所存である。

　私の長い研究生活が続けてこられたのは、多くの先生方からのご指導とご鞭撻のたまものである。逐一名前を挙げられないが、その中でも、恩師、故加藤新平先生（京都大学名誉教授）には、私に研究者としての道を開いていただき、学問に携わる者のもつべき姿勢（根源的問いへの粘り強い思索、厳密な読解と論理、人間への深い洞察と愛）を学ばせていただいた。このような恩師と邂逅できたのは、私の大きな幸運であった。田中成明先生（京都大学名誉教授）には、大学院時代に法哲学の研究の基礎を徹底的に鍛えていただいた。法哲学的に問うに値する問題の提起と問題の布置、文献渉猟と解決の見通しを手際よく仕上げる卓越した能力には、私には真似ができないが、その境地に少しでも近づきたく思う。三島淑臣先生（九州大学名誉教授）には、実証主義的思考では捉えられない人間存在の根基なるものへの感受性とそれへの思考の緊張をもって、法哲学と法思想の問題にこれまでにない深い洞察を与えられたことから教えられ、私の研究の基本的姿勢を支える糧ともなっていた。ホセ・ヨンパルト先生（上智大学名誉教授）には、日本の「人間の尊厳」研究の第一人者として、多くの著書と論文から学ばせていただくとともに、私の「人間の尊厳」研究にも目を留めていただき、早く出版するようにと激励されていた。けれども、三島先生は、昨年に急逝され、ヨンパルト

先生も、2012年に帰天された。両先生のご存命中に、本書をお見せできなかったことが悔やまれる。もう私の想いは届かないが、本書を三島淑臣先生（1935-2015）とホセ・ヨンパルト先生（1931-2012）に捧げたい。

本書が出来上がるまでには、毎年ドイツを訪れて、「人間の尊厳」問題に重要な寄与をしてきたドイツ語圏の法学者や哲学者たちとディスカッションを積み重ねてきたことが、基本的主張の重点や行間の読み取れないニュアンスを知るうえで、私には大変勉強になった。Prof. Ulfrid Neumann（Goethe Universität）, Prof. Christopf Enders（Leipzig Universität）, Prof. Horst Dreier（Würzburg Universität）, emer. Prof. Eduard Picker（Tübingen Universität）, Prof. Matthias Herdegen（Bonn Universität）, Prof. Wolfram Höfling（Köln Universität）, Prof. Thomas Gutmann（Münster Universität）, emer. Prof. Wolfgang Graf Vitzthum（Tübingen Universität）, emer. Prof. Hasso Hofmann（Würzburg Universität）, emer. Prof. Robert Alexy（Kiel Universität）, emer. Prof. Reinhold Zippelius（Erlangen Universität）, emer. Prof. Kurt Seelmann,（Basel Universität）, Prof. Dieter Birnbacher,（Düsseldorf Universität）, Dr. Michael Fuchs（Bonn Universiät, Institut für Wissenschaft und Ethik）からいただいた御学恩を感謝している。

本書は、成文堂の新基礎法学叢書として出版される。これは、亀本洋教授（京都大学）のご推挙により叶えられたことである。ここに、厚く御礼を申し上げる。今回、この地味な学術書の出版を引き受けていただいた成文堂の阿部成一社長、出版に際して、私の仕事の進みの鈍さにも辛抱強く付き合い、無事完成に漕ぎ着けていただいた成文堂編集部の飯村晃弘氏には、心より御礼を申し上る。

本書が出来上がるまでの長い研究は、数度にわたる愛知大学研究助成と日東学術振興財団からの奨学金に多くを負っている。また本書出版は、2015

年度愛知大学出版助成金の交付を受けて刊行されたものである。ここに、深く謝意を申し上げる次第である。

　2016年1月6日

西野基継

目　次

はしがき

序　章　「人間の尊厳と人間の生命」を考えるにあたって ……… 1

第 1 章　人間の尊厳の法的意味 ……………………………………… 8
　第 1 節　法概念としての人間の尊厳の形成　　　　　　　　　 8
　第 2 節　法概念としての人間の尊厳の基本構想　　　　　　　13
　　　　　――人間と尊厳――
　　　1. デューリッヒの理性能力を持つ人格に定礎された尊厳　　13
　　　2. ベンダの具体的な現実の人間に関連づけられる尊厳　　　16
　　　3. ルーマンの成功した自己表現としての尊厳　　　　　　　17
　　　4. ホフマンの関係的・コミュニケーション的概念としての尊厳　20
　第 3 節　法概念としての人間の尊厳への接近方法　　　　　　23
　　　　　――消極的定義、客体定式――
　第 4 節　法概念としての人間の尊厳の（合意された）基本的内容　25
　　　1. シュタルクの形而上学に開かれた尊厳概念　　　　　　　25
　　　2. P. バドゥラの実定憲法に定位した人間の尊厳の解釈　　 29
　　　3. レルへの狭い尊厳概念　　　　　　　　　　　　　　　　32
　　　4. H・ホフマンの最小化の戦略　　　　　　　　　　　　　32
　　　5. H. ドライヤーの合意された人間の尊厳についての　　　 33
　　　　 三つの根本的言明
　　　6. ホェッフリングの重大な侵害に対して保護すべき尊厳の　36
　　　　 四つの基本的条件
　第 5 節　人間の尊厳の法的地位・性格　　　　　　　　　　　　38
　第 6 節　人間の尊厳と後続の基本権との関係　　　　　　　　　44
　第 7 節　若干の考察　　　　　　　　　　　　　　　　　　　　47

第2章　人間の生命の法的意味　…………………………50
- 第1節　有機体的システムとしての生命　50
- 第2節　フュシスとプシュケーの統一としての生命　52
- 第3節　生命に対しての基本権の法教義学的構成　55
- 第4節　若干の考察　59

第3章　人間の尊厳と人間の生命との関係　…………………61
- 第1節　堕胎判決における人間の尊厳と人間の生命についての考え方　61
- 第2節　人間の尊厳と人間の生命の規範的作用の違い　69
- 第3節　人間の尊厳と人間の生命の関係についての理解　69
  ——連結テーゼ（Koppelungsthese）と非連結テーゼ（Entkoppelungsthese）——
- 第4節　人間の尊厳の生命主義化に対しての自然主義的誤謬批判　71
- 第5節　若干の考察　73

第4章　人間の尊厳と人間の生命の保護範囲　…………………75
——胚の法的地位——
- はじめに　75
- 第1節　人間の尊厳と人間の生命の保護範囲——受精——　77
- 第2節　人間の尊厳と人間の生命の保護範囲——個体化——　95
- 第3節　人間の尊厳と人間の生命の保護範囲——着床——　97
- 第4節　人間の尊厳と人間の生命の保護範囲——脳の形成——　112
- 第5節　人間の尊厳と人間の生命の保護範囲——出生後の人間の生命にのみ権利主体性を認める立場——　116
  1. 着床前の段階　134
  2. 着床から12週まで　134
  3. 13週から22週まで　135
  4. 23週から出生まで　136
- 補説　ノルベルト・ヘルスターの法倫理的考察　139

第6節　若干の考察　　156

第5章　生殖医学の進歩と人間の尊厳・・・・・・・・・・・・・・・・・・・・・・・・・・・164
　　　　　人間の生命の保護（1）

　はじめに　　164
　第1節　PID（着床前診断）　　165
　　1. PIDは人間の尊厳に違反すると解する説　　166
　　2. PIDは人間の尊厳に違反しないと解する説　　167
　　3. PIDは生命権の保護に違反しないと解する説　　171
　　4. PIDの許可（比例性原則に基づく衡量）　　172
　　5. PIDの許可（PNDにおける中絶の許可との比較可能性）　　176
　　6. PIDの禁止の正当性を説く説　　178
　第2節　消費的胚研究（胚性幹細胞の獲得）　　185
　　1. 胚性幹細胞の作成の禁止（いかなる場合でも人間の尊厳に違反すると解する）説　　186
　　2. 胚性幹細胞の作成の正当性を否定する（余剰胚利用は人間の尊厳に違反しないが、生命権侵害の厳格な要件にあてはまらないと解する）説　　186
　　3. 胚性幹細胞の作成の部分的許可を説く説　　187
　　4. 消費的胚研究の正当性を認める説　　190
　　5. 体外受精と子宮への胚移植の連結関係から、余剰胚を周縁的問題とみなす説　　191
　第3節　遺伝子治療　　193
　第4節　若干の考察　　195
　　1. 胚の法的地位　　195
　　2. 胚の生命に関しての特殊問題　　197
　　3. 法的評価の重層性　　197
　　4. PIDと消費的胚研究との間の構造的差異について　　197
　　5. PIDの議論状況　　199
　　6. 消費的胚研究の議論状況　　201

7．遺伝子操作技術についての議論　　　203
　　　8．これらの議論の根底にある時代思潮　　　204

第6章　生殖医学の進歩と人間の尊厳・・・・・・・・・・・・・・・・・・・・・・・・・・206
　　　人間の生命の保護（2）――クローン――

はじめに　　　206
第1節　クローン技術の特質と内容　　　209
第2節　クローン技術に対するSF小説的・感情的反発　　　219
　　　　または十把一絡げの議論
第3節　人クローンに反対する諸論拠　　　220
　　　1．（神の）創造の御業に対する侵害　　　220
　　　2．安全性論拠　　　220
　　　3．ホルンクルス？　　　221
　　　4．損害論拠のパラドックス　　　222
　　　5．心理的損害の論拠　　　225
　　　6．尊厳論拠　　　232
　　　7．類倫理的自己理解　　　259
第4節　治療的クローニング　　　272
第5節　若干の考察　　　273

回顧と展望・・・・・・・・・・・・・・・・・・・・・・・・・・・・・・・・・・・・・・・288

序章　「人間の尊厳と人間の生命」を
　　　　考えるにあたって

　思想としての人間の尊厳の歴史は長いが、法概念としての人間の尊厳の歴史は短い。後者の意味での人間の尊厳は、第二次世界大戦後に、あの人間の基本的諸価値を組織的に蹂躙した全体主義体制を二度と繰り返さないために、憲法・国際法レベルではじめて規定されたのである。憲法レベルでは、第1条に「人間の尊厳は不可侵である」と定めた当時の西ドイツのボン基本法が、国際法レベルでは、前文に「人類社会のすべての構成員の固有の尊厳」と第1条に「すべての人間は、生まれながらにして自由であり、尊厳と権利とについて平等である」と定めた世界人権宣言がその代表的な例である。その後1970年代中頃に、スウェーデン憲法（第1章第2条第1項）、ギリシア憲法（第2条第1項）、ポルトガル憲法（第1条）、スペイン憲法（第10条第1項）においても、人間の尊厳に枢要な地位が与えられている。さらに1990年代になると、ベルギー憲法が第23条で「何人も人間にふさわしい生存を営む権利を有する」と定め、スイス連邦憲法が第7条で「人間の尊厳は尊重し保護されなければならない」と定めている。他方、国際社会では、1970年代に「経済的、社会的及び文化的権利に関する国際規約」（前文、第13条）、「市民的、政治的権利に関する国際規約」（前文、第7条、第10条）、さらに、「女子に対するあらゆる形態の差別の撤廃に関する条約」（前文）、「児童の権利に関する条約」（前文）、「あらゆる形態の人種差別の撤廃に関する国際条約」（前文）、「拷問及び他の残虐な、非人道的な又は品位を傷つける取り扱い又は刑罰に関する条約」（前文）に、人間の尊厳が規定されている。このように20世紀の中葉以来、人間の尊厳は、まず全体主義国家による人間存在の組織的抹殺という危機に直面してその克服のために、濃淡の差はあれ、はじめて国家または国家間の実定法上の基本原理として確立され、次第に法的世界の様々な局面に浸透していった。

　今世紀末に目覚しい科学技術の発達によって人間の生活基盤が大きく変容

していく中で、例えば延命医療と生殖医学の進歩が、人間の生命の始まりと終わりの段階への人為的操作の拡大という事態をもたらし、これまでの人間の死生観を大きく揺るがすようになった。一方で人間の生命の発達諸段階において、出生前の母体内の胎児に対する中絶手術、母体外で受精した卵細胞に対しての受精卵診断による選別や余剰胚に対しての消費的胚研究、受精卵を利用したES細胞の作製、有性生殖とは異なった方法（クローニング）によるクローン人間の誕生の可能性、人間と動物のキメラやハイブリッドの作製の可能性、他方で人間の生命の最基底層にある遺伝子構造において、遺伝子工学による個人レベルと人間の生物種レベルの遺伝子情報の解読の進展、さらに先天的遺伝性疾患に対しての遺伝子治療や身体的・知能的素質の増強のための遺伝子改変の可能性が出てきて、生命科学による人間の生命に対しての介入の程度と深度はますます大きくなり、そこから惹起される危険性のスケールは十分に予測できないところがある。人間存在の根源に対しての恣意的な操作の可能性に直面して、その極限的事態に対抗する支点として再び人間の尊厳が引き合いに出される。そのような国際的な動きとして、欧州評議会が制定した「生物学及び医学の応用に関する人権及び人間の尊厳の保護のための条約」・「同追加議定書」と、ユネスコが制定した「ヒトゲノムと人権に関する世界宣言」がある。また日本でも、「ヒトクローン規制法」が制定されている。そのようなコンテクストで、人間の尊厳は、自律や自己決定について語ることができない人間存在の形態に、自由能力の形成より時間的にずっと前の人間の生命の生物学的な発生形式や発生条件に適用されている。ここでは、人間の尊厳は、もはや人間の自由ではなく、人間が生成してくる自然発生性を保護することへ傾いているように思われる。人間の尊厳が自然化されることによって、人間の尊厳と人間の生命の保護との境界がますます見えにくくなっている。そのために、人間の尊厳と人間の生命の保護との関連と相違について、改めて検討される必要もでてきた。

　このように、人間の尊厳の内容は、ナチスとその全体主義的政体による人間侮蔑のおぞましい形態に限定されるだけでなく、情報技術と遺伝子技術の時代における人間の尊厳に対しての巧妙な危険からも個人を保護すべきである[1]。人間の尊厳は、決して静態的・固定的な性格でなく、その都度の異な

った危機の状況に対抗すべく不断に再構成されてきた動態的・生成的な性格を持つといえよう。人間の尊厳は、全体主義支配の否定という過去志向ばかりでなく、新しい科学技術がもたらす人間存在への脅威という現在及び将来の問題に対しても重要な意味をもつ。法概念としての人間の尊厳は、この意味で歴史的概念である。

　近時、法固有の問題次元に留まることなく、人間の個人的・社会的生活の全般にわたって、しばしば人間の尊厳が有力な論拠として引き合いに出される。人間の尊厳は、現代社会に生起する多様な根本問題における利害対立の公正な解決とかそこでの自己の態度決定にあたって、それを正当化し根拠づける最終的審級として、人々に広く受け入れられている。人間の尊厳は、この原理主義化（Fundamentalisierung）と日常化（Veralltäglichung）によって[2]、宗教・哲学の問題圏を越えて社会に広く浸透し深く根を下ろしたが、それにもかかわらず、その意味内容は決して明確に規定されているわけでない。昨今では、人間の尊厳の援用が、余りにも安易に且つオーバーになされている印象すら受ける。この人間の尊厳論拠のインフレーション的使用[3]が、かえってその核心的意味を希薄化し、場合によっては空洞化するおそれも生みかねない[4]。

　ドライヤーによれば、人間の尊厳の保障の規範的位階とその絶対性は、二つの相反するような展開の中に見られる。一方で瑣末化（Trivialisierung）への傾向、1条1項への訴えの遍在（Ubiquität）、他方で確かな問題解決者への法外な吊り上げ。基本法の作用域の遥か下位にある事例配置の中に、憲法の最高価値の侵害を主張する。その種の瑣末化は、多様である。それらの

1　Tatjana Geddert-Steinacher, Menschenwürde als Verfassungsbegriff, Berlin 1990, S. 31.
2　Ibid., S. 16.
3　Wolfgang Graf Vitzthum, Gentechnologie und Menschenwürdeargument, in: Menschen- und Bürgerrechte, ARSP, Beiheft Nr. 33, hrsg. v. Urlich Klug u. Martin Kriele, Wiesbaden 1988, S. 120.
4　Werner Maihofer, Rechtsstaat und menschliche Würde, Frankfurt am Main 1968, S. 7.「今日ほど人間の尊厳のような言葉が、広く知れ渡っている時代はなかったが、しかし、それがそもそも何を意味するのかが、根底から疑わしくなった時代もなかった」。

中には、人間の尊厳へのインフレ的、殆ど恣意的な引証は、その地位と規範的作用力に対して大きな危険を表している[5]。最近では、高度技術社会の新しい挑戦を受けるときに、人間の尊厳に支えが求められる。この場合、人間の尊厳は、低次の段階ではなく、高次の段階で、すなわち、具体的な人間の具体的な侵害としてではなく、全体社会の体制に対しての侵害として活用されている。「人間像」、「人間の本質性」、「類の尊厳」の符丁が使われる。それは、特殊な倫理への入口を開く危険を蔵している[6]。

　現代は、一方で人間の尊厳への頻繁な引証が行われるけれども、他方でその十分に明確な概念化に達していないアンバランスな状態にある。そこから、人間の尊厳の一義的な定式を安易に定立するべきでなければ、それを空虚な定式として性急に放棄するべきでない。もともと人間の尊厳は、背後に西洋の精神史的伝統に繋がり、ナチスの暴虐非道に対する反省と克服という歴史的課題をもち、根底には人間概念の多義性と超越性に依っており、さらに憲法概念として法教義学的に構成されなければならないという多くの異質な契機を含んでいるから、事柄に適った考察のためには、複眼的視座が必要とされよう。そのための最も適切な手がかりは、その根幹に人間の尊厳の不可侵規定を定めたドイツの現代法体系で、法解釈（コンメンタール、教科書、学説、理論等）や法実務（特に憲法裁判所判決）の広範で徹底した議論の展開と、それに並行した宗教、哲学、倫理での人間の尊厳をめぐる討議に求められるだろう。それは、人間の尊厳について考えられる最も広範で精緻な思考の軌跡を描いているように思われる。

　日本でも、戦後新憲法が制定され、十三条に「個人の尊重」が定められたが、占領軍主導によって骨格を決められた成立事情（逆に言えば、日本の憲法制定者の過去への反省の希薄さ）と、個人の尊重ないしは人間の尊厳に対しての綿密な考察の少なさは、ドイツと際立った対照をなしている。アメリカ的法文化の影響を色濃く受けた日本国憲法[7]には、基本的人権の包括的規定

5　Horst Dreier, Kommentierung von Art. 1 Abs. 1 GG. in: ders. (Hrsg.), Grundgesetz-Kommentar, Bd. 1, 2 Aufl., Mohr Siebeck (Tübingen), 2004, Rn. 46-48.
6　Ibid., Rn. 49.
7　天皇を統治権の総覧者とする天皇制国家体制が、1945年8月14日にポツダム宣言

である第 13 条に人間の尊厳という用語は使われず、個人の尊重と書かれている。日本国憲法の「個人の尊重」とボン基本法の「人間の尊厳」は、表現は違っても、意味においては同じであると解する見方が有力であるが、これに批判的な立場をとるものも少なくなく、なかには強い異議を唱える者もいる[8]。これまでの憲法第 13 条についての議論を振り返ると、後段の「幸福追求権」に主な関心が向けられ、（アメリカ憲法学の影響の下で）活発に論じられてきたのに対して、前段の「個人の尊重」について正面から論じたものは僅かにすぎなかった[9]。この前段と後段との関係について、通説は、後段の

の無条件受諾によって崩壊した。ここに、占領体制―GHQ による日本に対する間接統治体制―が敷かれ、1952 年 4 月 28 日のサンフランシスコ講和条約の発効まで続いた。この占領の目的は、ポツダム宣言第 10 項の「民主主義的傾向ノ復活強化ニ対スル一切の障害ヲ除去」することにあり、1945 年 9 月 22 日の「降伏後ニ於ケル米国ノ初期ノ対日方針」、同 10 月 4 日の「政治的市民的宗教的自由ニ対スル制限ノ撤廃ニ関スル覚書」（いわゆる自由に対する GHQ 指令）でそのための基本的政策が出された。日本側では、同年 10 月 25 日に憲法問題調査委員会（松本委員会）が設置され、そこでの憲法改正作業のなかで「憲法改正要綱」がまとめられたが、殆ど旧憲法の規定を踏襲した内容のために、GHQ によって到底受け入れられるものでなかった。そこで、GHQ は、日本の自力による憲法改正に見切りをつけ、マッカーサー三原則（天皇＝国家元首、戦争放棄、封建制の廃止）を立て、民政局の若手将校たちに新憲法の草案を準備させ、総司令部案（マッカーサー草案）を作成し、1946 年 2 月 13 日に日本側に手渡した。日本政府は、その革命的な内容に驚愕したが、占領統治下ではもはや拒否することもできず、基本的にこの草案に沿って憲法改正案作成の方針を決定した。日本政府は、この草案を基に部分的に修正して、総司令部との間で協議を重ねた結果、「憲法改正案要綱」にまとめ、さらにそれを口語体に改めた「憲法改正草案」に仕上げた。それは、枢密院の諮詢を経て、帝国議会に提出され、修正可決され、1946 年 11 月 3 日に公布され、翌年 5 月 3 日に施行された。

8　ヨンパルトは、ここで「個人」と「人格」は同義でなく、狭義の「個人」が個性または個体性を意味するとき、人間だけに限定されず他の動物にも内在するので、それは直ちに人間の尊厳に関連しないこと、さらに憲法制定意志や法体系上の位置づけから見ても、日本国憲法で「個人の尊重」は、個人対全体の問題であり、結局「個人主義」の立場を採ったのに対して、ボン基本法では「人間の尊厳」対「国家権力」を問題にし、結局「人格主義」の立場を採ったことから、「個人の尊重」と「人間の尊厳」は同趣旨でない、と結論する。ホセ・ヨンパルト「日本国憲法解釈の問題としての『個人の尊重』と『人間の尊厳』」（上）（下）判例タイムズ No. 377, 378. 同『人間の尊厳と国家の権力』（成文堂）1990 年、第 1 部第 2 章第 3 章

9　早い時期に「個人の尊重」に独自の意味を認めていたものとして、13 条前段を「個人の尊厳の原理」を定めたとし、その趣旨は「個人の人格を尊重するという基本原

「幸福追求権」は前段の「個人の尊重」と不可分に結びついて、人格的な生存に必要不可欠な権利・自由を包摂する包括的な主観的権利である、と解するが、このように前段と後段とを融合的に捉える立場を採ると、「個人の尊重」の固有の意味が薄れ、ともすれば「幸福追求権」に埋没してしまいがちになる。通説に対して、前段の「個人の尊重」に独自の法的性格と意味を見出す見解が、最近いくつか出されてきた[10]。法体系の全体を見渡すと、憲法第24条に家族秩序に関して個人の尊厳への言及があり、民法第1条ノ2に解釈指針としての個人の尊厳が規定されている。さらに、教育基本法の前文に「…個人の尊厳を重んじ、真理と平和を希求する人間…」と、障害者基本法の第3条第1項に「すべての障害者は、個人の尊厳が重んじられ、その尊厳にふさわしい処遇を保障される権利を有するものとする。」と、社会福祉法の第3条に「福祉サービスは、個人の尊厳を旨とし…」と、男女共同参画社会基本法の第3条に「…男女の個人としての尊厳が重んぜられ…」と、配偶者からの暴力の防止及び被害者の保護に関する法律の前文に「…暴力その他の心身に有害な影響…個人の尊厳を害し…」と規定されている。そこでは、個人の尊厳は、各法規の基本理念を表しているが、その実質的内容まで言及されていない。

　ここでは、法概念としての人間の尊厳の下に、上述のように実定法の中に取り入れられた多様な内容物を、さしあたって理解するものとする（人間の尊厳規範は、「成文化された自然法」であり、人間の本性そのものから流出してくる規範、前国家的超実定的規範であるという見方[11]もあるが、その検討は差し控

　　理」であると説く種谷春洋、「すべての国民が個人として尊重される」ということは、一人一人がもつ人格性の故に尊厳なる存在である、ということであり、この「人格の尊厳」は同時に「人格の平等」を意味すると解して、個人の尊重は、憲法の基本原理の性格をもち、立法その他国政のうえで最大の尊重を必要とし、厳格に貫徹されなければならない、またすべての法秩序に対する原則規範としての意味を持ち、民法1条の2は、こんぽ趣旨を受け個人の尊厳原理が解釈準用として私法秩序をも支配する、と説く佐藤幸治がいる。

10　江橋崇「立憲主義にとっての"個人"」（ジュリスト　No. 884）、長谷部恭男「国家権力と人権」（講座・憲法学　第3巻　権利の保障（1）　日本評論社、1994年）、粕谷友介「憲法13条前段（個人の尊重）」（法学教室89号）、根森健「人権としての個人の尊厳」（法学教室175号）

える)。実定性によって濾過された人間の尊厳は、いかなる意味をもつのか。人間の尊厳の法的定義は、いかに可能であるのか。人間の尊厳の法的地位・性格は、何であるのか。人間の尊厳は、基本権の性格をもつのか、それとも法原理であるのか。人間の尊厳と後続の基本権との関係は、いかなるものか。人間の尊厳は、個別的基本権に還元できない独自の構造(固有の保護対象をもたない包括性)を備えているのか。基本法における人間の尊厳と人間像との関係はいかん。人間の尊厳の保護を受ける人的範囲(担い手能力の範囲)は、どこまで及ぶのか。人間の尊厳の法規定によって、新しく何がもたらされたのか、あるいは何がもたらされうるのか。本稿は、こういった法概念としての人間の尊厳をめぐる一連の諸問題を、ドイツの法哲学や憲法学における議論を手がかりに考察して、その到達点と今後に残された課題を確認することに主眼を置いている。

---

11 H. C. Nipperdey, Die Würde des Menschen, in: A. Neumann u. a. (Hrsg.), Die Grundrechte, Bd. II, Berlin, 1954, S. 1.

第1章　人間の尊厳の法的意味

第1節　法概念としての人間の尊厳の形成

　ナチス体制の克服のために、何故これまでの人権（自由権・社会権）では十分でなかったのか。特定の生活局面（思想・信仰・表現等）で国家から個人の自由への干渉・介入・妨害のレベルではなく、国家による個人の基本的存在基盤の暴力的かつ組織的な剥奪であったこと、言い換えれば、自由に対する直接の侵害ではなく、自由を可能にする主体的存在の根こそぎ的な破壊であったことに、伝統的な人権観念の単なる適用では片付けられない問題次元を、人々は感じとっていたのではないだろうか。つまり、侵害の結果の深甚性、侵害の態様の残虐性、侵害の規模の甚大性が、あの出来事を再び起こさないためにより強固な橋頭堡を要求したのではないだろうか。かくして、「人間の尊厳」が、憲法の最高価値として定立されたのである。しかし、人間の尊厳が憲法に制定されたからといって、そこから直ちに実質的な法内容が取り出されるわけではない。基本法1条には、「人間の尊厳は不可侵である」と極めて簡潔に規定されているにすぎない。立法者が人間の尊厳の下に何を理解していたのかを示すような法的定義や補足的規定は、基本法の中には見られない。その成立に関わった基本法制定会議で、人間の尊厳について委員たちの度重なる言及があるけれども、その規範的意味内容を確定するのには十分ではない[12]。基本法の成立の経緯を振り返れば、少なくとも次の点

12　第二次世界大戦後、西ドイツの基本法制定会議（Parlamentarischer Rat）での論争の出発点は、ヘレンキムゼー草案、特にその第1条「国家が人間のためにあるのであり、人間が国家のためにあるのでない。人間的人格の尊厳は、不可侵である。公権力は、すべての現象形式において人間の尊厳を尊重し保護するように義務づけられる。」であった。この根本的理念が基本権カタログの頂点に据えられるべきこと、ナチス時代の辛酸の経験から基本権に対する新たな信奉が要請されたということについて、制

第1節　法概念としての人間の尊厳の形成　9

は一致していたように思われる。人間の尊厳が基本法に制定されたことは、「時代を画した過去の全体的な暴力支配への反作用の表現」であり、国家体制の根本的転換（全体主義国家から民主主義的国家への転換）を意味しているということである。いずれにせよ、憲法制定者は、冷静な理論的分析と十分な議論を踏まえて一定の人間の尊厳の概念に到達したというより、むしろ人間を徹底的に侮蔑したナチス体制への深刻な反省から、自ずと人間の尊厳へ信仰告白する（bekennen）ことに傾き、まずそれを前提する（voraussetzen）ことにしたのである。しかしながら、国家が、そのような信仰告白において、最高目的としての「人間の尊厳」の尊重と保護に義務づけられている時に懐く決意性が大きい程、それが何を意味するのかの不確かさはそれだけ増すことになろう（「解釈されざるテーゼ（nicht interpretierte These）」）。人間の尊厳は、それが本来どこに存して何を意味するか、それ以上説明されないまま、問われざる（fraglos）自明な（selbstverständlich）こととして、基本法に制定されたのである[13]。

　けれども、人間の尊厳が法的作用を発揮すべきならば、「解釈されざるテーゼ」に留まることはできない。そのような人間の尊厳の概念の解釈のためには、その精神史的基礎が（憲法へのその受容を突き動かした）歴史的状況と並んで、さしあたって考慮に入れられなければならない[14]。人間の尊厳は、

　　定会議で意見の対立は出なかったが、唯一つ、基本権の前国家性ないしは自然法性の問題が論議を呼んだ。1948年9月23日に提案された第一草案では、「人間の尊厳は、各人の生まれながらの固有の、永遠の権利に基づく」と定められたとき、人間の尊厳の前国家性、特にその不可侵性は、マンゴルド、ジュステルヘン、ゼーボームによって擁護されたが、他方でホイス、トーマ、グレーヴェによって批判された。結局、同年12月13日に現在の基本法の形に落ちついた。ジュステルヘンは、この絶対的な確認は何人にも向けられ、国家権力にもいかなる私人や組織にも向けられている、と注解している。Vgl. Adalbert Podlech, Kommentierung von Art. 1 Abs. 1 GG, in: Kommentar zum Grundgesetz für die Bundesrepublik Deutschland, Luchterhand 1984, Rn. 9, 10.

13　W. Maihofer, op. cit., S. 30.
14　2000年の哲学的理念史に根差した先行理解によって、人間の尊厳の保障の意義が、他の憲法的諸規定よりはるかに強い程度でともに規定されている。とりわけ、人間に賦与された理性能力に基づく自己決定能力と人間が神の似姿であるというキリスト教的観念によって刻印されている。Vgl. Matthias Herdegen, Kommentierung von Art.

古代にまで遡ることのできる長い思想史的伝統をもっている。古代ローマの公共性の中での個人の功績とその社会的評価としての尊厳、キリスト教思想における神の似姿としての尊厳、カント哲学における道徳的自律としての尊厳、19世紀の社会主義運動の中での人間にふさわしい生存条件の確保としての尊厳。人間の尊厳の概念は、このように広範に分化した哲学的・神学的伝統の故に、一義的で明確な定義を与えることは難しいが、その中に折り重なった思想的な重畳性を考察から除外すれば、その内容は空虚になるだろう。特にキリスト教思想とカントの道徳哲学は、今日でも依然と尊厳思想に大きな影響を及ぼしており、その現代的な概念構成においても無視することはできない。但し、それらの評価については、必ずしも一致しているわけでない。

　　シュタルクによれば、憲法上の人間の尊厳の保障が後世に形成されるための精神的な前提は、キリスト教の人間像にあり、個人の高い評価も、旧約聖書、新約聖書が教えているように、人間が神の似像として造られ、霊魂の不滅と神の前での責任に表現された神との人格的関係をもっているという事情に基づく。キリスト教神学の中心概念としての人間の自由は、個人的自由である。形而上学の中に人間を根拠づけることが、人間の未完成性と開放性に符合して、人間の自由・平等・友愛のための基礎である。すべての人間は、等しく神の似像であるから。人間の尊厳は、単に人間の自己決定を意味するのではなく、人間それぞれの固有価値の基礎の上での自己決定を意味する。この人間像に対応するのは、個々の人間に尊厳を帰し、それを法的に保障することである。人間の尊厳の保障の成立にとって、さらにヒューマニズム、啓蒙主義、革命、立法というような別の前提も必要である。その歴史的勢力も、教会や神学的実践に対して闘争する時でさえ、発展史的にはキリスト教と結びついている。世俗化プロセスの中で、神学的な自由・尊厳の概念が、内世界的な観念に手を貸している。その構造的な親近性が、一方では神に対して、他方では世俗的な社会権威に対して、個人としての人間の地位を強調することに基づく。したがって、基本法に入れられた人間の尊厳の観念は、世俗化されたキリスト教信仰命題に基づき、またヒューマニズムや啓蒙主義の産物でもある。それは、キリスト教人間像の中に萌芽をもち、複雑な世俗化プロセスの中で哲学的に仕上げられ、法的に確保されたのである。この神学的・哲学的伝統は、基本法制定会議の審議でしばしば関連づけられた。こ

---

1 GG. in: Maunz-Dürig (Hrsg.), Grundgesetz, Bd., 1. C. H. Beck (München), Rn. 7.

の理由から、キリスト教的人間に関して、基本法の完全な抑制的態度は禁じられる[15]。

　それに対して、ドライヤーは、基本法１条１項の理解・解釈・具体化にあたって、憲法解釈の「通常事例」を超えた特殊な問題性に直面する点を指摘して、人間の尊厳の命題の倫理的―哲学的な内容が重要であることを指摘する。けれども、それは、世界観的に中立な法秩序の中での実定化された憲法規範として、特定の信仰や倫理や哲学に依らず、妥当要求することを留意しなければならない。それは、人間の尊厳の保障の理解にとって無意味というわけではなく、精神史的・理念史的諸潮流についての基本認識を前提するのである[16]。

　　ドライヤーによれば、今日の法学文献の中で、人間の尊厳の保障の基礎としてのキリスト教の広範な受容（「本質的な、選択の余地なき憲法の支柱」）が説かれ、ヒューマニズムや啓蒙主義によって持ち込まれた人間の尊厳への信仰告白は、キリスト教的な人格性の理念の世俗的形態に他ならないと解されるが、しかし、そういう見方は、非キリスト教的な人間の尊厳の根拠づけを否定する点で、疑念を呼び起こすものである[17]。神の似姿のキリスト教的観念から、国家的、政治的空間で実現され受け入れられるすべての人間の平等の尊厳への帰結が、必然的ないしは自動的に出て来るわけでない。これは、キリスト教的な信仰命題の世俗形態でなく、むしろ、古代、ヒューマニズム、啓蒙主義の伝統の混合物から成長してきた。国家的・政治的空間での人間の尊厳の思想の貫徹にとって、キリスト教的教説は、決して独占的な役目を演じたのでもなければ、殆ど重要な役割を果たしたのでもなく、しばしば遅延させる役割を果たしたのである。現代の人間の尊厳の理解にとって本質的な意義をもつのは、ルネサンスの時代である。そこに出現したのは、原罪を背負う人間でなく、自然や社会を自己固有に形成する個人である。彼の尊厳は、

15　Christian Starck, Kommentiserung von Art. 1. GG. in: Mangoldt・Klein・Starck (Hrsg.), Kommentar zum Grundgesetz, München 2005, Rn. 5-7.
16　H. Dreier, op. cit., Rn.. 1.
17　ドライヤーは、以下の三つの理由を挙げている。（ⅰ）主観的な個人の自由よりキリスト教的な真理を優先させる、（ⅱ）自由・平等の権利や仏革命の人権宣言に対してのカトリックの反対の立場、（ⅲ）ヨハネ23世の教書で、はじめて普遍的意味での人間的人格の尊厳が話題とされた。それ以前は、キリスト者の尊厳が説かれた。Vgl. Ibid., Rn. 7.

理性本性に根差している[18]。人間の尊厳は、カントの哲学によって、今日まで継続する影響力をもった古典的形態を獲得している。それは、「純粋で実践的な理性の理念に係留された、厳格に形式的な、偶然性を伴った経験的諸条件から独立した、この意味で超越論的な根拠づけ要求」に基づいている。人間の尊厳の命題にとって中心的な根拠づける要素と概念的な輪郭づけが、カントに見出される。単に手段としてではなく目的それ自体として人間を扱うこと；等価物を許さない何かとしての尊厳；人格としての人間の絶対的な内的価値；人間の人格性の尊厳としての自律。自律的意志の自己立法の中にだけ、道徳性と人間の尊厳が係留されている。最終結論として、尊厳は、道徳的自律であって、それは、主意主義的に、単なる主観的な恣意としても、合理主義的に、歴史のない、社会に無関心な構成物としても誤解されてはならない。けれども、人間の尊厳の命題にとって基準となる唯一の解釈定式としてのカント理論の受容は、多くの疑義にぶつかる。人間の尊厳についてのカントの詳説は、法哲学の中ではなく、道徳哲学の中に見られる。カント道徳哲学の超越論的性格の故に、すべての経験的契機の度外視は、人間の尊厳の侵害が可能でないように思われる。カントの尊厳は、外的攻撃から防御されるべき基体としてよりも、むしろ道徳的立法を行う義務倫理的能力として捉えられる。さらに人間性の尊厳（Würde der Menschheit）のために、具体的人間の非人格化が起こる危険がある。したがって、基本法1条1項の理解と具体化のためのカント受容には、憲法上の限界が設定されるべきである。この法規範も、法学方法論の技法規則にしたがって解釈されるべきで、特定の哲学学派の意味で狭められてはならない。基本法の解釈に対してカント哲学の直接的、専有的な重要性を説く主張は、殆どなされていない[19]。

以上の考察から明らかなように、法概念としての人間の尊厳は、哲学的伝統の連続性の中にあると同時にナチス独裁の時代に対しての反作用として成り立っている[20]。しかし、これらの人間の尊厳の基本的な構成因の位置づけに関しては、ニュアンスの違いも見られる。例えば、シュタイナッハーによれば、基本法制定会議のメンバーたちの合意の連結点は、究極的な根拠づけの哲学・神学モデルではなく、具体的な不法の経験であった[21]。ホッフェリ

---

18 Ibid., Rn. 8-11.
19 Ibid., Rn. 12-16.
20 Starck, op. cite., Rn. 17.
21 Geddert-Steinacher, op. cit., S. 31.

ングのように、人間の尊厳の保障の憲法的な具体化作業に伴う困難は、2500年の哲学史を元にして尊厳概念の上に積み上げられてきた理論・問題圏には僅かしか見いだされず、むしろ人間の尊厳の規範の構造的な特異性に基づいている[22]。ドライヤーのように、人間の尊厳は、ナチス時代の最も極限的な歴史状況によって深く刻印されたものであり、そこから人間の尊厳の「高い意義」と「例外的性格」が引き出され、その狭い解釈の必要性が説かれる。

　人間の尊厳を憲法に取り入れる強い動機となったものは、個人を全体主義的に利用し、人間らしい最低限度の生活を大規模に侵害したナチス体制の克服の後、尊厳を賦与された人間的人格を憲法の中心的な定点として宣言することであった。この点は、基本法制定会議でも意見の一致があった。システム的に営まれた人間の不平等な扱いに対しての反作用として、特定の人間を「非人格」、「人間以下のもの」として宣告することに対しての反作用として、人間の尊厳のあらゆる尊重の基礎とするに値することは、すべての人間を人格として、他のすべての人間と法的に等しいものとして理解することである、と強調することが肝要なのである。人間の尊厳の侵害は、この人格存在の否認であるからである[23]。ナチスに対抗する支点として、まず「人格」が持ち込まれることになった。

第2節　法概念としての人間の尊厳の基本構想
　　　　——人間と尊厳——

1. デューリッヒの理性能力を持つ人格に定礎された尊厳

　(a) デューリッヒによれば、基本法の前提する人間として、「集団の客体に貶められた人間」を置くことは論外であるし、「自律的で、自己の中に閉じた、外から影響されない個人」も、国家との関係を欠いている故に適当でない。「人間」という無色な表現が余韻を残すアトム化された個人の観念が、価値的に濃厚な表現である人格性によって払拭されると考えられた。(b) 基本法の人間は、「集団化された服従者」と「孤立化された個人」の両極端

22　Höfling, Rn. 6.
23　Kurt Seelmann, Rechtsphilosophie, 3 Aufl. München 2004, S. 214ff.

の中間にあって、キリスト教思想から受容された「人格主体」（存在内容）と「人格的性質」（価値内容）の概念を包含している。(c) バイエルン憲法100条を起点にヘレンキムゼー草案1条2項を経てボン基本法1条1項に至る展開で、当初は「人間の人格性の尊厳」と表現されていた。ナチス体制によって踏みにじられ、再び取り戻されなければならないものは、単なる中性的な「人間」に留まらず、他に比べられない独自の性質をもつ「人格」であることが強調されたのである。

　ところで、人格思想は、キリスト教思想から受容されたもので、人格主体（Person）と人格性（Persönlichkeit）の概念を包含している。前者は存在論上の存在内容であるのに対して、後者は価値論上の価値内容であるが、両者は相互に不可分に結びつけられている。人間を人格主体とするのは、人間に自己自らを意識し規定し形成することを可能にする精神（Geist）によってである。人格主体は、本性上価値と関係して、永遠の汝である神、汝である同胞との対話の中で、自らが人格主体であることを認識して、そのような共実存において存在する。デューリッヒは、キリスト教的人格観念の意味で、人格（性）に尊厳を等置したのである。「尊厳をもつとは、人格（性）であるということを意味する」[24]。彼は、後にこの立場を後景に退かせている。「憲法の拘束力ないしは義務づける力は、最終的に客観的価値にのみ根拠づけられるという認識に立って、基本法制定者は、すべての被造物の根拠としての神への言及が貫かれなくなった後では、人間の尊厳という道徳価値に信仰告白したのである」。人間の尊厳の道徳価値が実定的な憲法作品に引き受けられることによって、それは法価値になったのである。国家は人間からこの倫理的、社会倫理的な尊重要求を奪う動機をもつことは決してないというような、自由主義的楽観論と断絶した立場である。価値は、法的な共同生活で実現されうるためには、第三者の行為当為に向けられた価値の担い手の価値要求として現れる。「人間の尊厳は不可侵である」という規定から、この固有価値は、「何か常に存在するものとして、何か失われることのない、放棄できない、常に現存するもの（Vorhandenes）として」みなされる[25]。そこか

24　Günter Dürig, Menschenauffassung des Grundgesetzes, in: Derselbe, Gesammelte Schriften, Berlin 1984, SS. 27-38.

ら、この価値要求は、積極的作為によって価値なるものをもたらすことに向けられず、概念上、純粋な不作為要求であり、人間の尊厳を侵害しないこと、つまりその「尊重」に関わる。人間の尊厳の尊重に対しての道徳的要求は、我―汝関係での個人倫理的な尊重要求と第三者や社会に対しての関係での社会倫理的な尊重要求から成っているが、それが憲法に受け入れられることによって、国家に向けられた尊重要求ともなり、それに対応して国家の尊重義務も導かれる。しかも、国家に対しての尊重要求には、それが個人倫理的、社会倫理的領域にも及ぶ以上、国家外の領域から尊重要求が損なわれるケースに対して「防御するという積極的な行為」を国家に求める要求が含まれており、それに対応して国家の保護義務も導かれる。「人間の尊厳は、絶対的な、即ちすべての可能な侵害者に対して向けられた尊重要求である」[26]。しかしながら、憲法が人間に尊厳に対しての価値要求を認めていることは、具体的個人に「直接的に実行でき貫徹できる主観的な公的権利の意味での基本権が当然に与えられるべきということを意味しているのではなく、基本法1条1項は、体系上、個々の権利の担い手のために一歩一歩実現されるところの「すべての客観的法の最高の構成原理」の性格を帰せられるべきであり、国家の方針においてすべての国家的活動に対しての価値充足的な規準を提供するとともに、人間の尊厳が損なわれないように全体的な法秩序を仕上げるためには法適用者による現行の諸規範の解釈においても常に準拠されなければならない根本的な解釈規準の役割を果たすのである。我々は、基本法1条から訴えの対象となりうる (klagbar) ものを引き出すことができなくても、価値としての尊厳を基礎にして全体的な価値体系を獲得することはできるのである[27]。

　人間の尊厳の不可侵という規範的言明は、価値的言明を含んでいるけれども、その根底には存在所与性についての言明が横たわっている。この存在所与性は、次のような人間のあり方を表している。「いかなる人間も人間であるのは、精神の力によってである。というのは、精神が非人格的な自然から

25　G. Dürig, Der Grundrechtssatz von der Menschenwürde, in: AöR., S. 117.
26　Ibid., S. 118.
27　Ibid., S. 123 f.

人間を際立たせ、自らの決定から、自己自らを意識し、自己自らを決定し、自己と環境を形成する能力を与えるからである」。そのとき、この人間の根本的な存在事態には、二つの存在上互いに切り離すことができない部分的所与、すなわち人間が「自由」であることと、人間が（誰もが自由をもつゆえに）「平等」であることが含まれている。自己形成と環境形成への人間の自由というものは、すべてのものにとって等しいとみなされるから、思惟必然的に「人間それ自体」に固有である「自由そのもの」、抽象的自由でのみありうる[28]。「一般的に人間にある尊厳の固有価値は、最初から具体的人間にいかなる時にも等しく実現されているわけでなく、実現への等しい抽象的な可能性（潜在性）である」[29]。デューリッヒは、ここでは空間と時間に制約されない意味での人間の本質性の中にその尊厳を見て、この超越的な性格の故に絶対的な尊重と保護への要求を導き出すのであるが、人間の尊厳は現実には様々な仕方で損なわれうる（客体定式については、次節で取り上げる）。

2. ベンダの具体的な現実の人間に関連づけられる尊厳

さて、デューリッヒ達が説くように、人間の本質である固有価値は時代を超えて変わらないものであるのか。現代において、巨大な科学技術の発達、特に人間の生命とその維持に対しての介入（の可能性）の増大において、ますます人間の本質的なものへの危険が顕在化している。現今の緊要な問題を

---

28 G. Dürig, Kommentierung von Art. 1, in: Maunz-Dürig, Grundgesetz Kommentar, 6 Aufl., München 1983, Rn. 17, 18.
29 Ibid., Rn. 19. デューリッヒはまた、この固有価値を何か常に存在するもの、何か失われることなく放棄されることなく常に現存するものとみなしている。現実の個々の人間が様々な様相を呈示するにせよ、そのことに影響されることなく、常に成り立っている抽象的な人間の本質のようなものが意味されているのであろうか。デューリッヒによれば、一般に人間に存する尊厳の固有価値は、精神病者のように最初から自己形成と生活形成の自由の能力をもっていなくても、犯罪者のように自己の品位を落とすような自由の濫用であるときでも、現存すると考えられるが、さらに自己の自由に決定する能力への侵害に同意したときでも、国家の侵害は人間の尊厳そのものを損ないうるし、具体的な人間がまだ生まれていなくても既に死んだとしても、そのものへの攻撃が人間の尊厳そのものを損なうことがあり、攻撃の具体的形態は、人間の尊厳の抽象的な侵害のための一つの審級にすぎない。

解決できるための立脚点は、ドイツ観念論哲学から引き出された定式ではもはや十分でなく、時代に適った現実的な人間の尊厳の理解であろう。「人間の尊厳を守るためには、理想的に高められた人間像から出発してはならず、むしろ人間をその現実的な所与性において見なければならない[30]」。基本法1条が出発点に置いている人間像に、具体的人間が必ずしも適合しているわけでない。だからといって、人間の無比性を示す自由な道徳的な決定能力を端緒的にも備えるに至らなかった存在を、人間の尊厳の保護範囲から排除してよいだろうか。もしそうであれば、社会の周辺で特別の保護を必要とする人たちが、希望なく、国家権力や社会的圧力に侮蔑的に曝されるだろう。具体的な個別の人間についての現実的考察は、人間の尊厳の尊重が意図したのとは反対の帰結に導くだろう。ここでは、「より控えめな人間の観念（eine bescheidenere Vorstellung vom Menschen）」が必要であり、個別的人間の具体像から解き放たれた抽象的な定式、つまり個別の人格構造を顧慮しないで、いかなる人間も固有価値を現実化できる抽象的能力の下に置かれるということで甘んじざるをえなくなる。限界事例において、これは現実の記述でなく「慈悲のある虚構（eine barmherzige Fiktion）」である[31]。憲法解釈においても、理想主義的に高められた人間像の代わりに、人間の本質についてより具体的でより冷静に理解するところの現実の人間に定位した人間学的考察が要請され、それに定位した人間の尊厳の構想が試みられている。

3. ルーマンの成功した自己表現としての尊厳

ニクラス・ルーマン（Niklas Luhmann）は、「人間は何であるか」という問いにではなく、「人間は何になるか」という問いに重点を置いている。「人間は、実体として彼自身である」のではなく、「人間は、人格になるのであり、その人格として自己表現する」、つまり、「人間は社会的な交流の中でのみ、人格としての個性を獲得する」。ルーマンは、存在論的・実体的に仕上

---

[30] Ernst Benda, Die Würde des Menschen ist unantastbar, in: E.-J. Lampe (Hrsg.), Beiträge zur Rechtsanthropologie, ARSP Beiheft Nr. 22, Franz Steiner Verlag 1985, S. 28.

[31] Ibid., S. 29f.

げられた価値理論を受け入れず、機能的に定位されたコミュニケーション理論を確立して、この斬新な観点から人間の尊厳を再構成したのである。それによれば、人間は既に実体として人格であるのではなく、自己表現（Selbstdarstellung）を通じて人格になるのである。自己同一性の確認は、自己に内在したことでなく、社会的な接触の中で行われる出来事である。人間は、既に有機体として個体であっても、その限りでは個別的な客体にすぎず、自ら相互作用のパートナーとして自己表現することを通じてのみ、自己意識した個性を獲得する[32]。そこで、分化した社会において他者とのコミュニケーションの中で個人的人格としての人間の自己表現ないしは自己同一化を根底で可能にする条件が、さらに問われなければならない。行動は、人格システムの現前化に対しての象徴的価値をもつために、一方では直接に環境から誘発されない面を示すという意味で「自由」でなければならず、他方ではある程度の表現の一貫性を示すという意味で「尊厳」を保証しなければならない。自由と尊厳は、「人間の自己表現の外的問題性ないしは内的問題性に対しての価値的に表された名称」として用いられている。その場合、自由は、因果性の次元から社会的コミュニケーションの次元へ移行するにともなって、自然的な因果連鎖からの遮断ではなく、行動がどこ（誰）に帰せられるかという帰責の問題となる。自己表現が成立するための前提は、隠された決定から免れていることではなく、明白な強制からの自由である。けれども、自己表現は、外から脅かされるだけでなく、自らの中で常に失敗する恐れがある。それは、「選択的な遂行（selektive Leistung）」であるからである。尊厳は、自由に比べると、「成功した自己表現（die gelungene Selbstdarstellung）を表す願望概念」と規定される。人間の尊厳は、決して自然的素質でもなければ、人間に帯有された価値でもない。尊厳は、構成され（konstituriert）なければならない。尊厳は、個々の事物が全体の人間に関わるように強く一般化されているので、一つの逸脱した行動とか配慮のない振舞いが、それを根本的に破壊しかねない点で、「最も壊れやすい人間的財の一つ」であり、このように危険に晒されていることから、「憲法の最も重要な保護対象の一

32　N. Luhmann, Grundrechte als Institution, Berlin 1986. S. 60f.

つ」である。自己表現が、他者とのコミュニケーションの中で人間を人格にならせる出来事である。人間は、自己表現における成功なしには、尊厳なしには人格を行使することができない[33]。

したがって、自由と尊厳は、「コミュニケーション過程における個人的な人格としての自己表現の外面的かつ内面的な先行条件」であるが、その間には一定の相互的な制約関係も指摘される。自由は、もしそれが矛盾した自己表現に至るにすぎないならば、何の意味もないだろうし、尊厳は、もし行動の自由がなければ、表現すべき素材を見出さないだろう。この両契機が相俟って、人間は、自己自身に対しての一般化された態度を展開して、それを多様な社会的状況でのコミュニケーション的行動の根底に置くことができる[34]。

「精巧で一貫した個人的な自己表現」が可能であるためには、国家が平和を保障しなければならない。国家と個人的人格は、相互に前提しあうにしても、全面的に作用し保障しあうわけではないコミュニケーションの一般化の異なった方向を表している。全体的秩序を構成する分化が絶えず維持されることに関わるのが、基本権の機能である。自由権と人間の尊厳規範も、ここに組み入れられ、重要な機能を果たすのである。但し、自由の方が尊厳よりも規範化しやすいことに、容易に気づかれよう。自由は、法律的に侵害から守られうる自己の行為の可動空間が輪郭づけられる仕方で捉えられるが、尊厳は、国家的に把握され難い仕方で、自己の行動に含まれるシンボル的な意味によって失われる。自由主義的憲法は、自己表現の外面的諸条件を真剣に捉えたのに対して、尊厳の内面的問題を完全に個人に委ねたのである。自己が何であるかを決定できるのは人間だけであり、しかも、首尾一貫した納得のゆく自己表現が困難であるため、尊厳の問題は、この課題解決に対しての人間の自己責任である。人間は、まず自分で自らの尊厳に責任を負わなければならない（しかし、あの全体主義国家が狡猾に尊厳の管理に忍び込んだように、他人の管理下での自由は、人間の尊厳、少なくとも公的な尊厳の終わりとなる）。ルーマンは、尊厳の喪失に法学的な構成要件化をすることができなかったにもかかわらず、人間の尊厳を規範的な指導思想としてではなく、基本

---

33 Ibid., SS. 63-69.
34 Ibid., S. 70.

権として見ており、さらに基本権的な尊厳保護の裁判可能性を疑っていない点も注目されよう。ルーマンの尊厳解釈は、尊厳概念と自由概念の明瞭な境界設定を可能にして、同時に両者の相互依存を明らかにする。つまり、尊厳は、個人的な人格性としての自己表現の内的な条件・問題に関わり、自由は、その内的な条件・問題に関わる[35]。

4. ホフマンの関係的・コミュニケーション的概念としての尊厳

H. ホフマン（Hasso Hofmann）は、これまでの法教義学的試みで形成されてきた賦与理論（人間の尊厳を創造主または自然から授与された個人の特別の性質として示す）と能力理論（人間の尊厳を人間の主体の成果として理解して、人間は成功したアイデンティティーの形成による自己規定的な行態から尊厳を獲得する）[36]について、以下の評価をしている。どちらも、人間の人格性、個人の主観性の原理、すなわち個人の自律の原理に基づいている。賦与理論が主張するように、人間の自己存在、神に与えられたか理性的本性から出て来た価値とその上に基づく人間の尊厳の観念が、基本法の制定時の多数のメンバーを規定していた。さらに、平等な被造物性の理念は、まだ意識がないかあるいはもはや意識がない、精神的に障害のある生命、一般的に惨めで哀れな生命の尊厳を十分に根拠づけることができる。ここには、なるほど尊厳と生命との生物主義的な短絡的な等値の恐れがあるが[37]、世俗的な社会では直ちに法の基準として受け入れられない特殊な宗教的見解が前提されている。このような人間の理性的本性と道徳的自律を強調する見解に対して、理性から尊厳への推論は、人間の理性能力を理想化して高めることなしには説得力のあるものでないと反論されるが、しかし、この批判的主張も、人間存在の限界状況で深刻な根拠づけの困難にぶつかる。そこで、これは、単なる潜在的な理性能力、類の能力によって議論しなければならない[38]が、もちろん重

---

35 Ibid., SS. 71-79.
36 Hasso Hofmann, Die versprochene Menschenwürde, Universitätsdruckerei der Humboldt-Universität, 1993, S. 6f.
37 ホフマンは、そのような考え方を採るものとして、第一次堕胎判決（後述）の中の有名な言葉、「人間の生命が存在するところでは、…人間の尊厳が帰せられる。」を挙げている。

要なことは、具体的に個人の尊厳であって、抽象的に人間（人類）の尊厳でない。能力理論も、人間の身体・精神異常者の場合に弱点を見せるが、主観的で人間的なアイデンティティー形成を可能にして確かなものにする基本法上の根本的決定と人間の尊厳との連関を際立たせる長所をもっている。それはまた、古いヨーロッパの形而上学的前提から免れており、多元的社会の市民を特定の人間像や尊厳観念から保護し、国家を特定の哲学や宗教の教説との同化から防ぐことができる。さらに、それは、情報に関する自己決定権に関わっていくことができる[39]。両者の見解は、まったく対照的であるが、次の三点で一致している。①すべての人間の法的平等の保障、差別と屈辱の禁止、②人間の主体性の保持の要求、身体的・精神的な同一性と統合性の保護、③人間にふさわしい生存の確保、物質的な生存の最低限度。しかしながら、ホフマンは、これらの原理的内容にではなく、その根拠づけの脆弱さを批判して、尊厳の保障における国家構造的な意義が等閑に付されていたことを指摘する。「尊厳は、社会的承認において、社会的な尊重要求の肯定的な評価によって構成されている」。「尊厳は、法的意味において、実体概念でも性質概念でも能力概念でもなく、関係概念、コミュニケーション概念である」。尊厳は、個人の共同人間性のカテゴリーとして捉えられ、基本法１条の法益は、共同人間的な連帯性である。人間の尊厳は、具体的な承認に基づく社会から切り離されて考えることができない[40]。

これとの連関で説明されなければならないことは、人間の尊厳の原理の普遍妥当的な要求とナショナリズムの世界で現実化される社会の特殊性との根本的矛盾である。国家が市民権を与えるだけでなく人権を制定するところでは、この弁証法が現れてくる。人間の尊厳は、現実に普遍的な法原理として、政治的に統一された人類によってのみ制定されるだろう。しかし、基本

---

38 その代表的な教説として、デューリッヒの次の言葉、「一般的で人間に関する尊厳の固有価値は、最初から具体的人間にいかなる時でも等しく実現されているのでなくて、実現への等しい抽象的な可能性（潜在的な能力）である。」が挙げられる。

39 H. Hofmann, op. cit., S. 9 f.

40 Ibid., S. 10 f.. ホフマンが関係概念またはコミュニケーション概念の範例として挙げているのは、A. カウフマンとB. ギーゼである。さらに参照を求めているものは、K. レーヴィットである。

法における人間の尊厳の保障の主体は、前文によれば、ドイツ国民である。それは、普遍的な原理の宣言ないしは集団的価値意識の分節的表現とは何か別のものであり、国家創設（Staatsgründung）である。まさにその創設の再生産が絶えず新たに行われるために、何が生じていたのか明らかにされなければならない。まず、憲法的規制のための道徳的モティーフとしての人間の尊厳の普遍的理念と国家の基礎を創設する規範としての人間の尊厳との区別がなされるべきで、後者としてのそれは、各人に対しての主観的権利の保障に汲み尽くされなくて、憲法制定権力者が、原理上平等な仕方で自由で尊厳のある共同体の構成員としての相互的な承認の上に、国家を根拠づけているということを意味している。つまり、尊厳は、国家の創設作用において、人間が相互に認めて法仲間として約束しているものである。相互の約束において、すべての関与者に規準であるべき以下のような共通の意味が確定される。「尊厳は、共同の政治的生活のために、相互的承認の連帯社会の中で、相互に妨害されない消極的な意味での生命、不可侵性、自由の単なる尊重以上のことを意味している。尊厳は、他者をその独自性と個人的な特殊性において相互的承認をすることを意味する」[41]。というのも、我々の人格帯有性を形成しているものは、他のすべての生物と違って人間に共通しているものだけでなく、個性として特殊な仕方で我々に特有なものである。かくして、人間の尊重要求の相互的承認による国家創設作用は、個人的—自由主義的なそれと平等的—民主主義的なそれとを統一する。ホフマンは、自らの構想の法哲学的な深化のために、フンボルトの意味創造の対話的な言語哲学とヘーゲルのイェーナ期の実践哲学の原理としての承認の哲学への参照を求めている。しかし、彼は、啓蒙主義的契約理論について、抽象的な個人主義に基づいているから、それと連結することには躊躇している。彼は、むしろこの理論に先行しその根底にあるヨーロッパの政治的伝統に還り、現代国家の先駆である中世の自由都市に注目して、そこでの都市の体制と法は、市民の誓い、誓約に基づいていたことを重視するのである[42]。

では、人間の尊厳の保障を社会的な約束と解釈することから、特に未出生

41　Ibid., S. 16.
42　Ibid., SS. 13–19.

の生命、消えかかっている生命、自己決定する能力をもたない人間の生命に関して、いかなる帰結が引き出されるのか。ここでも、道徳的動機としての普遍的な人間の尊厳の理念と国民の連帯社会の創設としての人間の尊厳の保障の約束とを区別したうえで、後者の意味での尊厳保障は、憲法制定権力に関与する者としての相互的な約束として、原則としてこの承認に基づく社会にまだ属していないかあるいはもはや属していないものについて、つまり、未出生の人間の生命や死んだ人間の生命について何も語ることはできない。但し、死者の尊厳について語ることは、かつては我々と共にいたものへの尊敬の思い出が、自己自らの、相互に承認するアイデンティティーと自尊の一部だからである。しかし、人格的個性は、一度は現存在をもたなければならない。人間の生殖の可能で危惧される操作に関するすべての問題に、人間の尊厳の原理から得られるものは、見かけよりもずっと少ないのである。胎児は、社会的な尊重要求の可能な主体でなく、明らかに法義務の可能な保護客体である。基本法1条のアスペクトで出て来る問題は、我々は、その自尊のために、未出生の生命にいかなる保護をする義務があるのかということである[43]。

第3節　法概念としての人間の尊厳への接近方法
　　　　——消極的定義、客体定式——

　では、人間の尊厳とは、何であるのか。ニッパーダイのように「人間の尊厳の概念は、それ以上の法学的定義を必要としない」[44]とかフォイスのように「解釈されざるテーゼ」[45]（「定義不能（Nichtdefinition）」）という立場があるが、それ以上詳しく説明されない故に、そのつど主観的な世界観やイデオロギーから引き出された内容規定が避けられなければならない。一般的に承認された、しかも法解釈的にも正確に展開された人間の尊厳の内容といったも

43　Ibid., S. 20 f.
44　H. C. Nipperdey, Die Würde des Menschen, in: A. Neumann u. a. (Hrsg.), Die Grundrechte, Bd. II, Berlin 1954, S. 1.
45　JöR 1 (1951), S. 49.

のを明示するのは困難であろう。そこで、消極的・制限的な概念形成の策をとって、具体化された事例に応じて侵害事象から人間の尊厳の内容を開示することはできないであろうか。人間の尊厳の概念を生活現実に関連させて、そのことによって出されてくる適用問題を具体化する道は、裁判所の法実践によって果たされるから、それだけ実効的であろう。人間の尊厳の本質的定義は断念して例示的列挙で対処するというアプローチである[46]。「消極的定義（Negativdefinition）」[47] は、定義の硬直化を防ぎ、新たな脅威を捉え、柔軟な法解釈を可能にする長所をもつが、具体的なケースでは自明性と合意に頼らざるをえないという弱点をもつ。そこで、消極的定義の定式化の一つの試みとして、デューリッヒがカントの道具化禁止をモデルにして「客体公式（Objektformel）」を提示している。それは、「具体的な人間が客体に、単なる手段に、代替可能な量に貶められるとき、人間の尊厳は侵害される」と定式化され、人間の物件への格下げに尊厳の侵害のための標識を見るのである[48]。その背後には、人間を際立たせる性質を認め、自由のなかで自己自身

---

46 人間の尊厳が特別に危険にさらされる場合を、特に歴史的経験に照らして、憲法上の体系的関連性を考慮しつつ、以下のように領域ごとに列挙する試みがある。①奴隷制、農奴制、被差別者から人間性と生命権を剥奪するような差別的取扱い、女性・子供の売買——人間の平等の著しい侵害、②拷問、身体侵害、矯正目的の医療操作、洗脳、自白剤あるいは催眠術を用いての意思告白、組織的な侮辱・陵辱——身体的・精神的アイデンティティ及びインテグリティの著しい侵害、③最低限度の生存の無保障、援助なき状態への放置、国家に自己の生活欲求を汲みとらせるあらゆる可能性を閉ざすこと——個人に対する社会国家的・法治国家責任の著しい怠慢。B. Pieroth u. B. Schlink, Grundrechte Staats-recht II, 15., vollig neubearbeitete Auflage, Heidelberg, 1999, Art. 1I, Rn. 361. 永田秀樹他訳『現代ドイツ基本権』（法律文化社 2001 年）361. ヴィッツテュムは、消極的に規定された概念を事例グループの形成によって輪郭づけるにあたって、その事例グループは、人間の主観的性質を維持するために構成された諸条件、即ち自己同一性、無傷性、身体的偶然性を含まなければならないとして、個別的に基本法 1 条 1 項によって保障された保護領域、即ち、個人の主体定立、個人の人格的領域、人間にふさわしい生存のための最低限の前提を例示している。Vitzthum, op. cit., S. 123.

47 人間の尊厳という不確かな法概念を形成しているものの内容は、否定的な仕方で、侵害的事象から法実践に対して最もよく規定されうる。Vgl. G. Dürig, Kommentierung von Art. 1. Rn. 28.

48 G. Dürig, Der Grundrechtssatz von der Menschenwürde, S. 127ff.

を決定し発展させる素質のある精神的・道徳的存在としての人間という考えが横たわっている。客体定式は、人間の自律に方向づけられた実質的原則である。その場合、自己目的の性格と道徳的自律は、人間性の理念に関わる。しかしながら、客体定式は、明々白々な人間の尊厳の侵害を確認するのに適するが、そうでない場合には不十分な確認しかできない。ベンダは、客体定式は余りにも一般的すぎると批判する。そこで、「盗聴判決」（BVerfGE30, 1）において、客体定式の適用範囲を限界づけるために、軽蔑の意図の尺度を取り入れたが、客体定式の主観化・相対化の傾向は避けられないだろう。さらに、人間の尊厳の侵害を規定するための手段（Mittel）を文字通りに解すると、この公式は役立たない（現代社会では、誰でも様々な生活局面で他人の手段として不可避的に扱われる）。客体定式は、世界観に無関心な外観を装っても、仔細に見れば「主観的な価値づけのためのパスポート」という正体を露呈する[49]。

第4節　法概念としての人間の尊厳の（合意された）基本的内容

1. シュタルクの形而上学に開かれた尊厳概念

　シュタルクによれば、人間の尊厳は、実定的な憲法の概念であるが、しかし、精神史的根元を顧みずに理解され、法教義学的に扱われることは支持できない。多くの実定憲法の根本諸概念は、その精神史的な根源と憲法におけるその体系的地位からのみ正しく理解されうる。主観的な価値観念に導かれた自然法に防御的に言及して、この放棄できない解釈の基礎は、脇へ押しやることはできない。種々の哲学説や世界観の諸潮流が、人間の尊厳を様々に理解し定義する（キリスト教的、ヒューマニズム的—啓蒙主義的、マルクス主義的、システム論的、行動主義的な尊厳観念）。しかし、哲学者、哲学的伝統、自然法への素朴な引証は禁じられる。憲法解釈は、哲学でない。哲学的構築への性急な関連づけと同様に哲学的人間学の多様性についての懐疑的な諦めも、憲法解釈の出発点として許されない。人間の尊厳の保障にまとわりつい

49　H. Dreier, op. cit., Rn. 52, 53.

た哲学史の重荷についての嘆きも驚かされる。人間の尊厳の保障に表現されている国家に対しての人間の地位は、歴史の流れの中で、法哲学や法実践によって苦心して仕上げられたのではなかったか。我々が再び深い無底から自らを引き上げることができたのも、この歴史のおかげでなかったのか。憲法全体が、体系的解釈によって、歴史的発達ラインの意味で、いかなる哲学の人間の尊厳概念に従っているのか、を認識するように仕向けることは考えられる。それが様々な人間の尊厳概念の諸要素を取り入れているならば、それらは相互に調整することができる。この方法が成功しなかったならば、哲学的な人間の尊厳諸概念に共通の最小限を調べて、これを1条1項の解釈の根底に置くことが考えられるだろう[50]。

人間の尊厳の概念は、哲学的伝統の連続性の中にあり、ナチス独裁の時代に対しての直接的な反作用である。それは、人間と国家との関係の鍵概念である。人間の尊厳は、その不変性とその他の点で妥当する基本権の故に、最低保障である。それは、人間が他の人間の完全な自由処理の下に入るところの単なる客体として、国家や同胞によって扱われること、そして、人間のあらゆる固有の精神的、道徳的ないしは身体的な実存が奪われることから、人間を保護するはずである[51]。

神の前の責任を前文が引証していることは、人間の尊厳の規定にとって重要である。人間の尊厳の形而上学的な基礎は、その法的核心において、国家的・社会的諸力による全体的な自由処理からの人間の最終的な保全を意味する[52]。

世俗化とは、キリスト教からの文化、法の解放を意味する。しかし、この解放プロセスは、今日の文化と法にとって、キリスト教が重要でないことを意味しなくて、新たな基礎づけと更なる発展を意味する。その限りで、キリスト教は、現代の法にとって重要である。ヒューマニズム的な人間の尊厳の根拠づけは、伝統的な尊厳水準の後塵を拝してはならない。スキナーの意味

50　Ch. Starck, op. cit., Rn. 3, 4.
51　Ibid., Rn. 17.
52　Ch. Starck, Menschenwürde als Verfassungsgarantie im modernen Staat, in: JZ (1981), S. 458.

での科学的ヒューマニズムは、はっきり拒否される[53]。

　人間の尊厳は、形而上学的根元から切り離されると、憲法の保護が脱落したときに、人間に経験的に知られ、確信され、要求されることがあるのか。形而上学的な根元を失った人間の尊厳は、解釈の変転を通して、憲法上の保護を移動砂丘（Wanderdüne）にしてしまう。国家によって人間に幸福をもたらすための後見や統制をますます強めるような要請が、人間の尊厳の保護から導出され、福祉国家がその帰結として理解される。尊厳の社会学的解釈によれば、人間は、生まれつき尊厳を賦与されているのでなく、自らの手で尊厳を樹立しなければならない。憲法上の人間の尊厳の保護は、それが自己固有の尊厳の達成に依存させられるとき、自己の行為に対する責任がますます人間から奪われるとき、人間が他人の生命を意のままにしてもよいとき、空洞化されていく[54]。

　シュタルクは、人間の尊厳の形而上学的基礎を説いている。人間の尊厳保障は、人間は自らについて知っている以上のものである、ということから出発している。人間は、合理的な科学の方法で、十全に捉えることができない。人間は、形而上学的に開かれている。人間の科学的把握可能の限界から、人間の法的自由処理可能に対しての限界が出てくる。この相関性は、人間の科学的に把握できる側面だけが、法的規制に服させられる、ということを意味しない。科学的に根拠づけられない他者の侵害も、制裁を必要とするだろう。法は、共同の契約的行為を確保して、他者の権利を保護する。こ

53　Ibid., S. 462. 文化と法を此岸的に根拠づける試みは、キリスト教的基礎に対立したものとみなすに及ばない。ハイデッガーによれば、ヒューマニズムは、形而上学の中にそれを根拠づけるか、それとも自己自らを形而上学の根拠にするか、のいずれかである。人間の尊厳の根拠が、内世界的、世俗的に追究されるときでさえも、キリスト教的見解との連関は、人間の尊厳が具体的な個々の人間に帰せられる、ということの中に、はっきりと表現されている。形而上学から免れた人間の尊厳の根拠づけの試みは、人間が経験的には完全に捉えられない、というところから出発して、人間の性格を「内在的超越」に分類するが、その際に、超越は、形而上学から免れた表象されるが、科学的研究に近づけないものと表象される。しかし、この人間の研究し尽くされない性格、役割からの超越、開かれを、人はどこから受け取るのか。それは、功利主義的な基礎の上に根拠づけることはできない。

54　Ibid., S. 463.

れは、人間の尊厳がすべての人に帰せられる、という状態からの帰結である。しかし、法的制裁は、人間の究極的な領域を、つねに自由処理できないようにさせなければならない。法的に保障された人間の尊厳は、個人の固有の尊厳の達成から独立しているが、尊厳保護が空洞化されてならないならば、ずっと人間の尊厳への信仰を要求する。人間学や哲学が、形而上学的傾向を余りもたず、人間の本質を探究するのでなく、人間の行為を研究するという状況は、直接に法秩序を染みとおるものでない。法秩序は、人間の尊厳と自由の保持の下に、人間の共同生活を規律する独自の任務をもつ。科学的に解決できないからといって、それは世界の外にあるわけじゃない。今ここで人間に関わる法は、人間の無底性を考慮に入れなければならず、形而上学へ窓を開いておかなければならない。ここに、西洋文化の偉大な成果がある、つまり、なるほど野蛮な結果は防げなかったが、野蛮さを認識して、それと戦うことができる基準を準備したのである。国家は、形而上学的に根拠づけられた人間の尊厳なしには、とてつもない権力の肥大化をしたということを、人ははっきりと見た。形而上学なしには、人間は、余すところなく圧倒的に優勢な国家権力に委ねられるだろう。人間の尊厳と自由の形而上学的な根拠づけが忘却に陥るならば、基本法の言葉は、恣意的な解釈に開かれるだろう。基本法は、聖なる代用品として、神聖なテクストの意味を獲得するだろう。世俗的な聖書としての憲法は、国家的機能の担い手に、計り知れないほどの権力の肥大化をもたらしたであろう。精神史的基礎から切り離されて自ら神聖化された基本法の言葉は、恣意的な解釈に開かれ、あらゆる擬似宗教的な改革に開かれているだろう。今日は福祉国家の下で、明日は徳の国家の下で。形而上学的に基礎づけられた人間の尊厳は、国家に対する人間の関係のための鍵概念である。国家と形而上学の関係は、両義的である。国家は、法秩序によって、人間の形而上学的次元を尊重し、保護しなければならない。国家は、それを超えて、形而上学とは関わらない。国家は、信仰も形而上学も義務にしてはならないし、また自らを直接に形而上学に根拠づけてはならない[55]。

55　Ibid., S. 463f.

2．P. バドゥラの実定憲法に定位した人間の尊厳の解釈

これに対して、国家は世界観的に中立でなければならないとして、特定の宗教や哲学派に拘束されることを警戒する立場も根強い。バドゥラは、基本法1条1項について理論・実践で出された解釈では、倫理学的、人間学的、形而上学的、神学的な観点が明示されたが、その諸見解が実定化によって法的効果を生み出すことができるか、それはどの程度であるか、それはどのような仕方であるのか、という問いには殆ど注意を向けることはなかった。同様に、同時代の哲学のどれが、基本法1条1項に受容されたとみなされるのかについて、確実な言明を基礎づけられる判定基準が殆ど挙げられることはなかった[56]。

「人間の尊厳」の下に、カントの道徳的に行為する人格の自律の理論が大きな引きつける力を発揮してきた。基本法1条1項は、観念論的な人格的倫理学の人間学を憲法上係留したのである。それによれば、人間は、動物とは異なって、責任を負う倫理的な行為をする能力をもつことによって、「人格性」である。連邦憲法裁判所も、人間の尊厳を道徳的な人格性の中に見ている。バイエルン州憲法裁判所も、バイエルン憲法100条に対して、この見解を習得してきた（人間の人格性の尊厳）。基本法1条1項の人格的に定位された解釈は、シェーラー、ハルトマンの実質的価値倫理学への依拠に結びつけられて、この命題に見出される人格的な人間学の実定化されたものを、「最高で」「中心的な」価値で、「支えとなる構成原理」として把握されている。そこでは、尊厳は、「価値概念」であり、それは人間を孤立化された個人としてではなく、少なくとも潜在的には「価値体験」することのできる「価値の担い手」として前提している。けれども、人間の尊厳は、カント的意味で理解されただけでなく、人間の神的な人格性の観念（ヴェルテンブルフ）やマルクスに基づく尊厳理解（ブロッホ）も展開されている[57]。

基本法1条1項の解釈は、その中に前もって与えられた価値秩序の構成部分として理解される哲学的人間学の実定化を垣間見ているが、そのことに対してのどのような拠り所が与えられているのか。中世末以来、すべての法仲

56　Peter Badura, Generalprävention und Würde des Menschen, in: JZ (1964), S. 339.
57　Ibid., S. 339f.

間によって自明だと感じられ、すべての定立された法の基礎として前提された倫理学はなくて、善と人間についての競合する見解があるにすぎない。この状況から、世界観的に中立な国家が、世界観的に分裂した社会での社会秩序の道具として生まれてこざるをえないように、国家の法定立の独占と法命題と倫理命題の区別も不可避に生まれてくる。基本法は、その1条1項によって、人格的な実質的倫理学が憲法並びに法秩序全体の基礎にされるべきことへの言及を明示的にも暗示的にも含んでいない。基本法1条1項の法的妥当と法的意義は、一定の哲学的教説と結びつけられえない。人格的な価値倫理学の意味での基本法1条1項の理解は、基本権解釈の方法についての討議で本質的な役割を演じている特殊憲法的な熟慮に服されている。基本権カタログの適用が、法律学的解釈学の方法で仕上げられるのでなく、価値秩序の中で考えられると、法的効果の計算可能性が減じられる。法発見が、価値発見や価値衡量になり、この経過は、合理的な認識ではなく、主意的な選択である。そのことは、法秩序のイデオロギー化を助長する。価値論理的な解釈が不可避的に陥らざるをえないアポリヤは、目的論的解釈が優遇され、人間の尊厳の命題の法的内容が明確な侵害構成要件の決疑論によって確定されるならば、ことによると避けられるかもしれない[58]。

　基本法1条1項の解釈にとって、三つの立脚点が立てられる。
(a) 従属者、心理的異常者、反社会分子、世界観的・人種的少数者に所属する者、国家の刑罰権力や警察権力に晒される者が、その法的地位や人格的統合性において特に危うくされているという一般的経験に、この憲法命題は反応している[59]。

58　Ibid., S. 340f.
59　価値論的、人格主義的解釈は、人間をあるがままに見るのでなく、一定の倫理的理想に従ってあるべきであるように見る。尊厳とは、この理想に適合していることである。その中に、この憲法命題の転換された機能がある。素質によって（精神病者）あるいは振る舞いによって（反社会分子）、この自律的な人格性の理想に対応しないものが、その保護を必要としている。人格主義的理解は、逆接的な仕方で、尊厳を格別に危うくされている人の集団への基本法1条1項の適用可能性を根拠づけることが迫られている。というのも、この理解は、基本法1条1項の射程範囲をあらかじめ前提して、特に保護を必要とする人を排除する道を開く。A・カウフマンが主張しているように、罪と罰の道徳的本性のために、犯罪者は、その行為によって、人格として尊

第4節　法概念としての人間の尊厳の（合意された）基本的内容　31

(b) 第三帝国の特別な経験に、この憲法命題は反応している[60]。
(c) 人間の尊厳に関して限定された構成要件グループが持ち込まれ、明確な内容をもった法命題が基本法1条1項の解釈のために引き入れられるべきである[61]。

異なった社会領域に関わった法命題や教義は、基本法1条1項の解釈のための立脚点を与えることができる。基本法は、人間の尊厳という表現を、特定の社会領域に結びつけずに使用した。したがって、基本法は、包括的な普遍性をもつ憲法命題を生み出したが、しかし、同時に、典型的な適用事例を苦心して明らかにすることによって、計算可能な法的作用領域を与える必要も呼び起こしたのである。けれども、法適用のために人間の尊厳の憲法命題を明確化する、実用可能な縁の鋭い定式は提起できない。そのことは、人間を自己目的としてではなく、他の目的のための手段として扱うすべての行為が、人間の尊厳に違反するという解釈補助方法にもあてはまる。人間の尊厳は国家理性の制限であるという見解は、基本法1条1項にとって本質的な根本的見方――国家や社会の利益は、個人の利益より優越しない――をはっきりと再現しているが、それによって判決に対しては非常に一般的な指針しか与えられない。けれども、基本法1条1項の命題の意義は、次のようにまとめられる。基本法によって秩序づけられた法共同体において、すべての法的に重要な行為に関して、以下の見解が根底に置かれるべきである。つまり。

敬されるべき要求を部分的に失ったが、再び刑罰によって罪を清められた結果、彼は再び人格的尊厳の完全具備に達したのである（Schuldprinzip, 201）。

60　第三帝国の専横と恐怖は、憲法制定者にとって、伝統的な基本権のカタログの前に、人間の尊厳の命題を定立する根拠となった。それは、世界人権宣言の前文に、「人類家族の全構成員に内在する尊厳」を呼び起こす誘引ともなった。この歴史的経験が、人間の道徳的人格性の理論よりも明白に、いかにして基本法1条1項に人間の尊厳の保護が表されることになったのかを説明する。

61　人間の尊厳の憲法命題を具体化する成文法命題や不文法命題は、特に刑事手続法に認められる。犯罪の解明に関わる国家的利益は、限界にぶつかる。手続法にとって基本法1条1項から演繹される法的帰結は、当事者に対しての法的聴聞の命令である。さらに人間の尊厳の軽蔑として表される構成要件は、個人の内面領域への介入である。個人の自己実現は、基本的な生活必要手段にも指図されているので、福祉法や経済法の形成や完成に対しての法的帰結が、基本法1条1項から出てくる。全員に人間の尊厳をもつ生存を保障する目的に、経済生活の秩序が正しく合わせられる。

いかなる人間も、彼がいかなる種であろうとも、彼がいかにふるまおうとも、彼がいかなる状態にあろうとも、人間であり、人間のままであり、達成された文化水準に対応した規則に従って取り扱われることへの法的要求をもつということである[62]。

3. レルへの狭い尊厳概念

人間の尊厳の概念的表象を包囲するのは難しいが、近似的な意味で包囲されることを必要とする。法共同体の成員の合意が一種の自明性として現われてくるところで、狭くなりがちな領域で、その輪郭は定められてくる。人間の尊厳の概念は、中核では一義的に感取されるが、周縁では議論に服している。これまで合意が根底でできていた領域が疑わしくなった。人遺伝学に直面している人間の尊厳のイメージが変わるのか。人間の尊厳の憲法像には、三つの内容的な構成要素がある[63]。

1　人間の侮辱の禁止
2　各個人の個人性の尊重——内面領域の最も内的なゾーンの保護
3　人間らしい生存基盤の保障

4. H・ホフマンの最小化の戦略

ホフマンは、人間の尊厳について、一方では「最高の法価値」、「最高の構成原理」というように特別に高い評価がされているが、他方ではそれが何を意味するのかを正確に規定できず、人間の尊厳が本来何に根拠づけられているのか不明確である点を考慮して、最小化（Minimierung）の戦略をとる、すなわち、一定の理論的内容を認めず、その意義を実践的に自明なものに限定する。この賢明な法学的な抑制は、人間の尊厳の論拠のインフレ的使用に対しての防御、人間の尊厳を引証して批判的論議をブロックする試みに対抗すること、行き過ぎた哲学的ないし神学的主張によって社会的な糾問をする危険を防止することといった三重の長所をもっている。さらに基本法1条の

62　Ibid., S. 341f.
63　Peter Lerche, Verfassungsrechtliche Aspekt der Gentechnologie, in: R. Lukes u. R. Scholz (Hrsg.), Rechtsfragen der Gentechnologie, Köln 1986, S. 100ff.

厳格な歴史化（Historisierung）において、この規定はナチスの蛮行に対する反作用であるので、当時行われたような残虐行為への防御に縮小して解される。にもかかわらず、国家の基本的規範の歴史的な制限を越えた連邦共和国の国家目的は、拷問、少数者の迫害、人体実験、生きるに値しない生命の絶滅の禁止に制限することは殆どできない。精神異常者、反社会的な人、世界観的ないし人種的な少数者、刑罰権力または政治権力に晒された人の尊厳の保護は、それだけ扱いにくく、だから重要である[64]。

このような観点から、ホフマンは次の三点を引き出す。①すべての人間の法的平等の保障、差別と屈辱の禁止、②人間の主体性の保持の要求、身体的・精神的な同一性と統合性の保護、③人間にふさわしい生存の確保、物質的な生存の最低限度。実践的に自明なもの、即ちこの条項がなかったとしても、一般的確信にしたがって妥当するだろうものに、その意味を制限する。基本法１条１項の厳格な歴史化の上に立って、ナチスの蛮行への反作用と当時の残虐行為の防御にその内容を縮小する。けれども、国家目的が拷問、少数者の迫害、人体実験、生きるに値しない生命の抹殺の禁止に制限されることは難しい[65]。

5. H. ドライヤーの合意された人間の尊厳についての三つの根本的言明

基本法の頂点に人間の尊厳の命題を設定することによって、特殊にはナチス統治の拒絶が、一般には「20世紀の全体主義的権力による人間の筆舌に尽くしがたい尊厳の剥奪」に対しての抵抗が記録されると同時に、それと正反対の、新しい国家秩序の基礎をなすすべての人間の等しい尊厳の言明が宣言されている。その高い意義と例外的性格が、諸文献の中に合意された礎石に数えられ、たしかに基本法の創設においても意識されていた。人間の尊厳は、基本法の創造者によって、最も深刻な形の虐待、迫害、差別に対しての防塁として考えられた。ナチスの権力の支配で経験された不法に対しての反作用が、初期の憲法裁判所の定式、「品位の貶め、烙印、迫害、軽蔑」から人間の尊厳を保護することを刻印した。基本法は、個人の全体主義的な軽蔑

64　Hasso Hofmann, op. cit., S. 5f.
65　Ibid., S. 9f.

に対しての反対綱領を定式化している。基本法1条1項は、他者との相互的承認の中での人間の人格的自律、個人的な自己価値、主体の質という「根本規範」として、全員の等しい尊厳への根本的な要求を印している[66]。

人間の尊厳の命題は、規範的な最高位の故に、この上なく深い相対主義的な世界の中の一つの絶対的なものとして、一種の市民宗教的な錨として現れる。いかにそういった種類の不文の、最高位につけられた憲法命題に輪郭が与えられ、さらにいかにしてその適用が方法論的に検証され合理的に証明されるように型取られるのか、という点に、中心的な法教義学な問題が潜んでいる。人間の尊厳は、その例外的な規範的性格と方法論的な原則である故に、広く包括的に理解されてはいけなくて、むしろ狭く解釈されなければならない[67]。

基本法1条1項の法規範的性格は、単にプログラム的命題でもなく、また倫理的な信仰告白でもなく、直接の効力をもつ客観的憲法の規範である。それは、国家権力のすべての担い手に対して直接の拘束力をもつ「方向を指示する価値決定」をなしている。この高い実質的な意義に、人間の尊厳の特別な規範的地位が対応する。第一には、79条3項に基づく永久保障。第二には、1条1項による「不可侵性」では、絶対的な保障が問題である。衡量不可能性。具体的に意味することは、自由権から知られたメカニズム（基本権の保護領域への介入が、それ自体その侵害を意味せず、憲法的に正当化されうる）が及ばないということである。むしろ、あらゆる侵害の中に、既に人間の尊厳の侵害が存している。連邦憲法裁判所が繰り返し強調しているように、人間の尊厳は、いかなる個別的基本権やその他の憲法価値と衡量できず、相対化されないということである。「学問の自由と人間の尊厳の間の衡量」について語ることは、術語的に疑わしい（人体の世界展判決。裁判所は、標本の展示に人間の尊厳の保障領域の侵害を見ていない）。唯一の考えられる例外事例は、尊厳が尊厳に対立する場合である。人間の尊厳の段階づけ衡量可能性の許容に賛成する意見もある[68]。

---

66 H. Dreier, op. cit., Rn. 39, 40.
67 Ibid., Rn. 41. 遺伝子工学の領域での拡張的な傾向に反対の立場として、レルヘ、ホフマン、フェヒナー等がいる。

第 4 節　法概念としての人間の尊厳の（合意された）基本的内容　35

　人間の尊厳の一般的に受け入れられ、教義学的に正確な法概念なるものはない。なるほど不可避的な帰結の意味でのいくつかの根本的な言明は、一般的に受け入れられるが、その場合高い抽象レベルでの合意は語られうるが、それは具体的な事態への適用の際には、たちまち崩れる。人間の尊厳を消極的に侵害事象から解する試みがしばしばなされるが、自明で合意が得られやすいケースでは機能するが、扱いにくい問題には余り効かないように思われる。人間の尊厳を成すものは何か、それを本来的に根拠づけているものは何か、という積極的な内容規定の試みの場合、①価値・賦与理論[69]、②能力理論[70]、③コミュニケーション理論[71] という三つの手がかりが出されている。

　消極的な規定の試みも積極的な規定の試みも、いずれかを選択する関係または相互に排除する関係にあるわけでない。人的な射程範囲の問題や特定の事例の布置の評価にとって重要である接近方法や重点の置き方が違っているにも関わらず、三つの根本言明の中核領域に関しては意見の一致がある。

(a) 人間の尊厳の規範は、平等原理として、平等思想の荒々しい侵害に対し

---

[68] Ibid., Rn. 43, 44.
[69] Ibid., Rn. 55. 価値・賦与理論は、尊厳の下に、人間の一定の性質、人間を特徴づける質を理解している。二つの派生形態、キリスト教的なものと自然法的・観念論的なものに、それは出て来る。前者では、神の似姿性の観念に関して、神の創造秩序の枠組みでの人間の卓越した地位が注視され、後者では、人間の理性の中の特殊な質、自由な自己決定ないしは道徳的自律の能力に根差している。尊厳を、その現実化（の可能性）を顧みず、事実的な堕落や奇形を顧みずに承認する傾向が、両者には内在している。
[70] Ibid., Rn. 56. 能力理論は、人間の尊厳を、人が人間としてつねに既にもっているものまたはあるものとしてではなく、何か達成するべきものとして捉えている。尊厳は、成功したアイデンティティー形成や自己表現の過程においてはじめて獲得される。人格的なアイデンティティーや事実的な自己決定を固有に生じさせるという契機が、自由の基本権とパラレルに強調される。しかし、能力理論は、要求された能力を（もはや）証明することができない人間の捕捉に関して弱点をもつ。
[71] Ibid., Rn. 57. コミュニケーション理論は、人間の尊厳の国家構成的契機、「国家創設機能」を注視する。尊厳は、実体、質、能力の概念ではなく、関係またはコミュニケーションの概念である。尊厳は、社会的な尊重要求の積極的な評価による社会的承認において構成される。「具体的な承認社会」との連関で考えられなければならない人間の尊厳の法益として、「共同人間的な連帯性」が商標で使用される（ホフマン、ハーバーマス）。この手がかりは、人間の尊厳の担い手の規定において、生産的であることがわかる。

て、奴隷制、奴隷状態、人身売買に対して、特定の民族集団や人間集団の組織的な屈辱、国外追放、追放に対して向けられている。特定の人間集団を第二クラスの人間にあるいは「人間以下のもの」に格下げが、一般的に否定される。(b) 憲法的自由の表現として、人間の個人性、アイデンティティー、身体的、心理的、道徳的な統合を尊重することである。それは、いかなる種類の拷問、洗脳、その他の品位を貶める行為を排除し、より微妙な侵害や屈辱に対しても保護することである。総体として見れば、個人の主体としての質の保持という自由主義的原則が問題である。(c) 人間の尊厳の命題から、社会的な構成要素として、全体経済的発達とパラレルに具体化される物質的な生存の最低条件の保障が帰結される[72]。

6. ホェッフリングの重大な侵害に対して保護すべき尊厳の四つの基本的条件

1条1項を重大な侵害に対して保護するはずの中核ゾーンや基本的諸条件のより正確な規定が必要であるが、それは四つの問題次元に区別されうる。①身体的統合性の尊重と保護[73]、②人間に適った生活基盤の確保[74]、③基本

72　Ibid., Rn. 50, 58-60.
73　Wolfram Höfling, Kommentierung von Art. 1, in: Michael Sachs (Hrsg.), Grundgesetz Kommentar, 3. Aufl., München 2003, Rn. 20-23. 生命科学の急速な発達によって多くの困難な問題が投げかけられているが、人間の尊厳についての理解の試みは、まだ完結していない。体外受精や胚移植は広範に許されているが、余剰胚（凍結・選別・消費の胚研究）は非常に争われている。個々の人間的実存の具体的な危険が問題である限りで、主たる基準となる規範は、生命への基本権であって、人間の尊厳の保障ではない。研究または産業で利用した後で廃棄する目的のため、「治療的クローニング」の方法での胚の意図的な作成は、基本法1条に違反する。PIDは、基本法1条に違反するかどうか疑わしい。生命科学の介入の対象が、具体的な基本権主体でなく、人間性そのものであるところでは、教義学的にまだ克服されていない問題が開かれる。自然支配と主体支配の同時発生が、主体性への直接の貫入へ導く（生殖的クローニングやハイブリッド）。人間の尊厳の保障の客観法的次元に照らして、そのような実験が原則上許しがたいとする裁断が確かであるとしても、それがこの領域でのあらゆる活動の絶対的な不許可を意味するわけでない。個人的な基本権の担い手の具体的な危険と人間的なものそれ自体ないしは人間性一般の危険を区別することは、人遺伝学の憲法判断にとっても重要である。人間の体細胞への遺伝子治療は、問題ないが、胚細胞へのそれは、当該の基本権の担い手を超えて、世代間の生殖の含意をも

第 4 節　法概念としての人間の尊厳の（合意された）基本的内容　　37

的な法的平等の保障[75]、④人格的同一性の防御[76]。この人間の尊厳の保障内容の素描は、他の基本権の保障に対しての人間の尊厳の部分的な特殊性と補充性によって相対化される。

　つ。それは、広く許されないとみなされる。その場合、1条1項は、客観法的機能においてのみはたらく。遺伝形質の操作に関して、消極的な治療は一定の条件で許されるが、積極的優生学への移行は予防されるべきである。1条1項は、人間の類を体系的に最適化する介入に対しての最後の乗り越えられないハードルとして示される。

74　Ibid., Rn. 24-26. 1条1項は、人間にふさわしい現存在のための最小限の諸前提を確保するべきである。高度産業社会ポスト産業社会の諸条件の下で、個人は、自らの身体的生存の物質的・精神的諸条件を、もはや自力であるいは他人の助力で保証することができない。物質的・精神的な最小条件の確保は、今日では社会秩序・法秩序の任務となった。代替できない理由で自己保全の可能性を失ったものは、物質的生存の最小限への要求をもつ。

75　Ibid., Rn. 27, 27a. 基本的な基礎の平等。奴隷制や人種的差別だけでなく、その他の卑下するような不平等な扱いも禁止される。これに対して、1条1項は、商業的に営まれる養子斡旋を禁止していない。子の現存在を損害の源泉として損害賠償法的に資格づけることが、基本法1条1項に違反するかどうかという問題で、連邦憲法裁判所の二つの部局の間で意見の不一致が起こっている。第二部局はそれを肯定したが、第一部局は憲法違反を認定しなかった。第一部局の判決でもって、BGHにおける当該の医師の損害賠償法に関わる司法が生成している。この判決に対しての疑念がはねつけないとしても、関係する子の人間の尊厳に対しての違反は、ここには存しない。それに対して、遺伝的差別（特定の遺伝的素質の故に不利に扱うこと）の場合、人間の尊厳は侵害されている。役割や地位の付与のための選別を目的にした義務的なスクリーニング（集団検診）は、基本的な基礎の平等の侵害、したがって人間の尊厳の侵害を表しているだろう。

76　Ibid., Rn., 28-37. 1条1項の憲法規定は、今日脅かされている人間の尊厳の現実化のための条件の保護：人格的同一性ないしは心理的、精神的、知的な統合性の維持を確保する（Vitzthum, S. 252, Podlech, Rn. 34ff.）。自己同一性と統合性は、最大限可能な自律的な自己表現の過程を表している。それは、例えば"Big Brother"への出演によって危うくされるものでない。一般的人格権は、人間の尊厳と広範な競合関係に立っている。

　自己同一性は、内面との関わりと外面との関わり、私と私たち、自由な人間の二つのゾーン（孤独な人間と共同の人間）のアンビヴァレントな緊張関係を含んでいる。自己表現と発達は、他者の援助によって実現されうる。共同人間性が考えられるときにだけ、連邦憲法裁判所によって展開された人間像の定式も肯かれる。議論で用いられる像が、義務の次元を経て、基本権の制限に服させられるならば、役に立たない。人間の尊厳の命題の責任次元を経て、動物保護の命令に憲法的な威厳を付与することは可能でない。人間の尊厳が不可侵であるということは、人間の自由処理不可能性、作成不可能性を描いている。人間は、自由で、定義できない、開かれた存在（基本法

第5節　人間の尊厳の法的地位・性格

　法体系において人間の尊厳の規定は、いかなる地位を占め、どのような法的性格をもつのであろうか。それは、憲法の「最高価値」、「憲法の価値体系の中心点」、「すべての法の最高目的」としてみなされる。ドイツの憲法体系では、第79条第3項において憲法改正から人間の尊厳条項の永久保障が定められ、さらに第1条第1項第1文の「不可侵性」の規定で絶対的保障が定められている。ここで絶対性とは、衡量不可能性を意味する。人間の尊厳は、個別的基本権やその他の憲法価値と決して衡量できなくて、その限りで相対化できない。そのような意味で、人間の尊厳の特別の規範的地位が認められ

の開かれた人間像）である。人間の尊厳を定義することは、憲法上不当である。1条1項の現実的な関連点としての人間の非完結性に、規範的な開かれが対応している。伝統的な客体定式も、人間の尊厳の保障の中核を狙っている：人間は、単なる対象にされてはならず、むしろ、外在的に規定できる人間の彫琢、機能的な条件化、画一的な本質規定に対して対抗できる足場への権利をもつ。この意味で、1条1項は、その都度固有の人間像への権利も保証し、自己同一性を破る不当な干渉に対してこれを保護する。

　そのような1条1項の理解は、成果に関連づけられた尊厳モデルと並行する。尊厳を現実化する試みに失敗した者も、1条1項の保護を享受する。彼は、基本権の担い手として、規範領域から排斥されるという意味で、尊厳がないわけでない。ばかげた自己表現も、尊重されるべきである。人間の尊厳は、人間を、彼がその個人性で自らを把握し、自己自らを意識しているように保護する。一般的には、1条1項は、自己同一性の維持を挫折させるような国家の Ingerenzen から保護する。汚名を着せられた少数者は、特に保護を必要とすることがわかる。人間の尊厳に対しての危険は、刑務所や精神病棟のような全面的な収容体制から出発している。刑の執行に関しては、人間にふさわしい収監条件や終身自由刑が問題とされる。刑の手続きに関して、兵役に関して（人間の尊厳に反しない）、性転換に関して（人間は自己自らを意のままにして、自己責任をもって運命を形成することができる。人間の尊厳と自由な自己発達への基本権は、人格状況を心理的・身体的素質にしたがって属している性に組み込むことを命じる）、遺伝子診断に関して（人間の遺伝子コード解読は、人格に関係するデータを正確に突きとめることができる。人間の尊厳ではなく、一般的な人格権だけが論じられる。人間の尊厳の侵害を正当化できるのは、特別な随伴状況があるときで、例えば、遺伝子技術の累積する介入が、特定の人間集団の全体のデータ像が出て来る程の強度に達したであろうときである）。

る。但し、この特別の地位は、他の基本権に対しての絶対的な支配と等置されるものではない。

　人間の尊厳の法的性格について、客観的法として理解されるのか、それとも主観的—権利的な性格、「基本権の性質」をもつのか、激しい論争がある。デューリッヒは、人間の尊厳を基本権だけでなく法・国家をも根拠づける基礎規範とみなすが、訴訟可能性を欠いているので、基本権の資格を認めない[77]。多数説は、人間の尊厳がまさに主体の性質を保護するものであるならば、それに訴え可能な主観的権利の性格をも認めるべきであると説く[78]。基本法の文言、体系的地位、成立史、目的論の解釈からも、デューリッヒの立場は支持できないし、少数者保護の機能やナチスの歴史的経験は、主観的-権利的解釈にそれに適した表現を見つけるのである。シュタルクによれば、尊厳保障において人間が主体として保護されるので、規範の目的は主観的法に帰着する[79]。

　ヘルデゲンは、基本権としての人間の尊厳の保障を説いている。尊厳保障を単なる憲法原理として理解するか、それとも基本権として理解するかは、権利保護や尊厳侵害の結果にとって重要であるだけでなく、その尊厳の理解の仕方が、具体化の端緒、尊厳内容への接近を刻印してもいる。人間の尊厳を原理として捉える者は、主観的権利の擁護者よりも、尊厳の保障を容易に状況に制約されて輪郭づけることから免れることができる。憲法テクストは、人間の尊厳の保障の主観法的性格を未決定のままにしてある：1条3項には、後続の基本権が語られるが、「基本権」の章の冒頭に、人間の尊厳の尊重と保護が定められている。基本権的価値秩序の中の人間の尊厳の中心的地位、並びに基本権的価値・要求システムのための客観的基礎としての人間の尊厳の理解は、また主観的法としての解釈にも不可避的に対立するわけではない。客観法的基礎としての基本権的な価値・要求秩序にとっての体系的な

77　Dürig, Kommentierung von Art. 1, Rn. 4f.
78　Nipperdey, op. cit., S. 11 f. Zippelius, in: Bonner Kommentar, Art. 1, Rn. 32, Podlech, in: AK-GG, Art.1 Abs.1, Rn.61, Benda, Die Menschenwürde in: ders. u. a. (Hrsg.), Hand-buch des Verfassungsrechts, Berlin, 1983, S. 110
79　Starck, op. cit., Rn. 28

意義のために、基本法1条の保障から主観的な構成要素を奪うことは、「構成的純粋主義」であるだろう。人間の尊厳の侵害は、たいてい個々の自由権や平等権の保護範囲に抵触するだろう。しかし、それらの基本権が、人間的人格性に対して新たに（バイオテクノロジーの可能性によって）発生する危険に対して保護することは信用できない。基本権秩序の中での人間の尊厳の保障の特別な地位と、自己決定された人格としての個人の保護に対しての中心的な機能は、その基本権的性格をもっともらしいものにする。人間の尊厳は、第一に、類存在としての人間ないしは共同人間性の抽象像を保護するのでなく、人格としての尊重への具体的要求において個人を保護する。尊厳保障の精神史的背景が、それを客観的原理や単なる秩序理念へ還元することに反論するだろう。ホロコーストの犠牲者にその固有の尊厳要求における侵害を否認することや国家的恐怖政治を客観的な尊厳原理に対しての違反としてのみ段階づけることは、我慢できないように思われる。最後に、単なる客観的原理としての人間の尊厳の解釈は、人間の尊厳が他の基本権に埋没する危険を促進することになるだろう。したがって、基本権としての人間の尊厳の支配的解釈は納得できる[80]。

　ホェッフリングによれば、1条1項は、2項と結びつけられることによって、完備した法規制になる（すべての国家権力に人間の尊厳を尊重し保護することが義務として課される）とき、人間の尊厳を侵害することの断言的な禁止の国家権力の義務に、個々の人間の権能も対応する。憲法体系学の内部では、基本権部分に係留された1条1項の規定には、人間が国家のために存在するのでなく、国家が人間のために構成されるという規範的な基礎観念が表明されており、要求を好んで迎える憲法内在的な傾向に直面して、人間の尊厳という構造を作る根本規範をただ客観的法命題としてだけ解釈することは、体系矛盾的となるだろう、この帰結に対して、1条3項にある「後続の基本権」を指摘することは、優柔不断で「些事にこだわる形式主義」であることがわかる、と解している[81]。

80　M. Herdegen, op. cit., Rn. 26.
81　W. Höfling, op. cit., Rn. 3, 4, 5.それに対して、基本法1条1項の主観法的な基本権の性質が、様々な教義学的根拠づけの端緒から最近疑われている。特別の規範的な開

第5節 人間の尊厳の法的地位・性格

　人間の尊厳の保障の具体化に特徴な不快感と異常な困難さの原因は、人間の尊厳の法技術的な保障の構造的、規範的な特異性の中にある。それは、二重の特殊性、一方では様相的に整序された一般条項としての特殊な規範構造によって特徴づけられ、他方では不可侵性の条項で絶対的な妥当要求を定式化している。(a)「基本法1条1項の特殊な規範構造について」　基本権規範は、たいてい生活現実の特定の断面に対しての保護空間を強調するのに対して、基本法1条は、実質的に独自に刻まれた規範領域をもっている。人間の尊厳の原理も、自由や平等の一般的な法原則のように、人間の行為の包括的なスペクトラルを指示している。基本法は、特定の社会領域に拘束されずに人間の尊厳の命題を使用し、「包括的な一般性」をもった憲法命題を生み出している。しかし、一般的行為自由の保護領域は、特別な自由保障によって規制されないものの残量として捉えられるが、3条1項と同じく1条1項の場合も、「引き算の方法」は拒まれる。平等も尊厳も、基本権の担い手の特殊な行為に関わらず、行為の様相に関わる。人間の尊厳の保障は、様相的に整序された一般条項として、特別な規範的開放性によって際立っている。
(b)「不可侵公式」　1条1項の特殊な規範構造とそこから帰結される規範的な開放性の点で、人間の尊厳は、基本的に他の規範的に開かれた憲法諸規定から区別されるわけでない。憲法規定の解釈的開示を困難にするのは、一般条項と人間の尊厳を不可侵的と宣言する1条1項の厳格な定式との結合である。この定式が、具体化のジレンマに陥る：規範テクストを真面目にとって、そのために憲法命題の実践的な関連性を広範に断念するか、それとも、日常的な法業務のために人間の尊厳の保障を「小さな硬貨」に変え、その代償に規範命令の不等な緩和と相対化をするか、のいずれかとなる。大きな実践的な関連性と絶対的な無制限要求は、両立できない[82]。

　とりわけ、他の基本権とは違った特殊な規範構造、即ちそれ固有の特定の

　　放性と特殊な規範構造によって特徴づけられる人間の尊厳の保障に是認されることは、価値を充足する解釈規準（エンダース）、客観的な根本原理（ドライヤー）、最高の憲法原理（ブルガー）、基礎命題（グロッシュナー）であるが、個人的な法的地位を仲介する基本権的規定ではない。Vgl. Ibid., Rn. 5a ホェッフリングは、上述の理由から、これと反対の立場を採る。

82　Ibid., Rn. 6-11.

「保護領域」が欠けている点で、人間の尊厳の保障に基本権的性質を認めるのに躊躇せざるをえない[83]。尊厳規範は、特殊な基本権に対しての一般的な自由権とは異なって補充的なものではない。人間の尊厳の保障には、第一次的に基本権が実質的な法的判断の尺度と認められる限りでは、人間の尊厳は、基本権の実定性、即ちそれに関しての構成要件と制約を均す（nivellieren）ことに用いられてはならない。基本権の保護範囲の射程と限界が疑わしくなるときにはじめて、規範目的である人間の尊厳への遡及が必然となる。内容的には不確定な普遍的な人間の尊厳が、はじめて基本権を超越して、歴史的な経験の継続性の表現として、具体的なケースで判決発見のための方向づけする力を獲得する。それゆえに、憲法原理としての人間の尊厳の意義は、基本権解釈の文脈で展開される。人間の尊厳規範は、基本権と並行して出てくるのでなく、基本権の解釈と衡量のための尺度である。人間の尊厳は、基本権に対して「lex specialis」ではない。基本権が、人間の尊厳に目的論的に関連させられるところでは、人間の尊厳は、その付加的なメルクマールでなくて、それに対する尺度なのである。この意味で、尊厳規範は、基本権と競合的な関係にはなく、憲法解釈の規制原理として「sui generis」の関係に入っている[84]。基本権に対しての特別の関係が、その具体化の多段階的プロセスと並んで、人間の尊厳の原理としての性格にとって決定的なメルクマールである。唯一無二の人間の尊厳を基本権の類的集合に組み入れることは、その思わぬ相対化を助長し、結果としてその弱体化を招くことになる。

　ラレンツは、法原理を、ルールのようにその下に事態が包摂されるものでなく、例外なしに具体化を必要とするものと解しているが、その具体化の段階の最高位にある法原理は、まだ構成要件と法的効果の分化ができておらず、「一般的法思想」にすぎないと見ている。ラレンツは、そのようなものとして、法治国家原理や社会国家原理と並んで、人間の尊厳の尊重原理を挙げている。但し、このタイプの憲法規定を他の法規範と区別するものは、原理の抽象性でなくて、適用事例の規定性を欠いていることにある。原理は、自ら「指示」ではなく、指示の根拠、判定規準、正当化である[85]。

83　Dreier, op. cit., Rn. 127.
84　Steinacher, op. cit., S. 164ff.

第5節　人間の尊厳の法的地位・性格

　アレクシーは、人間の尊厳規範が、絶対的原理（原理の衝突の場合、常に他の原理に優先する原理）である印象を与えるかもしれないが、そうではなくて原理的性格の他にルール的性格をもったものである、と考える。人間の尊厳規範のルール的性格は、それが他の規範より優先されるかどうかでなく、それが損なわれているかどうか問われる際に示される。けれども、この問いに答えるに際しては、人間の尊厳規範の意味論的開放性の故に、広い自由空間が残される。人間の尊厳ルールの内容は、人間の尊厳原理が他の原理に対して衡量されることを通して確定されることになる。人間の尊厳原理は、異なった程度において実現されるが、それがある条件下で確実に他のすべての原理に優先するということは、その原理の絶対性を意味するのでなく、単にある条件下で人間の尊厳原理が有利に扱われるような優先関係のための憲法上の理由があるということにすぎない。人間の尊厳原理は、人間の尊厳概念と同様に不確定である。人間の尊厳の諸観念（Konzeption）は様々である、例えば、人間が単なる客体にされてはならないという一般的定式の他に、人間の尊厳が守られるときに現存していなければならない具体的な諸条件の束によって説明される。しかし、それらの条件の束は、完全に相違しているわけでなく、多くがいくつかの点で分岐するが、他のいくつかの点では一致している。その間には、はっきりした境界はなく、ヴィトゲンシュタインが「家族的類縁性」と言い表したものが成り立っている。相互に交差し、すれ違う類似性の複雑な網。人間の尊厳の一つの統一的概念に含まれる種々の解釈された観念について語られるが、それらをクラス分けすることは難しいのである[86]。

　チッペリウスは、マウンツのように、基本法第1条第1項第2文にある国家権力による人間の尊厳の尊重・保護義務に主観的権利は対応していなくて、むしろ個人は客観的法の単なる反射によってその尊重・保護義務の享受に至るということであるから、第1条第1項は基本権を保障するものでないという解釈に対して、人間の尊厳に対する主観的権利が規定可能で、実行でき、法的安定性と一致する限りは、その条項に基本権保障を見ることができ

85　K. Larenz, Methodenlehre der Rechtswissenschaft, 3. Aufl. Berlin, 1975, S. 441.
86　R. Alexy, Theorie der Grundrechte, Suhrkamp, 1990, S. 94f., S. 332ff.

ると考えている。人間の尊厳の尊重に対する要求は、この概念の不鮮明な境界にもかかわらず、司法的手続きに入れないほど不確定的なものでない。保護要求が余りにも不確定的な対象しかもたなくて、いかなる保護行為が個別事例で訴えられるのか、十分に予想することができないという懸念は、重くのしかかるけれども、その懸念も、人間の尊厳概念が憲法実践によって段々と具体化され、把握できるようになる程度において、消えていく。基本法第2条第1項だけでなく第1条第1項も、個別的な基本権の構成要件の網によって捉えられなかったところの人間の尊厳の侵害に対しての「受け皿的な構成要件」を、いわば最後の防衛線として形成している。しかし、人間の尊厳の保障は、完備したものではない。チッペリウスは、第1条第1項は、個人に人間の尊厳を尊重し保護する主観的権利を承認したものである、と解しているが、そのような義務は、必然的に基本権の所有者に対して成り立っているわけでない、と注意している。法の論理は、法義務の保護客体が常に権利者であることを要求するわけでないからである。さらに、第1条第1項には、基本権であることを超えて、憲法の本質的な規制の根底にあるだけでなく、その他のすべての法もまたそれに従って正される、方向指示的な価値決定の作用が含まれている。憲法規範は、方向指示的な価値決定として、人間の尊厳の最大限可能な実現に向けて押し出される。このような意味で、人間の尊厳は、基本権だけでなく、方向指示的な価値決定をも保障している[87]。

第6節　人間の尊厳と後続の基本権との関係

さて、人間の尊厳規範は、他の個別的な基本権とどのような関係にあるのか。H・ドライヤーによれば、以下の三つの関係が挙げられている。
（a）ドイツの連邦憲法裁判所は、人間の尊厳を単独で適用することは余りなく、それを他の基本権や憲法原理と繋ぎ合わせて（〜in Verbindung mit derMenschenwürde）用いている。「規範の合金的融解（Normamalgamierung）」。このように人間の尊厳の狭い固定した中核領域に留まらず、その関連を拡張

---

[87] R. Zippelius, Bonner Kommentar, Art. 1, Rn. 11-18, 24-33.

していく傾向は、社会の新しい動向にも対処することのできる強力な実践的な意義をもっている。しかし、この規範結合は、その中のどの部分が絶対的で不可侵の人間の尊厳の命題であり、どの部分が制限された相対的な基本権その他の憲法原理であるのか、この間に境界線を引くことができるのか、という理論的問題を提起するが、さらに、人間の尊厳命題の絶対性が、他の基本権から出てくる、事例に関連した衡量手続きのために雲散霧消させられるという実践的な帰結も引き起こしてくる[88]。

(b) 人間の尊厳は、個別的基本権と補充的な関係にあるのでなく、それに対して「基礎づけの関係（Fundierungsverhältnis）」にある、と説かれる。人間の尊厳は、すべての基本権の根源であり、全体の基本権は、人間の尊厳の具体化である。それは、主観的権利でなく、基本権に対しての統制的原理、解釈の確率、理解を指導する原則である。しかし、基礎づけ関係は、すべての基本権カタログが人間の尊厳に起源をもつというように理解できない。また、人権が、歴史的には人間の尊厳規範より古いのに、どうして前者が後者から出てくるのか、疑わしい[89]。

(c) 基本権には、絶対的に保護された人間の尊厳の核心が内在していると説かれる。「基本権に含まれた人間の尊厳の内容（Menschenwürdegehalt der Grundrechte）」。すべての基本権には、人間の尊厳規範から成長した中核内容が内在しているが、それらは、基本法第19条第2項の「本質内容」並びに第79条第3項の憲法改正制限条項によって補強されている。けれども、すべての基本権が、直ちに人間の尊厳の保障の表現とみなされるのか、疑わしい[90]。

基本法1条1項から出発する価値秩序思想は、実質的な根拠を置くという意味で、アルキメデス的点の優先によって魅了する。人間の尊厳から基本権の演繹ないしは個別的基本権によるその詳細化は、人間の尊厳の保障の実質

---

88 H. Dreier, Bedeutung und systematische Stellung der Menschenwürde im deutschen Grundgesetz, in: K. Seelmann (Hrsg.), Menschenwürde als Rechtsbegriff, ARSP Beiheft Nr. 101 (2004), S. 39f.
89 Ibid., S. 36f.
90 Ibid., S. 37f.

的内容を余りにも広げすぎ、自由権と平等権の憲法的保障の固有価値を見誤っている。デューリッヒと結びつけられるこの解釈は、人間の尊厳の保障を、人間の尊厳を充満し輪郭づけるその他の諸権利に対しての基礎またはそれらへの要求として捉える（諸権利への権利）(Enders, s. 501)。このように理解された人間の尊厳の保障の内部での衝突が、抽象的な人間の尊厳・標準の調和を引き合いにして否定されることになる。基本権の間の二律背反から法律学的抽象天国への逃避。ヘルデゲンによれば、自由権や平等権を人間の尊厳の内容に完全に焦点化されたならば、ドイツの基本権秩序を他の諸国の憲法発展から遥かに隔てることになったであろう。けれども、ドイツ国法学は、「価値秩序ドグマ」の方法論的挑戦を十分に克服できなかった。価値ピラミッドの頂点に人間の尊厳の保障を備えた基本権体系のヒエラルキー的、演繹的な基本権秩序のモデルは、人間の尊厳の具体化に他の基本権が影響することを見誤っている。むしろ、人間の尊厳と後続の基本権の相互的な関係づけ（wechselseitige Zuordnung）が、より重要なことである。個としての人間や類としての人間に帰せられる人間の尊厳・標準は、基本法の特殊な自由権や平等権の基準によっても輪郭づけられる。人間の尊厳の輪郭への古典的な自由権の照射は、人権や基本権の理念史におけるその特殊な地位にも対応している。というのも、人間の尊厳の保障は、その発展史の後期段階ではじめて移住してきた。単独に人間の尊厳からだけ行われたならば、そういう基本権の構成は、非歴史的であるだろう。それは、比肩しうる基本権の水準をもった他の諸国から、ドイツを広範囲に隔絶させるだろう。それらの国は、人間の尊厳の優位やそれに比べられる憲法的保障を知らない。人間の尊厳の内容は、個別的な自由・平等の基本権に異なって刻印されている。人間の尊厳の保障は、一般的な人格権の発達において、基本法2条1項の一般的な行為自由と最も強く浸透した結合をしている。人間の生命は、基本法秩序の中で最高価値を表し、人間の生物学的基礎をなす。身体的不可侵の保護と信仰、良心、世界観の自由は、特に重要な人間の尊厳の核をなしている。住居の不可侵の場合、刑事訴追のための可能な介入は、人間の尊厳の核に近づける。集会の自由、結社の自由、団結の自由は、人間の尊厳との緩やかな関わりを示す。外国への引き渡しの禁止は、人間の尊厳を殆ど形成していない。

庇護権は、人間の尊厳の保護から演繹されえない。基本法3条2項と3項の特別な差別禁止が、人間の尊厳の内容である[91]。

第7節　若干の考察

　法概念としての人間の尊厳は、第二次世界大戦後、全体主義体制による人間の組織的蹂躙に対しての反省・克服の新たな立脚点として定められた。それは、単に自由の抑圧に留まらず、自由を可能にする存在の否定である故に、従来の人権観念の適用域を越え出るところがあった。人間の尊厳は、西洋の精神史的伝統の中で形成されてきた概念であり、とりわけキリスト教とカント哲学からの影響は大きいものがある。しかしながら、その評価に関しては、人間の尊厳の法概念に対するキリスト教の包括的影響を説く者（シュタルク）もあれば、その限定的影響に留める者（ドライヤー）もある。またカント哲学に関しても、

　デューリッヒのようにそこから「客体定式」を引き出す者もあれば、ドライヤーやゼールマンのようにカント哲学の影響（法哲学の次元ではなく、道徳哲学の次元に留まる）に抑制的ないしは懐疑的な見方をとる者もある。

　人間の尊厳の基本構想は、上述の歴史的境位と精神史的伝統に強く結びつけられる仕方で、(1) 理性能力に定礎された人格の尊厳がまず出された。人間が本来的にもつ理性と道徳的自律の能力の故に等しく与えられる尊厳であり、失われることのない常に存在するものとして、絶対的な尊重要求でもある。この構想に潜む抽象的人間像と実体概念をそれぞれ批判する仕方で、(2) 具体的な現実の人間としての個人に定位した尊厳と (3) 成功した自己表現としての尊厳である。特に、(3) の尊厳構想は、コミュニケーションの中での個人的人格の自己表現を通して、尊厳が「構成される」（既にあるのではない）ことを強調する。伝統的な常在不変の静態的な尊厳観念を否定する点で、(1) と対極にある立場である。最後に、人間の尊厳の国家創設的契機に着目して、憲法制定権力が平等で自由な尊厳のある共同体構成員としての

91　Herdegen, op. cit., Rn. 18-21.

相互的承認の上に、国家を根拠づけているとする（4）関係的・コミュニケーション的概念としての尊厳が、最近に（1990年代頃）提唱され、支持を広げている。(3) と (4) は、構造的に近い（コミュニケーション過程を基礎に置く）が、前者が個人的主体の能動的作用に焦点をあてているのに対して、後者は公共的空間での構成員相互の約束・同意という共同的作用に焦点をあてている。両者ともに、あらかじめ存在する尊厳のようなものを認めず、そのつど個人主体または個人主体相互の投企によって尊厳が構成されることになる。それは、ある意味で開かれた価値的に中立な尊厳概念であるが、不可侵性から由来する尊厳の絶対的性格が、尊厳がそれを構成する事実的諸契機（条件）に依らしめられることによって、曖昧化・希薄化されるおそれがある。(3) と (4) は、人間の尊厳の適用範囲を狭める傾向をもつ。前者では自己表現する能力をもたない者が、後者では承認行為に関与できない者が、その保障を受けられなくなるから。

　その他の人間の尊厳の存立を可能にする基本的条件（ないしは内容）については、一方では、哲学（形而上学）または宗教へ開かれた尊厳概念（形而上学の根元を失うと、憲法解釈は移動砂丘のような有様を呈し、権力の肥大化をもたらす）が説かれ、他方では、憲法解釈は、世界観的に中立であるべきで特定の宗教・哲学に束縛されてはならず、人間の尊厳についての構成要件的に明確にされた法内容の獲得を目指す立場がある。しかし、人間の尊厳の概念を完全に包囲するのは難しく、近似的にしか包囲できないという判断に、結局のところ落ち着いているようにみえる。最小化の戦略をとり、実践的に自明と思われることに尊厳の内容を限定する試みが度々行われてきたが、ほぼ共通した以下のような内容に収斂している。(a) すべての人間の法的平等、差別・屈辱の禁止、(b) 人間の主体性の保持、(c) 人間にふさわしい生存の確保。

　人間の尊厳の積極的定義の現在の到達点は、上述したとおりであるので、その代替策または補完策として、消極的定義（特に客体定式）が実践的に頻繁に試みられてきた。しかし、それから余りにも一般的で曖昧な意味しか拾い取ることができず、人々の間に合意が出来上がっていない問題には殆ど役立たない。

人間の尊厳の法的性格をめぐって、法原理かそれとも主観的な基本権か争われてきたが、後者が多数説である。しかし、人間の尊厳は、他の基本権と違って、一方で不可侵性からの保障の絶対性ないしは（他の法益との）衡量不可能性、他方で人間の行為の包括的スペクトラルに関わるという一般性という相容れない契機を含んでいる。人間の尊厳は、この構造的特質の故に、他の（固有の適用領域をもつ）個別的基本権と同列に論じきれないところがある。それは、憲法解釈の脈絡で、基本権の解釈・衡量のための尺度・基準としてはたらく。ここには、原理的性格が顕在化している。注意しなければならないことは、原理の意味についての理解がかなりばらついていることである。原理にはそれぞれ"重さ"があり、相互に衡量されるとき、人間の尊厳の不可侵性から導き出される衡量不可能性と矛盾することになろう。

　人間の尊厳と後続の基本権との関係について、「合金的融解」、「基礎づけ関係」、「基本権の中の人間の尊厳の内容」の三説が提案されている。それぞれ長所と短所をもっているが、人間の尊厳の規範的独自性をより明確に把握したものは、「基礎づけ関係」であろう。しかし、三つの説は人間の尊厳と基本権の関係の重要な側面を示しているので、相補的に捉え、全体的構造を仕上げることに努めた方が生産的であろう。

第2章　人間の生命の法的意味

　基本法2条2項に規定されている生命に対する権利並びに身体を害されない権利は、過去の基本権の宣言の中に、前例を殆ど見ない。これらは、ナチスの権力者たちの殲滅政策、強制断種、人体実験等、生きる価値のない生命の滅失の許可要求に対しての反作用として理解される。基本法の中に、人間の生命の法的定義は書かれていない。基本法制定会議の議論でも、生命権の中に未出生の生命を含めるかどうかについては、結論がまとまらなかったようである。20世紀末に、一方ではPID幹細胞研究遺伝子沿法、クローニングの実施（の可能性）の中で、人間の生命の始まりについての問題が呼びさまされ、他方では臓器移植の法的許可をめぐる論争的な討議や、オランダで積極的安楽死を合法とする法律が可決されたことから、生命の終わりについての明確な概念をもつことを迫られることになった。生命の両端に関わる根本的な問題提起が、「生命」の一般的概念の究明に向わせることになる。

　ここでは、さしあたって、法学的見地からの「生命」の概念規定のいくつかの試みとその基本権教義学的な構成を示すことにする。

第1節　有機体的システムとしての生命

　人間の生命の法的保障についても、デューリッヒの解釈がひとつの基本的範型を示しているように思われる。「"生命"概念は、基本権概念としても、"純自然的概念"である。それは、"生きている存在（Lebendigsein）"、つまり、"まだ生きていないもの"や"死"に対立する人間の現存在形式である。"生きている存在"がいつ現存するかは、人間の身体に関わる自然科学的（生物学的－生理学的）所与に則って決められる」[1]。M. クロッパーもほぼ同

1　Günter Dürig, Kommentierung von Art. 2 Abs. 2, in: Maunz-Dürig (Hrsg.) Grundgesetz, C. H. Beck (München) 1983, Rn. 9.

趣旨の考えを述べている。「生命に対する権利は、生きる権利である。それは、身体的な現存在、生物的―物質的な生存を含んでいて、すべての基本権の要求に対しての生物的な前提である。その保護は、人間の生命一般だけでなく、個別の生命に関わっている。…生命は、もっぱら生物学的―生理学的な意味で理解されている」[2]。

　生命に対する権利は、身体的現存在、生理的・身体的実存に対する権利であり、殺害されない未出生の生命の権利も含む。出生が生命保護の開始点ととられないのは、その時点が広範に人間の手に委ねられているからである。刑法が着床前の生命保護を認めていないのは、女性の身体の中での生命発生を、妊娠に依らないで立証することの困難につながっている。体外の受精の場合、そのような立証の困難は問題にならない。受精で個体性が決定され、連続的な発達プロセスが始まる。生物学的・身体的事実としての人間の生命は、精神病者や不治の病の患者の生命が問題であるときでも、生存し続ける権利を呼び起こす。基本法2条2項によって保護された生命概念を、意識現象や身体的な発達段階で区切るならば、生命に対する基本権の操作に扉が開かれるだろう。人間の生命の純生物学的・物理的定義が、生命権の保障の目的を果たし、いかなる社会的・発達医学的・政治的・人種的な生命の価値づけから守る。生命権の担い手は、「何人（jeder）」である。自然人である。人身の自由は、出生から死までの生きている人間だけに帰せられるのに対して、生命権の担い手は、未出生の人間の生命にも及ぶ。民法1条は、基本法の下位にある。それは狭すぎる。出生のための前提であるところの基本的諸権利は、未出生の人間の生命にも帰せられる。ドイツ語の Leben は、nasciturus にも関わるのは明らかである。プロイセン一般ラント法に、「人類の一般的権利は、まだ生まれていない子にも、既に受胎の時から関わる」と書かれている[3]。

2　Michael Kloepfer, Leben und Würde des Menschen, in: Festschrift für das Bundesverfassungsgericht, Bd. II, S. 81.
3　Christian Starck, Kommentierung von Art. 2 Abs. 2, in: Mangoldt・Klein Starck (hrsg.), Kommentar zum Grundgesetz, München 2005, Rn. 189-192.

第2節　フュシスとプシュケーの統一としての生命

　上述の通説的見解に対して、アンデルハイデンは人間の生命の統合的把握の試論[4]を展開している。アンデルハイデンは、生と死の二分法が基本法を貫いているという事実から出発する。デューリッヒの定義は、生と死の存在形式がどこに違いがあるかを語っていない。憲法裁判所は、彼の手がかりを採用せず、彼の存在主義化の代わりに、生物学的・生理学的認識をとった。けれども、憲法学者が自然科学者に、いつ人は法的意味で生きているかと問うても、答えは与えられないだろう。生と死の規定にとって必要な一連の経過に対しての観察の記述は、自然科学にとっても、一つの選択、限定、評価を前提している。自然科学者も、あらかじめ生命の概念が念頭に置かれているときにのみ、生きているものに生物学的・生理学的所与を関係づけることができる。生死の区別をする根拠となるものは、単なる自然観察から出てきたのでなく、一定の自然観察の意義についての評価、協約（Konvention）から出て来るのである。いわば自然から、生死の自然科学的概念を模写することはできない。生と死は、「発見的概念」である。死ぬという複雑な生理学的過程のいかなる出来事が、憲法上、人間の生命の終わりを意味するのかが、決定的に重要である。生と死の日常的理解に結びつき、他の諸学の成果も排除せずに、基本法における「生命」の保護利益に向けた独自の意識が求められる。生と死の境界づけをすることの高い社会的重要性は、この概念をめぐる広範な社会的討議を必要にする。脳死者の温かい血の流れる身体とか脳死した妊婦の例は、科学的な概念形成の妥当性についての根本的な疑義を呼び起こさせる。古典的に合意された十分な学問性の規準に、憲法理論も義務づけられる。できるだけ少なくもっともらしく検証可能である前提に基づき、豊富で多様な適用機会を示す、明確で単純で正確な端緒が求められる。我々は、それを言語的に模写しさえすればよい、生と死のようなものがあると期待できない。我々が期待できるのは、憲法学者が日常言語でスタートす

---

[4] Michael Anderheiden, » Leben « im Grundgesetz, in: Kritische Vierteljahresschrift, 84（2001）SS. 353-381.

ること、憲法の父たちによって実践されてきた日常世界との連携が、最後には基本法の「生命」の定義に至る憲法的な詳細な記述を可能にするかどうか問うことである。「生命」の概念は、日常的に「死」に対立して見られており、この境界を視野に入れることが肝要である[5]。

　生と死の日常言語的な概念が、それから憲法教義学に実用化できる概念が獲得されうるように、いかに説得的に抽象化されうるか。法学、医学、哲学の中に、種々の生と死の概念があるとしても、以下のような共通の出発点となる確信を、我々は共有している。それらが、基本法によれば、生と死の概念の構成部分にもなる。(1) 生と死は互いに排除する (Exklusivität)。生きていることは、死んでいないことである。(2) 生と死は、一つの完結した概念の対をなす (Vollständigkeit)。(3) 死者は、生き返らせることができない (Irreversibität)。(4) すべて生きている者は、一度だけ死へ至る (Finalität)。(5) 生きている者は、意識をもっていることも、意識をもっていないこともありうる。死者は、意識的に計画し、行為を企図することができない (Asymmetrie)。生きている者の意識形成の抽象的可能性だけが重要であり、それが個別事例で欠けていることはある (Anencephale)[6]。

　上記の構成諸要素に、普遍性に繋がれる合意が存するならば、憲法は、その合意の上に建てられ、生と死の概念を詳細化する。(6) 憲法全体は、一つの「生命」の概念だけを知っている (Einheitlichkeit)。これらの規制に対して、生と死の異なった概念を要請することは、きわめて不適当であろう。これは、法的安定性と信頼保護を危うくするだろう。(7) 死の主体は、2条2項の文言上、人間的個人でなければならず、ただ人間的身体やその有機体ではない (Ganzheit)。生命に対するあらゆる侵害が、完全に身体的不可侵に対する侵害と再構成されるとすれば、身体的不可侵と並んで、生命を独自の保護利益として設定することは、2条2項の内的体系から無駄であろう。両者を区別するのは何か。身体的不可侵性に対する侵害において、身体的心理的統一としての人間は保たれているが、死んだ人は、抽象的にさえ意識をもっていない。死者には、フュシスとプシケーの統一が解かれている。「生命」

5　Ibid., SS. 353-359.
6　Ibid., S. 360.

の保護利益の正確な規定のために、統一的性格が特に効果を発揮する。生きている人間は、自らこの統一を組織して、死者と違って自己統合する存在である。基本法における生命保護の法益は、フュシス、プシケー、自己統合の三つの部分をもった生理的—心理的統一としての人間である。自己統合と身体統合の区別が、2条2項の二つの法益、生命と身体的不可侵との質的相違をなす。生命は、身体的不可侵より以上であるだけでなく、独立した保護利益である。(8) 生命という憲法的概念は、ある種の恒常性を示すべきである。それは、個人的な常軌の逸脱の流露や正当性要求で保護されない規範的含意のようなプラグマティックな顧慮を排除する。例えば、新しい技術を適用することが許されるために、生命の終結の際に生命の概念を変える者は、プラグマティックな考慮をしている。臓器移植の可能性のためにだけ、死の概念が新しく定義されたならば、そのようなプラグマティックが示されているだろう。随意に国家の行為の基礎としての生命の概念を変えたならば、個人的な常軌の逸脱が示されるだろう。最後に、専ら宗派的に特定の規範的な正当性要求によって根拠づけられる諸要素のために、生死の憲法的概念が拡張されるべきでない。それらの概念諸要素から、生命の憲法的概念を獲得することは可能である。(7) の全体性から、2条2項の「生命」は、自己組織化する生理的・心理的な統一としての人間に帰せられる。生死の対立性 (1) (2)、死の不可逆性と最終性 (3) (4) から、上記の諸特徴の一つが不可逆的に失われていない限り、人間は生きているとみなされなければならない。したがって、人間は、少なくとも潜在的に自己組織化する生理的・心理的統一とみなされる限りで、生きていると一般に認められる。非対称性 (5) によって、この人間が現下に意識をもっているかどうかは重要なことでない。その生命の概念は、さらに具体化を必要とする。(6) の条件を充たし、憲法理論的条件の (8) に違反する公理や論拠に遡らないことである[7]。

　生きている人間が、自己統合する生理的・心理的統一であると定義されるならば、ある人が、このメルクマールの一つもまだ示していないときには、2条2項の生命の保護利益に包摂されないように思われる。ヘルスター

7　Ibid., SS. 361–366.

(Hoerster) も、まだ意識が形成されない限り、2条2項の意味でまだ生きていないと考える。胎児や胚は、自己統合する身体的な前提がまだ形成されていない限り、生命に対する権利をもっていない。この帰結に対して、潜在性論拠が持ち出される。その枠組みでの一般的命題が広すぎる。ある人が、外から妨害されることなく、自己統合する生理的・心理的統一になる発達の自然的経過にあるとき、基本法の意味で生きているとみなされる。潜在性論拠には、二つの異なったアスペクトがある。作為と不作為の区別である。それ以上の人間の行為なしに心理的・生理的統一が樹立されるときにのみ、潜在性論拠の意味での潜在的な心理的・生理的統一について語られうる。体外受精卵は、母胎内に入れられるというような更なる行為を必要とする。それは、体外で生命の発達の全プログラムを自らの中に備えているにしても、自分だけで進行していくことができない[8]。

第3節　生命に対しての基本権の法教義学的構成

　生命に対しての基本権のフィーリッツの注解[9]から見てみよう。
　基本法2条2項は、人間の精神的な実存、その他の行態のための前提として人間の身体的実存を守る。それは、人間の人格とその発達の自己決定と自己責任のための基本的諸条件を保障する。保護領域として、それは、生きている生物学的・物理的実存の意味での人間の身体的現存在を保護する。それは、基本法秩序内部での最高価値であり、国家による人間の身体的実存の滅失からの保護は、倫理的最小限の合意を表す。生命に対する権利は、すべての外からの作用に対しての保護を目指す。それは、人格的な基本権の担い手のあらゆる生命に対しての保護と等しい評価を要求する。その保護は、原則的にその都度の発達状況に依らず成り立つが、保護の程度は差別化を受け入れる。その保護領域は、出生前の個人的な人間の生命を含んでいる。人間の生命の始まりと終わりについての抽象的・一般的規定は、自然科学的かつ客

8　Ibid., SS. 377-380.
9　Helmuth Schulze-Fielitz, Kommentierung von Art. 2 Abs. 2., in: Horst Dreier (hrsg.), Grundgesetz Kommentar, 2. Aufl. Tübingen 2004,

観的に前もって与えられた事態でなく、先行する生命の概念を手がかりにした選択的な評価であり、自然的事実と結びつけて憲法上規範的・評価的に決せられる問題である。人間の生命の発生過程の自然科学的認識の境位は、出生前の人間の生命の始まりに対して多数の結節点をわからせる。連邦憲法裁の判決では、体内の胚の場合、着床から、分割されない保護される人間の生命が問題となる。着床と、人間になる個体的な形成に対しての母親の有機体の寄与の無条件的な必要性が、決定的な質的な切れ目である。けれども、着床前の発達段階を人間の生命または生命権の担い手とみなさないとすれば、憲法的な無保護の危険が生じるのではないか。生命の保護領域は、むしろ広く解釈されなければならない。生命権の規範的意味での生命は、卵と精子の融合による受精で始まる。着床、脳の形成、出生で始まるわけでない。保護領域のレベルでは、いかなる切れ目も恣意的なようにみえる（それでもって、生命権の制限の可能性が違ってくることは、ありえないわけでない）[10]。

　2条2項の基本権の担い手は、あらゆる生きている自然人である。生命は、出生の完了する前、間、後いずれにも、それ以上の生命能力が問題でなくても、直接に保護される。母体内の個体的な生命のまだ生まれていない担い手も、「何人」とみなされる。体外で造られた生命で母体の内または外にある場合も同様である。しかし、診断目的のため分離された全能細胞は、それに含まれない。保護に値する身体的形態が欠けている場合、身体を傷つけられない要求は、事柄上除外されている。出生前の生命の現象形式の更なる生への権利は、国家に対して侵害する措置を執らないように求める主観的権利を付与する。2条2項は、様々な種類の国家的侵害に対しての防御権を含む。生命と健康は、その侵害によってだけでなく、その危殆化によっても損われる。生命権は、客観的に帰責されうる仕方で人間の死を引き起こすような公権力の措置によっても侵害されうる。それは、未出生の人間の生命の死にもあてはまる。生命権は、法律の留保の尺度にしたがって、法律に基づいて制限されうる。第三者の競合する基本権が入り込むことになると、立法者はこの平衡を法律の中で具体的に表すことができる。また基本権の担い手の

10　Ibid., Rn. 20-29.

同意も、自己決定権の発露として、生命権に対しての侵害を正当化することができる。基本権の法律による制限は、憲法的な限界づけ、「制限の制限 (Schranken-Schranken)」に服している。単一の法律の基礎は、憲法規準と生命に対しての権利の位階に照らして、憲法に適合してまたは憲法に定位されて解釈されなければならない[11]。

　生命に対する防御権は、法律の留保に関しては絶対的ではなく、相対的に違った仕方で保護される。比例性テストの枠組みで、国家の介入によって保護される法益と、生命権が主張される際の扱い方が問題となる。一方では、他のすべての基本権の要求の前提としての生命権が、衡量で最も重要である。他方では、立法者の介入は、生命の違った時間的段階と発達する生命権の過程の中での違った段階との間で、差異化することが許される。とりわけ、生まれた人間の生命権と未出生の生命の保護とのカテゴリー的区別は、文化に深く繋がれたもので注目に値する。生命保護は、生命保護の程度において、衡量的な段階づけを許容する。(a) 生まれた人間　生まれた人間の生命権は、比例的な仕方で個別的事例または他の生まれた人間の生命権の保護のためにだけ制限されうる。国家が法律によって生命の危険をもたらしたり、その殺害を許可したりする場合、第三者の生命の保護や重度の健康被害からの保護のために、これは正当化されうる（兵役、人質奪還のための警察の射殺、正当防衛、緊急救助）。国家は、自由な、自己責任をもつ決定能力のもとでは、受動的な臨死介助の権利を侵害してはならない。能動的臨死介助は、不治の病者の制約なき精神的自由において要求する時は、憲法上可能である。死すべきものの自律的決定の表現でない臨死介助の現象形式は、憲法上不当である。「疑わしきは、生命の利益のために」。死すべきものの自律に対しての主観的権利と２条２項からの客観的義務の間の緊張は、立法者だけが調整できる。(b) 未出生の生命　医学的目的のため、国家による胚の利用の促進は、正当化を必要とする生命権への介入である。胚の生命権に対して、将来の第三者の生命の救済を目指す目的。そのような衡量の可能性に対して、生命の保護の絶対性、基本性が主張され、目的をもった殺害のあらゆ

11　Ibid., Rn. 39-41.

る正当化が排除される。あらゆる生命に無制限な人間の尊厳を帰す見方が、根強く説かれる。しかし、生まれた人間と未出生の生成する生命との等置は、日常の直観に反するだけでなく、広範に合意された法秩序や立憲国家の法状況に反する。それは、世俗的立憲国家の全市民に対して普遍妥当的でなく、憲法でもすべての人に義務づけられているわけでない倫理的前提に基づいている。立法者は、むしろ未出生の生命保護に関して、着床の前後で差異化する利益衡量が必要である。立法者は、PIDの規制の場合、当然に母親の権利を斟酌してよい。研究の自由や病気の治療の目的で、体外の胚の犠牲によって、胚性幹細胞の獲得を許可・促進してよい。立法者の広範な決定空間が第一の越えられない限界を見出すのは、研究実践が、他の人間の生命や健康のような同等の法益の改善に向けられていないところにある。研究目的のために獲得されたのでなく、体外受精で余った胚で間に合えば、比例性原理の必要性原則は、そのような胚の利用に制限することを要求する。消費的胚研究が認識目的達成のために必要でないところでは、第二の限界が出て来る。未出生の生命の段階的に増大する生命保護から、第三の限界が存する。生命保護に関わる新たな質が、体内の着床や個体化と結合されている。それは、例外的な場合にのみ、第三者の生命の直接的な保護のため、研究目的による殺害を許可するだろう。体内の胚と体外の胚との間には、保護の程度に関して、より強く差異化されてもよいだろう[12]。

　2条2項は、防御権を超えて、生命と身体的不可侵に対する権利を保護し促進することを国家やその組織に客観法的な行為命令を規範化する。生命に対する保護義務は、「包括的に」妥当する。生命の危険をもたらすのが、直接に国家でなく第三者であるような位相に対しても、自然災害に対してさえも妥当する。客観的保護義務の内容には、憲法訴願の仕方で主張されうる主観的権利が対応している。けれども、そのような権利主張は、立法者の広い決定裁量の故に、これまで例外的にしか成功が見込まれなかった。保護義務は、競合する基本権利益との平衡で、未出生の生命利益の保護との連関で先鋭化されうる。未出生の生命の保護義務は、重度の健康被害の危険から妊婦

12　Ibid., Rn. 61-70.

を保護する義務の限界にぶつかる。重篤な新生児の「早期の安楽死」や体外の胚による研究は、別の限界状況である。立法者は、妊娠の惹起以外の目的のために卵細胞の受精（1条1項2）や胚の消費（2条）を禁じてもよいが、憲法上そうする義務はない。彼は、基本権上の保護義務の次元で分岐した利益の平衡にあたっての広い自由空間をもつ。というのも、憲法は、市民の道徳的、倫理的、宗教的な諸規準を受け入れさせるから。胚性幹細胞に対する輸入禁止は、この自由に動ける範囲を守るかどうかは、対抗する基本権との衡量の問題であるが、その限りで憲法的に疑わしい。国家は個人を自己自身から保護することが許され、そうしなければならないかは、はっきりしない。保護義務と防御権が、同一の基本権の担い手に関わっている。一方では生命と健康への自己危害の権利があるが、他方では生命と健康の利益において当事者の行為自由を制限することを国家に許す。身体的不可侵の権利に関して、個人には健康に適合した生き方をする義務はない。個人が、彼の生き方によって、第三者の健康やその他の基本権を害する恐れがある限りにおいて、立法者は、過度の侵害禁止の枠内で、そのような行為を制限できる[13]。

第4節　若干の考察

　生命の法的保護は、過去の基本権系譜には見当たらず、ナチスの組織的な生命抹殺に対しての反作用として成立した。生命は、まず「自然的概念」として、自然科学的・生物学的に理解される。そこから、身体的現存在に対する権利が引き出され、人格とその発達の自己決定のための基本的諸条件を保障することになる。それは、すべての生命に（その発達に依らないで）等しい保護を与えなければならない。生命の発生過程の多数の結節点のどこから、生命の法的保護が始まるのか、議論のあるところである。

　生命の概念について、別の解釈もある。生と死の二分法から、その日常理解と諸学の成果をもとにして、基本法の生命の保護利益を導き出すのである。生と死の区別をする根拠となるものは、単なる自然観察から出てきたの

13　Ibid., Rn. 76-85.

でなく、一定の自然観察の意義についての評価から出てきたからである。死者には、フュシスとプシケーの統一が失われている。生命の保護利益の正確な規定のためには、統合的性格が強調されなければならない。基本法における生命保護の法益は、フュシス、プシケー、自己統合の三つの部分をもった生理的・心理的統一としての人間である。この意味での生命の範囲は、母体内の受精卵まで遡ることができるが、それ以前の段階へ遡ることはできない。後者では、母体内に入れるという更なる行為を必要とするから。

　生命権の保護領域は生きている人間の身体的現存在をカバーする。生命権の担い手は、出生の前後に依らず、すべての生きている人である。すべての自然人は、主観的権利、国家の侵害行為からの防御権をもつが、それは法律の留保の下にある。生命に対する防御権は、相対的に違った仕方で保護される（比例性テスト）。出生後の生命と未出生の生命、着床の前後で、差異化する考量が求められる。さらに生命に対する保護義務は包括的に妥当する。

　生命は一度失われたならば、再び取り返すことはできない。それが失われるならば、他のすべての基本権の存在が無意味となる。したがって、生命権は挽回不可能な基礎的な基本権である。生命はそれぞれの個人にとって、勝手に処分できないもの（Unverfagbares）である。生命は彼の固有の有機体的実体であり、まさに彼自身である。客体（法益）としての生命は主体としての生命でもある。「生命と人間の不可分的同一性」。現代における生命をめぐる議論の激しさは、その「対象の特殊性」にあるそれは、「我々の外にある何らかの対象に関わるだけでなく、我々自身に関わる」[14]

14　H. Dreier, Lebensschutz and Menschenwürde in der bioethischen Diskussion, in : H. Dreier / W. Huber, Bioethik and Menschenwürde, Münster 2002, S. 10

第3章　人間の尊厳と人間の生命との関係

第1節　堕胎判決における人間の尊厳と人間の生命についての考え方

　人間の尊厳と人間の生命の関係を考えるうえで具体的な手がかりを与えてくれるものは、ドイツの連邦憲法裁判所の二つの堕胎判決である。

「第一次堕胎判決」（BVerfGE 39, 1）
　　「人間的個人の歴史的実存の意味での生命は、確かな生物学的─生理学的認識によれば、受胎後14日（着床、個体化）から始まる…。そこで開始される発達過程は、連続的な過程であり、それには明瞭な切れ目がなく、人間の生命の異なった発達段階の正確な境界づけが許されない。基本法2条2項1文は、出生後の"完成した"人間並びに独立した生存可能な胎児に制限されるものでない。生命に対する権利は、"生きている"誰にでも保障される。つまり、出生前の自ら発達する生命の個々の断面の間、ないしは生まれていない生命と生まれた生命との間に、区別が行われえない。基本法2条2項1文の意味での"誰でも"は、"生きている誰でも"である、換言すれば、誰でも生命を保有する人間的個人である。…」（37）
　　「だから、どんな人間の生命も保護する国家の義務は、基本法2条2項1文から既に直接に導き出される。それは、この他に基本法1条1項2文の明示された規定からも出てくる。というのは、自ら発達する生命は、基本法1条1項が人間の尊厳に請け合った保護をも分かち合っているからである。人間の生命が存するところでは、それに人間の尊厳が帰せられる。その担い手がこの尊厳を意識しているか、自らそれを守ることを知っているかどうかは、決定的なことでない。人間存在に最初から備え付けられた潜在的能力は、人間の尊厳を根拠づけるのに十分である。」（41）
　　「これに対して、胎児が、自ら基本権主体であるか、それとも権利能力ないし基本権能力の欠如のため、生命に対する権利の中の憲法の客観的規範から

"だけ"保護されるにすぎないか、という論争中の問題は、…決定されないままにしておいた。」(41)

「国家の保護義務は、包括的である。それは、…自ら発達する生命に対しての国家による直接的侵害を禁止するだけでなく、この生命を保護し支援するように国家に命令する。」(41)

「人間の生命は、…基本法秩序の中の最高価値を表している。それは、人間の尊厳の生物的基礎であり、また他のすべての基本権の前提である。」(41)

「基本法1条1項に方向づければ、妊婦の自己決定権より胎児の生命保護を優先する決定が下されなければならない。…この優位は、妊娠の全期間にわたって妥当する。」(43)

「未出生者の生命権は、妊娠に通常結びつけられた程度を本質的に越え出た負担を女性に負わせることはできない。ここには、期待可能性の問題、換言すれば、国家は、そのような場合にも刑法の手段を用いて臨月まで懐胎することを強制することが許されるかという問題が出されている。…そのような対立状況では、立法者は特別の自制を義務づけられる。」(48)

74年刑法は「助言システムにより刑罰規範が代替されている。けれども、可罰性の完全な放棄によって、少なからぬ事例で生成中の生命の保護を完全に排除する保護の欠缺が生じた。」(55)

「個々の生命の保護は、他の生命を救うというそれ自体尊重されるべき目的を追求するために、放棄されてはならない。いかなる人間の生命も、生成中の生命であろうとも、それ自体等しく価値を有しているから、決して違った価値づけや数字上の衡量に服することがあってはならない。」(59)

「第二次堕胎判決」(BVerfGE 88, 203)

「基本法は、国家に人間の生命を保護するように義務づける。人間の生命には、未出生の生命も含まれる。…この保護義務は、…基本法1条1項の中にその根拠をもつが、その対象と規準は、基本法2条2項によって詳細に規定される。」(251)

「いずれにしても、未出生者の場合に妊娠の一定の時点で問題となるのは、個体的な、その遺伝子的な同一性と一回性及び変更不可能性において既に固定された、もはや分割できない生命である。それは、成長と自己発達の過程において、ようやく人間に向かって (zum Menschen) ではなく、人間として (als Mensch) 発達するのである。」(251、252)

「この人間存在の尊厳は、未出生の生命にとっても、それ自身のための現存在に存している。」(252)

第1節 堕胎判決における人間の尊厳と人間の生命についての考え方

「母親側の受け入れによってはじめて根拠づけられるのでなく、未出生のものにその実存に基づいて帰せられる生命権は、人間の尊厳から出てくる基本的で不可譲な権利である。」(252)

「未出生の生命に対する保護義務は、人間の生命一般だけでなく、個別の生命に関連する。」(252)

「生命の保護は、他のあらゆる法益に例外なく優越するという意味で、絶対的に命じられていない…保護義務は、何らかの保護措置が講じられていれば十分なのではない。その射程範囲は、一方で保護される法益の意義と要保護性に照らして、他方で衝突する法益とともに規定される。」(254)

「過少保護の禁止が損なわれてならないならば、法秩序による保護形成は最小限の要求に応えていなければならない。」(255)

「妊娠の全期間にわたって妊娠中絶は、原則的に不法とみなされるので、法的に禁止される。そのような禁止がなかったならば、胚の生命権を任意に扱うことが、第三者、母親の自由な決定に委ねられるだろう…女性の基本権は、妊娠中絶の禁止に断固たる処置をとるものでない…子の懐胎の法義務を一般的に破棄する程度に達していない。」(255)

「子の懐胎義務を放棄することを許す例外状態は、女性の生命に対する深刻な危険や健康の重度の侵害の場合にだけ考えられるということを意味しない。…（期待不可能性の）規準が権能をもつのは、母と子の唯一の結合に面しての妊娠中絶の禁止は、他人の権利圏を侵害しない女性の義務に汲み尽されるのでなく、子の懐胎と出生への…集約的な義務と出生後何年にも渡る…配慮義務ももたらすからである。」(256)

「初期の妊娠で生成中の母親が多重的に置かれる心理的状態において、生命を脅かすような重度の葛藤状態が起こるが、…女性はどんなことがあっても未出生者の生命権を優先させなければならない、と法秩序が要求できるわけでない。期待不可能性は、妊娠の通常状態の枠に留まる事情からは出てこない。」(256-257)

「期待不可能性は、子を懐胎する女性の義務を限定する限り、あらゆる未出生の人間の生命に対する国家の保護義務は廃棄されない。それは、相談と援助によって女性を補佐し、子の懐胎をする気にさせるように国家を動かす。」(257)

「未出生の生命の保護のために、妊娠初期段階で妊娠葛藤の中で妊婦への助言に重点を置き、相談の不可避的な開放性と影響力に照らして、適応規定的な刑罰の威嚇と第三者による適応の構成要件の確認を断念するところの保護構想へ移行することは、憲法上立法者に拒まれていない。」(264)

「妊娠の初期段階では、母親と対立するのではなく、母親と協同してのみ、

未出生の生命の実効的な保護が可能である。…比べようのない仕方で母親と結ばれた未出生者の未発見性、無援性、依存性は、国家が、母親と協同するときに、よりよき保護の機会をもつという評価を正当なものにする。」(266)

「女性は、…妊娠に伴って現れる重荷を越えて、見渡しがたい長期間続く行為と世話の義務、場合によっては生命の危険に自らが晒されるのを見る。」(266)

「刑罰の威嚇は、葛藤の克服の場合、法の予防的措置で、女性が未出生者に対しての責任を正当に評価できるために、彼女を支援するようには殆ど作用しない。」(266-267)

「妊娠初期での女性と未出生者の特殊な状況は、刑法的サンクションの撤回で特別な保護措置を講じるきっかけとなりうるが、女性の基本権的地位を未出生の生命の上位に置くまでには至らない。人間の尊厳は、未出生の生命に対しても、現存在においてそれ自身のために存するならば、この生命の年齢や発達水準に照らして、あるいはこの生命を生存させる女性の心構えに照らして、保護義務のいかなる差別も禁止される。」(267)

さしあたって、これらの判決から引き出されることは、生命に対する権利が「生きている」どんなものにも、出生前の胚にも保障される、ということである。いかなる人間の生命も保護する国家の義務は、基本法2条2項1文から直接に出てくるが、それはまた、この規定を越えて、同1条1項2文の規定からも引き出されてくる。というのは、自ら発達する生命は、同1条1項が人間の尊厳に与えている保護にも関わっているからである。「連邦憲法裁判所及び支配的意見では、人間の尊厳の保障と結びつけられて、さらに抽象的に生命の保護が高められることになる。…人間の生命は、人間の尊厳の生物的基礎である以上、人間の尊厳の保障と生命権は切り離されずに結びつけられている」[1]。保護義務は、なるほど基本法2条2項1文から既に出てくるが、人間の尊厳は、事柄のうえでも保護義務の根拠づけのための決定的な架橋を形成する。

（一）しかしながら、人間の尊厳の保護とその生命に対する権利との緊密な連関は、十分に根拠づけられないまま主張されているのではないか、と少

---

[1] Werner Heun, Embryonenforschung und Verfassung — Lebensrecht und Menschenwürde des Embryos, in: Juristenzeitung, 57 (2002), S. 518.

第1節 堕胎判決における人間の尊厳と人間の生命についての考え方

なからぬ論者から批判される。胎児にはさしあたって不可侵の人間の尊厳が帰せられるが、それにもかかわらず、法的効果の面では広汎な侵害が許されている。論理の法則に従えば、決定の前提がその法的効果と一致していないのである[2]。人間の尊厳と人間の生命との不可分の結合のため、生命権への侵害の中に同時に（衡量不可能な）人間の尊厳への侵害が伴われているならば、国家にはその種の侵害行為がすべて禁止されるだけでなく、私人間において他からの侵害行為をすべて阻止するように義務づけられる。この前提が真面目に受け取られるならば、いかなる妊娠中絶も正当化できないだろう[3]。けれども、憲法裁判所は、このように結論せず、妊娠中絶による胎児の生命の剥奪に関して、憲法上、医学的適応の場合だけでなく、胎児疾患的・犯罪的・社会的適応の場合にも許可しているのである[4]。そのことは、人間の尊厳命題の無制約性の要求及び絶対性の内容と一致しなくて、司法には論理一貫性がないと非難に曝される[5]。人間の尊厳に立ち戻ることは、本来的には

---

[2] Ibid., S. 517. シュヴァルツも、この点について「裁判所は、生命の保護と人間の尊厳との不可欠な結合に対して根拠づける義務を負っているだけでなく、第一次判決では適応モデルを、第二次判決では相談に基づく保護概念を是認するとき、自己自身の前提と矛盾している」と批判している。Vgl. Kyrill‐A. Schwarz, »Therapeutisches Klonen« — ein Angriff auf Lebensrecht und Menschenwürde des Embryos? in: Kritische Vierteljahresschrift, 84 (2001), S. 200.

[3] Ibid., S. 518. H. ドライヤーも、このように帰結されるならば、国家は、医学的適応の場合でも母親の生命と子の生命との衡量を行ってはならず、またどちらか一方に保護義務を一面的に貫徹してはならず、当事者の決定に委ねざるをえないことになると指摘している。Vgl., H. Dreier, Menschenwürdegarantie und Schwangerschaftsabbruch, in: Die Öffentliche Verwaltung, 1995, S. 1039f.

[4] 刑法における妊娠中絶の適応要件として、例えば、第15次刑法変更法第218a条第1項に妊婦の生命の危険またはその他の身体的・精神的健康の危険を避けるため（医学的適応）、同条第2項に遺伝的素質または出生前の有害の影響のためにその健康に損傷を受けているとき（遺伝的適応）、妊婦に対しての違法行為（強姦その他の性的虐待等）のために妊娠したとき（犯罪的適応）、また妊婦に妊娠の継続を要求しえないほど重大な緊急状態の危険から救うために（社会的適応）、妊娠中絶が相当であると規定されている。このような類型化は、その後の刑法改正でもほぼ引き継がれている。

[5] H. Dreier, Kommentierung von Art. 1 Abs. 1 GG, Rn. 69. ヘルデゲンは、この点について、次のようなコメントを付けている。「連邦憲法裁判所は、着床後の時点で、尊厳の保護（基本法1条1項2文）から—断定的に（apodiktisch）—妊娠中絶に対して未出生の生命の国家的保護のための規範的基礎を手に入れたが、しかし、基本法2

堕胎規定の広範な憲法違反に至るであろう[6]。ここでは判決の前提が、その具体的な決定内容を支持しているのでなく、それに矛盾している。具体的な時間的切れ目によって定められた、順次難化して堕胎の許可は、裁判所が胎

条2項1文から──同じく断定的に──命じられた保護の程度を規定している。この司法は、結果定位的な融通無碍の祭壇に基本権教義学的な一貫性を犠牲に供している。」
[6] H. Dreier, op. cit., Rn. 69. シュヴァルツにも、「当然の帰結として、人間の尊厳論拠に立ち戻ることは、医学的適応を除いて堕胎規定の憲法違反に導くであろう」というほぼ同趣旨の見解（Kyrill-A. Schwarz, op. cit. S. 200f.）があるが、その見解は、さらに早く G. デューリッヒの憲法注釈に既に見られる。デューリッヒは、妊娠中絶は許可されるかどうか、またそれはいかなる場合かという問いに対して、以下のように答えている。「妊娠中絶のいわゆる医学的適応は、母親の生命と健康を救済するための侵害を意味する」。例えば、侵害を行わない場合、母親に差し迫った生命の危険があるとき、母親の死は胎児の死に至るであろう。ここでは胎児はどちらの場合でも救われないから、侵害は許される。一つの生命はあるのか、それとも、どちらの生命もないのか、という問いには、少なくとも一つの生命は救われなければならない、と答えられる。しかし、侵害を行わない場合、子の生命は守られるが、母親は死ぬという事例は、問題を孕んでいる。ここには、母親の生命が、生成する子の生命と対立している。国家の立法者は、母親の生命を守るための決定を下す。それは、事柄に即して正当化され、19条2項に違反しない。"生命"、等しい利益が問題である以上、ここでは利益衡量原理が導入されうる。母親の生命の場合、国家は義務の衝突を解決しなければならない。つまり、母親の生命の場合には、自己自身の生存だけでなく、婚姻や家族の生活や同じく純粋な生物学的な個体存在のような自然的で前国家的な価値も重要である。母親の単なる健康の維持のために、妊娠中絶は許されない。ここでは、"生命"の高次の価値が優先される。他方で、医学的理由以外からの妊娠中絶は許されない。社会的適応は、両親に経済的理由から予定されている子の養育が期待できない場合に生じるが、それは正当化根拠として承認できない。法律的承認は、基本法19条2項と結合して同2条2項に違反する。経済的理由は、生成する子の殺害を正当化できない。その他に、基本法の社会福祉的決定（20条、28条、79条3項）は、社会的適応のための論拠からその正当性を奪う。子の連関で、監護に対する援助の必要性の一般に承認された要求を越えて、保護と監護を求める母親の特別の権利が承認されるとき、6条4項が指示される。国家が財政的理由から監護義務を免れようとするならば、社会的適応の承認は国家を当然の非難に曝すであろう。遺伝的適応は、遺伝疾患を持つ成人の防止に役立つが、それも、一般に拒否されている。"生きる価値のない生命の破壊"が拒否されているように、身体的ないしは心理的疾患のため、または公共的な国民的健康の理由から行われる、生成する子の殺害は許されない。倫理的適応として、犯罪的攻撃、特に強姦によって妊娠させられたときに行われる妊娠中絶が理解されるが、それも、生成する子の殺害を正当化することはできない。Vgl. G. Dürig, Kommentierung von Art. 2. Abs. 2. GG., Rn. 22-24, in: Maunz-Dürig, Grundgesetz Kommentar, C. H. Beck Vlg., München, 1983.

第1節　堕胎判決における人間の尊厳と人間の生命についての考え方　　67

児に与えることを認めた人間の尊厳の無制約性と絶対性に矛盾する。そこで、堕胎問題等に対応する憲法的規準を形成するためには、（衡量不可能な）人間の尊厳の保障から（衡量可能な）生命の保護へ転換することをドライヤーは主張する[7]。ホインも、このジレンマを解消するためには、人間の尊厳の保障と生命権を切り離さなければならないことを説く[8]。

　（二）これに対して、ヘルデゲンは、人間の尊厳の衡量不可能性からの自己矛盾的な帰結を回避するために、生命の保護へ鞍替えをすることを、人間の尊厳の結合価を正しく評価していない、と反論して、人間の生命の最も初期の現象形式へ人間の尊厳を拡張する場合、人間の尊厳の段階的保護によって、論旨の一貫性が達成される、と主張する[9]。このような立場は、M. クロッパーによっても弁護される。人間の尊厳のいかなる制限可能性も拒まれるならば、具体的事例で基本法1条1項と衝突する憲法価値を全く顧慮しないことになるか、それとも、それを顧慮できるためには基本法1条1項の基本権的な構成要件を狭く解釈するか、またはその基本権的性質を否認するかのいずれかが求められるジレンマの前に立たされる。具体的事例での人間の尊厳の保護の「すべてか無か」のジレンマは、人間の尊厳の表見的な絶対的

7　H. Dreier, op. cit., Rn., 69, 70. そのことによって、（生命に対する）基本権においては、法律の留保のため、異なった出生前の発達段階に応じて段階づけられた解釈が展開されうる。チッペリウスも、その全発達段階にある胚に人間の尊厳を認め、尊厳保護と生命保護を同一視する者は、母親の生命を守るために胚の生命が犠牲にされる場合、人間の尊厳の不可侵性に直面して困難を来たす（不可侵の財が他の財のために犠牲にされてはならないから）のに対して、この教義学的出発点を放棄するならば、倫理的、優生学的、社会的適応も、必ずしも1条1項に違反することにならず、人間の尊厳の概念を抑制して解釈する憲法的議論の重点が、そのような限界問題のために、2条2項に、すなわち生命に対する権利が顧みられるかどうかに移されている、そして、連邦憲法裁判所によって行われた利益衡量は、1条1項の視点（BVerfGE 39, 43）よりもこの視点の下で説得的に関係づけられうる、と考えている。Vgl Zippelius, op. cit., Rn. 76.

8　W. Heun, op. cit., S. 518. けれども、この分離は、不可分なものの解離にすぎず、殺人行為の場合、潜在的に関わる基本権の圏域から人間の尊厳の保障を自動的に除外するわけでない。ただし、分離説では、胎児が基本権の主体であるのか、またそれはいつからなのかという問題を提起する。

9　Matthias Herdegen, Die Menschenwürde im Fluß des biologischen Diskurs, in: Juristenzeitung 56 (2001) S. 773.

保護が、最終的には保護の狭小化に至ることを示す。しかし、人間の尊厳の原則的な制限可能性から出発すれば、その適用範囲の制限が要らなくなる[10]。人間の尊厳の無制約性に不利な証拠になるのは、多くの基本権の内容が、連憲裁の判決によれば、「基本法１条に結びつけられた同２条」から帰結され、明らかに制限できるものとして取り扱われていることである。尊厳の不可侵性が卓越した価値性を保障しても、他の基本権の価値に対しての絶対的支配と等値されるのでなく、むしろ、それらと対立的でなく協働的に関わると解されるのである。基本法１条１項の原則的な制限可能性が承認されるときにはじめて、この基本権の実践的な重要性が守られ、人間の尊厳と生命の基本権の統一的な基本権領域のための視界も可能となる。生命の保護領域の規定は、同時に人間の尊厳に対しての基礎を表している以上、基本法１条１項に対しても法律で制限する権能や具体化する権能が肯定されるべきである。法律による発展的分化の可能性によって、基本法１条や同２条２項の規範的力は弱体化されるのでなく、反対に強化され将来的実現化されるようになる[11]。

（三）連邦憲法裁判所は、生成中の生命の基本権の内容について、その主観法的側面としての基本権的主体の地位を認めているのか、それとも、客観法的側面として国家の保護義務ないしは基本法の価値秩序において理解しているのか、明言を避けた。第一次堕胎判決では、基本権から導き出される客観的な保護義務の効果的な手段として刑罰の投入を必要として、期限条項を認めなかったが第二次堕胎判決では、（すべての発達段階での妊娠中絶の原則的な違法性を基本にしつつ）未出生の生命の保護観念を刑罰に代えて相談、助言に転換して、結果として期限条項を受け入れることになった。胚の憲法的地位の確認とこの法的帰結との隔たりは、法体系上の不整合と言わざるをえない。

10　M. Kloepfer, Humangenetik als Verfassungsfrage, in: Juristenzeitung 57 (2002) S. 422.
11　M. Kloepfer, Leben und Würde des Menschen, S. 101-104.

第2節　人間の尊厳と人間の生命の規範的作用の違い

　ドイツの基本法では、人間の尊厳は不可侵であり、他の価値・利益と衡量できない絶対的な性格をもつ（同1条1項「人間の尊厳は、不可侵である。これを尊重し、および保護することは、すべての国家権力の義務である。」）が、人間の生命は法律の留保の下に置かれ、他の価値・利益と衡量できる相対的な性格をもつ（同2条2項「何人も、生命に対する権利および身体を害されない権利を有する。…これらの権利は、ただ法律の根拠に基づいてのみ、侵すことができる。」）点で、際立った対照をなす。

　尊厳の保護と生命の保護との非連結の場合、胚は、生命権の担い手よりも遅れた時点で、初めて人間の尊厳の担い手となる。他方で、両者の連結の場合には、担い手であることは、同時に始まる。生命権は、人間の尊厳と同時にか、それとも早く始まるが、決してそれより遅く始まることはない。

第3節　人間の尊厳と人間の生命の関係についての理解
―― 連結テーゼ（Koppelungsthese）と
非連結テーゼ（Entkoppelungsthese）――

　人間の生命に対する権利が法律の留保の許に置かれるのに対して、人間の尊厳は絶対的で無制約的である。両者は、実定法上はっきりと区別されている。人間の生命の侵害は、当然に人間の尊厳の侵害を含んでいるわけでない。殺人行為が、自動的に人間の尊厳の侵害に至るわけでない。人間の生命が公共的利益のためか他の人間の生命の救出のため投入される場合（兵士、警官、消防士に対しての生命の投入の義務）、彼らが生命を失うことがあっても、人間の尊厳に反することにはならない（むしろ、人間の尊厳からの発露として賞賛されるだろう）。正当防衛上の殺人や警官による（人質救出のための）誘拐犯の射殺行為は、加害者の生命を奪っても、彼らの人間の尊厳の侵害とはみなされない。このように人間の生命の滅失が、いつも可罰的とされるわけでなく、場合によっては法律で許される。したがって、人間の尊厳の保障

と生命の保護の連結を外さなければならないという「非連結説」が、多数の法学者によって支持されている[12]。

たしかに、人間の尊厳の保障と生命の保護は、衡量不可能かどうかという貫徹力の強弱の程度やその適用範囲に関して違っているが、しかし、生命の存在は、人間の尊厳の保障にとって必要条件である（十分条件ではない）。生命が破壊されると、本人の人間の尊厳について語る必要がなくなるであろう（死者の尊厳について語られうるならば、それは唯一の例外である）。生命は、有機体の形成・維持作用だけでなく精神的作用を含んだ人間のすべての諸活動の基盤である。生命は、それらの多様な働きの中に自らを表現している。尊厳と生命は、共通の関連対象、即ち人間をもつ点に支えられている。生命と尊厳は、共属する生活事態として一つである[13]。生命と尊厳が、根底で一つに繋がっていること（連結説）を見失ってはいけない。

したがって、人間の尊厳の保障と生命の保護との関係について、両説のどちらか一方に偏するのでなく、それらを相補的に解釈し直す必要がある。基本的には連結説に立ちつつ、具体的適用において分離説を採り入れる方向が、妥当であるように思われる。この問題に関しての注意点は、その議論枠組みが方法二元論における当為のレベルにあることが、これまでの（人間の尊厳を何らかの生物学的事実に還元することの適否に関しての）議論枠組みが存在から当為への導出の可能性、どちらかと言えば、存在のレベルにあることと異なっていることである。

ヘルデゲンによれば、人間の尊厳への信仰告白の成立史のコンテクスト（第三帝国の残虐行為に対しての反作用）からもわかるように、身体的破滅からの保護は、人間の尊厳の尊重に劣らぬ結合価をもつ。人間の尊厳は、人間の生命からの抽象において考えられない。憲法裁判所も、人間の生命を基本法秩序の内部での最高価値と捉えている。単なる生命と人間の尊厳の価値ヒエラルキー的段階づけ（生命保護に対して人間の尊厳を高く位置づける）は、逆戻りとなるだろう。人間の尊厳と生命保護の関係では、衝突する憲法保障のランク関係が問われているわけでない。人間の尊厳は、他の基本権的価値

12　H. Dreier, Kommentierung von Art. 1 Abs. 1 GG, Rn 67. 68.

13　M. Kloepfer, Leben und Würde des Menschen, SS. 78-81.

と対立することはありえず、むしろ、人間の尊厳と生命保護との関係では、具体的状況での個人の尊厳要求を、憲法の最高価値としての人間の生命に照らしても規定することだけが問題である。尊厳を内包した現代の生命医学の議論で、母体外での人間の生命との関わりで人間の尊厳の論拠が持ち出されるときの激しさは、母体内での人間の生命の不足した保護と対照的である。

第4節　人間の尊厳の生命主義化に対しての自然主義的誤謬批判

　人間の尊厳は、議論理論的構造の中で、いかなる対抗する観点や論拠をも打ち負かし、いかなる衡量からも免れた専制的支配力を要求する特殊な性質をもっている。けれども、人間の尊厳は、それが論拠としてインフレ的に使用されることによって、衡量可能なものにされてしまう。人間の尊厳原理の過度な拡張は、人間の尊厳の集合主義的な理解とその生物主義的理解の中に認められる。前者の例としては、人間の遺伝形質への遺伝子技術的な介入が禁止されるのは、（本人の重篤な疾病の治癒につながる可能性があるから）個人の尊厳を侵害するからでなく、（人類の遺伝素質を防御する意味での）人類の尊厳を侵害するからであると語られるときである。後者に関しては、人間の生物的本性への介入が尊厳を損ない、そこでは（例えば、遺伝子治療的侵襲の禁止において）生物学的連関の規範化が前提されていると考えられるとき、あるいは尊厳原理を個人の生物学的生存の保障と解釈し直し、出生前の胎児の生命もその保護対象に含めると考えられるときである。ノイマンは、この二つの尊厳の生物学的解釈を、存在（生命）から当為（生命への権利）を導出できないこと、人間の尊厳と人間の生命とは別物であるという理由から退け、むしろ人間の尊厳の問題を人間の道具化の禁止から捉えるべきであると主張する。したがって、人間の尊厳は、人間の理性的・人倫的な本質の中にあり、その生物学的素質の中になく、また人間の尊厳の論理的位置は、人間の人格的・社会的次元であり、生物学的次元でない[14]。

　ここで人間の尊厳の生物学的理解とは、いかなることを指しているのか。それは、人間の存在階層の生物的・有機体的次元、例えば、生命体を組成し

ている細胞、組織、器官等、または生命現象である成長、物質代謝、生殖、遺伝等に焦点を当て、そこから人間の尊厳のような価値を導出できるということ、より正確には、人間の尊厳のような価値をそれらの生物学的な諸事実の中に還元できるということを意味しているのか。もしそうであれば、生物学者が生物の発生の機構とか遺伝子の組成や働きを発見・説明し、また医学者が有機体としての人間の複雑な生命的諸活動、消化系統・循環系統・免疫系統・神経系統等の作用を解明することにおいて同時に人間の尊厳のような価値を把握できるかもしれない。しかし、そんなことをまともに信じる人はいないだろう。自然科学者は、自然現象を観察と実験によって経験されたままに記述し、その構造と作用を説明するにすぎず、決して価値に関係づけて考察することはないからである。ただし、遺伝子形質とか物質代謝といった生命諸現象は、それだけで存立するものでなく、つねに統一的な生命体の中に組み入れられ、それぞれ他の諸部分と有機的に連関しながら維持されている。生命を構成する諸部分は、全体としての生命と不可分に結びつけられ、それを志向する。この点で、生命現象は、他の自然現象と異なっている。西洋思想の伝統的な自然の目的論的理解は、生命領域により親和的である。生命の発生の精妙な仕組みに何か神秘的なもの、あるいは畏敬の感情といったものを覚える者は少なくないだろう（しかし、それが人間の尊厳と同じものであるか、より繊細で根本的な考察が必要とされよう）。さらに、生命の統一性において、動物や人間の場合、基本的な生命維持作用の他に、感覚作用、思考作用、意志作用が伴われている。身体器官の循環作用や消化作用の不調が苦しい感覚を引き起こし、人間が何かを欲したり考えたりすることも脳髄において営まれている。その場合、生命は、人間の高次の精神作用を含めてすべての諸活動を支える基礎として考えられる。したがって、人間の生命は、単に有機体の組成と維持作用に関わる狭い意味だけでなく、それらとともに文化的諸行為の中にも貫徹されている人間存在の全体性を担う広い意味でも解される。

　以上のことから、人間の生命それ自体が、単なる事実、方法二元論（存在

14　Ulfrid Neumann, Die Tyrannei der Würde, in : ARSP 84 (1998), SS. 153-166.

と当為の区別）における存在に自ずと還元されるわけでない。人間の生命は、生物学者のように、その総体性から切り離して価値無関係的に知覚されたままの具体的な形状・作用を記述するときに、単なる事実、存在と資格づけられてもいいだろう。人間の遺伝子構造が四つの塩基から構成され、その配列が解読されたが、そこから他の生物のそれとの違いを認識することができても、人間の固有の価値を導き出すことは難しいだろう。人間の生命がこのように限定的に捉えられるときに、ノイマンのように、生命という事実から生命の尊重・保護という要求は引き出されないと語ることができる。しかし、我々が、現代社会において人間の生命に介入する様々な取り扱いの正当性と限界を考察するときに、その議論領域で前提されている人間の生命は、決してそのような生物学的意味での生命ではない[15]。

第5節　若干の考察

人間の尊厳の理解に大きな転換をもたらしたのは、第一次堕胎判決で出された以下のテーゼである。「人間の生命が存するところでは、人間の尊厳が当然に与えられる」。この判決から引き出されることは、人間の生命をもつすべてのものに、人間の尊厳が帰せられること、具体的で個人的な性質・能力の差異に依らず、出生前の生命であれども、人間の生命である以上、尊厳が帰せられるということである。しかしながら、人間の尊厳の不可侵性と堕胎規制（様々な適応条件の下での中絶の許可）との間の不整合に、我々は直面している。後に見るように、体外の胚に対しての医学的介入について、厳格な措置が講ぜられていることと対照的である。

人間の尊厳と人間の生命の関係について、これまで非連結説と連結説が対立してきた。論理的・分析的には両者は区別できるが、存在論的・全体的には両者は不可分である。法体系では、人間の尊厳は、不可侵で衡量不可能で

15　西野基継「人間の尊厳と人間の生命―ノイマン教授「人間の尊厳という原理」に対してのコメント―」、南山大学社会倫理研究所編『社会と倫理』第十九号（二〇〇六年五月）、143-149頁

あるが、生命権は、法律の留保を受け、他の権利や利益と衡量可能である。法実務では、人間の尊厳の規範が具体的事例に単独で適用されることは殆どなくて、「人間の尊厳と結合して」個別的基本権が適用されている。人間の存在（生命として現れている）なしには、人間の尊厳について考えることは無意味であるならば、本性的に両者の連結を解くことはできない。

　自然主義的誤謬批判には、「生命」についての自然科学的ないしは対象的な理解が前提されている。それはやはり一面的な解釈であり、生命が有意味なものであるという先行的理解が見失われてはいけない。

第4章　人間の尊厳と人間の生命の保護範囲
――胚の法的地位――

はじめに

　どの発達段階にある人間の生命[1]が、人間の尊厳の保障ないし人間の生命の保護を受けるのか。堕胎判決では、人間の生命があるところに尊厳が当然に与えられる、という原則が立てられたが、そこから導かれてくる帰結は、人間の生命の最初に始まる時点（受精）から尊厳が帰せられるということになる。しかし、判決によれば、人間的個人の歴史的な存在の意味での生命は、受精後14日から始まる。しかし、それは、あの定式に照らしてみると、十分に説得的でないようにみえる（それ以降に原始線条が形成されるとか、着床防止の特殊な避妊薬との現実的整合等が、理由に挙げられている）。その地位が、人間の尊厳の保護利益なのか、それとも人間の尊厳の主体であるのか、判決は明らかにしなかった[2]。その後の議論は、堕胎判決の暫定性と不徹底

1　この解明のためには、着床と個体化に至るまでの生殖細胞の形成と胚の発達の諸段階の正確な研究が必要である。卵と精子の融合によって、接合子という形態の新しい細胞的な構造が現存し、その後に接合子は分裂していくが、8細胞期までは、個々の細胞は全能的である。8細胞期と16細胞期の間で、形態学的な分化に達する。つまり、細胞が分化能をもつ。胚盤葉と栄養膜細胞への分化が起こり、3週目始めには原始線条が形成される。原始線条と胚の軸的構造の成立によって、はじめて個体化が与えられ、双子の形成が阻止される。それ故に、この時点までの段階は、胚とは呼ばれず、前胚と呼ばれる。この記述された事実は争いがないが、その評価は非常に争われている。

2　連邦憲法裁は、胚の人間の尊厳を着床から確認している。この時点から、遺伝子的な同一性において、その一回性と不変性において既に確定した、もはや分割できない生命が成立したのであるが、連邦憲法裁は、未出生者の権利主体性の明示的な承認に進まなかった。その議論が示しているのは、尊厳保護の本質的だが、まだ十分でない構成要素――①自己同一性を形成する遺伝子的プログラムの確定、②人格への連続的な成熟、③自然的な発達過程の模範像とその過程からの人為的に引き起こされた偏差

さを批判・克服する仕方で展開されていった。

　人間の生命の発達過程についての自然科学的認識によれば、人間の生命の始まりの結節点は、(a) 受精卵細胞としての精子と卵細胞の融合、(b) 二つの前核の中の二つの染色体系列の並存としての二つの前核の結合（精子の突入後の含浸）(c) 各細胞がまだ全能的であり、独立した個体に発達できる8細胞期までの多細胞の段階、(d) 分化能をもつ細胞は、もはや全体的な有機体を生じさせことができない16細胞期、(e) 子宮への着床（約12日）、(f) 原始線条の形成後の多胎の可能性の終結（約13/14日）、(g) 3/4週から8週末までの胚の段階、(h) 9週からの胎児の段階、(i) 10週からの最初の脳血流、(j) 13週からの知覚の経験に基づく人間的人格の発達の始まり、(k) 20-22週からの母体外での胎児の生育可能性、(l) 出生の完了、というように多数挙げられる[3]。このような認識を手がかりに、生命保護の規範的観点から有意味な段階が区切られ、法的に保護される人間の生命の始まりについて、生物学的・生理学的立場、法学的立場、神学的・哲学的立場から様々な意見が出されている。

　人間の尊厳保障と人間の生命の保護の人的妥当範囲に関して、出生前の生命の法的地位をめぐる議論は、この上もなく厄介な複合性を形成している。現代のバイオテクノロジーや生殖補助医療の利用の制限をめぐって、基本法1条1項と2条2項に基づく人間の生命の最初期形態の保護についての活発な論争を呼び起こしている。中心的な問題は、体外の生命体が憲法の保護範囲に含まれるか否かということである。憲法によって胚を基本権の担い手として保護する、ないしは（それがあてはまらなくても）他の仕方で胚を生命権や人間の尊厳の保護の下に収めることに十分な根拠がないかどうか問われる。そして、これに連関して、胚の発達のいつの時点からそのような保護が開始されるのかという問いが出てくる。人間の生命の保護の始まりに対しては、様々な出来事や時点が挙げられる（生命保護の始まりに対しての連結点）。さしあたっては、それぞれの異なった発達段階の生物学的構造や機能を客観

　に着目すること、④両親の意志を顧慮して人間の生命の産出の場合、根源的な発達パースペクティヴが一つの役割を演じること——である。

3　Fielitz, op cit., Rn. 28.

的に把握して、次いで生まれた人間への成長にとってのその有意味性を確定し、最後に生命保護にとっての胚の発達のそれぞれの切れ目の意義を規範的に根拠づけることが肝要である。

　そのような法的議論において、胚の道徳的地位に対しての哲学的論拠（SKIP論拠）[4]が導入された。この論拠は、生まれた生命と等位にある生命保護の根拠づけのために持ち出される。この構想の中心に立っているのが、生まれた人間である。生まれた人間と人の胚の連結の仕方が説得的であるかどうかが問題である（胚が生まれた人間と等しい法的保護の地位をもつかという問題）。SKIP論拠では、法的コンテクストでの生命保護の対象と根拠が無差別にかつ包括的に取り扱われている。この欠陥を克服するために、人間の胚の多様な形態を区別して、さらに人間の尊厳と生命権の法的作用と人的射程範囲を精確化することが大事である。その際に、両者の関係（連結か非連結か）をいかに理解するのか、検討されなければならない。特に後者の場合には、保護領域と保護強度の差異が存する。最後に、それぞれの見解には人間の尊厳と人間の生命の何らかの前理解が根底に置かれていることを看過してはならない。

第1節　人間の尊厳と人間の生命の保護範囲——受精——

　(1)-(a)　ヴィットゥムによれば、人間の尊厳の規範領域の事象的な（sachliche）範囲は、その類型化できる事物構造と自由内容から出てくる。「基本法1条1項の核心ないしテロスは、人格の主体的性質である」。それに含まれるのは、今日ますます危険に曝されている人間の自己同一性と完全性、さらには人間の最も基本的な重要関心事の保護が問題である限りで、人間の身体的な偶然性の尊重である。そこから、基本法1条1項の人的な（personelle）保護範囲が架橋される。尊厳に表明された特別の尊重要求は、

---

[4] 種所属論拠（Speziesargument）、連続性論拠（Kontinuumsargument）、同一性論拠（Identitätsargument）、潜在性論拠（Potentialitätsargument）の頭文字をとった略称である。Vgl. G. Damschen / D. Schönecker (Hrsg.), Der moralische Status menschlicher Embryonen, Berlin・New York 2003.

その「人格帯有性」のゆえに、具体的な身体的・精神的状態に依らずに抽象的な自己所有と自己決定の能力のゆえに、人間に当然与えられる。その尊重要求は、個人的な性質、達成能力、尊厳に値することに依らずに、人間から由来するすべての生命に保障される。だから、尊厳の保護領域の問題は、人間の概念から生命の概念にシフトしている。あの堕胎判決の定式に照らして、生物学的意味での人間の生命と人格的で価値的な意味での人間の生命の区別、「生命」と「人間」との区別は、基本法1条1項と同2条2項のパースペクティヴから許されない[5]。

その限りにおいて、胚は、人間の尊厳の保護利益であり、またこの基本権の担い手である。いかなる人間の生命も尊厳を有している以上、卵細胞にも受精の瞬間から尊厳が帰せられる。というのも、「種的に特殊であるも、既に個人的に特殊な人間の生命」が、現前しているからである。受精卵は、その完成へ導く遺伝子的コードを既に保有している。但し、生命（胚の生命）は、人間の尊厳の生命的基礎であるが、他の憲法的価値より絶対的に優越するものでない。「生命それ自体でなく、人間の尊厳に適った生命が、憲法上の最高価値である…人間の尊厳の保護範囲に受精卵を組み入れることは、生命への権利とその支障のない発達を無制限に、他の法益を顧慮しないで保障することを意味しない」[6]。利益衡量は、胎児の側での生命に対する権利と妊婦の側での自己決定の権利との間の妊娠中絶の事例のように、人間の尊厳という中心的な憲法価値への当該の権利の近さに定位して行われなければならない。けれども、人間の尊厳は、「支柱となる構成原理」としての性格のゆえに、また「絶対性の要求」のゆえに、利益衡量の対象でありえない。人間の尊厳に抵触するとき、それが一般的に優先する[7]。

生命概念と尊厳概念との不変の人間的な結合主体は、胚細胞の融合によっ

---

[5] Wolfgang Graf Vitzthum, Gentechnologie und Menschenwürde, in: Medizinrecht, 6 (1985), S. 252. ヴィットゥムのこの主張内容は、基本的にデューリッヒに負っているように思われる。Vgl., G. Dürig, op. cit., Rn. 20-22..、

[6] Ibid., S. 253. さもなくば、自らの生命を賭けて自由を防衛する、基本法によって要求された兵役義務も、違憲の憲法となるだろう。

[7] Ibid., S. 252f. しかし、ヴィットゥームは、そこから人間の尊厳の保護が他の法益に対してのいかなる侵害も正当化する、と帰結しているわけではない。

て出来上がる。受精しているが、まだ着床していない体外の卵の場合でも、「出生前の初期の生命」が問題であるときに、それは、生命であるが、まぎれもなく人間の（動物でもなければ人間以前でもない）生命である。「受精卵は、物や被造物ではなく、人間、人格である」。人間の生命の最初期形式に生命保護と人間の尊厳保護を前倒して拡張することは、憲法的に命じられている[8]。人間の生命は、過程（Prozeß）として展開される。卵と精子の融合によって、前にはそこになかった何かが成立する。それ以降のすべての発達諸断面（着床・個体化、脳の活動、出生）は、このような根本的な切れ目を根拠づけることができない。具体的な実存のその後の発達史の遺伝的基礎が固められるや否や、種的に特殊な人間の生命が現存している[9]。基本法2条2項は、原理上、生まれた生命と未出生の生命とを区別しないし、生成する生命の個々の諸断面を区別しない。この原則は、基本権の担い手としての性質の問題にとってだけでなく[10]、国家による保護の強弱に関しても適用されなければならない。人体実験の規則によれば、当の個人にとって治療目的を追求しない重大な侵害は不当である。ひとりの人間の生命は、他のそれを救うために消費されてはならない。けれども、妊娠中絶に対しての刑法的規制の場合、保護の強弱に関して、生命の段階化された保護が示されているようにみえる。着床予防の避妊法は、妊娠中絶ほど憂慮すべきことでないとみなされている。ここでは、既に確定された生命権の保護よりも、妊婦の権利と衝突する最も初期の人間の生命をどのように扱ったらよいかという問題が重要

8　W. G. Vitzthum, Die Menschenwürde als Verfassungsbegriff, in: Juristenzeitung 40 (1985), S. 208.
9　W. G. Vitzthum, Gentechnologie und Menschenwürdeargument, in: Urlich Klug / Martin Kriele (Hrsg.), Menschen- und Bürgerrecht, ARSP Beiheft Nr. 33, S. 132. ヴァチカン公会議によれば、いかなる人間的存在も、人格として、現存在の最初の瞬間から尊重されなければならない。人間の生殖の果実も、最初の実存の瞬間から無制限の尊重を要求する。人間存在は、受精の瞬間から人格として尊重され、人格の権利、とりわけ、生命に対する不可侵の権利が与えられなければならない。
10　受精した人間の卵細胞は、細胞核融合の時点から物でなく、単なる生物学的事実でない。むしろ、それは、種に特有の人間の生命、生成する人間である。人間の生命が存在するところでは、それは基本法2条2項の保護を受ける。人間の組織細胞には、人間の生成に向けられたテロスが欠けている。Vgl. Ibid., S. 124, Anm. 79.

である。基本法2条2項に関して、原則とは異なった考慮も、胚の発達の特殊な前提と条件、並びに生成する母親の憲法上保護された権利に方向づけられるとき、例外的に憲法適合的であろう。基本法1条1項では、未出生の生命は出生後の生命と等値され、母体内の生命は試験管内の生命と等値される。妊婦の衝突する権利の場合に、基本法2条2項にしたがって生命の保護の強弱に関して差異化する根拠は、ここには及んでいない。人間の生命は、「主体の発達形式」として、初期の細胞段階でも原理的に客体とされてはならない。人間の生命に対する実験は、それが他律的な意味賦与に服している限り、基本法1条1項に対する侵害が同2条2項を経由して起こりうる限り、人間の尊厳保障のパースペクティヴから当然に否定的な判断を受けるだろう[11]。

(1)-(b) シュタルクは、人間の尊厳の担い手を人間から生まれてきたすべての生き物とみなす。尊厳の保護のために、自己意識、理性、自己決定能力は前提されない[12]。胎児、すなわち子宮に着床した胚の他に、既にシャーレの中で受精した人間の卵細胞も、尊厳をもっている[13]。しかし、連邦憲法裁判所は、未出生の生命が、少なくとも着床から人間の尊厳保護を享受する、と決定したが、何故人間の尊厳保護が、卵細胞の受精によって始まるのか、その理由が説明されなければならない。刑法的規制で着床を基準にしたのは、まだ着床していない受精卵細胞の生命の不安定性と、妊娠によらずに生命の成立を証明することや着床の障害の原因を証明することが困難であることに基づいている。けれども、生命の保護についての刑法的規制から、憲法上の生命の保護の始まりを推論することはできない。さらに、自然的な人間の生殖の場合、多くの卵細胞が受精されるが、その中の一つだけが子宮に

---

11 Ibid., S. 135.
12 脳死と並行して考えると、受胎後35日目に脳機能の開始でもって、未出生の人間の生命に対する人間の尊厳の保護が始まるという見解は、脳を発達させる人間の生命の性向が、その保護根拠であるということを見誤っている。Vgl., Christian Starck, Kommentierung von Art. 1. GG., in: Mangoldt・Klein・Starck (Hrsg.), Kommentar zum Grund-gesetz, Verlag Franz Vahlen (München), 2005, Bd., Rn. 18.
13 「人間の精子細胞と卵細胞との合体によって生じたすべての生物は、人間である」。Vgl., Ibid., S. 38. Anm. 83.

着床して、その他のものは脱落するという事情から、人間の生命は着床でもって始まるということが論証されえない。生物学的には、受精によって個体性が決定されて（一卵性多胎が生じることは留保されるが）、「有機的組織の分化やその誕生へ決定的な質的な切れ目なく至る」連続的な発達プロセスが始まる[14]。

　尊厳保護と生命保護を分離し、受精卵には生命保護だけを与え、人間の尊厳保護を与えない試みは、人間の尊厳保障の無制約性を回避して、法律の留保の規定に頼ろうとしている。しかし、この分離の試みも、一見すると、まだ納得できるものでない。受精卵細胞に対する生命保護の場合にも、人間の生命が問題である以上、それへの介入が許されるのは、それが他人の生命を脅かし、殺害による以外にはその脅威が防げないときである。しかるに、立法者は、受精卵細胞の生命に介入する決定的な根拠を見つけていないだろう。受精卵細胞は、何の脅威も与えていないからである。医学的適応だけが、それにあてはまる。高次の医学的・生物学的研究目的も、人間の生命を犠牲に行われていけない。したがって、尊厳保護と生命保護を分離することによって、受精卵の生命に対する介入を正当化することはできない。また、体外の受精卵細胞に対して尊厳保護を遮断する試みは、核融合によって個人的な人間の生命が始まるという見解に、連続性、潜在性、同一性が疑われることによって反駁するものである。「シャーレの中の細胞塊」、「ミリメートルの大きさの細胞壁」は、何か「物」である観念を起こさせる。しかし、その細胞が女性の身体からレトルトに移されても、その中の生殖作用に何ら質的変化が起きているわけでない。受精卵に人格の尊厳を拒み、それを物とみなすならば、いつ物から人格というものが生成するのかを根拠づけなければならないが、それは哲学的にも法学的にも不可能なように思われる[15]。

　(1)-(c)　ベッケンフェルデは、人間の尊厳の保障の内容は何であるか、またその保障は誰に向けられているのか、とりわけ、この保障とその中に含まれている独立した主体としての承認と尊重は、出生した人間を含むのか、それとも胎児を含むのか、という問題が決定的に重要である、と考えてい

14　Ibid., Rn. 18, 19.
15　Ibid., Rn., 20.

る。この問題は、基本法の文言から直接に答えられない。しかし、自然科学的ないし生物学的所見から、人間の尊厳の担い手の範囲を直接に画定する（例えば、受精時か、着床時か、それとも脳形成時か）ことは、自然主義的誤謬という批判を受けるだろう。人間の行為に対する命令・禁止は、自然科学的認識の帰結として導出されず、また根拠づけられない。それを定式化し根拠づけることは、哲学、倫理、法の事柄である。もちろん、自然科学的所与は、対象的な関連点として顧みられなければならないし、さらに規範的な命令に関して、その適用のための連結点でもある。しかし、自然科学的所与は、そのような命令の源泉とか妥当根拠でない。「法学は、人間の生命がいつ始まるのか、という問題に答えることができない。自然科学は、その認識に基づいて、人間の生命はいつから憲法の保護下に置かれるべきかという問題に答えることができない」[16]。とりわけ、後者は、自然科学的側面から出された様々な連結点を、人間の尊厳の承認のために際立たせる任意性によって証明されている。人間の尊厳の担い手を根拠づけるのは、その中の一つの連結点であって、他のそれでないという必然性は証明できないし、それは自然科学的・経験的にも証明できない。そこには、想定された蓋然性またはプラグマティズムが残存している[17]。

　このように胚の存在論的・道徳的地位に対する立場や根拠づけを自然科学的な所見に関連づけることは、それ以上役に立たないからといって、西洋思想の伝統に根ざした人格概念を引き合いに出すことも、同じように疑問がある。それは、人間の生命と人格の生命を区別して、人格性とか人格存在を人間存在に対してより狭い概念として把握する作用をもつ。人格的生命とは、あらゆる人間の生命のことでなく、一定の特性と性質によって表された生命のことである。人格概念は、人間の尊厳の尊重命令の保護範囲の制限に役立つ。しかし、基本法1条1項が意味していることは、人格の尊厳でなく、人間の尊厳である。尊厳は、一定の特性、特徴、抽象的能力に依らず、人間に帰せられ、そこでは人間存在の諸段階に依らず、人間存在だけが問題である。それは、人間存在の発達段階による差別化を知らない。尊厳はあらゆる

16　Jutta Limbach, Mensch ohne Makel: FAZ Nr. 47 vom 25. 2. 2002, S. 51.
17　Ernst-Wolfgang Böckenförde, op. cit. S. 810 f.

第1節　人間の尊厳と人間の生命の保護範囲　83

個々の人間に妥当するだけでなく、人間一般にも妥当する。それは類としての人間に関わりをもつ。この命題の中核内容は、「目的それ自体（Zweck an sich selbst）」、「自己自身のための現存在（Dasein um seiner selbst willen）」でもって言い換えられる。そのなかに、固有の主体としての地位と承認、固有の発達への自由、物件の種類に応じた道具化の遮断、積極的に言えば、それを尊重し保護することが肝要である諸権利に対する権利が含まれている。尊厳が、この意味であらゆる個々の人間に、我々が向かい合っているすべてのものに帰せられること、尊厳が、我々が交渉し、争い、育てる人間に帰せられ、その承認の中に表現されることは、実際反論されていない。ここでは、生きている人間の尊厳が念頭に置かれている[18]。

　この人間の尊厳が、人間の生命過程の中でどこまで拡張されなければならないか、具体的には人間の生命過程の一定の時点か、それとも人間の生命の最初の始まり、その始源であるのか。現存在が、自己自身のために、目的それ自体のためにあり続けるならば、後者だけが適切である。尊厳は、完成した存在者の固有の歴史から分離されえないし、むしろそれを包含しなければならない。生命過程の一定の段階を承認と尊重から外し、この尊重を段階づけようとすれば、個々の個人的人間の発達に裂け目を入れることになる。尊厳の尊重が、いかなる人間にもあてはまるならば、それは、生命の最初の始まりに帰せられ、そこへ拡張されなければならない。その場合、自然科学的認識と事実は、法的─規範的な議論と評価の適用のための根拠ではないが、その基体である。自ら形成し発達する人間の固有の生命の最初の始まりは、受精である。それによって、独立した人間的生物が形成される。そのように決定された染色体の一組の接合によって、不変に個別的に特徴づけられる。これは、個別の生命の生物学的基礎であり、後の精神的・心理的発達は、その中に既に根拠づけられている（肉体―精神―魂の統一体）。それは、発達の遺伝子的プログラムが既に出来上がっており、もはや補完される必要はなく、内からの固有の有機体の規準にしたがって生命過程の道筋を通って発達する。これが、まさに人間の有機体を成している特徴、「生きながら自ら発

---

[18] Ibid. S. 811 f.

達する、刻印された形式（geprägte Form, die lebend sich entwickelt）」である。もちろん、栄養の補給や母親の有機体とのつながりのように、外からの多様な助けなしにこれらすべてのことは起こりえない。自然がそのように実現される生命過程にさらに働きかけ、それを突然に終わらせることはひとつの事実であるが、受精による始まりを破棄することはできない。それはまた、生活世界的にも明らかである。両親は、いかなる組み合わせによって、自分たちの娘や息子ができてきたのか、きちんと知っている。着床とか脳の組織分化ではなく、起こった受精の時点から、生命の始まりが記録されている。受精による人間の生命の始まりは、決して反直感的でない[19]。

以上の考察から総括すれば、「人間の胚に人間の尊厳や生命への権利が帰されるかは、一種の存在論的な原理主義に依っていなくて、また8ないし16細胞期が経験的に人格として性格づけられるかどうかにも依らない。むしろ、人間の尊厳の承認が、その規範的内容にしたがって、あらゆる人間の生命の最初の始まりへ拡張されることが決定的である。人間の胚は、最も初期の生命段階でも、人間の尊厳の保護によって包摂されている。それは、人間の尊厳と生命権の担い手のように尊重されなければならない」[20]。

今日の適用事例の中で、消費的な胚研究の場合、その消費（殺害）によって幹細胞を獲得するために、研究目的のための胚の樹立は、人間の尊厳保護の重大な損害を示している。ここでは、胚は最初から道具化されている。自己自身のための現存在が少しも知覚されていない。しかし、この胚が妊娠を引き起こすために生み出され、その生成が道具化の意図で行われなかったところでは、第一義的には人間の尊厳の尊重が決定的なのではなく、人間の尊厳によって支えられた胚の生命権が決定的なのである。この人間の生命権は、人間の尊厳の尊重のように絶対的でも不可侵でもない。それは、一定の事情の下で侵害されるが、そのような侵害が正当化されるためには、尋常でない対立状況を前提している。その侵害の場合に問題であるのは、ある程度の制限ではなく、全か無か、生か死かということである。幹細胞研究の利害を見やると、この厳格な前提が現実に充足されていることの有利な証拠とは

19　Ibid. S. 812
20　Ibid. S. 812f.

ならない。研究者の利益はたしかに正当であるが、人間の殺害が正当化されないように、胚の消費も合法と認めることができない[21]。

(1)-(d) 人間の尊厳と人間の生命との関係について、M. クロッパーの見解は興味深いものがある。第一には、人間の尊厳の最高価値性から演繹される無限定性に対して懐疑的であり、最高位の憲法的利益は、生命であって、人間の尊厳でない。生命の機能は、「人間の尊厳の生命的基礎と他のすべての基本権の前提」である。この包括的な基本権の前提としての機能において、生命の制限は、全体的な基本権秩序の最小限の制限でなければならない。生命の基本権は、生命を前提する他の基本権よりも強く制限できない[22]。第二には、人間の尊厳と人間の生命は、分離して取り扱われると十全に判断することができなくなるため、統一体として把握されることが肝要である。この理解は、実際の生活事態についての冷静な考察のうえに、また、基本法上の「尊厳」と「生命」を結合する関連対象、即ち「人間」が存する点に基づいている[23]。したがって、人間の生命が憲法的意味でいつ始まり、いつ終わるのかという問題、その時間的境界は固定しているか、それとも流動的であるかという問題は、この二つの基本権に則って統一的に答えられうる[24]。しかし、人間の尊厳と生命に対する基本権との共通性にもかかわら

21　Ibid. S. 813.
22　M. Kloepfer, Grundrechtstatbestand und Grundrechtsschranken in der Rechtsprechung des Bundesrevfassungsgerichts — Dargestellt am Beispielder Menschenwürde — , in: Christian Starck (Hrsg.), Bundesverfassungsgericht und Grundgesetz. Festgabe aus Anlaβ des 25 jährigen Besthens des Bundesverfassungsgerichts, Tübingen 1976, Bd. II, S. 412f., Vgl. BVerfGE. 30, 194.「最も普遍的で最も根本的な基本権の前提としての生命の保護は、それ故に基本法の最高価値である」（メフィスト判決）。
23　生命と尊厳でもって、人間の任意の法益でなく、その構成的な特性を特徴づけるテーマの取り扱いの共通の定位点が、人間である。生命と尊厳の保護のない人間は、憲法的に考えられない。クロプファーの基本的視点は、「共属する生活事態としての生命と尊厳」とまとめられる。Vgl. M. Kloepfer, Leben und Würde des Menschen, S. 78.
24　遺伝子工学的に産み出された胚は人間の尊厳をもつのか、子は能力の障害をもつと捉えられるのか、臨死介助は許されるか、またいかなる前提においてか、他人の救出のために人間の殺害は許されるか、という問いは、生命の側面と並んで尊厳の側面にも抵触する。その都度、人間が関係している。Vgl. Ibid. S. 79.

ず、人間の生命と尊厳の法益は、つねに並行して保護強化しながら、基本権結合の意味で共同的に作用するわけでなく、むしろ、基本権の衝突の意味で対立に陥ることがある。人間の尊厳も、憲法の価値世界に組み込まれることによって、必然的に相対化されることを正しく認識するならば、人間の尊厳の優越から出発することはできない。さらに、同一人において生命と尊厳の法益が衝突する特別の場合、例えば、尊厳に充ちた生命が可能でないようにみえるが、生命の終結が人間の尊厳に適うようにみえる場合がある[25]。

生命と尊厳は、実際的にはそれらの共属している生活事態にも拘らず、基本法では切り離されて異なった仕方で保障されている。彼によれば、生命に対する権利は、「生きる権利」である。それは、身体的な現存在、生物学的・肉体的な実存、すべての基本権の要求に対する生命的な前提を包括している。その保護は、個別の生命に関わり、人間の生命一般に関わるだけでない。社会的、発達医学的、政治的、人種的、その他の生命の評価は禁止され、生命は、もっぱら生物学的・生理学的な意味で理解されている。他方で、人間の尊厳は、より強く世界観的、政治的に刻印された基本権であり、宗教的、哲学的、歴史的に根をおろし、社会のその都度の文明的、文化的な全体水準に依存している。その概念も、積極的ないしは消極的に、いずれの場合も抽象的にしか定義されないが[26]、その保護範囲は具体的な個別事例の列挙によって画定されるにすぎない[27]。しかしながら、いかなる人間にも尊

---

[25] Ibid., S. 79 f.
[26] 人間の尊厳の概念の積極的規定のためには、様々な手がかりが選定されている。価値理論ないし賦与理論は、キリスト教的、自然法的な刻印に応じて、神の創造秩序の中の特別の地位ないし理性に根差したことにおいて、人間の尊厳を理解している。いわゆる能力理論によれば、自己同一性の形成または自己表出によって、尊厳が獲得される。人間の尊厳の手続き的な形成から出発すれば、尊厳は、社会的承認の中で社会的な尊重要求の積極的な評価によって構成される。その場合、尊厳は、実体、性質、能力の概念でなく、関係ないしコミュニケーションの概念である。能力理論は、個人が自ら尊厳に影響を及ぼすことができることを明らかにするのに対して、価値・賦与理論は、そのような成果に達することができない者にも人間の尊厳を保証する。人間はどのように動物や物から境界づけられるかと問う否定的方法は、人間の尊厳の概念の規定に十分でない。Vgl. Ibid., S. 82.
[27] 具体的な個別事例は、そのつど基本法1条1項に対しての侵害を明らかにして、その侵害を通して保護すべき利益を定義する。第一歩（保護利益）に先んじて、第二歩

厳が帰せられるという言明の中に、人間の生命と尊厳の構成的関係が示されている。そこから憲法的保護の始まりにとって、二つの基本権の法益は並行性をもっている[28]。

　支配的見解では、人間の尊厳は、その不可侵性から、基本権的な議論過程の衡量モデルから免れた絶対的な妥当要求を引き出す。「人間の尊厳は、すべての基本権の根源として、いかなる個別的基本権とも衡量できない」(BBVerfGE 93、293)。それに対して、クロッパーは、基本法1条1項が、そのつどの衡量から免れた絶対的な法価値であるという理解に反対する。共同体関係的かつ共同体拘束的な市民として各人を理解するとき、社会的側面が強調されて、同時に衡量が受け入れられる。基本権の担い手の共同体被関連性と人間の尊厳の憲法への組み入れのため、人間の尊厳への侵害は想定されており、重大な社会的な利益の確保の場合に正当化される。基本法1条1項の保護の絶対化は、その保護の縮小へ導くのであり、その原則的な制限可能性が承認されてはじめて、この基本権の実践的な重要性が守られる。そのことによって、人間の尊厳と生命の基本権の統一的な基本権領域のための視界も可能となる。これは、二つの基本権の完全な同等化ではない[29]。

　生命の原則的保護を疑おうとしなければ、生成する生命を過程として捉え、それをますます発達するにつれて強まっていく保護の下に置くことが有意味的であろう。生命の違った時間的段階に応じた差別化は許される。というのも、生命に対する防御権は、絶対的に保護されるのでなく、相対化する差別化を許容している。生命の保護領域の規定は、同時に人間の尊厳に対しての基礎を表している以上、基本法1条1項に対しても法律で制限する権能や具体化する権能が肯定されるべきである。法律による発展的分化の可能性

　　（侵害）がまず踏みだされる。そのことによって、法教義学的に保護領域と侵害の区別が失われることになる。一般の基本権教義学に反して保護範囲の射程を同時に侵害の限界とみなすものだけが、この方法を基本法1条1項の基本権内容の規定に適したものとみなすであろう。しかし、それは、経験的方法として、保護範囲の規定には不十分なものである。なぜならば、それは、定義上、過去に関連したものであり、将来の国家行為の基準としては限定的にしか役立たないからである。Vgl. Ibid., S. 83.

28　Ibid., S. 98 ff.
29　Ibid., S. 101.

によって、基本法1条と2条2項の規範的作用力は弱体化されるのでなく、強化され、将来性をもつものとなる[30]。

　憲法的に保護された「人間の生命」は、既に受精によって成り立つが、それは、同時に人間の尊厳を享有する（それに対して、人間の生命は、人間の尊厳の必要条件であるが、十分条件でないという反対意見は、基本権主体の問題と基本権侵害の問題を混同している。）。その場合に、卵細胞の受精によって「人間」が出来上がっているかどうかという問題は、未決定のままにされていた。一方で胚性細胞に理解能力が欠けていることは確かなことであるが、他方で受精卵、胚から不変の人間的人格性が発達する、それに生命基本権と人間の尊厳が出生の完了で完全に帰せられるということも確かなことである。そこで、生成中の生命に人間の尊厳の保護を前倒しして（vorwirkend）帰せしめることは、正当化されるように思われる。将来の人間にその誕生を確保してやる基本権的な出生の保障が、重要である。このような基本権保護を、表見的な基本権への期待権（Grundrechtsanwartschaften）と見ることもできよう。けれども、この期待権の保護は、生まれた人間の尊厳や生命ほど強くは行われない。堕胎行為と殺人行為の間で刑罰が区別されるように、生成する生命と生まれた生命の間でも保護が区別される。この基本権への期待権の意味で、生成する人間の生命の成長とともに基本権的保護の強度を高めることはもっともらしい。胎児の生命保護と尊厳保護は、出生前には最大となり、受精後には最小になる。体外受精の場合、母体への移植を必要とするが、基本法における生命権の保護が、この移植とともに始まるわけでない。但し、基本権への期待権は、この場合に最小になる[31]。

　体外で創られた胚に対しての生命保護は、妊娠の目的であれ、その他の目的であれ、すべての胚を包含している。胚に対しての憲法的な生命保護は、ここから人間が成長することができるかどうか（成長するべきかではない）にかかっている。もはや人間に成長することのない胚の基本権的地位は、疑わしい。もっぱら研究の目的のために創られた胚、体外受精で子を得ようとして余剰とわかった胚が、それである。そのような胚は、妊娠に至らないこと

30　Ibid. S. 103f.
31　M. Kloepfer, Humangenetik als Verfassungsfrage, S. 420.

がはっきりしているときには、もはや将来の人間に対しての基本権への期待権の考えに基づくとその中に含まれない。それは、もはや生存への展望をもっていない。なるほど、余剰胚は、他の女性に移植されることがあるかもしれないが、それはすべての胚にあてはまるわけでなく、その他の胚は、人間への成長の機会をもたないだろう。さらに、「養子縁組（Adoption）」には、両親の承諾が必要であろう。研究目的のために創られ、孤児になった胚に生命権の保護を是認しようとしても、永遠に凍結した無意味な運命から免れさせるためこの胚を廃棄することは、限定された法律的規制の枠組みにおいて許されるだろう。しかし、そのような場合にも、人間の尊厳の保障は及んでいる。そのときでも、受精した細胞は、物のように扱われてはならない。それは、恣意的にまたは統制なく廃棄されてはならない。分化能をもつ幹細胞の培養は、人間に成長することがありえないから、人間の生命の憲法的保護によって捉えられない。しかし、それは、人間の生命から出て来たものであるから、人間の尊厳の弱められた保護のもとにある[32]。

　(1)-(e)　ザコフスキーは、胚に生命に対する基本権が帰せられるか、またそれはどの程度の保護であるのか、という基本権の主観法的側面にかかわる問題と人間の尊厳の客観法的意義についての問題を分けて考察する。

　胚は、「生命保護」を享ける基本権の担い手であるか、その保障内容（保護範囲、制限可能性）はいかなるものであるか、を考察するにあたって、2条2項の「何人も」の概念の下に、体外の胚も含まれるのか。その場合、当該規定は、体外の胚にいかなる保護を保証するのか。保護内容に関して、生まれた人と同じか、それとも段階づけられた保護か。そのうえで、そのような保護は、客観法的な基礎の上に存立するのか、それとも主観法的な刻印を受けているのか。連邦憲法裁判所は、妊娠中絶の法的扱いの枠の中で、着床の時点を指摘するが、しかし、それと対立する見解も出している。「医学的人間学の認識が勧めるように、人間の生命が既に卵と精子細胞の融合によって成立しているかどうかは、決定するまでもないことである」(BVerfGE 88, 251)。しかし、最終的な決定を下したとまでは言い切れない。たしかに、国

---

[32]　Ibid., S. 421f.

家的介入に対しての人間的存在の保障は、完成した生命の前段階を含まなければ、不完全のものになるであろう。疑わしきは基本権規範の法的作用力を最も強くする解釈が選ばれるべしという原則には、拡張的解釈が適うであろう。けれども、この論拠は方法論的に疑わしい。それは、防御権としての基本権の概念から説かれるもので、個人と国家の関係において、疑わしきは国家に負担をさせて市民の自由領域を拡大するものである。しかし、それは、妊娠中絶の問題布置にはあてはまらない。国家はここでは基本権を保護する義務を持っているので、疑わしきは公益の負担のもとで個人がより多くの自由を享受すべきである、と導き出すことはできない。他方では、人間の生命の発達は、明瞭な切れ目を示さず、異なった発達段階の精確な境界づけを許さない（胚の発達過程の個々の段階の連続性と不可分性）。刑法が着床から未出生の生命を保護することは、基本法もそうであるとする根拠とはならない。着床は、胚の自然的な発達過程の一部にすぎない。体内の胚では、自然的な経過が阻害されなければ出生まで発達し続けることができるが、体外の胚では、第三者によって企図される人為的な操作（移植）を経て、完成した人間に発達することができる。移植は、間違いなく重要な切れ目である（そのおかげで、胚が生命を育んでもらう母親をもつことができる）。しかし、その事情だけで、胚の生命保護がそこから始まるということにはならない。胚は、移植前に、個体的な生命として実在している。その生命は、第三者の承認に依らない。また生命の「不可分性（Unteilbarkeit）」に関して、胚の「唯一性（Einmaligkeit）」は、着床前には必ずしもできておらず、そこには不十分な個体化しか見られない。しかし、まだ双子が発生するという可能性は、この時点までの胚に対して生命権を拒否することを正当化しない[33]。

　胚の生命保護は、主観的権利として保障されているのか。裁判所は、このことを決しないままにしておいたが、堕胎判決の中には暗示的に胚の基本権担い手性から出発している箇所（"in seinem Recht auf Leben" BVerfGE 39, 41）が認められる。法学文献では、この問題は論争されている。主観法的に保障されている保護と客観法的に保障されている保護との違いは、個々の基本権

33　Ute Sacksofsky, Der Verfassungsrechtliche Status des Embryos in vitro, SS. 4-15.

の担い手の利益を保護するのか、それとも客観的な原理だけに用いられるのかという問いにとって重要である。裁判所は、個々の胚の生命や尊厳を示唆することによって、主観的法を肯定している。それとは切り離されて、主観的利益に守られた法的立場の司法的な貫徹可能性についての問題がある。権利の司法的な主張に関して、体外の胚にとって主観的法か客観的法かという問題は、ほとんど重要でない。胚が自らの権利を主張しうる手続きは予定されていないし、そのような手続きが胚にとって高い保護を呼び起こすかどうか疑わしい。体外の胚は、自己固有の意見を形成することができない。いずれにせよ、自らの権利の司法的な貫徹は、他人の決定に委ねられる他ないことになる。しかし、胚と親との間に利害対立が起こりうる。そこで、体外の胚の利益を守る受託者を取り入れることも考えられる。そのような制度にいかなる意味があるのか疑わしい。一度たりとも所属していない体外の胚には、特別な手続きで顧みることが有意味であるような固有の意志はない。したがって、体外の胚にとって主観法的な法保障か客観法的な法保障かをめぐる議論は、あまり収穫の多いものでないであろう。ここで確認できるのは、胚は、生命基本権の担い手であるが、これを司法的に貫徹する固有の可能性をもっていないということである[34]。

　人間の生命がいつから2条2項の保護を享けるのか、様々な時点が考えられるが、連邦憲法裁判所によれば、2条2項の生命保護の下に、原則的に未出生の生命が含まれるが、それは着床から（妊娠期間）の生命保護に限定される。着床からの人間の発達を首肯する立場は、体外の胚に対してもあてはまるのか、それとも人工生殖と着床との間に胚の発達の連続性を破る切れ目があるのか。後者の場合、女性の身体への移植か、それとも着床そのものか、選ぶことができる。移植は、それによって妊娠が始まる故に、女性にとって中心的な意義をもつ。しかし、そこから胚の生命権の原則的な承認のための帰結は導かれない。胚の遺伝的同一性は、すでに卵と精子の融合の時点から固定されている。体外の胚から見ると、移植は、胚の発達のためにその成功を必要とするが、他の段階と比べられる必要な一歩に過ぎない。着床も

34　Ibid., SS. 16-18.

また、その時点から生命保護を正当化できるような決定的な切れ目でない。なるほど胚は、子宮に着床しなければ、死滅するだろうが、着床は、胚の自然的発達過程の部分にすぎない。「生命の不可分性」を顧みるとき、これは疑わしい。着床までに、まだ（一卵性の）双子ができるとき、胚の「唯一性」が問題とされる。しかし、双子ができる可能性は、双胎形成がもはや可能でない時点まで、胚に生命権を拒否することを正当化するわけでない。二人の個人が一つの胚からできるということは、両方の遺伝的固定を何ら変えるものでない。まだ二人の個人が生育するという理由で、一人の個人から生命権を奪うことは馬鹿げているだろう。以上の考察から、体外の胚は、生命基本権の担い手である[35]。

　人間の生命は、受精から2条2項の保護を享けると認められるが、受精卵は、生まれた人間と等しい保護を享けるのか。生命保護の強度は、胚の進展する発達とともに増大する。そのような立場は、多くの法的規制にも沿う。未出生の生命は、生まれた人間と異なって扱われる（BGB1条、殺人行為の刑法規制）。刑法218条のように、中絶は未出生の生命の発達段階に応じて異なって規制されている。「増大する生命保護の思想」の方が、受精卵を生まれた人間と等しく扱うカテゴリー的要請よりも正しいであろう。一方では、受精卵細胞に細胞塊を見る人がいるが、他方では、それに完全な人間を見る人もいる。増大する生命保護の構想が、両者を相互に結びつけることに成功する。受精卵細胞は、生成する人間でもあるから、それは素材や物のように扱われてはならない。受精卵細胞は、完成した人間とは本質的に異なるから、その生命保護は、生まれた人間の保護よりも少ないものである。受精卵細胞は、完成した人間に発達していくが、まだそれになっていない。その中に、発達の潜在力が備わっているが、潜在力はまだ現実化されていない。体外の胚の生命基本権には、生まれた人間によりも容易に侵害されうる[36]。

　ところで、人間の尊厳保障は必ず生命保護を含むのか、いかなる殺害も同時に1条1項の侵害を表すのか。連邦憲法裁判所は、堕胎判決の中で、2条

---

[35] Präimplantationsdiagnostik und Grundgesetz, in: Kritische Justiz 3 (2003), SS. 276-278.

[36] Ibid., S. 279.

2項に結合して1条1項に違反すると解して、「人間存在の尊厳は、未出生の生命に対しても、それ自身のために現存在において存する」、「生命権は、母親の側の受け入れによってはじめて根拠づけられうるのでなく、未出生者にその存在に基づいて既に帰せられるのであり、人間の尊厳から由来するところの基本的で不可譲な権利である」と判示している。しかし、このような人間の尊厳と生命保護の一体化に対して、生命の損失は、必然的に同時に人間の尊厳の侵害を意味しないと批判される（兵士、消防士、警官に課された生命投入義務）。それ故に、1条1項と2条2項の保障内容は、連結を外されるべきで、それぞれの保護領域と侵害可能性の精確な規定が前提されなければならない[37]。

人間の尊厳の保障内容について、まだ精確な規定に成功していない。客体定式が、法実務で多用されてきたが、恣意的に保障内容の辺境に適応される傾向が見られる。他方で、人間の尊厳保障の中核領域があるということは、大方一致している。人間の尊厳の侵害が何を意味するかについて、社会に広範な合意がある。その根拠は、歴史的な経験にある。基本権の担い手と侵害行為とを混同しないために、侵害行為が人間の尊厳違反にあたるかどうかを検証することに、思考上で侵害行為を生まれた人間に移し替えることが必要である。主体の質を原理的に覚束なくすることは思い浮かべられない。侵害行為は、辺境にではなく、人間の尊厳保障の中核に移されるべきである[38]。

体外の胚は、（人間の尊厳の）基本権の担い手であるか。その立場に対して、いくつかの反論が出されている。第一に、体外の胚には典型的に人間の尊厳に伴う能力が欠けていると反論されるが、そのことを首尾一貫して適用すると、体外の胚だけでなく生まれた人間にも人間の尊厳が拒まれることになるだろう。第二に、ホフマンが説くように、憲法制定権力への参画者の相互的約束としての尊厳保障の構想から、人格的個人性が一度は「現存在」をもたなければならないとする判断基準を挙げて、未出生の生命に対して尊厳保護を拒否する。「現存在」の概念は、ここで曖昧である。体外の胚も、そこに（da）あるといえるからである。胚は社会的な尊重要求の可能な主体で

---

37 Ibid., S. 281.
38 Ibid., S. 282.

ない、というテーゼも疑わしい。というのも、我々すべてを共同体の尊厳のある成員として等しく承認する約束は、あるものに他の個人からこの地位を剥奪する権限を与えることを排除するからである。死者の尊厳の尊重のために持ち出された論拠が、なぜ未出生の生命に及ばないのか、理解できない。最後に、受精卵細胞は断じて人間でないので、人間の尊厳を要求することができない、と反論される。魂の注入説のような宗教的な態度は、現代では受け入れられないだろう。出生の時点は、たしかにはっきりしているが、胎児が妊婦によってそれよりも早く固有の人格として知覚されることを考えると、的確な時点であるかどうか根拠づけしなければならない。人間の発達の中で人間の尊厳に関連するそれ以外の明確な切れ目は、まだ発見されていない。生物学的な発達段階は、人間が初めて人間になるということを根拠づけることができない。人間の尊厳を付与するための明確な時点が見つけられないならば、人間の尊厳をできるだけ早く始めることが支持できるだろう。もともと人間の尊厳保護が帰せられない存在に人間の尊厳保護を帰することの方が、尊厳の担い手にそれを拒むことよりも甘受できるだろう[39]。

　人間の尊厳保護は、1条1項によれば絶対的である。生命保護は、2条2項によれば法律の留保を受ける。増大する生命保護の構想に並行して、人間の尊厳保護は、胚の発達とともに増大するのか。生命保護の枠の中でのみ、侵害を正当化する根拠の重さが胚の発達とともに増大するようなスライド性の基準は考えられる。しかし、人間の尊厳の場合、侵害を正当化する根拠は、最初から存在しない。この教義学的構造は、保護目的に緊密に関連している。人間の尊厳保障は、乗り越えてはならないタブー限界を表している。これは、多く保障されたり、少なく保障されたりするものでなく、人間の生命が出生まで発達することができなくても、それに注がなければならない最小限の尊重を表している[40]。

39　Ibid., S. 283f.
40　Ibid., S. 284f.

第2節　人間の尊厳と人間の生命の保護範囲──個体化──

　基本権は、個人の主観的権利であり、個人を保障するので、この事情は憲法的に重要である。多胎形成の可能性がまだあるときには、個人や基本権の担い手について語れない。生きている個人の、初期の未出生の生命への逆戻りの可能性は、多胎が可能である時点には及ばない。

　(2)-(a)　ホフマンは、種的に特殊な人間の生命（gattungsspezifisches menschliches Leben）と個体的な人間の生命（individuelles menschliches Leben）の区分に立って、着床前には、種的に特殊であるが、個体的な人間の生命はまだできていない点を重視する。生物学的・発生論的見地から、受精後60-70時間の頃の胚の細胞は、まだ全能的であって機能的に分化されていない。胚は、受精後6日頃の着床によってはじめて母体の循環系に連結され、「胎芽」と呼ばれるようになる。このような考えは、形のない胚と形のある胚についてのアリストテレス・アウグスティヌスの学説、霊魂のない胚と霊魂のある胚の区別に連なり、西洋の思想史的伝統にも根ざしている。基本法で保障された人間の生命は、基本権主体（「何人も Jeder」の含意からも出てくる）との関わりで、また身体的不可侵性と体系的に近接している点で、「個体である身体的生命」を意味していると解されるならば、類的に特殊であってもまだ身体的に個体性をもっていない人間の生命には、生存の継続を求める権利のような基本法的な保障は与えられない。しかしながら、一方では生成中の個体的な人間の生命への侵害行為が、刑法的規制によって一定の範囲で許されているが、他方ではまだ個体的でない人間の生命が、それに介入する生命工学的実験の広範な禁止によって、より強く保護されることを要求するのはどうしてなのか。さらに、細胞核融合によって憲法上の生命概念を定義しようとするものも、種的に特殊な人間の生命であるものすべてが基本法の生命権によって保護されているわけでないことに反対しないだろう。さもないと、実験室で研究目的のために使われる培養中の人間に由来する細胞組織も、この保障を受けることになるだろう。そこで、細胞結合体が自然的条件下で個体に成熟する可能性をもっているかどうかという基準が、付加的に導

入されなければならない。そのことによって、着床による遺伝的な個体化のもつ中心的な意義がわかる[41]。

(2)-(b) エンダースも、人間の生命の始まりを卵細胞と精子細胞の融合と解する見方に対して、ホフマンに依りながら人間の生命の前段階と本段階を区別している。基本法上保護される生命は、基本法解釈的に考えると個体的で身体的な生命であり、そこでは着床が重要な事柄となるが、受精した人間の胚細胞は、種的に特殊な人間の生命として、基本法的に保護されない。けれども、単なる種的に特殊な生命と憲法的に保護される生命との区別に子宮への胚の着床が適しているという見解に、エンダースは懐疑的である。ホフマンによって自然的条件下で細胞が成熟することができるかどうかを考える際の範例として着床が挙げられているが、もしも人為的条件、例えば人工子宮の中で、単なる種的に特殊な生命が発達し続けることができ、種的に特殊な人間の生命と個体的な人間の生命の境界が消失してしまったならば、人間の質を規定するための考察も違ったことになったであろう。人間の生命は、個体に多く与えられたり少なく与えられたりするような属性でなく、不可分である属性である。個体的でない胚物質に関した研究によって、個人的な人間の生命への危険が生じることがあるならば、当の個人の見地から必然的な連関があることで、種的に特殊な人間の生命も基本法2条2項第1文の意味での生命と捉えることが必要である。つまり、胚への操作と発達した人間に対しての侵害の帰結との間に必然的な連関があるならば、この事実的な生起は、法的に基本権の保護領域への侵害として評価されるのである[42]。

(2)-(c) ドライヤーによれば、原始線条が形作られるまでの初期の発達段階では、多胎の形成が可能であるから、なるほど種的に特殊な人間の生命に関わるが、まだ個人的な人間の生命に関わることはない。そのことは、分けられないもの（Individuum）に関わらないが、いわゆる分けられるもの（Dividuum）に関わるということ、すなわち人の生命（human life）に関わるが、まだ人間存在（human being）には関わっていないということである。人間の尊厳の保障が出生前の段階へ前向きに作用するときでも、この拡張

41　Hasso Hofmann, Biotechnik, Gentherapie, Genmanipulation-Wissenschaft im rechtsfreien Raum, Juristenzeitung 41 (1986), S. 258f.

は、個体性ないしは着床の段階までしか達しなくて、着床前の段階にまで入っていくことはない[43]。

第3節　人間の尊厳と人間の生命の保護範囲――着床――

(3)-(a)　デニンガーは、母親の子宮への着床でもって、胚はその完全な発達プログラムを獲得すると解する。ゲノムは、人間が人間の生成のために必要とするすべてではない。「人間の生成のための本来の生物学的な決定点は、子宮への胚の着床であって、決して受精ではない」。尊厳と生命の保護領域の分離の観点から、尊厳の侵害は、たとえ個人の物理的・生物学的存在が侵害されなくても、その人格的同一性の破壊、主体としての質への根本的な脅威の中に生じる。この連関において、顕微鏡で拡大して見られる小さな受精卵細胞の形態を「同胞」と認め、それに尊厳を帰するのは疑問である。受精卵細胞や胚の70％が、自然的生殖において喪失され、体外受精では、その出生率が、せいぜい15％と評価されるように、人間の発達段階にある初期の生命は、生物学的にもまだきわめて不安定な存在である。そのような存在に尊厳を与えるのは適当でなく、人間の尊厳と人格存在の連関こそ注目されるべきである。しかし、そこから、未出生の人格以前の生命が、母体内であれ母体外であれ、その尊厳に関して全く保護されていないと帰結されるわけでない。基本法1条1項の人間の尊厳の命題は、法秩序が新しく形成される生命の最も初期の形態との尊厳に適った関わりを保障することを命令しているからである。人間の尊厳の前倒し作用ないしは前段階、潜在的な人間の尊厳について語ることは、レトリック的な意味しかもたない。生命の発達のこの段階でどのような行為態様が、尊厳の侵害とみなされうるのか否かに対しての規準がより重要である[44]。

42　Christopf Enders, Probleme der Gentechnologie in grundrechtsdogmatischer Sicht, in: Rudolf Melinghoff u. Hans-Heinrich Trute (Hrsg.), Die Leistungsfähigkeit des Rechts, R. V. Decker & C. F. Müller, 1988, S. 166 ff.
43　Horst Dreier, Kommentierung von Art. 1 Abs. 1 GG, Rn. 83.
44　Erhard Denninger, Embryo und Grundgesetz. Schutz des Lebens und der Menschenwürde vor Nidation und Geburt, S. 204 ff.

(3)-(b) ムルスビークによれば、生命は、出生ではなくて卵細胞の受精とともに既に始まっているが、それでもって、最初から遺伝子的な同一性の中にある生命が段々と人間的形態をとっていく、連続的な生物学的な発達のプロセスが開始されるからである。しかるに、子宮への受精卵の着床から問題とされるのは、もはや分けられない生命、成長と自己発達の過程ではじめて人間に（zum Menschen）発達するのでなくて人間として（als Menschen）発達している生命である。連邦憲法裁判所は、基本権保護が着床で始まるかそれとも受精で始まるのか不問のままにしたが、いかなる人間的生命（jedes menschliche Lenen）も人間の尊厳を有しているならば、着床前の人間的生命から生命権の保護を剥奪することはできないだろう。けれども、この立場は、問題がないわけでない。生命権をもつのは、「何人（Jeder）」であり、基本法では、「あらゆる人間（jeder Mensch）」を意味している。では、胚は、既にいわゆる人間であるか。連邦憲法裁判所は、基本法成立史及び基本権の意味と目的に照らして、肯定的にそれを「いかなる生けるもの（jeder Lebende）」、「あらゆる生命を有する人間的個体（Jedes Leben besitzende menschliche Individuum）」と解したのである。しかし、それが、着床前の胚の発達段階に対してもあてはまるのか疑わしい。この桑実胚の段階では、細胞はまだ分離独立しておらず、まだあらゆる器官に発達することができ、表現型的に人間的形態に近づいたものは認められない。それは、「個体」でもなく、また「分けられないもの」でもない。さらに、受精卵細胞は、人間の生成への完全なプログラムを自らの中にもっておらず、母親の有機体からの刺激で制御されることが必要である。子宮への着床がなければ、母親の有機体上の寄与がなければ、桑実胚は、完成した人間に発達する可能性をもたない。その他にも、受精した卵細胞のすべてが、子宮に着床するわけでない。このことは、体外で作られた胚（医師によって母体に移植されなければ、人間への自然的発達の機会がない）にもあてはまる。ここで、受精した卵細胞が人間に発達する潜在力が顕在化するかどうかは、接合子とその遺伝的プログラムに織り込まれていないその他の諸事情に依っている。以上のような考察から、着床前の発達段階である受精後7日目までを、人間への発達に対しての前段階とみなすことには、理由があるように思われる。そこから当然に推測されるこ

とは、人間的生命は、なるほど受精卵細胞とともに存在するが、生命権の保護の意味での人間は、子宮への着床とともに始まる、と法的に区別することである。しかし、この論拠は、やはり説得的なものでない。つまり、それが、連続性テーゼ（遺伝子的な同一性だけが問題であって、その同一性は卵細胞と精子細胞の核融合によって確定される）の擁護者の立つ論拠より重要であるかどうかは、以下のこと——人間の遺伝子的同一性をなすものが、本当に遺伝子的にだけ決定されるのか、それとも子宮がもたらす発達への刺激によって決定されるのか。人間は、同じ遺伝子的素質にもかかわらず、他の女性によって月満ちるまで懐胎されたならば、別の人間になるだろうか——が判明されたならば、容易に決定できるだろう。これは、まだ最終的な結論に到達していない[45]。

(3)-(c) シュロートは、人間の生命の発達が漸進的な過程（gradueller Prozeß）であることを確認した上で、法的に保護される生命はいつから始まるのかを検討している。その過程とは、以下のようなものである：受精の場合、まず精子細胞が卵細胞に突入して、次に卵細胞と精子細胞の前核の融合が行われ、最後に二倍体の染色体一組に新しいプログラムが形成される。しかし、受精の終結とゲノムの形成でもって、発達はまだ完結されていない；四細胞期から、ゲノムは遺伝的表現に働きかける。その後、胚盤胞と栄養膜細胞に分かれて、人間の生命は分化されていく。その一部は、栄養膜細胞になるが、残りの部分は、まだ多くの個体的な胚に発達していく能力をもっている；着床の完了と原始線条の形成によって、この可能性は終わり、胚は個体となり、発達プログラムは完成する；次の段階は、胚の循環系の発達であり、28日目から胚は統一体となり、56日目から胚は人間的外見をもつ[46]。

シュロートは、この生物学的認識、特に着床の時点での個体としての生命の確立を基礎にして、人間の生命の初期段階での法的保護の始まりについての諸見解を検討する。（ⅰ）プログラム理論（Programmtheorie）[47]によれば、

45　Dietrich Murswiek, Kommentierung von Art. 2. Abs. 2 GG, in: Michael Sachs (Hrsg.), Grundgesetz Kommentar, Verlag C. H. Beck, 2003, Rn 143, 144, 145, 145a

46　Ulrich Schroth, Forschung mit embryonalen Stammzellen und Präimplantationsdiagnostik im Lichte des Rechts, in: Juristenzeitung 57 (2002), S. 175.

人間的生命は、核融合の時点から、唯一的なプログラムとなり、代替できなくて、保護しなければならない。しかし、この論拠の経験的部分は正しくない。なぜならば、プログラムは、着床によってはじめて完成するからである。しかも、それは、胚をめぐる規範的防壁を建てるには適していない。(ⅱ) 潜在性テーゼ (Potentialitätsthese)[48] によれば、胚は、人間へ発達する潜在性を含んでいるから、核融合の終結後に人格となる。しかし、それは、内的に一貫していない。潜在性は、胚だけでなく、胚以前のもの (Präembryo) にも帰せられるからである。精子の卵細胞への突入によって、生ける人間に発達する能動的な潜在性が既にあるからである。けれども、法秩序が能動的な潜在性を保護する任務をもつときでも、着床前の受精卵をまったく保護しないままにしておくことが、規範的に問題とされることはなかったようである。もしそうであれば、着床防止剤の使用はもはや許可されてはいけないであろう。こういう帰結が、潜在性テーゼの擁護者によって引き出されることはない。さらに、胚の素質からその地位への推論は、潜在性テーゼに即すると疑わしい。この意味での胚が人格とみなされるとしても、自然が人格の保護のために格別の配慮をしているとは思えない。受精卵細胞の10%しか、人間に発達することができない。(ⅲ) 系統学的理論 (genealogischen Theorie)[49] によれば、胚は、人間存在への生物学的所属の故に、人格としてみなされ、包括的に保護に値する。しかし、この理論は、なぜ法秩序の包括的保護が、既に核融合から始まっていて、着床からでないのかを、納得させられない。(ⅳ) 同一性理論 (Identitätstheorie)[50] は、「人間的生物 (menschliches Lebewesen)」と「主体 (Subjekt)」が自然に従えば同一であるということから出発して、尊厳の保護を人間であると言う事実だけに依らしめる人権思想に従うなら

---

47 Lejeune, Die Spitze der Nadel-Über den Anfang des menschlichen Lebens, in: Hoffacker (Hrsg.), Auf Leben und Tod, 1985, S. 21.
48 Rager, Embryo-Mensch-Person: Zur Frage nach dem Beginn des personalen Lebens, in: Beckmann (Hrsg.), Fragen und Probleme einer medizinischen Ethik, 1996, S. 254.
49 Spaemann, Personen. Versuch über den Unterschied zwischen ‚etwas' und ‚jemand', 1996.
50 Enquete-Kommission des Deutschen Bundestages „Recht und Ethik der modernen Medizin", Teilbericht Stammzellforschung, S. 44.

ば、あらゆる人間的生物は尊厳の保護を受けるに値すると説くものである。着床前の胚と出生した生命が同一であるかと問われるとき、胚のプログラムが、まだ完全に発達していなくて、着床とともに完備したものとなること、その胚はまだ分けられることから、肯定できないであろう。着床前の胚が、分裂後の二人の生まれた人間と同じであると言うことは、ナンセンスである。さらに同一性の論拠には、自然主義的誤謬が潜んでいる。着床前の胚と生まれた生命が同じであるという事実から、規範的には何も出てこないからである。法秩序は、出生までの自ら発達する胚が保護に値することを、そのつど区別して認めている。（Ⅴ）連続性理論（Kontinuitätstheorie）[51] は、生まれた人間が着床前の胚にまで切れ目なく連続しているという事実から、胚の全面的な要保護性を引き出すものである。しかし、このように経験的に主張できるのかに関して、人間のプログラムが母親の子宮への着床によって完備したものとなるので、疑問である。まさにこの着床から、連続性が成り立つと言われるのである。さらにこの論証にも、自然主義的誤謬が含まれている。生物学的連続性が包括的な要保護性を根拠づけることができるのは、その連続性から規範的規則が演繹されるという前提から出発するときだけである。（Ⅵ）胚は核融合の時点から包括的に保護されるべきだというテーゼは、安全採用主義的論証（tutioristische Argumentation）[52] を介在させて根拠づけられることもある。それは、胚が始まりの段階で何であるかについて究極的に明らかにされないならば、より安全な保護策をとるべきであると説くものである。そうであるならば、胚は全面的に保護されなければならない。しかし、胚の全面的保護が、積極的な価値を過激に切り捨てていないかどうか、確かめられていない。胚から胚性幹細胞を獲得することが禁止されるならば、これを用いた研究が根本的に制限されて、多くの病に対して命を救い苦痛を和らげる広範な認識や有益な治療可能性が妨げられるであろう。さらに現代の法秩序が、安全採用主義的な考えによって支えられているわけでない。最初の14日にある体外の胚は、完全に保護されていないし、また3ヶ月にある胚も、非常に退行した刑法的保護しか享有していない[53]。

51　Ibid., S. 45.
52　N. Knoepffler, Forschung an menschlichen Embryonen, 1999, Kapitel 4.

着床前診断の禁止や胚性幹細胞の獲得の禁止の必要性のために、胚における人間の尊厳の侵害が引き合いに出されるが、人間の尊厳の尊重と保護に対する要求は、いつから人間に帰せられるのか。着床前の胚に絶対不可欠な人間の尊厳保障を認めてやらないことの方が、前述の検討からもより納得されやすいだろう。受精卵細胞に無条件的に保護される人間の尊厳保障を付与して、どんな利益衡量をすることも可能にしないものは、そのインフレ的な使用のせいで、人間の尊厳の不可侵性の意味の持つ効果を失わせる。着床の完了の前にある体外の胚は、全く保護されていないことを知らねばならない。立法者は、はっきりと着床防止剤を許可している。核融合の終了した胚に人間の尊厳や生命権が与えられるならば、こういう規制は正当化できないだろう。この避妊方法を廃止することは、社会の広い範囲において、妊娠するかどうかの決定に対する権利への侵害と感じ取られるだろう。胚がまだ分かれることができる限り、それに人間の尊厳保障が認められるべきでないだろう。それは、まだ人間として発達しているのでなく、個体的な人間に向かって発達しているからである[54]。

(3)-(d) デデラーは、人間の尊厳保障の「通常事例」は、生まれた人間に関わるところから出発する。1条1項の文言の意味と成立史からも、首肯できるところである。この成立史から、人間の尊厳保障の意味と目的は、社会生活のすべての領域に対しての無制限の支配を要求し、個人の生命を顧みることが何の意味ももたない全体主義的国家の全権に反対して、基本法は、個々の人間とその尊厳を中心点に置く価値に結びつけられた秩序を築くところにあった。憲法の冒頭にある1条1項の体系的地位は、このことに符合している。彼は、二つの堕胎に関する連邦憲法裁判所判決を手がかりに、着床からの胚への人間の尊厳の拡張のラチオを、「未出生のものに重要であることは、個人的で、遺伝的同一性において唯一性と代替不可能性で既に固定された、もはや分けられない生命であって、それは、成長と自己発達の過程ではじめて人間に発達するのでなく、人間として発達する」という点に見ている。ここに「個人的な人間存在の発達の不可欠の段階」がある。「一回性と

---

53 U. Schroth, op. cit., S. 175 f.
54 Ibid., S. 176 f.

代替不可能性」は、精子と卵子の融合によって成立する（胚のゲノムが、精子と卵子のそれぞれのゲノムから新しく結合される）と考えられるが、一卵性双生児の存在がその反証となるだろう。「もはや分けられない生命」に決定的な意義が帰せられるならば、着床前の体外の胚に人間の尊厳を拡張することは疑わしいだろう。胚が全能性をもつ細胞の分裂によって分けられ、生殖できるからである。しかし、生まれた人間もクローン化され、複製化によって分けられることを考えると、この標識も基準となりうるものでない。連邦憲法裁判所の判決の本来のラチオは、着床からの胚は「はじめて人間に発達するのでなく、人間として発達する」、着床から「個人的な人間存在の発達の不可欠な段階」が問題となるという判断枠組みの背後に隠されている。「人間としての発達」は、個人的な人間存在と人間の尊厳保障が、生まれた人間から着床時までのすべての生命の前段階へ遡って拡張されうる「架橋（Brücke）」を形成している。「人間としての発達」の「架橋」が欠けているところでは、人間の尊厳とその基本法的保障とのいかなる結びつきも断ち切られている[55]。

　胎芽への人間の尊厳保障の逆向きの拡張が十分説得力のあるようにみえるのは、胎芽と生まれた個人に関して、同一の個人が問題となっているからである。胎芽と生まれた人間との同一性が、出生の時点から着床した胚への人間の尊厳保障の逆向きの拡張を正当化する。人間の尊厳を構成する諸前提（自意識、理性、自己決定能力）が胚に欠けていることで、この逆向きの拡張に対して異議を申し立てることはできない。新生児としての生まれた人間は、そのような諸前提がなくともやっていくことができる。この「架橋構成（Brückenkonstruktion）」が必要なのは、人間の尊厳保障が、「前方作用（Vorwirkung）」の意味で、生まれた人間から胚へ至ることができるからである。基本法の人間の尊厳保障は、生まれた人間に関係している。「架橋構成」は、胚は人間の尊厳の潜在的な担い手であるという思想に基づいているのでない。むしろ着床からの「人間としての発達」は、人間の尊厳保障が着床からの胚に帰せられることのための「架橋」を根拠づけるのであり、ちょ

55　Hans-Georg Dederer, Menschenwürde des Embryo in vitro? in: Archiv des öffentlichen Rechts, Bd. 127（2002), S. 8f.

うど人間が着床から「人間としての発達」以来、出生を経由して、死まで、人間の生命の様々な段階を越えてつねに同一の個人であるからである[56]。

「架橋構成」は、衡量に開かれた人間の尊厳の保護への手がかりにも反対する。それは、「反射理論」の意味で構成的に根拠づけられる。けれども、死後には、人間の尊厳の不可欠な実体、すなわち人間の生命が脱落している。だから、死後の時間経過での衡量に開かれた人間の尊厳の保護は、出生前の時間経過に直ちに「反射的に」移行されない[57]。

人間の生命の異なった発達段階に結びついた段階づけられた人間の尊厳の保護も拒否される。「人間の尊厳」は、人間存在に基づいて前提なしに人間に帰せられるものである。もしも人間存在の違った段階があるとすれば、人間の尊厳も段階に依存する保護の強度をもつであろう。そのような人間存在の違った諸段階は、「人間としての発達」の期間にも出生から死までの期間にも存在しない。しかし、人間の生命の発達段階は違っている。人間の生命は、「有機的で」身体的な事態であるが、人間存在は、「現出的で」人格的な構成事実である。人間の生命は、自然科学的証明で接近できる生命現実であるが、人間存在は、個人に権利と義務の帰責主体である一般的能力を付与する地位である。人間存在の地位は、その実体をなす人間の生命の発達に依存しない[58]。

それに応じて、2条2項第1命題からの生命権と1条1項第1命題からの人間の尊厳保障は、異なった憲法的保障を表している。生命権は、人間の生命を有機的で身体的な事態として定立し、人間の尊厳は、現出的で人格的な構成事実として生まれた人間の人間存在に結びつく。その場合、人間の生命は、核融合の時点から受精卵細胞としての段階で始まる。人間存在の地位と人間の尊厳保障は、「人間としての発達」の「架橋」を経て、生まれた人間から着床からの胚へ逆向きに拡張される[59]。

「人間としての発達」は、直ちに受精で始まらなくて、事物の自然的な経

56　Ibid., S. 9f.
57　Ibid., S. 13.
58　Ibid., S. 13f.
59　Ibid., S. 14.

過では着床から客観的に保障される。着床前には、事物の自然的経過にしたがえば、人間の出生へ導くであろう子宮への着床という必要十分な生物学的前提が欠けている。この考え方は、発達生物学的認識に沿うものである。体外の胚は、「人間への発達（Entwicklung zum Menschen ）」の中にあるにすぎない。「人間への発達」は、人間存在の地位や人間の尊厳保障が、生まれた人間から体外の胚に逆向きに拡張される「架橋」を成さない。体外の胚の「人間への発達」は、女性が胚を子宮に移植することを決断するという条件の下に置かれている[60]。

　人間の尊厳は、すべての「基本権の根元」を成している。人間の尊厳保障が、体外の胚に拡張されないことから、体外の胚に適用されうる基本権保障が全く顧みられないままにされることを意味しない。基本権は、客観的な原則決定（objektive Grundsatzentscheidungen）もなすことができ、その保護作用を国家が体外の胚のために展開させなければならない。体外の胚もやはり人間の生命であるから、基本法２条２項の人間の生命の保護のための客観的な原則決定が行われる。けれども、人間の尊厳は体外の胚にまで遡られない以上、（生命権のような）基本権保障は、体外の胚に関しては、着床後の胚や生まれた人と同じような保護強度を要求できない。体外の胚には国家によって「相応な（angemessener）」保護が与えられなければならないが、その際の保護の「相応性（Angemessenheit）」とは、対向する法益を顧慮して利益衡量に基づいて判定されなければならない。人間の尊厳の保障が作用しているところでは、人間の生命は原則的に他の憲法的利益に優先して保護されなければならないが、体外の胚には、客観的に保障された「人間としての発達」が欠けているため、人間の尊厳の保障を受ける地位が遡らせることができないので、体外の胚の生命は、着床後の胚や生まれた人の生命とは異って、その他のすべての法益よりも原則的に優先されることはない[61]。

　(3)-(f)　ヘルデゲンによれば、人間の尊厳の担い手は、さしあたって人間の種への帰属性により生まれたあらゆる人である。「類的存在としてのすべての人間に帰せられる尊厳」は、個人の精神的・身体的能力や社会的な標識

60　Ibid., S. 14f.
61　Ibid., S. 17ff.

に左右されない[62]。人間の尊厳が保証するのは、個人をその様相存在において尊重・保護することである。人間の尊厳の拡張も、精神的・身体的な発達、個人的な生活能力、成功した自己同一性の形成に依ることなく一般に行われている。人間の尊厳は、犯罪行為や尊厳に値しない行為によって失われることはない。人間の尊厳要求は、その成立しているときの様相にかかわらない。範疇的な尊厳の保護は、人格としてのすべての人間に帰せられる。しかし、全体的な考察の意味で、尊厳要求の種類と程度は、具体的な事情(特別な保護必要性等)を顧慮する差別化に開かれている。その場合、人間の尊厳そのものの段階づけでなく、尊厳から帰結する尊重要求の、状況に結びつけられた具体化が問題である。この意味で、(すべての人間に等しく帰せられる)尊厳は、状況に結びつけられた具体化を迫る関係概念である[63]。

　人間の尊厳保証の人的妥当範囲において、出生前の生命の地位についての議論は、厄介な複雑さを呈している。とりわけバイオテクノロジーや生殖医学の制限についての議論は、基本法1条1項にしたがって人間の生命の初期形式の保護についての論争を活性化させている。しかし、ここで問題である尊厳保護の次元は、西洋の精神史の中で神の似姿性とか道徳的自律について尊厳が論じられたところとは明らかに違っている。ヘルデゲンは、人間の生命の初期形式の尊厳保護についての議論を実り豊かなものにするために、ポパーによって行われた「合理的な」論拠と「狂信的な」論拠とを区別する[64]ことが有用である、と説いている。道具化ないし選別のレトリックは、生殖医学の可能性をめぐる論争で、余りにもしばしば実質的な根拠づけの乏しさを飾り立てている[65]。しかも、人間の生命の最も初期形式の尊厳保護をめぐ

---

62 「この意味での人間の尊厳は、各人の個人的な尊厳だけでなく、類的存在としての人間の尊厳である。誰でもその性質、能力、社会的地位を顧みないで、尊厳を有する。尊厳は、身体的ないしは精神的状態に基づいて有意味的に行為できないものにも自己固有なものである。尊厳は、"ふさわしくない"振る舞いによってさえも、失われることはない。尊厳は、いかなる人間からも奪われない。だが、尊厳から出てくる尊重要求は、損なわれる」。Vgl. BVerfGE 87, 228.

63 Matthias Herdegen, Kommentierung von Art. 1 GG. in: Maunz-Dürig (Hrsg.), Grundgesetz, Bd. 1, C. H. Beck (München) Rn. 48-50.

64 Karl Popper, Die offene Gesellschaft und Ihre Feinde, Bd. 1, 8 Aufl. 2003, S. 395.

65 Friedhelm Hufen, JZ 2004, S. 313 ff.

って、その広範な意見スペクトラルは、出生前の生命の固有の尊厳性の厳格な否定から、着床前の段階での段階づけられた発達に応じた尊厳の保護を経由して、人間の生命のすべての形態の衡量のない尊厳の要求にまで及んでいる。人間の生命の初期形式に外在的目的から関与する際に、一方では尊厳に導かれたタブー視と他方では完全な保護喪失の間の余りにも狭い稜線を進むことには懐疑的にならざるをえない。基本法1条1項にしたがって保護をするかどうか（"Ob"）の場合に人為的に境界線を引くことを避ける点に、その尊重要求と保護要求の発達に応じた強度によって尊厳保護の段階的（prozeßhaften）考察をする長所がある。尊厳の保護をどのくらいにするか（"Wie"）の場合に発達に定位した考え方は、人間の生命の最も初期の段階へ人間の尊厳を遡って拡張することを容易にする。逆に、尊厳から出てくる尊重要求に関して最も初期の人間の生命と生まれた人間との等値は、時間的に一定の切れ目によって尊厳要求を劇的に短縮化する傾向を助長するだろう[66]。

　出生前の尊厳保護の問題は、生命保護の始まりの問題と区別されなければならない。基本法1条1項は、人間の「生命」の尊厳でなく、「人間」の尊厳について話題にしている。しかし、連邦憲法裁判所が出したあの定式は、初期の人間の発達の推移において尊厳保護を規定することには余り役立たない。コミュニケーション的相互作用ないしは交互の尊重によって刻印された連帯社会への人間の組み入れに基づく尊厳理解は、胚の尊厳要求とは隔たっている[67]。人間の尊厳の触媒としての出生という分離線も、意識の発達とか生の表出に関して、類型論においても恣意的なように思われる（新生児と成熟した胎児の間に）境界付けをせざるを得ないようにする。出生前にある人間の尊厳は、賦与理論の意味で、類的存在としての人間を特徴づける能力の装備（共同人間的な感情へのアピールを含めて）によって根拠づけられる。単なる潜在性（受精前の精子や卵の細胞、全能性のために再プログラミングされた幹細胞のように）では、尊厳をもった人間存在にまだ十分な条件でない[68]。

66　M. Herdegen, op. cit., Rn. 56.
67　Hasso Hofmann, Die versprochene Menschenwürde, Universitätsdruckrei der Humboldt‐Universität (Berlin), 1993, S. 11, 20. H. Dreier, op. cit., Rn. 50 f.
68　M. Herdegen, op. cit., Rn. 57, 58.

しかしながら、人間の尊厳は、人間の生命からの抽象において考えられない。特に、生命医学・生命工学の制限に対しての出生前の尊厳保護の重要性が、考慮されなければならない。尊厳要求をもつ人間の生命は、受胎（Empfängnis）における卵と精子の融合によって成立する。そこでは、遺伝子的プログラムが確定されることによる自己同一性の樹立、将来への発達のパースペクティヴが認められるからである（完結した遺伝子的な刻印とそのことによって根拠づけられた個体性が含まれているからである）。着床による母体との結合によって、この遺伝子的に制御された発達プログラムが展開されるが、しかし、それは、自然的な生殖の発達のパースペクティヴの（統一体を構成する部分として）不可欠な要素である。胚への尊厳の拡張は、「固有の私の根源についての人間の自己理解」[69]にも適っている。受胎から範疇的な尊厳要求を承認すれば、尊厳保護を与えるかどうかに際して、ある特定の発達段階に結びつけてその差別化を行うことから免れる利点もある。「胚のもつ人間の尊厳には、その権利主体性の承認が対応する」[70]。

---

69 胚としての自己おける人間の再認識のために、以下の文献参照。Vgl. Robert Spaemann, Über den Begriff der Menschenwürde, in: Böckenförde/Spaemann (Hrsg.), Menschenrechte und Menschenwürde, Klett-Cotta (Stuttgart), 1987, S. 303.「人間とは、自己自らを取り戻す、自らを相対化することができる存在である。…まさに独自の有限な自己、独自の欲求、利害、意図の相対化において、人格は拡張され、絶対的なものになる。人格は、通約できない。それは、さしあたって他者のために役立つように、自己犠牲にまで献身する。…まさにこの可能性に基づいて、人格は―自然存在としてでなく、潜在的な道徳的な存在として―絶対的な自己目的になる。人格は、自ら固有の利害を相対化できる以上、その絶対的な主体としての地位において尊敬されることを要求してもよい。人格は、自ら自由に義務を引き受けることができる以上、誰も、カントが正しく見ていたように、人格を、主人に対して義務をもつことがありえない奴隷にする権利をもっていない。人間は、道徳的存在として、絶対者の代表者である故に、その故にのみ、我々が"人間の尊厳"と呼んでいるものが、彼に帰せられうるのである。」

70 M. Herdegen, op. cit., Rn. 61. 人間の生命としての出生前の生命の地位から、胚や胎児が権利主体性を有するということが結論として出てくるかどうか争いがある。連邦憲法裁判所は、この問題を解決しないままにしておいた。胚が、基本権の担い手であるのか、それとも権利能力を欠くために、生命に対する権利での憲法の客観的規範からのみ保護されるのか、決定する必要はないと考えられたからである。基本権規範は、国家に対する個人の主観的な防御権を含んでいるだけでなく、すべての法領域に対しての憲法的な根本的決定として妥当し、立法、行政、司法に指針を与える客観的

第3節　人間の尊厳と人間の生命の保護範囲　109

　さらに、自然的生殖で生じた胚の他に、様々な人為的な仕方で生まれた胚が、現代には存在する。体外で人工授精によって作られた胚の場合、着床のために外部からの介在（移植）を必要として、人間への成長は、自然的な発達の意味で保障されていない（連続性の論拠を弱める）が、卵と精子の融合によって成立した接合子は典型的に（子をもちたいという願望に方向づけられて）体内に移植されて発育するように定められるはずである[71]。クローニングの場合、体外でそのように創られた胚に関して、連続的発達という尊厳を根拠づける論拠が与えられていない。人間へ至る発達の典型を仮定すると、ここでは規範的な障壁が出てくる。けれども、着床後のクローン化された胚も、基本法1条1項で保護される[72]。但し、全能的な胚には、その発達の潜在性の故に、尊厳は認められない。8細胞段階で診断目的のため切り離された全能的な細胞や全能性へ再プログラミングされた幹細胞は、人間の尊厳を

　　な価値秩序を具体化している。国家が憲法上生成する生命の法的保護を義務づけられているとすれば、それがどの程度かは、基本権規範の客観的―法的内容から推論されるであろう。しかし、国家の法的義務を根拠づけるためには、少なくとも胚に憲法上保護された地位を容認しなければならない。胚の憲法上の地位についての問いの答えが、胚の保護の法政策的な形成のための前提ではない、と説くエッサーの見解には、従うことができない。胚が自主的に自らの権利を主張できないことは、権利主体性の問題にとって何の役にも立たない。連邦憲法裁判所の定式が前提していることは、自由の担い手としての何らかの主体に分類されないような基本権の客観的保障内容がありうるということである。たしかに刑法上の法益保護が示しているように、法規範の保護客体が、論理的に法主体である必要はない。しかし、このことが、基本権の本質と一致するかどうか疑わしい。権利主体性と基本権保護との分裂は、個人の基本権保障を基本権の保障機能の核心とみなす裁判所の実践と矛盾する（共同決定判決において、基本権は、その歴史と今日的な内容によれば、個人権である。客観的原理としての基本権の機能は、その妥当力を強めるけれども、その第一義的な意味の中にその根源をもつ。）。基本権の客観法的内容から導き出される制度保障は、主体の欠けた基本権保障でない。制度は、個人の利益と個別的基本権のために保障され、個別的基本権の保障の形式で、主観的な法的地位に移されなければならない。基本法1条1項は、個別的な尊重要求としては、具体的な権利主体なしにはやっていけない。人間の尊厳の原理的性格は、客観的法と主観的法との関係にとっても決定的である。法原理は、権利主体を必要とする具体的な基本権的地位に関連づけられてのみ実効的である。Vgl. T. G.-Steinacher, op. cit., S. 66 ff.

71　M. Herdegen, op. cit. Rn. 62.
72　Ibid. Rn. 63.

享有しない[73]。人間の発達のすべての初期形式において、注目すべき構成的な努力に基づいて、尊厳保護が原則的に承認されているが、国家法における発達条件による尊厳保護について意見の不一致は、人間の生命の初期形式と出生した人間との尊厳要求の質的差異を裏付けている[74]。尊厳要求が、その範囲について、具体的な事情に当然左右されてよいならば、このことは、とりわけ人間の生命の発達段階にあてはまる。これは、「様相において(in mode)段階づけられ、発達に応じた人間の尊厳の保護の観念」[75]を支えてい

---

[73] Ibid. Rn. 64.

[74] Reinhold Zippelius, Kommentierung von Art. 1. GG. in: Dolzer/Vogel (Hrsg.), Kommentar zum Bonner Grund-gesetz, C. F. Müller Juristischer Verlag (München), Rn. 51. 連邦憲法裁判所の定式、「人間の生命が存するところでは、それに人間の尊厳が帰せられる。…人間存在に最初から備え付けられた潜在的能力は、人間の尊厳を根拠づけるのに十分である。」には、受精卵は、既に個人の完全な遺伝子プログラムを保有している、という考え方が根底にあるだろう。けれども、この生物主義的考察方法は、等しい遺伝子プログラムが、人間のいかなる体細胞にも潜んでいることを指摘するだろう。もしそうならば、この体細胞は、人間の尊厳の担い手であるはずである。個人の発達は、受精から脳死まで、流れるような経過を示す連続性を表している。それにもかかわらず、そのような発達の限界点の間には、さくらんぼの種とさくらんぼの木の間のように、質的相違があるということには争いがない。道徳的な自己規定をする能力ないしは神の似姿性に根拠づけられるべき尊厳というものは、受精卵細胞に等しく与えられることを認めてもよいかどうかには、懐疑的である。人間の尊厳保障の具体化が、どれほど置かれた位置に拘束されるか、また限界問題で不確かであるか、明らかである。

[75] M. Herdegen, Die Menschenwürde im Fluß des bioethischen Diskurs, S. 774 f. 人間の生命の最も初期の現象形態にまで人間の尊厳を拡張することは、保証された保護を発達に応じて強めていくことによってのみ貫徹されうる。発達するにつれて強められる保護の段階づけは、人間の尊厳が、人間の生命の最も初期段階では、対立する要求との衡量を行ってもよいということを意味しない。それが意味するのは、人間の尊厳の保護が、初期の段階では母体の中の胎児や出生した人間より少なくても十分であるということである。この初期段階でも、人間の尊厳のためにタブー帯域の構築に当っては、最高の注意を払うべきである。段階づけられた保護は、初期の人間の生命のその都度の発達段階に従って差別化することを許す。桑実胚は、それから取り出された個別の細胞より、強い保護を受ける。人間の尊厳の保護は、自然の発達過程の指導像に従って、また自然的発達からの乖離に従って規定されうる。人間の生命の特定の(現代では思い浮かべられない)現象形式において、最も初期段階では、人間の尊厳に訴えかけることをしなくてもよい(全能性へ再プログラミングされた幹細胞)。しかし、着床後では、そういう差別化はもはや問題としてはいけない。人間的威厳の完

る。けれども、この尊厳保護の微妙な差異化の試みは、もしも未出生者や着床前の生命に対しての尊厳保障を（保護を義務づけられた国家の形成と衡量の自由範囲を伴った）客観的原理に還元するならば、それは納得できないだろう。もしも基本権としての尊厳保障が未出生の生命へ拡張されるべきでないならば、生成する生命の尊厳保護に対しての憲法的価値決定は、客観法的レベルで尊重されることになるだろう。しかし、国家の出生前の尊厳保護も、生成する生命の出生前の尊厳要求を前提していることを忘れてはいけない[76]。自ら発達する個体性の保護は、人間の尊厳を客観的原理としてのみ捉えることを許さないからである[77]。

　尊厳保護の不変の強さと具体的な発達段階から抽象された侵害判断は、ヨーロッパ精神史とは無縁である。発達依存的な尊厳保護は、中絶の広範な刑法的な解禁と矛盾なく成り立つし、最近のバイオテクノロジーや生殖医学に対する尊厳の制限についての討議からも窺われる。この討議は、明らかに尊厳を損なうタブー違反とみなされる取り扱いや目的規定の諸形式に関わっている。出生前の尊厳保護の主観的な諸条件についての不確かさのため、一定の取り扱いについての侵害判断に対する根拠づけ基準が高められざるをえない。人間の尊厳を尊重する義務は、典型的には人間の間の諸関係の主体に関

　　全な保護が、母胎内での成熟と何らかに関わっていることは、ユダヤ・キリスト教的伝統の中だけでない。精神史も、着床による質的飛躍を認めている。移植とそれに続く着床でもって、医師による幇助に依らない、自立した発達過程が始まる。人間の尊厳の段階づけられた保護は、人間の尊厳の、発達に依存しない、絶対的な保護を修正する。それによって、移植前の胚の保護において、"全か無か"の決定が避けられる。ヘルデゲンは、人間の尊厳の段階的保護のモデルにおいて、潜在的な侵害の目的性が重要な役割を果たすことを指摘している。軽蔑的な取り扱いから保護することは、人間の生命の最も初期の段階でも、目的次元への組み入れを必要とする。幹細胞材料の獲得のために、体外での胚の樹立は、後の移植のための受精とは違った性質をもつ。分化能をもつ細胞を全能性へ逆戻りさせることは、移植目的のためか、それとも治療目的のためかによって、明らかな違いがある。胚の生命形式のいわゆる"廃棄"（体外受精の場合の余剰胚の処分）が、基本権的に命じられた生命保護と矛盾しない限り、人間の尊厳の侵害の承認のために、その都度の侵害行為の目的性の中に存しうる特別の無価値的要素が必要となる。

76　M. Herdegen, Kommentierung von Art. 1. GG., Rn. 65.
77　M. Herdegen, Die Menschenwürde im Fluß des bioethischen Diskurses, S. 774.

わっている。そのような関係が具体的に体験困難である人間の発達段階では、尊厳の侵害の承認に際して、大きな自制がはたらく[78]。「段階づけられた出生前の人間の尊厳保護は、他の憲法的諸利益との衝突において、特別な制限可能性や衡量可能性によって特徴づけられない。むしろ、それは、出生前の生命の発達段階に相応した（angemessen）尊重要求や保護要求に率直に照準を定めている」[79]。

第4節　人間の尊厳と人間の生命の保護範囲——脳の形成——

(4)-(a) ホインは、胚の発達段階と生命の保護並びに尊厳の保護の始まりについて、生命に対する基本権を考察の出発点に定めている。尊厳の保護と生命の保護の分離の場合、胚は、生命権の担い手よりも遅れた時点で、初めて人間の尊厳の担い手となる。他方で両者の連結の場合には、その担い手であることは同時に始まる。生命権は人間の尊厳と同時か、それとも早く始まるが、決してそれより遅く始まることはない。したがって、生命に対する基本権は胚に帰せられるか、またそれはいつかということが、さしあたって問題となる。これまで出された連邦憲法裁判所や支配的見解の定式、「人間の生命が存するところでは、それに人間の尊厳が帰せられる」の中には、言語的な不明瞭さがつきまとっている。これが示唆しているのは、人間から由来するいかなる生命形態も、生命権と人間の尊厳の保護の下に置かれるということである。しかしながら、そのように解するのは適切でないように思われる。例えば、医学的処置で採取され試験官内で培養されている細胞は、確かに人間的生命を表しているが、基本権的に保護されるものでない。ホフマンが指摘したように、種的に特殊な生命と個体的生命との区別は、事柄に適っている。すべての基本権が個体的な担い手を前提していることは、確認されるべき重要なことである。連邦憲法裁判所は、基本権保護の正確な始まりを確定しなくて、「卵と精子の融合によって人間の生命が成立する」という見解に共感を示しているが、これまで着床の完了の時点だけが基準とされて

78　M. Herdegen, Kommentierung von Art. 1 GG., Rn. 66.
79　M. Herdegen, op. cit., Rn. 67.

きた。「…未出生のものにおいて、個人的な、遺伝的な同一性と唯一性及び変更不可能性において既に固定された、もはや分割できない生命…が問題である。」という言明の前提にあるのは、それより前の時点にある生命に対しての共感の否定である。このことの検討のためには、着床と個体化までの胚の発達の諸段階の正確な研究が必要とされる。その事実的経過の記述には争いがないが、その諸段階の評価については深刻な争いがある。その中で、胚の出生前の発達段階を、基本権的に保護された人間の生命として資格づけるのに役立つ三つの論証形象、連続性論拠（Kontinuitätsargument）、潜在性論拠（Potentialitäts-argument）、同一性論拠（Identitätsargument）が出されている。生命倫理的議論では、それらと並行的に、もっぱら人間の類への帰属性から生命権と尊厳権の承認へ推論する生物種的論拠（Speziesargument）が、重要な役割を果たしている。しかし、それは、証明に耐えうるものでない。しかも、この連関では、最初から考察外に置かれている。というのも、権利の担い手に関して、類への個人の所属が重要であると前提されているからである。けれども、これは、まさに解明を必要とする[80]。

連続性論拠は、人間の生命の（着床で始まる）発達過程は、連続的過程であり、明瞭な切れ目を示さない、という主張に見られる。着床または融合からの発達の過程の連続性は疑われない。しかし、基本権の地位の推論やその帰属は、それから根拠づけられない。ソリテス・パラドックス（Sorites-Paradox）で知られた誤謬推理が、そこには潜んでいる。その間の移行が明確な切れ目を示していないという事実は、区別できる境界づけの可能性と必然性を反駁することもできないということである。個々の砂粒から砂の塊の形成の場合、どの砂粒が砂の塊をそのように形成させているか言うことができない。連続性の論拠は、さらに卵と精子の成立段階に対してもあてはまるし、死を越えて及んでいる。それは、部分的には、恣意的にも使用されうる[81]。

---

80 Werner Heun, Embryonenforschung und Verfassung-Lebensrecht und Menschenwürde des Embryos, S. 518 f.
81 Ibid., S. 520. 連邦憲法裁判所の第一次堕胎判決の中に、連続性論拠を示す以下の言明がある。「それでもって（即ち着床でもって）始まる発達過程は、先鋭な切れ目を入れられなくて、人間生命の異なった発達段階にはっきりした境界をつけることを許さないような連続的過程である」（BVerfGE 39, 37）。

潜在性論拠では、胚は潜在的に人間であるので、後に人間として彼に帰せられる基本権の地位が、同じようにそれに帰せられなければならない、と考えられる。「最初から人間の存在に賦与された潜在的な能力が、人間の尊厳を根拠づけるのに十分である」。潜在性が権利を根拠づけることができるのはいつか、という境界づけ問題に、十分な解決を与えられない。ある人間が、後で生まれてくるという蓋然性の高まりが、適合した境界づけの基準とならない。潜在性論拠は、人間の尊厳保障の際限のないインフレ化とそれに応じた無価値化に至っている。潜在的な地位と現実的な地位との等値は、憲法的には具体的な主体に具体的な保護の保障を根拠づける憲法の意図に矛盾する[82]。

　潜在的地位と現実的地位の等しい扱いは、強固な根拠づけを必要とする。後の基本権の担い手が、出生前の段階で殺されない権利をもっているという論拠の中に根拠づけることはできない。その等値が正当化されるのは、同一性の結合が存しているときだけである。というのは、潜在性は、後の同一の担い手に関してのみ、初期段階でもその地位を帰することを正当化するから。しかしながら、同一であることを判定するためには、何らかの規準を必要とする。多数の可能な同一性関係が成り立っている。しばしば、反論を許さない主張とか外見上明白な自然科学的認識を根拠にして同一性が主張されるが、支持できるものでない。初期の発達段階の人間の生命に基本権的主体としての地位を帰することを根拠づけなければならない点で、同一性論拠と潜在性論拠は結び付けられる。基本権の地位は、個人人格に帰せられる。保護されるのは、人間の生命一般でなく、個々の人間の生命である。したがって、基本権の保護に関係づけられるために、個体的で同一であり続ける人間的生命が存在していなければならない。法的な保護必要性は、個体化によってはじめて構成される[83]。

　さしあたって、「遺伝子的同一性」が、同一性の架橋の根拠づけのために

---

[82] Ibid., S. 520f. 第一次堕胎判決の中に、潜在性論拠を示す以下の言明がある。「人間存在に最初から装備された潜在的能力で、人間の尊厳を根拠づけるのには十分である」（BVerfGE 39, 41）。

[83] Ibid., S. 521.

第4節　人間の尊厳と人間の生命の保護範囲　115

注目される。しかし、第一には、人間が遺伝子的にいかに定義されうるかの規定が、限界事例で困難である。第二には、人間は、単に部分的に遺伝子的同一性によって決定されているに過ぎない。人間は、ゲノムの総体以上のものである。さもないと、一卵性双生児は、別々の個人ではなくなるだろう。分割の可能性が存する限り、ある潜在的な人間が殺されるという言い方をしないだろう。接合子において、「自己制御する機能的統一性」が問題であるという論拠も、同一性の欠如をうまく隠し通せない。いかなる細胞も、自己制御する機能的統一であるが、それに人間的個体性が与えられることはないだろう。そこで、ホインは、新たにロック哲学の想起という意識の中に、規準となりうる同一性要因を見いだす。同一性は、心理的連続性と生物学的有機体の連続性との結合によって根拠づけられる。脳が、心理的連続性の生理学的基礎である以上、個の人格的同一性の構成の始まりを脳の組織的分化でもって開始するのが理に適っているだろう。生命権の組み入れにとって、このことは決定的なことでない。けれども、自己意識、自己決定能力、理性が、人間の尊厳の観念の思想的基礎である場合には、人間の尊厳の賦与の承認は、この時点の前ではほとんど人を納得させられない。生命権は個体化で既に始まっているのに、このような後の時点でやっと胚に人間の尊厳保障を承認するのも、有意味であるように思われる。胚の前段階の地位についての問題にとって、このことは、決定も深化も必要としない。生物学的有機体の同一性に的を当てても、同一性の構成は、栄養細胞塊と胚盤葉への分化並びに個体化を前提する。これが時間的に意味することは、個体化の後ではじめて同一性が根拠づけられるということである。それ以前には、後の基本権主体との同一性関係は成立しない。胚盤葉の中の本来の胚の形成と個体化でもってはじめて、区切られた統一性のある実在であるところの、同定可能な個別的な生物学的有機体が現存する。細胞が全能的である限り、このことは可能でない。法的、道徳的意味での生命権は、2週目末の胚盤葉の形態学的分化と個体化の後に着床の完了でもって肯定される。身体と魂の統一のアリストテレス・トミズム的テーゼで根拠づけられているのも、他ならぬこのことである。それは、個人的な人格概念にとって構成的であるのは、意識状態並びに身体的特質であるという二重の前提を含意している。したがって、着床

と個体化の後に、基本権的地位をもった個別の人間の構成に至るのである。生命保護と尊厳保護を胚の前段階に拡張する反対の見方は、耐え難い評価矛盾に至る。胚の前段階に人間の尊厳を承認して、保護義務の構成を肯定するものは、現行の刑法的規制に反して着床防止剤の法律的禁止を憲法上命令されたこととみなし、医学的適応以外の妊娠中絶を許可してはいけない。体外で創られた余剰の前胚をすべて女性に移植する義務付けが受け入れられるだろう。ドイツだけで約25000から30000保存されている前核状態の細胞も、論理的理由から憲法の完全な保護の下に置かれなければならないだろう[84]。

第5節　人間の尊厳と人間の生命の保護範囲
――出生後の人間の生命にのみ権利主体性を認める立場――

　出生の時点を人間の生命に法的権利主体の地位を与えるための重要な切れ目と見て、それ以前の段階の生命には限定的な法的保護しか認めない見解がある。その代表的なものの中に、人間の尊厳についての独特な構想（関係概念としての人間の尊厳）が前提に置かれているものがある。

　(5)-(a)　H. ホフマン（Hasso Hofmann）は、人間の尊厳の保障を社会的な約束と解釈することから、特に未出生の生命、消えかかっている生命、自己決定する能力をもたない人間の生命に関して、いかなる帰結が引き出されるのか。ここでも、道徳的動機としての普遍的な人間の尊厳の理念と国民の連帯社会の創設としての人間の尊厳の保障の約束とを区別したうえで、後者の意味での尊厳保障は、憲法制定権力に関与する者としての相互的な約束として、原則としてこの承認に基づく社会にまだ属していないかあるいはもはや属していないものについて、つまり、未出生の人間の生命や死んだ人間の生命について何も語ることはできない。但し、死者の尊厳について語ることは、かつては我々と共にいたものへの尊敬の思い出が、自己自らの、相互に承認するアイデンティティーと自尊の一部だからである。しかし、人格的個性は、一度は現存在をもたなければならない。人間の生殖の可能で危惧され

84　Ibid., S. 521 ff.

る操作に関するすべての問題に、人間の尊厳の原理から得られるものは、見かけよりもずっと少ないのである。胎児は、社会的な尊重要求の可能な主体でなく、明らかに法義務の可能な保護客体である。基本法1条のアスペクトで出て来る問題は、我々は、その自尊のために、未出生の生命にいかなる保護をする義務があるのかということである[85]。

　(5)-(b)　J.ハーバーマス（Jürgen Habermas）は、『人間的自然の未来　自由な優生学への道？』の中で、遺伝子工学時代に直面する人間の境位について、「気がかりな現象は、我々があるところの自然と我々が自らに与える有機体的な装備との境界の消滅である。自分の生き方や道徳存在としての自己理解にとっての、我々の身体的実存の遺伝子的基礎の自由処理不可能性（Unverfügbarkeit）の意義についての問いは、そこから遺伝子技術の規制の必要性についての現在の論議を考察するパースペクティヴを形成する。」と描いている。遺伝子操作は、類の同一性（Gattungsidentität）の（類存在としての人間の自己理解は、法観念や道徳観念に埋め込まれているコンテクストをなしているものである）問題に触れているが、特に興味深いのは、成長するものと作成されたもの、主観的なものと客観的なものの区別の生命工学的な脱差異化が、いかに我々の類倫理的な自己理解（gattungsethisches Selbstverständnis）を変容させているのかということである。さらに等閑視できないのは、自分の遺伝素質の優生学的なプログラム化を知っていることは、個人の自律的な人生形成を制限し、自由で平等な人格の間の対称的な諸関係を掘り崩していくことである[86]。彼は、このような基本認識に立って、人間の尊厳と人間の生命について興味深い考察をしている。

　世俗的社会の全成員に受け入れられる初期段階の人間の生命の道徳的地位について、世界観的に中立な記述を試みることは、これまで破綻してきたように思われる。一方に初期の胚は細胞塊にすぎず、人間の尊厳が帰せられるのは新生児であると主張する立場があり、他方に人間の卵細胞の受精を、既に個体化した自己自らをコントロールする発達過程の始まりとみなす立場が

85　H. Hofmann, Das versprochene Würde, S. 20 f.
86　J. Habermas, Die Zukunft der menschlichen Natur－Auf dem Weg zu einer liberalen Eugenik, Suhrkamp, 2005, S. 44 f.

ある。後者の見解によれば、生物的に規定されうる類の範例は、基本権の潜在的な担い手とみなされるはずである。しかし、基本法の意味で無条件的な基本権の担い手であるという地位を占めなくても、我々の自由処理可能から免れているものがあるのではないか。この二つの立場は、出生と受精との間に切れ目を入れるすべての試みに恣意が入っていると批判するが、それらの拠って立つ連続性テーゼ（有機体的始まりから感覚をもつ生命、人格的な生命へ連続的に発達していく）は、存在論的言明で規範的に拘束力のある絶対的な始まりを設定するこの二つの試みに対してマイナスの材料を提供することにもなっている。たしかに、出生前の人間の生命の内在的価値を疑う者はいないが、人格以前の人間の生命が保護に値することの規範的な実体は、経験の客観化可能な言語の中にも、宗教の言語の中にも、すべての市民にとって合理的に受け入れられる表現を見つけられない。民主的な公共空間での規範的な争いに入れられるのは、結局は道徳的な言明だけである。道徳的な存在の社会は、権利と義務の言語で、規範的な規制を必要とするすべての諸状況に関係するが、そこでは、成員は、相互に対して道徳的に義務づけ、相互に規範適合的な行態を予期することができる[87]。ハーバーマスは、コミュニケーション的観点から、人間の尊厳の概念を次のように展開している。

「人間の尊厳は、厳密な道徳的・法的理解では諸関係の対称性に結びつけられている。それは、人が知性や青い目のように生まれつき有している性質でない。それは、むしろ相関的な承認の相互人格的な諸関係の中で、人格相互の平等的な関わりの中で意義をもちうるような不可侵性を特徴づけている」[88]。「人間の身体を精神の魂が注入された容器にする主観性は、他者との相互主観的関係を経由して形成される。個人的自我は、外化の社会的な筋道によって成立して、承認関係のネットワークの中でのみ形態化される」[89]。「正当に規制された承認関係のネットワークの中でのみ、人間は人格的同一性を発達させ、同時に身体的な完全性でもって保持することができる」[90]。「人間は、

87　Ibid., SS. 56-62.
88　Ibid., S. 62.
89　Ibid., S. 63.
90　Ibid., S. 64.

生物学的意味で不完全に生まれ、社会的関わりの助力、傾向と承認に指図されている故に、DNAによる個別化の不完全性が明らかになる。生活史的な個別化は、社会化によって成し遂げられる。有機体を出生とともに言葉の完全な意味で人格にするのは、相互主観的に分かたれた生活世界の公共的な相互作用連関の受容という社会的に個別化する作用である。子は、母との共生からの離脱の瞬間にはじめて、…人の世界に入るのである。母胎内の遺伝子的に個別化された存在は、…もう既に人であるわけでない。言語社会の公共空間においてはじめて、自然存在は、個人に、理性を賦与された人に形成される」[91]。「コミュニケーション的に行為する人の相互的な承認関係のシンボル的なネットワークの中で、新生児は、一人の物として、我々の中の一人として同一視され、さらに自己自らを、しかも同時に一般に人として、社会的共同体の部分または成員として、交換できない、唯一の、同時に道徳的に代替できない個人として同一視することを学んでいく」[92]。

　しかしながら、注意されなければならないことは、ハーバーマスが、公共的な相互作用連関に入る前にある人間的生命は、我々の義務の関連点として、自ら義務の主体でもなければ、人権の担い手でなくても、法的保護を享受すると解していることである。我々は胎児に対して、それ自身のために法的、道徳的義務をもつ。人格以前の生命は、倫理的に制度化される生活形式の全体にとって価値をもつ。人間的生命の尊厳とあらゆる人格に法的に保障されている人間の尊厳の区別が呈示される[93]。

　(5)-(c)　T. ヘルンレ (Tatjana Hörnle) は、人間の尊厳に対しての契約的思想に基づいたアプローチを採って、人間の尊厳は、存在論的な性質でなく、いかに人が扱われるべきかについての相互的同意の問題であること、ここでの相互的な約束の内容は、功利的理由のために人間の生命を犠牲にしないということ、人間の尊厳の観念によって要求されるべき行為について合意できるものは、生まれていない人間の生命に拡張されず、社会の生まれた成員にだけ及ぼされるにすぎないことという興味深い帰結を引き出してい

91　Ibid., S. 64 f.
92　Ibid., S. 66.
93　Ibid., S. 66 f.

る[94]。以下で、詳しく見てみよう。

　人間の尊厳を要求する権利は、経験的に確認される人間的諸性質から導出されるかどうかに関して、そのようなものによって根拠づけられるのは相対的な尊厳（eine relative Würde）にすぎず、絶対的な尊厳（eine absolute Würde）の観念は、現実の諸性質の中に根拠づけることはできない。その流布した諸概念は、むしろ宗教的ないしは哲学的な根本前提から輪郭と色づけがされた人間像（einem Menschenbild）に根差したものである（カントの道徳哲学とキリスト教的・ヒューマニズム的伝統）。人間の尊厳の実体存在論的なモデル（ein substanzontologisches Modell）は、人間の一定の存在諸属性を人間に帰せられる尊厳に対しての根拠として挙げる考え方である。「尊厳においてある人間は、客観的に前もって発見されるのであり、尊厳は法によってはじめて配分されるのではない」。例えば、カントは、明確に人間学に属しているものすべてから距離をとっており、規則の拘束力に対する根拠は、人間の自然の中でなく、純粋理性のアプリオリな概念の中に求められている。カントの人間理解によれば、人間は、感覚的に経験される世界の部分として、他律的な自然法則に服するが、叡知的存在として、理性においてのみ自律的に根拠づけられる法則に服する[95]。カントの理性的存在に対応した人間像は、法実務へのカント受容において、「自己責任をもって生活形成する能力を賦与された人格」、「自由において自己自らを決定し、自らを発達させる素質のある精神的・道徳的存在」として描かれるが、それからどのような規範的帰結が導き出されるのか、疑わしい。言い換えれば、意識的に人間学的に根拠づけられていない人間像から、経験的世界の中の現実的人間に対しての法的帰結への架橋がいかに行われるのか問われている。そのような人間像が、直接に法規範の基礎とされるならば、それから外れた者がどのように扱われるべきか、問題が残るのである。差別せず各人に帰せられる存在属性としての尊厳を確認するためには、何らかの形而上学的前提を拠り所にせざるをえない。そのことが可能であるためには、本人の認知的・知的な自然から全く独

94　T. Hörnle, Menschenwürde und Lebensschtz, in: ARSP Vol. 89 (2003), S. 318.
95　I. Kant, Grundlegung zur Metaphysik der Sitten, Philosophische Bibliothek, S. 60 ff., Kant, Metaphysik der Sitten, S. 175.

立した、人間の本質についての存在論的な言明が必要だからである。シュペーマンは、この点について、それは根拠づけられない要請に基づいていること、つまり、人間の普遍的な自然のようなものがある、諸性質を越えた実体のようなものがあること、「すべての経験的諸性質は、自らをそれ自身として示すことのない実体の外へ向かう現象形式にすぎない」ことを説いている[96]。しかしながら、神の似姿としての人間という神学的に基礎づけられた根拠づけは、世俗的国家の憲法の基礎規範にとっては受け入れられるものでない。ノイマンも、同旨のことを次のように述べている[97]。つまり、神学的な手がかりは、神学的な前提に義務づけられていない法哲学的・道徳哲学的議論では合意できないものである。人間の尊厳の思想の理論的な根拠づけのために、神学的に定位された形而上学的存在論が宣言されるとき、多元的な議論的文化では、人間の尊厳原理の基盤の弱体化につながる[98]。

　このような実体存在論的な導出に代わって、人間の尊厳が相互的に帰せられる（zugeschrieben）ことが認容されるべきである。尊厳は、状態概念（Zustandsbegriff）でなく、関係概念（Relationsbegriff）である。それは、社会的な約束に基づき、社会契約理論のコンテクストの中に整理されるものである。社会契約モデルへの関心は、ホッブスやロックの伝統の中にある国家哲学的な構成主義の拡張されたものであり、正当化理論的な契約主義（rechtfertigungstheoretischen Kontraktualismus）の新しい形態は、ロールズやノージックのように正義原理や公共的倫理の要求の根拠づけに努めている。想定された合意は、規範的拘束力をもたらすことはなくても、何故ある原理が人間の共同生活組織で優先されるに値するのかに対しての十分な根拠をあげられるのである。人間の尊厳の標語の背後にも、根本的な行為規範を顧慮するための相互的な約束が成り立っている[99]。「人間の尊厳の尊重の命令は、他者を取り扱う一定の様態を許容しないことを要求するところの、共同人間的な連帯性に関した最小限の要求を定式化したものである」[100]。

96　R. Speamann, Personen, stuttgart, 2 Aufl. 1998, S., 254, 260.
97　U. Neumann, Die Tyrtannei der Würde, in: ARSP Vol. 84（1998), S. 158, 164.
98　T. Hörnle, op. cit., 321 ff.
99　Ibid., S. 323 f.

相互的な約束としての人間の尊厳の概念にとっての重要な問題は、「誰がいかなる人間に何を約束するのか」ということである。まず約束の内容について考察すると、約束は、他者を取り扱う際の一定の様態を不当だとみなすために持ち込まれたものである。ドイツ憲法学の主要な潮流と重なるように、人間の尊厳の法的規定は、積極的な定義によってではなく、侵害行為を介して否定的な仕方で与えられうる。その代表的な定式が、カントの実践的原理を応用した客体定式である。けれども、それは、殺人による人間の尊厳の侵害の特殊状況に対して、誤解（殺人は何でも他者を人間の尊厳において侮辱する）を与えてきたので、それに代えて、人間の生命の功利的計算に基づく殺害が、人間の尊厳に反するとみなされる、とヘルンレは説いている。人間の生命が功利主義的に評価されることへの反発は、ドイツでのナチスによる人間の殲滅を経験した特殊な歴史に因るところが大きい。人間の身体と精神の不可侵性に対しての尊敬を強め、公共の利益の下にそれに服させる絶対的な限界を印すことが、憲法の制定当時から人間の尊厳の尊重に対する権利によって強調された目的であった。それから、さらに殺人に関しての更なる約束、すなわち、残虐な殺害をしないという約束が出てくる。この具体的な歴史的背景から、相互的な人間の尊厳についての約束の方式に対しての帰結が出てくる。アプリオリに合意される社会契約の派生態ではなく、経験的に合意される社会契約の内容の確保が重要である[101]が、ドイツ国民は、戦後に国民投票で明示的に同意を表明しなかったので、相互的約束のテーゼは、黙示的な同意の受容に向けられている。一般的に歴史的な境位に関係づけられた社会契約的な手がかりにとって、何故数十年後に生きている人たちがそれに義務づけられるのかという問題が大きくなっている。たえず更新される約束の想定は、暗黙の合意が多数の受動性から導き出されるだろうから、しばしば脆弱な根拠づけしか与えられない。けれども、ナチスによる人間の生命の侮辱に対しての限界づけとしての人間の尊厳の保障に、このことはあてはまらない[102]。

100　Ibid., S. 324.
101　P. Koller, Die Politische Philosophie des Gesellschaftsvertrags, 1994, S. 32 ff.
102　T. Hörnle, op. cit., SS. 324-327.

第5節　人間の尊厳と人間の生命の保護範囲　　123

　人間の生命の功利主義的計算の禁止は、質的な衡量の禁止を内包しており、その堅固な核に入るものは、予想される社会全体の利益を理由に行われた殺人である。そのような衡量を排除することが、相互的約束である。しかし、社会全体の貸借対照表ではなく、もっと小規模な範囲で用いられる物差しに関わる利害へ指示された衡量は、それと区別されなければならない。後者の衡量に関連するのは、当事者並びにその監護に当たる周辺の者の人的負担、さらに当事者の内的視点から試みられる生命の質の評価である。そこで、この二つの議論ライン、すなわち他者の利害と当事者の固有の利害は、きちんと区別されなければならない。特に「生きる価値のない生命」という決まり文句は、慎重に扱う必要がある。生きるに値しない生命の選別を忌み嫌う感情に表された批判、苦しみを負わされた生命の継続を疑問視する見方を人間の尊厳に反するとする批判は、全体社会的な利害に定位された有益性評価と苦痛に苛まれた当事者の見地からの評価の区別を見誤るのである。重篤な病人の見地に立つと、功利主義的計算は欠落している。本人の望みによる臨死介助は、人間の尊厳の侵害の領域に入らない。約束の性格から出てくるのは、尊厳は他人との関係の中での行為要求として認められ、自己の利益の規制に関わって認められるものでない。それに反して、他人の負担と衡量して個人の生命の質の最小化をもたらすことは、人間の尊厳の尊重に対する約束と一致しない。不可逆的な意識喪失や苦痛に苛まれた状態という極限を越えた病気や障害を負った人間の生命の質は、段階づけられるかどうかという問題は重要なものでない。たとえその客観的な基準があったとしても、介護の義務は、犠牲者の最小化された生命の質と結びつけられてはならない。このような区別（重病人の内的視点では許されるが生命の質の議論と他者の利害との混合では許されない）は、実際には明確につけられないことがありうる[103]。

　危険な状況での純粋に量的に行われる差引勘定は、人間の尊厳と一致しない。費用ないし量との関係で生命の質の衡量の外に理由があるときには、犠牲者のもつ人間の尊厳への軽蔑は存在しない。人間の尊厳が軽蔑されない仕方での生命権への侵害の標準例は、正当防衛ないしは緊急避難での殺人であ

103　Ibid., S. 327 f.

る。何故正当防衛での殺人と人間の尊厳の軽蔑とが結びつけられないのかを、実体存在論的モデルよりも社会契約論的モデルによって容易に根拠づけられる。暴力犯も人間の尊厳をもつと実体存在論的に強調するものは、なぜその殺害が人間の尊厳を侵害しないのかを根拠づけるにあたって、より困難に陥る[104]。

功利主義的計算の禁止に対しての一つの例外は、実際的理由から生命の危険の中にいる多数の人間の全員が救助できない場合である。このような避けられない選択的決定の例外の取り扱いは、危険状態が選択するものによって殺害目的のために意図的に惹起されなかったという前提のもとでしか妥当しない[105]。

次に、人間の尊厳の保護範囲を画定するために、約束の受け手の範囲について考察されなければならない。その場合に、経験的に合意された社会契約的な根拠づけは、すべての点で先へ進められるわけではない。というのも、技術的進歩によって可能とされた侵害、例えば、体外受精された卵細胞に負荷を課すことに対して、ナチスの人間の滅失に反対する意見表明から一義的な解決が可能となるわけでないからである。だから、人間の尊厳の約束を不断に反復することにおいて、このことが反省しつつ続行されなければならないという思想が仮定されなければならない。歴史的なコンテクストから離れて、新に成立した問題設定に移行するとき、理性的人格がいかなる受け手にその生命の功利主義的な計算を放棄することを約束するのか、を探究しようとする社会契約的手がかりから、解答が出てくる。ロールズの無知のヴェールの始原状態が適用されるならば、約束の受け手を広い範囲にとることは比較的容易であろう。自らが健康な成人であるか、障害をもった子供であるか、受精卵であるかを知ることができない者は、おそらく用意周到にすべてのものに、その生命を公共善のために犠牲にはしないと約束するだろう。けれども、経験的な生活諸条件から抽象された議論で説得できるのは、社会的な組織における一般的な原理が問題であるときだけである。対立する利害のためにその種の制度が存しない領域では、彼のやり方は限界に突き当たる。

---

[104] Ibid., S. 329 f.
[105] Ibid., S. 330.

第5節　人間の尊厳と人間の生命の保護範囲　125

不平等について知っていることから出発する立場にもかかわらず、広範囲に協定が根拠づけられうるのは、相互的に利害をもたないという前提が捨てられるときである。無知な決定者というロールズのイメージではなく、生物学的差異と社会的諸関係について知っている約束を与える者という実在性に適ったイメージが根底にある[106]。

約束の受け手に入れられるものは、人格の地位をもつ国民、ドイツに住む外国人や無国籍人、損害を蒙る出来事によって一度保有した自律的な決定能力を再び失った人間である。約束の概念は、将来に関連づけられている（zukunftsbezogen）。仮説的に契約締結者として考えられた人にとって、彼ら自身の将来の運命に関しての不確実性が存している。病気や事故により損害を蒙るリスクは、誰にも起こるのである。すべての不測の事態に備えて、人間の尊厳の尊重に対する基本権によって保護されるということを確実にするために、権利主体の範囲を拡張することが、約束を与える者にとっても合理的である[107]。

何故、約束は、自らまだ約束を与えるものでありえない人間にも拡張されるべきか。出生した子に対しては、二つの思考経路が考えられる。①子に対しての親の情緒的な繋がりで、それは共同生活の自明な根本的諸条件に属している。②人間の出生が、生物学的な点ではなく社会的な点で重要な切れ目をなしている。この時点で、子は社会的な相互作用連関に入り、相互主観的に分かたれた生活世界との接触によって個性化のプロセスが進行する。未成熟な子が、これから自律的な人格に成長していかなければならないときでも、承認関係のネットワークへのすべての関与者に、承認規則が適用されるであろう[108]。

約束は、未出生の人間の生命にも付与されるのか。人間の尊厳の社会契約的な理解の立場から、受精卵や胚に人間の尊厳を帰することには根拠づけを必要とする。ホフマンやハーバーマスは、胚が人間の尊厳の尊重に対する権利の担い手であることを否定する。しかし、これは、説得的なものでない。

106　Ibid., S. 330 f.
107　Ibid., S. 331 f.
108　Ibid., S. 332.

約束の受け手の範囲の利他的な拡張が、「第三者のための契約」として可能であること、また胚の保護が、利他的な理由から行われるのでなく、約束を与える者の利益のために行われる状況があることを把握する必要がある。後者に関しては、出産者の意思に反しての選択的滅失のシナリオを考えてみると、その種の攻撃が、母胎の中の未出生の生命を狙っている限り、相互的約束は、直接に潜在的な母親に向けられている。胚そのものに対する約束から出発する場合も、跡継ぎの完全性に関して約束を与える者の利益を保護することに本旨がある。他方では、出産者の願望に基づく殺人の状況では、人間の尊厳の尊重に対する胚の権利に反するという結論は、実体存在論的な人間の尊厳の主張者にとっては当然であろう。それによれば、人間の尊厳は文脈依存的でない。胚が人間の尊厳をもつならば、それは親と対立することになる。しかし、約束の内容は、差異化される。「親の利益において与えられた胚に対しての約束、つまり国家的選別から胚の生命を絶対的に保護する約束から、その保護の約束が親によって願望された行為にも拡張されなければならないということは帰結されない」[109]。イゼンゼーは、未出生の生命の人間の尊厳の無条件的妥当に対しては、約束の受け手を別の仕方で拡張することを熟慮して説く意見を取り上げている。つまり、一般的な組織原理を社会契約的に根拠づけるとき、自然的資源の消費に関して、環境への将来世代の利益を考慮する約束が組み込まれなければならないということである。イゼンゼーによれば、将来生まれてくるものに損なわれていない環境を提供するが、同時に既に存在しているが、まだ生まれていない人間の生命に基本権の保護を拒否するのは馬鹿げている。けれども、この論証は、一見すればなるほどと思わせるものであるが、仮説的な約束の到達範囲についての問題は、結果を顧慮しなくては答えられない。約束の利他的な拡張は、可能であるが、根拠づけを必要とする。つまり、約束の拡張とその不作為が及ぼす実践的な作用がどれ程重要であるか、ありうる負担が誰にかかってくるのか次第で、その説得力が左右される。現役世代が将来世代に対して有限な資源を不釣合いに大きく利用することを止めることは、後者が生き延びるために重要

---

109 Ibid., S. 333.

であるが、前者にとっては負担を負わされることになる。ヘルンレによれば、子孫の安定と同時に全員に必要な生活水準の切り下げのための決定は、体外と体内の胚において人間の尊厳を守る約束よりもよく根拠づけられるだろう。特に後者の場合には、そこから必然的に帰結される絶対的な生命保護のために、他の重大な結果が生じるだろう（例えば、重度の障害をもつ胎児の親がその後に負う介護義務等）。さらに無条件的な胚の保護は、将来の治療の改革の可能性が制限されるだろう。それ故に、未出生者に対しての一般的で利他的な人間の尊厳を守る約束が、合意できることはありえない[110]。

これまで連邦憲法裁判所は、堕胎問題に一貫した態度を採ってこなかった。未出生の生命と出生した生命の等価を前提すれば、いかなる利益衡量も許されないはずであるが、広範な堕胎が許可されてきた。しかし、人間の尊厳の契約論的理解によって、この困難は避けられるように思われる。「国家的に強制された体外及び体内の胚の殺害の絶対的禁止は、歴史的文脈においてのみ十分に根拠づけられるのに対して、出産者の動機による殺害を絶対的に禁止する歴史的な必然的な根拠はない」[111]。歴史的な背景から、すべての人間の生命の「絶対的な神聖性」が要請されるわけでない[112]。

出生した生命に対しての功利主義的計算の絶対的な禁止は、未出生の生命には条件的にしか拡張されず、しかも、子供が生き延びることへの親の利益が、強制的介入によって損なわれる場合だけである。その他の場合には、基本法1条から胚の固有の権利は根拠づけられない。さらに予期できない成り行き（母親の死亡）のため、体外の胚が移植されない状況で、研究目的のための殺害は、人間の尊厳を守る約束の内容と対立しない。けれども、それは、未出生の人間の生命の殺害の許可と結び付けられてはならない。胚は、対象物と明らかに違う。感じることのできる胎児には、限定された生き延びる利益があること、人間の生命に対しての尊敬の念、瑣末な理由からの未出生のものの殺害は認められないことから見て、合意できる相互的な約束の最も説得力のある構想は、人間の生命の初期形式に帰せられる価値評価を、絶

---

110 Ibid., S. 332 ff.
111 Ibid., S. 334.
112 Ibid., S. 334 f.

対化せずに考慮に入れることである。このような端緒は、二つの理由から胚に帰せられる権利（という考え）と矛盾しない。生命への権利は、まず他の権利との衡量を許さない絶対的な保護を要求するものでなく、次にその衡量の範囲内では段階づけられたウェートから出発するのである。胚の発達水準に応じて段階づけられた基本権保護は、（不可侵の）人間の尊厳から許されないが、基本法2条2項の生命権にとっては可能である。第三者のための約束ないし契約を背景にするならば、その段階づけられた保護は、約束を与える者ではなく、利益を享受する者にだけなるほどと思わせることができる[113]。

　ヘルンレは、基本権としての人間の尊厳への無反省的な遡及から免れなければならないこと、人間の尊厳の特別の意義からインフレ的使用への警鐘が導き出されてくること、人間の尊厳は現代に問われている社会政策的・科学政策的な発展に関わる問題に対しての万能の定式でないこと、現実の差し迫った重要な問題に対しての禁欲は人間の尊厳の価値を失わせるものでないこと、総括すれば、狭いが、衡量の確定した人間の尊厳の観念と、人間の尊厳の侵害の場合の絶対的な殺人の禁止は、将来もその実践的意義がなくなるわけでないこと、遺伝子工学に関した論争で提案されている逆の広い適用範囲をもつ人間の尊厳の派生態は、衡量に服することになり、もはや基本権を保護することは殆どできないことを強調するのである[114]。

　(5)-(d)　J. イプセン（Jörn Ipsen）は、連邦憲法裁判所が、堕胎判決で、人間の尊厳の基本権的性質についての問題を深く掘り下げなかったことを批判する。立憲国家のアルキメデス的支点、「憲法の最高価値」に憲法訴訟的な貫徹の最適可能性が対応しているという考慮が決定的なものでなければならない。もし誰も（基本権的性格を欠いているから）人間の尊厳を引き合いにだすことができないとしたら、捉えがたい矛盾となるであろう。さしあたって、そこで前提されたような人間の尊厳の基本権的性格と主観的な公権としての性質から始めると、それが意味することは、例えば、体外の胚の憲法的地位が考えられないわけではないということである。その地位概念は、つねに主観的な法的立場の意味で使われている。もしも根本原理（Grundprinzip）

113　Ibid., S. 335 ff.
114　Ibid., S. 337 f.

だけが問題であるならば、これは、体外の胚に対して保護作用を展開することはできても、法的地位について語ることはできないだろう[115]。

　基本権に帰せられる主観的な公権の性質は、その担い手、受け手、内容の三重構造をもつ。これまで基本法の歴史的な進歩が、主観的な公権としての基本権とその手続き的な貫徹可能性の承認にあったことを考えると、基本権の担い手としての資格（Grundrechtsträgerschaft）の意義は、権利の主体に対しての権利の関係づけにあって、反射的な優遇措置ではない。権利と権利主体の結合の場合にだけ、「権利の担い手性」について語られうる。ところで、一般的な権利能力の始期は出生である。権利能力の始まりは、基本権能力も出生の完了で始まるということを必ずしも意味するわけでない。基本法は、むしろ基本権能力を前倒しすることがあり、また出生とは別の成立事情をそれに結びつけることがある。しかし、たいていの基本権は、生まれたものを構成要件的に前提しているから、出生前に始まる基本権能力に対しては、僅かな基本権しか考えられない。そこで、イプセンは、体内及び体外の胚が、権利主体の意味で人間の尊厳の担い手であるかどうかを、妊娠中絶に対する刑罰規定を検討することから間接的に導き出そうとする。期限・助言モデルと適応モデルから必然的に帰結されるのは、胚が人間の尊厳の担い手でないということである。たとえ基本法１条１項が引き合いに出されても、またそれから保護義務が導き出されても、そのことは胚に基本権主体性を認めたことを意味しない。胚を一定の期間内にまた一定の適応条件に基づき中絶することが許されるとき、権利主体性は胚から排除されているだろう。基本権教義学的には、(a) 胚は人間の尊厳の担い手であるが、その存在が完全に母親の意のままにされたら、人間の尊厳を侵害するだろう、(b) 胚は人間の尊厳の担い手でないけれども、その保護は人間の尊厳保障の客観的な妥当から導き出される、のいずれかの選択肢しか残されていない。たしかに人間の殺害は、必ずしも人間の尊厳の侵害と結びつけられるわけでなく、正当防衛や緊急救助の場合にそのことがはっきりと現れる。しかし、人間の生命が他人の意のままにされるとき、そのような事態がなくても、当該の権利主

---

[115] Jöel Ipsen, Der verfassungsrechtliches Status des Embryos in vitro, in: Juristenzeitung 56 (2001) S. 990 ff.

体の人間の尊厳を不可避的に損なうことになる。しかし、胚の基本権主体性については、一定の期間ないしは一定の適応条件によって母親の意思だけで排除されうるような「権利主体性」は、その名に値しないであろう。したがって、連邦憲法裁判所による人間の尊厳への引証は、保護義務の客観的な演繹としてのみ教義学的に一貫したものとなる。胚を人間の尊厳の保護利益としてだけでなくその主体としても理解する立場は、連邦憲法裁判所によって主張されていない。体内の胚が権利主体性と憲法的地位を保有していないように、体外の胚にもそのような地位は帰せられない[116]。

さらに、人間の尊厳の内容からも、胚の基本権主体性が考えられていないことがわかる。客体定式は、「社会的な尊重要求」としても解されている。人間の尊厳は、法の平等と結びつけられて、等しい尊厳の意味で（性質、能力、社会的地位を顧みずに）解されている。他方で、全体の法秩序は、生まれた生命と未出生の生命を区別している。それ故に、主観的権利としての人間の尊厳の前提である平等性をとっていない。人間の尊厳に固有の社会的な尊重要求は、人間の出生存在を前提する[117]。

胚の基本権主体性並びに憲法的地位の否認は、基本法1条1項が体外の胚の保護にとって重要でないことを意味しない。連邦憲法裁判所は、絶えず基本権から（立法的な）保護義務を（基本権に主観的な権利が対応していなくても）導出している。また未出生の生命の保護義務から、妊娠中絶の可罰性ないしは不可罰性についての決定基準を演繹した。人間の尊厳の後方への作用と前方への作用を展開してきた。人間の権利能力は、死でもって終わる。死者には、権利主体性も基本権主体性も帰せられない。それにもかかわらず、死者に尊厳が帰せられることは排除できない。死の時点を越えた人間の尊厳の後方への作用は、立法者に最小限の法律的な保護措置を義務づける。人間の尊厳の後方への作用を立法的におろそかにすることが、人間の尊厳の法効果に反作用を及ぼすことからも、このことは必然的に出て来る。（法秩序が、文化的伝統に反して、死者の平安の保護のために特別の措置をとらないと仮定したならば、これは生きているものの人間の尊厳の尊重に対しても必然的な反作用

116　Ibid., S. 991f.
117　Ibid., S. 992f.

をもたらすだろう。この社会心理学的な事象は、すべての文化からよく知られ、生きていた時代の人間の声望が、死者の埋葬や追憶の中に反映されている。埋葬に関する文化を疎かにすることは、人間の尊厳の頽落の結果になるだろう）。この背景において、刑法上の死者の静安の保護の規定や臓器移植に関する規定（臓器売買の禁止等）が見られる。臓器移植法は、基本法1条1項の後方作用の具象的な例であるが、また基本権と基本権の保護利益とを区別しなければならないとする基本権教義学的な鑑定のための具象的な例を示す。「臓器提供者の尊厳」と死者を埋葬するにあたっての「尊厳のある状態」は、1条1項の等しい後方作用である。尊厳は、それに担い手の主観的権利が対応していなくても、顧みられるべきである。人間の尊厳の前方作用に基づいて、立法者は体外の胚の保護のための法規定を制定する義務を負う。胚が勝手に作られたり殺されたりしたならば、死者に関して起こりうるのと類似の人間の尊厳に対しての反作用が現前するだろう。また1条1項2文から、立法者の保護義務は、体外の胚のためにも導き出される。体外の胚が、それ自ら権利主体性をもたず、人間の尊厳の基本権の担い手でないからこそ、そうである[118]。

　一方では保護されるべき法益の意義と要保護性を顧みて、他方ではそれと衝突する法益を規定する。立法者を憲法的に拘束するものは、評価の整合性である（体外の胚に体内の胚よりも強度の保護を与えることはありえない）。人間の尊厳の法主体は、生まれた人間だけであるから、胚の保護は発達とともにその強度を増さなければならない。憲法上命じられる保護の強度は妊娠月齢に左右されない、という連邦憲法裁判所の見解は、期限・助言モデルと憲法整合性によって相対化されたが、体外の胚の場合に妊娠が存在しないためにあてはまらない。評価の整合性の命令は、体内の胚の減少した刑法的保護が対外の胚の増大した保護によって埋め合わされるような兆候が存在しているところでは、それだけ強く主張されるべきである。そのような評価の不整合は、憲法を前にして存立できない。生命権に関しての基本権主体性は、人間の尊厳の基本権担い手性と同じように、期限・助言条項が許さないだろ

118　Ibid., S. 993.

う。「生命」という法概念を決定する自然科学的な事象はない。支配的見解（受精説）は、生物学的発達の連続性に基づくが、生成する生命の刑法的保護が着床で始まっているという反論に晒される。体外の胚に関しては、生物学的連続性の論拠が役に立たない。異なった解決の糸口にもかかわらず、特定の時点を決める必要から免れるときでも、未出生の生命の始まりと権利主体性は結びつけられない。そのことは、BGB（民法）1条で、はっきりと確立されている。立法者が憲法的保護義務だけを実現するならば、保護が開始される時点も法律的に確定されうる。体内の胚にも、基本権主体性は認められない。そうでなければ、期限・助言条項や医学的・社会的適応での堕胎も正当化できないであろう。期限・助言条項は、妊娠初期の12週、母親の自由処理に委ねられる。その結果、権利主体性が一方的な決定によって滅失されるだろう。同じことが、医学的・社会的適応にもあてはまる。刑法218a条2項によれば、もはや母親の生命や健康が問題なのでなく、「妊娠の現在または将来の生活状態」が顧みられるので、妊娠は期待可能性の故に中断されることになろう。この場合にも、権利主体性はもはや残されていないだろう。他方では、「生命に対する権利」の担い手の資格については、胚に人間の尊厳の権利主体性が認められなかったのに対して、それを胚に与える立場が、これまで多様に主張されてきたが、イプセンは、これに関しても基本権主体性を否定していることを、最後に付け加えておきたい[119]。

(5)-(e) ドライヤーは、生命に対する基本権が、生まれた人と同様に最も初期段階の未出生の生命にも、等しい強さで保護するという流布された見解に反対する。生命倫理的議論で、人間の尊厳、生命に対する権利、研究の自由のような高次の法益が、指導的な役割を果たすことを、誰もが否定しない。その中でも、人間の尊厳が、不可侵性の故に最高位を占め、他の憲法利益と衡量することはできない。生命に対する権利は、法律に基づく介入が可能であり、緊急救助や警官の（人質救出のための）射殺行為等の限定された場合に許される。生まれた人の生命権は、研究の自由や医学的その他の利益計算に釣り合わせられてはならない。個人の生命は、他の人の生命を救うた

---

[119] Ibid., S. 994 f.

めに犠牲にされてはならない。三人の生命を救うために、一人から臓器を摘出して移植するとき、三人が生きて、一人が死ぬというような、生命の全体的な貸借が行われるが、そのような個人を犠牲にしての功利主義的な全体計算は、身の毛のよだつことである。しかるに、未出生の生命の場合、段階づけとより低い保護水準が受け入れられ、実践されているように思われる。ある目的のために生まれた人の犠牲と余剰胚研究との間には、大きな隔たりがあるように思われる。「生まれた人の生命権と未出生の生命の保護との間にカテゴリー的区別」が存している。未出生の生命は、成長と共に強まる法的保護を享受する。段階づけられ等級づけられた未出生の生命保護の観念は、ドイツの法秩序や民主的な立憲国家に内在している[120]。

ところで、卵と精子との融合によって、人間の生命の現存形式に、生命に対する権利（または人間の尊厳の保障）の完全な保護が帰せられる、という命題が出されている。それに対しては、民法1条に、人の権利能力は、出生とともに始まる。また民法1923条によれば、胎児に相続権能を調達するために、胎児が出生したものとして擬制されている。刑法では、胚は殺人罪でいう人ではない。胚の保護は、ずっと僅少にしか守られていない。第一次堕胎判決では、立法者は、未出生の生命の保護のために、生まれた生命の安全のために役立つとみなすのと同じ刑法的措置を執るように義務づけられていない。生まれた人と未出生の生命の法的保護が違っていることは、法制史的にも比較法的にも指摘できる。第二次堕胎判決では、未出生の生命に対する保護可能性の全体計算に基づき、「功利主義的な全体計算」を企図する、新しい保護観念への移行を受け入れた（それは、生まれた人に受け入れられることはない）。出生の根本的な切れ目。完全な権利能力と厳格な生命権を備えた自立した人として、私たちの一人となる。それは、法システムの恣意的な切れ目でなく、文化的に深く根差し、多くの生活世界的、社会的な行為範型、解釈範型に表現されている[121]。

　生まれた人の生命保護と未出生の生命の保護とのカテゴリー的区別は、未

120　Horst Dreier, Stufungen des vorgeburtlichen Lebensschutzes, in: Zeitschrift für Rechtspolitik, 35 (2002), S. 377f.
121　Ibid., S. 378f.

出生の段階を完全に無保護にするわけでなく、また自動的に未出生の生命保護の段階づけを受け入れることでもない。出生後に統一的な法的地位があり、同様に出生前にも単色的な法的地位がある、と理論的に思い浮かべることはできるが、そのような単色的な法的地位の表象は、我々の直観にも法状況にも調和しない[122]。

刑法秩序において未出生の生命の保護は、以下のように段階づけられている。

1. 着床前の段階

自然的受精の場合、卵と精子の合一後の生成する生命は、刑法的に保護されていない。刑法218条1項2によれば、着床の完了前に影響が及ぶ行為は、堕胎とはみなされない。胚は刑法的に人とみなされないから、着床防止剤のような避妊法は許される。立法者は、受精卵細胞の着床を妨害し、事実上それを殺害する方法の利用の不可罰性から出発してきた[123]。

2. 着床から12週まで

着床後の胚も、制限された保護しか享受しない。ここには、助言義務のある期間条項がある。それと厳格な胚保護法との調和のために、以下の三つの論拠が出されている。

（a）女性の自律と自己決定権。それは、批判者の立場（胚は受精で完全な生命保護の担い手となる）と対立する。それは、カトリック教会の立場と一致して、狭い医学的適応の場合だけを許す。彼らの前提が的を射たものであるならば、12週の堕胎に必要な助言の証明書を「殺しのライセンス」と呼ぶことは絶対に正しいことになる。しかし、彼らは、驚くことに、妊娠中絶の法状況を、絶対に非難の余地のないものとみなしている。

（b）連邦憲法裁判所は、最初の12週の堕胎を違法であるが、可罰的でないとみなした。法秩序は、本来、違法な行為を拒否するが、形式的な妥協が図られている。違法と荘重に呼ばれる堕胎行為に対して、雇い主に俸給の支

---

[122] Ibid., S. 379.
[123] Ibid., S. 379.

払いが要求され、また資産のない女性に社会給付がある。堕胎を行った医師の行為は、職業の自由の基本権的保護を受ける。裁判所は、堕胎を違法だと呼んだが、しかし、それを適法的として扱った。

（c）生成する生命の保護は、妊婦に対立して貫徹されず、彼女とともにだけ存在する。刑罰の威嚇は、間違った方法である。この論拠は、功利主義的な全体計算の精神を表明している。ただし、全体の貸借対照は、肯定的な結果にならない。この論拠が保持できないことを示す他の観点は、もっと重要である。12週の経過までは堕胎を防止できない刑法が、その後、突然に、助言に基づくだけでは、もはや堕胎は許されず、犯罪的、医学的適応の場合だけそうされるのはどうしてか。12週と20週の間に、何が変わったのか。最初から完全な生命保護のテーゼを信じるならば、何も変わっていない。しかし、母胎内の生成する生命は、成長して、更に発達して、出生の時点に近づいていく。それとともに、未出生者の保護要求は大きくなり強まる[124]。

3．13週から22週まで

この時期の保護も、生まれた人と同じでない。一定に適応条件の下で、胚の殺害が許される。22週の切れ目が、刑法218a条Ⅳにある。この規制では、ただ妊婦に対しての刑罰除外理由が重要であるが、その根拠には、生成する生命のために、12週後も助言を実施すること大事である。けれども、国家は、子の懐胎の義務に固執していない。1995年まで、22週の期間は、胎児疾患適応のための重要な役割を果たしていた。…第二次堕胎判決で中心的なものは、期待不可能性の思想である。期待不可能性のためには、女性に期待できない程度の生命価値の犠牲が要求される負担が与えられなければならない。そこから子の懐胎の義務に対して帰結されることは、胎児疾患適応も、憲法を前に例外の構成要件として存続できたであろうということである。しかし、立法者は、この要求に応えず、反対に胎児疾患適応を医学的適応と混同することによって、完全に曖昧化したのである。医学的適応の場合と違って、胎児の殺害を正当化するための、子の生命と親の生命との対立が存し

---

124 Ibid., S. 379f.

ていないだろう。正当防衛での他人の殺害の標準ケースと違って、正当化のための違法な攻撃がない。むしろ、胚の懐胎の期待不可能性の基準は、深刻な心理的負担や人生計画の破綻でも十分だと思わせるような余地を命じている。未出生の生命の場合、それに不利な対立の解決も許されるが、生きている人との対立の場合、そういう解決はきっと受け入れられないだろう。親にとって心理的負担となる幼子を殺してもよいと立法者が指図したならば、それは子の生命権と一致しないだろう。以上から、初期胚の生命に対しての完全な生命保護の仮定はもちこたえる事ができない[125]。

4. 23週から出生まで

母親の生命と胎児の生命との対立の場合に語られる狭い医学的適応は、カトリック教会によって、妊婦の生命が優先される緊急状態として受け入れられている。この位相も、生まれた人と未出生の生命のカテゴリー的区別、並びに未出生の生命保護の段階的に増大する強度の立場に対しての最終の証拠となる。しかし、未出生の生命に、生まれた人と等しい生命保護が与えられるならば、妊婦に有利に、胎児に不利に決定を下すことは、いつも例外なく自明であるわけでなく、また当該の行為が刑法的に正当であるとみなされることはまったくない。医学的適応に賛成できるのは、生まれた生命と生まれていない生命の不平等な価値から出発するときだけである。出生後1分だけですでに、母親の生命と新生児の生命の仮想的な対立状況で、国家は、当事者の一方に有利に、一般的規則を制定することができない。その他に、医学的適応で、妊婦の生命の優越を疑問視する声がある。妊婦の生命が脅かされる生命に関わる適応事例においてさえ、堕胎は適法でない。自らの（生まれた）生命が重要であるならば、他人の生命救出のために犠牲となる義務は、正当と認められないだろう。死の危険において、自発的に自らの生命を投じる救援者が用意されていないものには、法秩序は、死の運命の英雄的な受容を期待する。生まれた生命と未出生の生命の等価値性の故に、生命の危険にある妊婦にも同じことがあてはまる。未出生の生命にも、生まれた生命と等

---

125 Ibid., S. 380f.

しい厳格で等価値的な生命保護の要請が保持されるならば、何と馬鹿げた思想に至ることであろうか[126]。

　まとめれば、国家的保護の強度は、体内（母胎）内での生命の成長とともに増大する。助言義務のついた期限条項が実践されているところでは、12週までの保護は、比較的小さい。22週までは、胎児疾患適応の場合、中絶が許される。23週から出生までは、胚の保護は高まる。純医学的適応の場合、妊婦の生命の実存的対立が、中絶のための前提であるからである。出生前8ヶ月の胎児も、出生前1分のそれも、まだ女性の生命権と等しい段階にない。はじめて出生によって、厳格な、すべての生まれた人に妥当する生命権が与えられる[127]。

　憲法に適合した現行法の内在的な再構成として捉えられる上記の構想に対して、いくつかの反論が出される。
　（ⅰ）憲法の自立性　法律の合憲性を検証するのであって、憲法の合法性を検証するのではない。それは正しいが、憲法は、未出生の生命に関して沈黙している（文言は、開かれている）。基本法制定会議は、この問題を括弧にくくり、また精神史的、比較法的考察も、それ以上役立つものでない。接合子、8細胞期段階、桑実胚が保護されるために、2条2項にだけ固執することはできない。規則の中核を離れるときには、より間接的な解釈に努め、立法者の大権を尊重しなければならない。法律による基本権の展開と具体化。困難な限界事例に対しても、立法者が一定の領域でいかなる規制を行い、そこから他の領域への結論を引き出したのか、見なければならない。連邦憲法裁判所が憲法適合的と判定したものは、規範ヒエラルキーを覆すのでなく、憲法規範の詳細な理解のために、法律的な規範構造が引き合いに出される。
　（ⅱ）反例としての胚保護法　胚保護法は、立法者がまったく別の構想を追っていることを示しているのか。堕胎法的規制を手がかりに発展されたイメージは、出生まで絶えず強まる生命保護のラインと同じであるが、胚保護

126　Ibid., S. 381.
127　Ibid., S. 381.

法が、受精卵細胞のために高度の保護を企図していることは、ジェットコースターのようである。立法者が、体外の胚と体内の胚との並行に直面して、等しい発達段階に関して等しい保護水準を展開したならば、より満足できたであろう。しかし、そうしなかったことは、平等原則に対しての違反と評価されるだろう。けれども、それより先に行かなくてもかまわない。ずっと制限的な胚保護法の規則に対して、加重された別様の取扱いを担う立法者の動機が見られる。しかし、このことは、厳格な規範化が憲法的に強制的に命じられる程、強くはない。分裂した法状態が、それ自体違憲であることを意味しない。けれども、立法者は、胚保護法の広範なリベラル化を行うことを、憲法によって妨げられない。

（ⅲ）連邦憲法裁判所の司法との不一致　裁判所は、体外の胚に対しての完全な生命保護と尊厳保護を達成するために、首尾一貫して続行しなければならない。両判決は、絶望的に一貫していない。具体的な決定内容が、抽象的前提に適合していない。一貫した演繹ならば、狭い医学的適応だけが成り立つであろう。しかし、裁判所は、それとは別様に、結果としては正しく決定した。第一次堕胎判決で、生命保護の時点に対して、着床だけでなく、個体化も指摘されている。胚保護法のリベラル化の場合、裁判所の決定は完全に開かれている。

（ⅳ）対をなすものとして減少する生命保護　最も重要な反論。我々が生命の始まりに目を向けて展開してきた構想は、生命の終わりに対して、何を意味するのか。初期胚の生命の相対化が、生命の終期での並行的な段階づけに導くことにならないか。その結果として、受精から出生までの増大する生命権に、消失しつつある生命の形で減少する生命権が対置されないだろうか。ドライヤーは、多くの急進的な倫理学者と違って、生命のすべての段階に妥当する一般的規準（自律、生命の利益）を苦心して仕上げる道をとらない。むしろ、生まれた人の厳格な生命権の確固たる基礎とする立場をとる。生まれて我々と共に生きる者の実存は、全体計算で数えられないし、第三者の利益の下位に置かれない。段階づけは、未出生の段階だけに関わる[128]。

128　Ibid., S. 381ff..

終末での厳格な生命権の相対化は除外される。未出生の生命保護の段階づけは、消費的胚研究の問題にとって何を意味するのか。研究のすべてが許されるわけでない。(a) 研究のための余剰胚の利用は、人体実験と等しい段階にない。(b) 母胎内で成長する生命に、強められる生命保護が対応する。この保護は、出生とともに厳格な生命権になる。体外での最初期の胚の生命が、恣意的な介入に完全に無保護にされるだろうと言っているのでない。人間の生命は、接合子や桑実胚の段階でも、単なる原料品でもなく、バイオマスでもなく、任意に開発される資源でもない。余剰胚研究の場合、着床前の段階が問題であるが、それは、絶対に苦しむことのない、まだ一度も個体化されていない細胞塊に関することである。その選択的な運命は、無限の凍結保存か、それとも廃棄処分にあるだろう。未出生の生命保護の段階づけは、さしあたって議論の出発状況を生み出す。その基礎の上に、初期形式の胚の生命への介入と、医学的治療法の長期的パースペクティヴをもった研究の自由との間で、衡量が行われなければならない[129]。

補説　ノルベルト・ヘルスターの法倫理的考察

　英米の生命倫理、特にピーター・シンガー（Peter Singer）の思想から強く影響を受けながら、ポレミッシュな発言を続けて独自な地歩を築いてきたノルベルト・ヘルスター（Norbert Hoerster）は、ドイツの法哲学的・生命倫理的議論の中でその過激さのために異端視され、果ては大学の教職からの追放という波乱の人生を送った学者である。彼の後期の小論『胚保護の倫理』を主として手がかりにしながら、彼の人間の尊厳と人間の生命についての考え方をまとめてみたい。
　個人としての人間が、殺人の法的禁止によって保護されなければならないという点で、社会の中のすべての理性人の意見は一致するが、生命保護に関してそのような一致が見られない問題領域がある。それは、生命の始まりでの生命保護に関わる問題である。特に、未出生の生命の保護のために国家が

129　Ibid., S. 383.

いかなる法的（刑法的）規制を定めるべきか、激しい論争を呼び起こしている。そのことへの対処のために、ヘルスターは、以下の二つの態度を採っている。それは、まず生命保護の法倫理的諸問題に対する解答がそれ自体矛盾しないこと、そのつどの問題解決に対しての根拠づけが相互に矛盾してならないことである。例えば、胚は人間的個人として保護に値するから、胚研究の禁止を主張するものは、堕胎問題においても、このような胚の保護価値性と一致しない解答をしてはならない。次に、生命保護をめぐる法倫理的な討議をできるだけ根底的に行い、安易な直感に頼ることをしないことである。生命保護は、いかなる倫理的基礎に基づいているのか、全く一般的に問われなければならない。最後に、自由主義的な社会秩序では、「疑わしきは自由のために」という原理が妥当する[130]。

　ヘルスターは、人間の尊厳の原理について、懐疑的というよりむしろ否定的ないしは排斥的な立場を採る。憲法で定められた人間の尊厳の不可侵の原理は、絶対的でいかなる例外も許さないが、人間の尊厳がどこに成立するのか、それがいかなる行為によって侵害されるのか、それは個人的人間に自然的始まりから自然的終わりまで与えられているのか、必ずしも明らかにされているわけでない。普通の成人した人間が、人間の尊厳をもっていることは疑いないが、人間の尊厳を成しているものが何であるかは、我々がその概念の下に何を理解するのかに係っている。この問題に相互主観的に拘束的に答えられるような、信頼できる基準を定式化することは難しい。人間の尊厳と相容れない行為の例（拷問、人種的迫害、致死的な医学実験等）を挙げることは簡単であるが、しかし、そのような列挙によって人間の尊厳の定義をしたことにはならない。憲法的並びに倫理的議論で普及した同時に恣意的でない人間の尊厳の定義は、カントに遡って求められてきた。人間の尊厳は、道徳的自律の中にある。人間の尊厳が損なわれてならない本旨は、人間はいかなる人間によっても手段として利用されてはならず、いつも同時に目的として扱われなければならないということである。人間は、確かに手段として利用されるかもしれないが、決して手段としてだけ利用されてはならないのであ

130　Norbert Hoerster, Ethik des Embryonenschutzes, Reclam, 2002, S. 7 ff.

る。人間の尊厳は、人間を道具化することを禁じる。私がタクシーを利用するとき、私は運転手を道具化しているか。私は、なるほど彼を手段として利用しているが、手段としてだけ利用しているわけでない。彼は自発的に私を運び、私は彼にその奉仕に対して代金を支払う。だが、私がピストルで運転手を強制するとき、私は彼を道具化しているだろう。他に、拷問される人質、強姦される女性は道具化されていると考えられる。しかし、すべての場合が、こういうはっきりした帰結に達するわけでない。例えば、強制的な血液の採取は、自己以外の目的のため、自らの意志に反して行われるとき、道具化とみなされるけれども、事故の後に重傷者の生命を救うため、彼の意志に反して、但し健康へのリスクを伴わずに行われるのは、不当であるだろうか。ヘルスターは、「そうでない」と考え、「この場合に人間の道具化の許可をめぐって論争があるという事実は、道具化と思われることが、自動的にいかなる場合でも倫理的ないしは法的に不当であるわけでないということをはっきりと示している」と解する。ヘルスターは、いくつかの事例を検討しながら、善い目的が悪い手段を正当化することがあることを説き、倫理的理由から正当である道具化の形式があり、人間の尊厳の不可侵性を犠牲にしないためには、人間を道具化する倫理的に正当な行為が、道具化にあてはまるにしても、人間の尊厳に反しないことを認めている。ここで、人間の尊厳の侵害は、もはや人間の道具化とではなく、倫理的に不当な人間の道具化と等値されるべきである。このことは、人間の尊厳の原理自体が、正当な行為に対しての規準でなく、その適用のためには何が正当であるかについての規範的な価値判断を前提しなければならないということを示唆している。例えば、消費的胚研究の是非の論争で、どちらの側でも人間の尊厳への引証が行われるが、それは、論争を合理的に終わらせるのでなく、むしろその障害を設けることになっている[131]。

　これまでの考察から、いかなる反道徳的な行為でも、人間の尊厳を損なっているわけでなく、他の人間の道具化を表している反道徳的行為だけが、人間の尊厳を損なっている、と結論できるだろう。しかし、カント的に理解さ

131　Ibid., S. 11 ff.

れた人間の尊厳の定義に再び戻るならば、人は、他の人間だけでなく、自己自身をも道具化して、自らの人間の尊厳を損なうことがあるから、「他人の道具化（Fremdinstrumentalisierung）」と並んで「自己の道具化（Selbstinstrumentalisierung）」も可能であるとみなされる。とりわけ、自発的に企図された行為によって自己自らを道具化することは、「自己卑下」によって、他人だけでなく自己も関与する全体の人類の尊厳を損なうような仕方で、自己を利用するときに起こっている。人は、反道徳的な仕方で、他の人間を自らの好み、願望、利益の単なる道具にすることができるように、自己自らもそのような道具にすることができると解されるならば、「人間の尊厳を侵害してはならない」という要求は、もはや内容的な規準をもたない純規範的な空虚な定式であろう。人間の尊厳の概念は、「道徳的に正しいことや要求されたことの集合概念」となり、人間の尊厳の侵害は、「道徳的に間違っていることや許されないことの集合概念」となる。例えば、「胚研究は許されない、人間の尊厳に違反しているから」とは、「胚研究は許されない、それは許されないから」と同じことである。この種の論拠は、その名に値せず、完全に無価値である。根拠づけ機能は、そこに認められない。カントにとって、他人の殺害や強姦は、決して人間の尊厳の違反とみなされないが、自殺や婚姻外の性交渉は、人間の尊厳の違反とみなされ、特に同性愛や獣姦は、人間性の目的に反するおぞましい犯罪であった。カトリック公教要理は、人間の尊厳に対する重大な違反であるから、未婚者間の性交に性的不道徳のレッテルを貼り付けた。ドイツの連邦行政裁判所は、ピープショーを、それに出演した女性の人間の尊厳に反するとして、禁止するべきと宣告した。これらの例に見られるように、人間の尊厳への引証は、特種なコンテクストで行われている、つまり、何らかの倫理的要請をもった「人間像」に拘束されている。人間の尊厳の概念は、記述的内容をもたない規範的に配置された標語であるから、それにそのつど倫理的要請をもった人間像を忍び込ませ、この要請から導かれた否定的な評価を、「この行為は、人間の尊厳に反する」という文句で根拠づけをしたかの外観を呈するが、その実、何も根拠づけていないのである。治療的クローンや臨死介助の許可をめぐる論争でも、双方が、同時に人間の尊厳を引用して打ち負かそうと試みるように、人

間の尊厳は、イデオロギー的武器に最適である[132]。

けれども、法倫理的諸問題の合理的究明や解決に、人間の尊厳は役に立たないことがわかっても、人間の尊厳の原理が憲法で正統化されていることと何ら矛盾するわけでない。それは、一方ではナチス独裁からの国家の転換を刻印して、他方では人間の尊厳の核心をなすものとして後続の基本権の憲法的意義を指示する。「人間の尊厳の原理は、その法的意義において、種々の人権を共通の内容に含む唯一の概念に集約されたものである」。しかし、その原理には、実践的な重要性が欠けている。というのも、それは、普通の法規範の形態での規範的な要求の範囲では、枝分かれした人権を越え出ることはできないからである。法倫理的な諸問題の解決のためには、直接に該当の基本権規範を適用することが、はるかに見込みがある。人間の尊厳には、法的考察において独自の意義が帰せられない。生命の保護に関しては、基本法2条の「生命権」がはたらく[133]。

したがって、ヘルスターの核心的な主張は、法倫理的な諸問題の解決において、人間の尊厳の原理は役に立たないということである。法秩序の根底にある人間の尊厳の内容、すなわち個別的人権の形式は放棄できないが、それにもかかわらず、人間の尊厳の概念は放棄されうる。人間の尊厳の標語を愛好するのは、有益でないばかりか、実質的な問題解決の障害にさえなっている、つまり、あるコンテクストで是認できない行為を人間の尊厳への違反と烙印を押すものは、この行為が倫理的に人権侵害にあたることを示唆するが、またこの行為の道徳的・法的判断が根底において全く自明であることを示唆するという仕方で、この判断のいかなる根拠づけも無駄であると思わせ、その他の考え方を道徳的に資格づけられないものと宣告することに成功することが稀ではない。それ故に、人間の尊厳の標語は、もはや議論上何も語らない空虚な定式でなく、さらにその質を低下させるレトリック的な棍棒（Keule）である。「結果として人権の形式で人間の尊厳を尊重する法秩序は、人間の尊厳の概念に頼らざるをえない、と考えるものは、我が国の外にある民主主義的法秩序に目を向けるべきである。伝統的な西洋の民主主義国で

132　Ibid., S. 21 ff.
133　Ibid., S. 25 f.

は、憲法で人権が大きな役割を果たしているが、人間の尊厳に比べられる概念をそこに探しても無駄である。けれども、人間の尊厳が、これらの国によって、実際には我が国よりも少ししか尊重されず保護されていないと主張されことは殆どないから、実際上からの鑑定結果は、人は法倫理的な意見形成において人間の尊厳を放棄できる、という上記のテーゼを証明していることになる」。人間の尊厳はどんな状況でも不可侵であるという倫理的・法的原理だけからは、生命の保護のための正当な規範についての問いに対して、いかなる帰結も引き出すことができない[134]。

　さて、連邦憲法裁判所の堕胎判決で、胚を憲法的な意味での人間として格付けしたことについて、ヘルスターは以下のような論評をしている。まずその格付けのために与えられるべき根拠づけは、そこに探し求めても無駄であるが、その格付けと現行の刑法的規制が相容れるかどうかについて、架橋できない矛盾が露呈されている、とヘルスターは指摘する。生命に対しての人権は、格付けされた特別の生命の保護を各人に与えるが、憲法2条と相容れる、法律に基づく生命権への侵害を排除するものでない。だからといって、恣意的な殺人でも、法律に基づいて生命権と両立できると結論してはならない。堕胎規制の正当化のために、生命権が例外を許容すると単純に指摘するだけでは十分でない。重要な例外として「正当防衛」が挙げられるが、胚は違法な攻撃を企図する個人とみなすことはできないから、それをこのケースにあてはめることはできない。動物が加える脅威に対する規制に関しても、胚を動物と同一視することができないから、適用が難しい。一般に、胚の殺害による損害は、妊娠の継続による女性の危険と釣り合っていないのではないか。妊娠によって女性の生命が危険に晒されるとき、この条件がクリアされるだろう。しかし、これ以外の場合には、胚の殺害は、望まない妊娠によって女性を脅かしているものと釣り合っていない。このことを認めないものは、ある個人が固有の生命権をもった人間であることを明らかに理解しなかったのである。女性の「自己決定権」は、他の人間の生命権に対して優越するものではなく、厳格な医学的適応の場合だけ、女性の望みによる堕胎は許

134　Ibid., S. 26 ff.

可されうる。その他の特段の適応条件のない堕胎も、特別に胚に帰せられる生命権、即ち「段階づけられた」生命権と相容れるというテーゼによって、この基本原則から外すことはできない。生命権の異なった段階の構成は、憲法的観点でも哲学的・倫理的観点でも根拠づけられない。生命に対する人権の場合、全か無かである。段階づけられた生命権の概念は、堕胎の正当化のための場当たり的な構成に他ならない。いわゆる胚の段階づけられた生命権は、生命権ではなく、単なる生命保護の要求であり、その限りで、胚は憲法的意味での人間であるという前提と一致しないであろう。刑法上の堕胎規制において、初期の堕胎には助言義務を伴った期限規制が適用され、後期の堕胎では適応規制が適用されるが、これらの規制は胚の生命権の前提では疑わしい[135]。

　すべての人間的な存在ないしは個体に生命に対する人権が帰せられるとき、それらのものにこの権利を承認するためにどのような倫理的根拠があるのか。通俗的な見方では、すべての人間的な存在に生命に対する権利が帰属するのは全く自明なこととされる。しかし、この思い込みは、自明なことではなく、むしろ根拠づけを必要とするように思われる。なぜならば、それは、生物学的カテゴリーへの所属以外の何ものにも結びついていないからである。生物学的カテゴリーそれ自体は、倫理的には完全に無関係である。もしも生物学的種への単なる所属に、何らかの倫理的帰結を結びつけたとすれば、それは全く恣意的である。人種差別主義や性差別主義と同じ意味で、人間種差別主義と批判されるだろう。我々は、いかなる生物種に生命に対する権利が帰せられるのかを決定する前に、いかなる特徴がその権利の承認にとって重要であるのかを究明しなければならない。そのために有意味な特徴が、すべての人間に備わっているわけでない。その特徴が、他の生物種にもあてはまることもある[136]。

　人間という生物種のたいていの構成員は、中枢神経系を備えて、意識をもち、苦痛を感じる存在である。その性質は、受精後1ヶ月くらいの胚にはま

135　Ibid., 3. Die Abtreibungsregelung und das Menschenrecht auf Leben.
136　N. Hoerster, Föten, Menschen und Speziesismus‒rechtsethisch betrachtet, in: NJW 1991, Heft 40, S. 2541.

だ見られないが、5ヶ月以後の胎児には明らかに備わっている。感じる存在である性質が、生命に対する権利を承認するための十分な根拠とみなされるとき、この時点から胎児にも生まれた人間と同じように、生命に対する権利が与えられるだろう。しかし、論理一貫性の観点から、高等動物にも人間の胎児と同じほどの意識と感覚能力が備わっているので、胎児と同様に多くの高等動物にも生命に対する権利が認められなければならないが、そういう考えは、西洋のキリスト教社会の道徳的・法的伝統には受け入れがたいだろう。また単なる感じる存在に生命に対する権利を認めるには、十分に積極的な根拠が欠けている。なぜならば、それを越える意識の性質をもたない単なる感じる存在は、そのつどの瞬間を越えて生きられないからである。それは、なるほど苦痛を感じ苦しめられない利益をもつが、苦痛なき予期せざる死によって、その現存在感覚と生命の質において損なわれていない[137]。

　生物的種としての人間のたいていの構成員は、感じる存在だけでなく人格的存在でもある。それは、自我意識と合理性をもつ存在であり、また時間経過の中で同一性の意識を備えている。人格存在は、自我意識のおかげで自らを過去と未来をもった同じ存在と理解する。人格存在は、この意味で瞬間的な現存在を越える欲求と利益をもっている[138]。生命に対する権利が奉仕する利益は、妨害されずに生き続ける利益、すなわち、「生き延びる利益（Überlebensinteresse）」と呼ばれるものである。将来に向けられた願望と自我意識と結びつけられた生き延びる利益は、生き延びる本能とも瞬間的な生き延びる利益とも区別されるのであり、まさにその連続性と内容的重要性において唯一のものである。この生き延びる利益だけが、基礎的レベルで生物に生命に対する権利を認める十分な根拠を表している。生命に対する権利の制度化のためには、他の人間の生命に対する権利をも承認すること、生き延びることへの利己的な利益だけでなく利他的な利益も考慮されなければならない。ヘルスターによれば、利益に定位された生命に対する権利の根拠づけの仕方が、可能であるとみなされるだけでなく、相互主観的に受け入れら

---

[137] N. Hoerster, Forum: Ein Lebensrecht für die menschliche Lebensfrucht?, in: JuS 1989, Heft 3, S. 174 f.
[138] Ibid., S. 175.

れるとともに憲法と一致しうるものである[139]。

　人間的個人の発達においてどの時点から、彼に生命に対する人権を帰することが根拠づけられるのか、特に、出生前の生命、胚にもその権利が与えられるのか。ヘルスターは、この問題に対しても利益に定位した考え方を適用して、生き延びる利益を保護するために、胚にも生命に対する権利を認めることが必要であるかどうか、言い換えれば、人間的個人は、その自然的発達のどの時点から生き延びる利益をもつのかを問うている。厳密な境界線を引くのは難しいが、その境界の前と後については比較的容易に答えることができるだろう。確かに年長の子供や成人は生き延びる利益をもつが、胚はどの段階でもそれをもたない。ヘルスターの立場では、生き延びる利益は、出生後1年経ったある時点で始まるとされていた。この立場に対しては、受精から生命に対する権利を認める主張者から批判されてきたが、ヘルスターは、いくつかの重要な誤解については以下のように正している。まず、ある月齢の胚が、利益と結びついていると推定される何らかの意識とか感覚能力をもっていることは争わないが、ここでの生き延びる利益は、自我意識を前提する特殊な利益であって、指摘されたものは、むしろ瞬間的な生存する利益に比べられる。次に、ある月齢の胚が、身体的完全性への攻撃に対してある種の防御反応を示すことができることは争わないが、この現象は、ここでの生き延びる利益として根拠づけられるものでなく、むしろ生き延びる本能に比べられる。最後に、生命に対する権利を帰するにはこのような瞬間的な生存の利益や生き延びる本能で十分であるとする立場は、論争に持ち込まれるべきではなく、前述の特殊な意味での生き延びる利益に狙いを定めた立場の選択肢が仕上げられるべきである。では、未出生の人間的個人が生き延びる利益をもっていないことは、いかにして知られうるのか。胚が生き延びる利益の現存は、その個体がこの利益を言語的に発表できることを前提しなくて、生き延びる利益がそこから推定されうる何らかの観察できる行為がその個体に認められることを前提する。生き延びる利益をただ論理的に考えられる可能性では、十分とはいえない。胚は不十分にしか観察できないが、新生児は

---

[139] N. Hoerster, Ethik des Embryonenschutzes, S. 70 ff.

大変よく観察できる。だが、新生児の場合、科学や日常の経験から、生き延びる利益の証拠と解されるような振る舞い方や反応が確認されていない。これに対して、出生の前あるいはそのすぐ後の胚は、現実的に（aktuell）成熟した猫よりも生き延びる利益をわずかしかもたないが、そのような人間的個体は、潜在的に（potentiell）自らの存在の始まりから生き延びる利益をもっている、つまり、この潜在的な生き延びる利益でも、それに生命に対する権利を認めるには十分である、と反論される[140]。

　ヘルスターは、この反論を取り扱う前に、自説に対してのもう一つの反論を検討する。ヘルスターの主張では、生き延びる利益が人間的個体で出生後1年経ってから始まるならば、生命権も出生後1年経ってからはじめて与えられるべき帰結にならざるをえないのではないか？　この反論に対して、人間的個体は、たとえ自ら生き延びる利益をもたなくても、実践においては生命権を保有しなければならない、とヘルスターは指摘する。彼は、その説明のために、基本的な倫理的規準のレベルとこの規準を正しい実践的規範に転用するレベルを区別することで、例えば「生き延びる利益をもった人間的個人は、誰もが生命に対する権利をもつ」と憲法に規定されたならば、実務性と法的安定性の見地からグロテスクのことになるだろう、そこで、法実務の上で生き延びる利益をもったすべての個人の保護をするための基準的目標値に、人間の発達の中のどの時間的境界がふさわしいのかと問い直して、それは出生をおいて他にありえないと結論する。出生という境界には、より容易に確定されること、生命の保護から導かれる殺人の厳格な禁止に関して、多すぎずまた少なすぎず禁止するという長所がある。さらに注目されることは、「生命に対する権利が、多くの個別的利益の中の何か一つのものを保護する、多くの個別的利益の中の何か一つのものでない。生き延びる利益は、その保護に我々のその他の自己関係的な利益すべてが依っているところの中心的な人間の利益一般である。このことは、それに応じて、生命に対する人権にもあてはまる。」ということである。それ故に、この権利の場合には、その始まりのための境界は、我々が生き延びる利益に不利に間違うことがな

140　Ibid., S. 87 ff.

いように確定されなければならない。疑わしきは生き延びる利益のために、生命に対する権利のために。しかしながら、胎児が母体外で生き延びることができる時点で生命に対する権利を有効にすることは、生き延びる利益の観点では根拠づけられない。胎児の生き延びる能力は、個体差によって、医学の水準次第で変わってくる。我々の法秩序・道徳的秩序では出生の時点から人間的個体に生命に対する権利を認め、それを完全な意味での人間と表して取り扱うことが、そのような土台の上に十分に根拠づけられる。それは、憲法と調和して、また堕胎規制とも両立するのである[141]。

ヘルスターの生き延びる利益の理論では、眠って意識を喪失した人間、重度の病気や障害に罹った人間、老いて衰弱した人間の生命権を根拠づけることができず、破局的な結果をもたらすと批判されることがある。前述のように、生命権や生き延びる利益は、疑わしいときでも与えられるべき中心的な意義をもったものである。憲法によれば、生まれた人間的個人は誰でも、人間として生命の終末まで生命に対する権利を絶対にもつという事態ははっきりしている。たしかに重度の精神病者や末期の病人がどのくらい生き延びる利益をもっているか、人は思弁することはできるが、そのような思弁で、実務において生命権を剥奪するための基礎を与えることはできない。法秩序の最重要な個人権を、そのつどの医学の状況に依らしめるのはがまんできない。末期の重篤で不治の病人でも、生命権を剥奪されるようなことがあってはならない。自ら死を早めることを決断したときでも、それはあてはまる。以上から、人間的個人には、彼が可能的に（möglicherweise）生き延びる利益をもつときにも、生命権が帰せられることになる[142]。

それでは、あの潜在的な（potentiellen）生き延びる利益の反論について興味深いことは、特に生命権の利益定位的な理論の基礎において、個人の生命権のために出生より前の時点を正当化することができることを要求する点である。これには、二つの変形がある。第一の変形は、原則的に生命権の認容のために生き延びる利益の可能性が問題であるならば、この可能性は胚の場合にも存するというものである。けれども、これは、ほとんど説得力のある

141　Ibid., S. 90 ff.
142　Ibid., S. 98 ff.

ものでない。同時的な現実の可能性と単に将来的な現実の可能性が区別されるならば、胚は、後者の意味で、生き延びる利益をもつ人間になる素質を有していることになる。しかし、胚は、まだ現実的に生き延びる利益をもつことができない。そのことは、将来の生き延びる利益の（素質的な）可能性の故に、胚に生命権を与えることを支持する証拠とはならない。胚は、潜在的な人間として、無条件的に現実的人間と同じ権利を保有するわけでない。第二の変形は、当該の権利の承認が欠けていることによって、損害や破壊が起こる恐れがあるような素質の場合に、状況は全く特殊なものであるかどうかと問うものである。でも、その危害によって、誰の利益が損なわれるのか。利益の対象と利益の根底にある願望の対象は、同じでない。胚の殺害によって、誰の利益も損なわれていない。しかし、危害によって、胚としてのXの利益は損なわれていないが、成人としてのXの利益は損なわれている、つまり、胚の殺害と生き延びる利益を持つ個人の殺害は、同じではない、とする議論があるが、それは技巧に過ぎて冷笑的でないだろうか。胚の殺害によって、生き延びる利益をもった個人が存在することが妨げられたというのは正しい。しかし、私が胚として殺害されたならば、そのことは私にとって悲しいことでないだろう、というのも、私はこの苦情を言うために、現在ここに存在していないだろうからである。私が胚として殺されなかったであろうことを、私が現在喜んでいることが確認できるならば、全く別なことになる。一連の作為または不作為が、生き延びる利益をもつ現在の存在に至った。そこから、私はこれらの作為または不作為に対する権利を導き出すことができるか[143]。

　ヘルスターは、「生命権」と「生命保護」の違いをしっかり掴んでおくことが肝要であり、生命権は、特定の種類の生命保護、格付けされた生命保護、個人的で厳格な生命保護を意味するが、生命権のない生命保護は、この格付けがあてはまらない単純な生命保護であり、ずっと弱い種類の生命保護である。これらの相違に対する根拠は、以下の点にある。一方で、生命に対しての人権は、個人的な権利、あらゆる個別の人間に個人としての彼自身の

143　Ibid., S. 103 ff.

ために帰せられる権利である。他方で、生命権をもたない生命保護は、直接に該当する個人を顧みないで、人間の生命一般を保護することが問題である。彼は、出生後の個人には「生命権」を、出生前の胚には単純な「生命保護」をあてがうのである[144]。

　未出生の人間的個体としての胚に、生命に対する人権が帰せられないとしても、憲法以外の規範によって、胚にある種の単純な生命保護を許容する十分な倫理的な根拠があるのではないか。法秩序または社会道徳によって、胚に生命保護を分与することを支持する立場では、胚は、通常の条件で人間へ発達することのできる潜在的な人間であること、もしも百年して我々すべてが死んだら、地上に人間は存在しなくなるであろう、たとえ一人も殺さなかったとしても、誰も子供をもたなかったとしたら、こういう結果になるであろうこと、だから、我々は、人間が生きながらその生を享受することの中に、最高の価値を見ている。胚は、潜在的な人間として、人間に不可欠な先行者である。胚なければ、人間なし。その限りで、我々は、胚にも価値評価を分け与え、それに応じて胚を保護する十分な理由をもつ。けれども、その根拠は、既に顕在化した性質や能力の中にあるのでなく、胚の潜在性が典型的な人間の性質や能力の現実化へ導くチャンスの中にある。そこから、胚の生存に対しての類的利益（Gattungsinteresse）が導かれる。この保護は、受精から始められるが、人間的個体の発達は連続的である（種に特殊な性質が全部、最も初期の胚にも既に含まれて、漸次的なプロセスで顕在化に向かうという意味で連続的である）。我々は、潜在的人間であるところの個体的生命をあらゆる発達段階で評価する根拠を有するが、その場合に、発達する胚に、生命保護をそのつどの発達段階に対応した段階づけられた形態に分け与えることが排除されるわけでない。胚は成長するとともに人間存在の段階に時間的に近づいていき、格づけられた生命権に結合される段階に達する蓋然性がそれだけ大きくなる。我々は、人間として人間に発達する固有の種の所属員としての胚に、ある種の保護者的本能をもつ。この本能や保護利益は、胚に対してその発達段階に応じて差異化される。類的利益と個体に関係づけられた

144　Ibid., S. 31 f.

保護利益は、いかなる胚にも単純で段階づけられた生命保護を与える。胚の恣意的で悪ふざけした殺害は禁止されるべきである。しかし、胚の生命保護は、人間的個人の生命権と違って、直ちに衡量に通じている[145]。

では、胚の生命が、ある状況で対抗する利益より高く評価されるかどうか、体内の胚のケースと体外の胚のケースに分けてヘルスターは考察している。前者では、妊婦の同意なしに胚を殺していけないが、望まない妊娠を終わらせる妊婦の利益と胚に対しての類的利益や保護利益との間の衡量がどのように行われるべきか。将来の人間の生存を高く価値評価するにもかかわらず、我々の社会は、自らの後続の世代に対しての一般的な義務を有していない。様々な仕方の避妊が、禁止されていないだけでなく、広く宣伝されている。類的利益は現存している胚の保護のための根拠であるということは、それがさらに将来の胚の生存の促進のための根拠であるということを意味しない。胚が未受精卵より将来の人間に時間的に近いということだけで、将来の人間（の形成）を妨害する操作への社会的関与を正当化することができるだろうか。個別の胚に対しての感情的な利益は、個人の自己決定に定位された自由主義的な国家では、望まない妊娠の可罰性に対しての十分な根拠を形成するに十分なものでない。社会の多数の人々によって否認されるような道徳的に疑わしい行為でさえも、それ故にだけ可罰的とみなされるわけでない。直接の当事者の基本的で重要な利益は、広範な大衆の利益よりも重んじられなければならない。しかし、初期の堕胎と後期の堕胎との間で生命保護を差異化する十分な根拠があるのではないか。たしかに後期の胚が、初期の胚よりも、それから発達することのできる人間に時間的にもまた現実の能力と形態に関しても近いといえるだろう。後期の胚が、初期のはいよりも保護に値するということは争われない。ここで問題は、高められた保護価値性が、妊娠の後期で堕胎を欲する女性の利益を打ち負かすのに十分であるのかということである。一般的には、胚の保護価値性が増大する程度に、女性の中絶の利益は減少すると言われる。けれども、この観点は強制的なものでなく、女性が容易に起こりうる理由で妊娠の後期に中絶を望む事例（女性が胚の父か

145　Ibid., S. 109ff.

ら見捨てられる例）があることである。たしかに、この問題の一つの解決は、初期の堕胎の刑免除と後期の堕胎の可罰性であるが、この規制の支持者には、未出生の生命の単純な保護価値性の考えよりもむしろ未出生の生命の格づけられた保護価値性の考えが見受けられる[146]。

　では、後者の体外の胚のケースではどうであろうか。体外の胚の特殊性は、人工的な受精に遡ること、子宮への移植によってのみ人間に発達するチャンスをもつことである。着床前診断では、遺伝的損傷をもつ体外の胚を選別して殺すことは、あらゆる胚に帰せられる生命保護と一致するのか、という根本的問題が提起される。それによって、女性にとってより少ない負担、子供にとってより望ましい生命が実現される。危うくされる将来の人間存在に対しての類的利益は、当の胚が数日しか存在しないこと、この胚の代わりに他の健康な胚の人間への生成を優先できることから、ここには成り立たない。女性が自然にできた胚を機械的・化学的方法で着床を防止して死なせる行為は、避妊のように扱われ、可罰的とされない（着床前の体内の胚の保護はない）。しかし、よりにもよって同じ発達段階にある体外の胚をテストによって殺されることから保護することは、まったく筋が通っていないように思われる。けれども、着床前診断の可罰性を支持する立場から、①人間の飼育のいかなる形式も禁止されるべきである、②遺伝的に損傷を受けた胚の排除は、障害者の差別に反する、という主張が行われる。①に関しては、人間を飼育して改良すること、すなわち生命の創造に介入することを原則的にしてはいけない（検査済みの人間、寸法を合わせて作られた人間は、タブーである）という理由から、着床前診断の禁止を導きだすことはできない。人間の歴史において、自然の中に設計された病気を撲滅しようと努力してきたが、例えば伝染病を媒介するマラリア蚊を遺伝的に改変する試みは、まさに創造への介入であるだろう。自然の中に前もって与えられた素質を選別すること（テスト）と自然の中に前もって与えられた素質を変えること（操作）は、全く別の事柄である。事後に人間の生き延びる利益や健康上の利益に重大な損傷を引き起こすから、人間の遺伝的素質の変改は禁止されるべきである（生殖

146　Ibid., S. 113ff.

的クローンは、出来損ないの実験人間を作り出す危険があるから、許されない)。それに対して、着床前診断は、単なる選別にすぎないから、人間の利益において差し出された選択肢の一つのために、自然の偶然的決定に修正する仕方で介入することの中に、禁止されるに値するものが見つけられるだろうか。何故両親が望む遺伝的素質にしたがって胚を選別することが、国家によって禁止されなければならないのか。初期の堕胎は、刑法的に自由である以上、女性は、いかなる理由からも堕胎を企てられ、望む選択のために着床前診断で胚の遺伝的素質を検査して、胚の生存の有無を決定することができる。体外の胚の選別を刑法的に禁止するのは、全く根拠がない。②に関して、親は遺伝的に欠陥のない子供をたいてい望むものであるが、そのために胚の選別が行われたならば、それは不可避的に障害者の差別に導くという主張は、的を射たものではない。憲法は、障害者の差別を禁じているが、障害をもった胚に関わることはない。刑法的規制の場合には、障害を受けていない(初期の)胚を中絶することが認められているのに対して、着床前診断の場合には、障害を受けている胚は、いかなる代価を払っても人間に発達させなければならないというのは馬鹿げている。障害者団体から、障害をもつ胚の選別は、障害をもった個人の差別に間接的につながる、つまり、障害者に将来「お前は胚のとき殺されるべきであったのに」という圧力がかかる、と反対される。これに対しては、その立場からある個人が胚として殺されるべき(sollen)であったと帰結されなくて、そのように殺されることが許された(dürfen)であろうと帰結されるにすぎないこと、遺伝的な起源からの障害者の割合は、極めて小さいということが、ヘルスターによって指摘される。病気と障害を取り除き減少させることによって、現在の人間を救うように、遺伝的な欠陥なしに生まれてくる個人のために(障害をもった胚を減失させることを)決断することによって、将来の人間を救うのである。健康な胚のために障害をもった胚を選別することの放棄は、後に存在する人間の権利侵害と同義である、と推論するのは誤謬である[147]。

消費的胚研究で胚の生命保護に対抗するものは、難病の治療に対しての多

---

[147] Ibid., S. 119ff.

くの人間の間接的な利益である。治療目的のための研究は、つねに希望のうえに根拠づけられており、胚が恣意的または悪ふざけから滅失されるわけでない。胚の保護価値性に関して、胚は最初期の段階にあり、たった2週間だけ研究に利用されるにすぎない。研究の対象としての胚にとって、事後に人間に発達するチャンスは全くない。この目的のために道具化されていると主張されるが、すべての道具化が自動的に不当なわけではない。この措置を刑法的に禁止することに、胚の両親がそれに同意している限り、十分な根拠はない。将来に、体外の胚のより発達した段階で研究が行われる場合、それより前には胚が確実に意識や感覚能力をもつことができない最も遅い時点をこのために設定することが考えられるだろう[148]。

これらの着床前診断や胚研究の許可をめぐっての論争的な議論は、論争相手がその前提を十分に明らかにしていないことで病んでいる。堕胎問題と同じように、直感によって正しい答えを知り、必要な場合には人間の尊厳のようなポピュラーなスローガンを押し立てていくことができると信じられている。しかし、単なる直感によって、生まれていない生命保護の問題を確実に解決することはできない。種々の利益の間の衡量は、困難であり、また主観的要素から免れていない。胚の生命権を疑うことなく依拠するものだけが、それを非常に単純化するのである。生命権と同等の格づけられた生命保護の前提の下で、胚の滅失のこれらの措置の判定でも、それが不当で禁止に値するとみなされるという唯一の結論に至るのである。しかし、胚の単純な生命保護が、残されているのではないか。生命保護の促進のために刑法的な禁止規範だけを考えるのは、法秩序や社会道徳が自由に使える可能性についての短絡的な見方である。体内の胚の生命保護は、妊婦への助言や親たちへの財政的支援によって促進される。体外の胚の生命保護は、当の措置を専門家に信用して任せ、そして監視することによって促進される[149]。

148　Ibid., S. 129ff.
149　Ibid., S. 131ff.

第6節　若干の考察

　一　生物としての人間は、精子と卵子の融合によって出来上がった一つの細胞から分裂して、子宮への着床、組織・器官形成を経て出生、成長、死までの、外から区切られて内的に同一な有機体システムにおける質的・構造的変化を伴う長い過程をもつ。この人間が生命に対する権利や人間の尊厳を有するということは、どこに根拠をもち、いつから始まるのかについての問題は、意見が多岐に分かれているが、その解決のためには、単なる自然科学的・生物学的考察に留まることはできず（もちろん生物現象の客観的把握を基礎にしなければならないが）、何らかの規範的・価値論的考察を必要とすることである。生命の始まりについての生物学的考察においては一致しているが、その法的・道徳的保護についての規範的評価に関して見解は大きく分かれているように思われる。具体的には、受精、個体性の確立（多胎の可能性の消失）、子宮への着床、脳の形成、感覚的能力の形成、母体外で独立に生命を保続する可能性、出生、意識的能力の形成が、法的・倫理的に保護されるべき開始時点に挙げられている。

　受精説、個体確立説、着床説、脳の形成説、出生説、生き延びる利益説のそれぞれの主張の眼目は、①遺伝的プログラムの成立とそこから連続的に完成へ向かう自己発達的な潜勢力、②基本権の担い手であるために個体としての身体的生命、「分けられないもの」でなければならないこと、③母親の有機体的な助力がなければ、胚は生き続けられず完成した人間に発達できないこと、④個の人格的同一性の始まりは、遺伝子的同一性だけでなく、さらに心理的連続性を可能にする脳の組織的分化を必要とすること、⑤社会の中での相互的承認を通して人格的個性が成立するから、その前提として人間が出生していなければならないこと、⑥将来に向けられた願望と自我意識に結びつけられた生き延びる利益にある。しかし、それらの生命の発達の切れ目の生物学的・社会学的な事実がもつ規範的な有意味性についての理解が、深く対立している。そのための判断基準として置かれる人間の尊厳の保障や人間の生命の保護が、この問題圏でどのように適用されるのかについても、解釈

が分かれている。一方には、人間の尊厳（それと当然に連結された人間の生命）の権利主体の地位を受精の段階から完全に認める立場（1-a, 1-b, 1-c）があり、他方には、未出生の生命に対しての人間の尊厳保障の拡張を原則的に否定して、生命に対する基本権の保護の問題として考える立場（3-a, 3-b, 3-c, 4）、あるいは人間の尊厳の保障を原則的に出生から始まると説く立場（5-a, 5-b, 5-c）さらには刑法的規制の下で着床からの胚の段階づけられた生命保護に留める立場（5-e）があり、その間に多様な中間的な立場がある。未出生の生命に対しての人間の尊厳の保護に関して、生まれた人間のそれと等しいレベルを原則的に認める立場（1-a, 1-b, 1-c）があり、生命の発達に依存した段階づけられた構想を説く立場（1-d, 3-d）もあり、さらに生まれた人間の尊厳の保護が、「人間としての発達」の架橋構成によって生命の発達の初期段階に遡って拡張されると説く立場（3-e）もある。生命に対する基本権に関して、体外の胚に基本権主体の地位を肯定する（但し、生まれた人と同じ生命保護を与えず、発達段階に応じた増大する生命保護を説く）立場（1-e）があるが、他方で単に基本権に基づく客観法的義務の保護客体にすぎないと説く立場（5-a, 5-d）もある。

　二　人間の生命の始まりである受精から生命権だけでなく人間の尊厳の担い手でもあることを認める立場では、人間の尊厳の理解については少なからぬ相違が見られるが（ヴィットゥームでは人格の主体的性質がその核心にあり、シュタルクでは人間種に基づく生物学的由来が挙げられ、ベッケンフェルデでは人格性に対して人間存在に定位することにより目的それ自体が強調される）、いずれも個々の具体的な性質・能力に依ることなく、すべての人間の生命に尊厳が帰せられることを基礎に置いている。そのような生命は、受精の瞬間から、既に確定された遺伝子的プログラムを備え、切れ目なく（連続的に）個々の人間へ成長することができるからである（受精説の論拠としての潜在性ないしは連続性）。これに対して、以下のような反論が出される。変更できない遺伝子プログラムへ言及することは、人間がゲノムの総体以上であることを見損なっている。また一卵性双生児は、遺伝的同一性に基づいて身体的同等であるにもかかわらず、各々が一回的で互換できない個人である。人間の

ゲノム系列の保有にのみ人間の本質を固定することは、人間をバイオ存在に貶める生物主義の極致であろう。これらの反論に対して、受精から生命保護を始めることにより、最も早い時点に遡って、実質的な保護範囲を可能な限り広くとることができるので、最初の瞬間から人間の恣意によって危険に晒される人間の生命が、法の保護を受けられることが指摘される。

　この最初期段階では、多胎の可能性が残されているので、生物種的に特定の生命であっても、まだ個体としての生命は成立していない。基本権は、個人の主観的権利であり、個人を保護するので、この事情は法的に重要である。多胎の形成がまだ可能であるときには、個人や基本権主体について語ることはできない。この個体性説に対しても、以下の批判が出される。初期の段階では、ゲノムが一つの生物か、それとも多くの生物に具現するかどうかは開かれている。一つの個体的生物を仮定し、分割された場合に二つのそれを仮定しても、基本権解釈にとって何の障害も存しない。人間の個体性は、必ずしも遺伝的オリジナルを意味するわけでない。さもなくば、成年の一卵性双生児に基本権主体性のための能力を認めることが困難となろう。いずれにせよ、個体化の自然的プロセスが終わるまで、生命保護が待機される必要はない。初期の胚から多くの人間が生じうるとき、その保護は弱められるどころか、むしろ強められるだろう。しかし、このような批判は、論拠請求（petitio principii）、つまり、この生命の初期形式が、個人的な基本権的保護を享受するかどうかを証明するべきことが前提されている、という疑問を受ける。多胎形成の指摘には、初期の生命が、個人的な基本権へのアピールが空回りするほどに、その組織が特殊化できていないことが問題とされたのである。

　着床が生命の発達における根本的な切れ目であるとする立場にとって、胚の成長のために母親との共生（有機体的な結合）の不可欠性（特に哺乳動物の成長にとっての着床の卓越した意義、卵生の動物にとっては卵の中に遺伝子プログラムと成長のための物質が閉じ込められ、それだけで自足的であるのと大きな違いがある）が強調される。胚は、着床で母親の循環系に連結されることによって、完全な発達プログラムを自由に使用することができる（胎芽 Leibesfrucht）。しかし、体外の胚には、その成長のために子宮への移植という外的作用の必

要性（生命の発達の連続性の論拠を弱めること）が付け加わらなければならない（制限的な潜在性論拠）。けれども、子宮への移植という行為は、女性にとって妊娠という結果を伴う故に、なるほど重大な決断を意味するが、そこから胚の生命権の原則的承認が帰結されるわけではない。胚の遺伝的同一性は、受精から既に確定されている。体外の胚にとっては、移植は、胚の発達のために要求されるところの更なる一歩にすぎない。着床は、決定的な切れ目ではない。

　脳は、心理的連続性の生理学的基礎として、個人の人格的同一性を可能にする。脳が形成される時点で、人間の尊厳を賦与することは、合理的である。生命権は、これより前の個体化で既に始まっている。人の生命の終わりを脳死と定義するならば、その始まりを脳機能の始まりと結びつけることは、不合理でないようにみえる（鏡像的対応）。

　出生後に人間の尊厳の権利主体性を認める立場によれば、社会連帯性の下に相互的承認による主体性をもった人格の形成とそれを基礎にした国家創設（憲法制定）に参画する資格、特に私法体系上の権利能力の主体であるための前提条件が、出生であると解される。そこには、人間の理性的・自律的能力に重点を置いて、それとの連関で人間の尊厳が語られうるのである。したがって、出生前の人間の生命には、人間の尊厳の権利主体の地位は認められず、人間の尊厳の原理から導かれる法義務の保護客体とみなされるにすぎない。人間の尊厳の原理の作用は、初期段階の人間の生命に関わる問題領域では、想定されているよりもずっと小さいのである。その問題領域では、人間の尊厳の原理よりむしろ人間の生命に対する権利が前面に出て、解決が図られるべきである（この構成が、その発達に応じた人間の生命の段階的保護により適合的である）。ヘルスターのように法的世界へ人間の尊厳の概念を導入することに懐疑的な態度を採って、利益定位的な構想において生き延びる利益に根拠づけられた生命への人権を、実際上の理由から出生した人間に認める。そして、個人的で厳格に格づけされた生命保護（生命権）とずっと弱い種類の単純な生命保護（生命権をもたない生命保護）に分けて、出生前の人間の生命には後者の意味での法的保護だけが認められる。

三　このような未出生の生命の法的地位をめぐる錯綜した議論状況の中で確固たる見通しをつけることは容易でないが、(生命倫理的議論で度々参照される) SKIP論拠の観点から若干の検討を加えてみよう。種所属性論拠は、憲法の人権の伝統に照らすと、ホエッフリングによれば、憲法は宣言された種所属主義とも解される。法的次元では、それ以外の三つの論拠はいかに評価されるのか。これら三つの論拠は、未出生の（体外の）生命を後の完成した生命（生まれた人）との間の論理的な思考上の架橋である。それらの中で中心にあるのが潜在性論拠である。それは（i）論理的可能性としての潜在性（可能性）、（ii）統計的確率としての潜在性（蓋然性）、（iii）素質的能力としての潜在性に細分されるが、ここで重要なのは（iii）である。前の時点（t_1）で生命体が素質を形成する能力を持っていれば、後の時点（t_2）での完成した生命体と等しい地位を持っている。簡単に言えば、潜在態（t_1）＝現実態（t_2）が成り立つ。連続性論拠は、未出生の（体外の）生命は、連続的に、重要な切れ目なく生まれた人へ発達する（人間的存在の発達過程の時空的統一）。ここで、発達の連続性は、能動的な潜在性に導かれることによってはじめて可能になる。同一性論拠は発達能力のある体外の生命体はそれから生まれた人と遺伝的にも数的にも同一であるとみなす。それは、潜在性論拠とは逆に疑われない生命権の地位（生まれた人）から、それより前の発達段階（体外の生命）へ逆照射される。そのような疑われない逆照射が可能であるのは、始まりの存在にこの地位の獲得のための潜在性が是認されるときだけである。したがって、これらの三つの論拠は互いに切り離されなくて、むしろ相互移入的な連関の中に入っている。連続性論拠に関して、着床における母親の有機体との胚の連結とか体外の胚にとって自然的発達のために（外からの）子宮への移植がそれを弱め（壊し）、その結果、体外の胚に与えられる法的地位が影響されることがあるだろう。同一性論拠に関して、同一とされるものは何かをめぐって多様な考え方（人格的同性、遺伝的統一性、数的同一性）がある。分けられない生命の前段階では数的同一性はまだ確立されていないことになる。けれども、中心的地位を占めるのは、やはり潜在性論拠である。潜在態（t_1）＝現実態（t_2）がいかにして可能となるのか。遺伝的同一性に基づく潜在態が現実態を実現出来ると考えるライン、子宮への着床

から始まる自然的な発達可能性に支えられた潜在態が現実態を実現できると考えるラインが出されているが、はたして成功しているかどうか。また潜在性論拠の意味理解にも関わるが、皇太子と国王の比喩は生命権の問題に的中していない。そこでは将来の権利を認めないことと後の法的地位の剥奪が結びつけられていないのに対して、体外の胚では、その生命権の否定の場合、潜在態の地位を現実にもっていないだけでなく、同時にすべてを失っているだろう。

　四　ドイツで多数に支持されている立場が、受精説である。生物学的意味での人間の生命についてその起源を遡っていくとき、最も先にある出来事が受精である。そこに、それぞれの生命に固有の遺伝子的コードが既に出来上がっている。そこから連続的な発達のプロセスをたどって完成した人間に至るので、その間に切れ目を入れて境界の前と後を区別して扱うことは、恣意的なことで許されない。受精説は、原則的かつ事柄に即した考察からの帰結である。しかし、完成した人間へのプロセスにおいて、受精からの連続的発達を単なる量的拡大として見るのでなく、その中に質的変化・転換が起こっていることを重視して、受精説以外の諸説が提起されているのは、本稿で見たとおりである。ここでは、以下のことだけを確認しておきたい。受精説において、受精卵の法的地位は、それに基本権主体性を積極的に認めて、原則的に他の権利・利益との衡量可能性を否定する立場から、人間の尊厳の尊重と保護を人間の生命の発達段階に応じて差異化して、受精卵に与える尊重と保護を最小限に縮小する（初期の人間の生命の保護に対する刑法的規制や現代の先端的な生殖医療からの介入に整合的である）立場までの広がりがあることである。しかしながら、受精説は、人間の生命の無制限な保護を要求するわけでなく、況や人間の生命の最大限の促進化を主張するものでない。

　生命の始まりを受精より後の時点に定める解釈傾向は、生物学的発達プロセスが連続的に進み、切れ目も飛躍も認識できない困難にぶつかる。着床も、切れ目をなさない。けれども、更なる発達のための必要条件をなしている。体外の受精卵が移植されるとき、母親との自然的連結が樹立される。そのことは、母体外の胚に、基本権的保護を拒むことを正当化しない。未出生

者の個体的な生命は、母親と必然的かつ形成的に結合されていようとも、基本権的に見れば、独立したものであり、母親の肉体の単なる構成部分でない。それは、母親のためにではなく、自己自身のために保護される。体外の胚は、法秩序による特別の保護を必要とする。人工生殖では、自然的経過が、ある範囲で人間的恣意にとって代わられている。自然法則（自然的な偶然性原理）が引き下がるところで、法法則がその跡を継ぐ。自然的生殖の後に、三つの受精卵の中の一つが着床し、その他のものは死滅するということは、法的責任の地平の外で行われる。ここに介入する基本権的義務は、誰にも作動されない。そのことは、人工的に生殖された胚と関わる人間の行為を法の拘束から解き、胚に生命権を拒むための論拠を提供するわけでない。自然による選別は、人間による選別に対しての道徳的な指導像でない。自然がその被造物を死滅させ、種の仲間同士が貪り食うときでも、抗議しないということは、人間に恣意によって殺害する正当性を与えない。

　刑法または民法と共時的に出生の時点に生命保護を移すことも、それに役立たない。それらが、基本権的な生命保護のための模範を演じるわけでない。むしろ、それらが、基本権によって測られなければならない。出生は、基準として役立たない。その時点は、広範囲に医学的に操作されるから。

　結局、核融合より後の時点に生命保護を移すすべての試みは、恣意の契機が付着している。融合との連結が、恣意から免れ首尾一貫している。保護観念は、包括的で首尾一貫している。基本権的な承認は、無条件的に、例外なしに、留保なしに行われる。それは、着床の前にも後にも、出生の前にも後にもある生命を含む。生命の保護は、それが望まれようが望まれなくても、婚姻していようが婚姻していなくても、自然的か人工的かいずれで生殖しようとも、生きているものの胚性細胞か死者のそれかいずれに由来しようとも、単一体であるかクローン化されたかに依ることはない。

　人間の生命をもつものに、それだけ基づいて（他の諸特徴による差別化を行うことなく）尊厳を帰する。このことは生まれた人間に当然及ぶのであるが、さらに未出生の人間の生命にまで拡張されるのか、これまで繰り返し議論されてきた。未出生の生命も同じように人間の生命であることに変わりないので、人間の尊厳の享有主体になりうる（包含の論理）。しかし、伝統的な

テーゼとして「生まれた生命と未出生の生命のカテゴリー的区別が社会に深く根を下している。ここでは未出生の生命は、生まれた生命と同じでないので、尊厳を与えられない（排除の論理）。生命のテロスは受精から完成態に向かって連続的に発達する。その中に切れ目を入れ、その前後を断ち切ることは、生命の自然に反する。生命の完成にとって、切れ目を入れられた断面は欠くことができないものである（不可分性、不可欠性）。このように考えると、尊厳はできるだけ広く、生命の始まりから個々の生命体に与えられる。他方で、「カテゴリー的区別」の立場によれば、胚は尊厳の範囲から排除される。けれども、胚は（物ではないので物として扱ってはいけないという意味で）尊厳から派生する客観的保護義務の客体になりうる。

第5章 生殖医学の進歩と人間の尊厳・人間の生命の保護（1）

はじめに

　20世紀の人類の生殖革命は、体外受精（母体外で卵子と精子を人工的に融合させて、それを子宮に移植する方法）の成功であったと言ってよい。それまでの人工授精は、何らかの不妊の原因のために不可能であった母体内での精子と卵子の結合を人為的に達成する方法（第三者の手を借りた精子の子宮への注入）であるが、自然的な生殖の形態と過程から外れるものではなかった。それに対して、体外受精は、生命の始まりの時点で、シャーレの中で母体から採取された卵子と男性から提供された精子を融合させて、その受精卵を再び子宮に移植する手法が執られた後に、自然の生殖過程に入っていくのである。そこでは、自然界に起こりえなかったことが、人の手で創出された点に画期的なところがある。それは、生殖において人為的操作の領域が新たに付け加えられたということだけでなく、その人為的操作の可能性の拡張と深化をもたらすことをも意味する。一方では、誰の卵子または精子を使うのか、さらに誰の子宮に受精卵を移植するのかに応じて、多様な組み合わせが可能であり、その結果これまでなかった複雑な親子関係が成立することになる。生殖の自由ないしは親の自己決定権、子の尊厳と福祉、あるべき親子の法・道徳秩序の観点から、それらの種類をどのように評価して法・道徳的に規制するのか考察しなければならない。他方では、橋渡しする技術として体外受精の方法の進展から、分化した目新しい技術・診断の可能性が成長してきた、例えば、PID、消費的胚研究と胚性幹細胞の獲得、クローニングがそうである。生殖医学による人の生殖過程への介入の程度・深度の増大化は、自然的生殖の補完から自然的生殖の代替へ、遺伝子プログラムの自然的確定から遺伝子プログラムの人為的改変・固定へ転換しつつある。

初期段階にある人間の生命に対しての生殖医学の介入への法的規制を考察するためには、一方では、人間の尊厳や生命に対する権利との関連で、胚の法的地位・資格、法的保護の程度を明らかにするとともに、他方では、親の子をもつ（もたない）自由（生殖の自由）を含んだ自己決定権の保護、本人（または将来世代）のための治療の論理、学問・研究の自由の保障が視野に入ってこざるをえず、したがって、それらの相互の関係を調整しつつ、総合的な評価を仕上げることが要請される。さらに、初期胚に対しての生殖医学の介入の態様が、積極的に生命の産出・発達に関わる仕方と消極的に生命の消費・滅失に関わる仕方に分たれ、その目的が、単なる診断にあるのか、それとも治療にあるのかによっても区別される点にも、留意する必要があるだろう。以下で、PID、消費的胚研究、遺伝子治療について、主要な諸論点を押さえつつ検討してみよう。

第1節　PID（着床前診断）

　先天的遺伝疾患のリスクをもつ夫婦が健康な子をもつことを望むとき、体外で受精させた卵細胞の8細胞期にそのうちの一つを取り出して、遺伝疾患の原因となる遺伝子の有無を検査するものである。それが確認されたときには、女性はその胚を子宮に移植するべきかどうか決断することを迫られるが、多くの場合には断念することに傾くようである。
　PIDは、ドイツでは胚保護法において禁止されているが、スイス、オーストリア、イギリス、フランスでは限定された範囲で許可されており、イタリア、ベルギーでは法規制がなく実施されている。ドイツ研究者協会、連邦医師団体は、PIDに制限的許可を出している。ドイツ連邦議会の倫理と法アンケート委員会の最終報告は、圧倒的多数でそれを否決している。国民倫理協議会は、多数でそれを推している。このように、PIDの法的規制をめぐる議論は、大きく分裂した様相を呈している。以下では、幾つかの代表的な立場とその理由付けを逐次紹介することによって、主要論点を整理しながら検討してみたい。

1. PIDは人間の尊厳に違反すると解する説

1　PIDは、体外で実施される人工生殖の枠組みの中での診断的処置であり、遺伝的条件による重病ないしはそれへの素質が証明された胚を選別して、もはや女性に移植しないために利用される。しかし、そのような欠陥が確認された場合でも、現在の医学の知識と技術の水準によれば、治療の可能性がない。

(a) PIDの目的は、欠陥のある胚、その存在の最初期段階にある人間の生命の選別にある。一定の欠陥がわかったならば、それをさらに発達させるために女性に移植する代わりに、それを死滅させることが選ばれる。ベッケンフェルデは、PIDが選別の道具であり、その利用は胚の人間の尊厳の尊重に違反すると考える。PIDは、子をもつという願望を充たすために実施されるのでなく、遺伝的に健康な子をもちたいという願望を叶えるために実施される。そこでは、体外で造られた胚は、主体とか目的それ自体として承認され、望まれるのでなく、一定の性質や特徴に依らしめられて、その前提でしか胚に生き延びるチャンスが与えられない。けれども、カント哲学が教えるように、胚は人間の尊厳に与らず、一定の性質に結び付けられた価値しかもたないと言い表すことはできない。

(b) これに対して、両親、特に母親の人間の尊厳ないしは自己決定権をPIDの禁止に対置して、それと知らずに重度の病気に罹った子を産むように母親を強制することはできない、と主張されることがある。しかし、母親は、PIDの禁止によって客体にされ道具化されておらず、自己決定権において侵害されているわけでない。いつ、どのように子をもつ願望を叶えるかの決定は、自由である。但し、それは、一定の性質をもった子としてだけでなく、子をそのものとして欲することから切り離されてはならない。

(c) PIDの断念は、期待可能でもある。人が遺伝病に罹った子や障害のある子をもつことを期待不可能であると感じるとき、生物学的な親になることを放棄することは自由に委ねられている。それは、とても辛いことであるが、胚の段階にある人間を物のように扱う選択肢があるときには、この断念は期待可能である。

(d) PIDが許可されるとき、どれだけ広い扉が開かれているのか、看過

されてはならない。可能な適用領域は、非常に多様である。なるほどPIDは、特定の重篤な遺伝的疾患の場合にだけ、推奨者によって要求される。このことは、既に障害をもった人や遺伝疾患に罹った人の重大な差別を意味する。つまり、本来そこにいるべきでなかったもの、生きる価値のないと思われる生命をもつもの、本来女性に産ませるべきでなかったものである。この差別は、該当する病気がカタログに明記されると、ずっと強くなるであろう。さらに、何故そのカタログはもっと広げられるべきでないのか、問われてくる[1]。

2　シュタルクも、ベッケンフェルデとほぼ同趣旨の考え方をとっている。体外受精は、人間の尊厳の保護の理由から、不妊を克服するためにだけ許される医学的処置であるのに対して、PIDは、「価値のない生命」の選別を目指している。親は、検査の留保付きで胚を造り、場合によっては廃棄して、人間の生命の生命価値を決定する権利をもたない。健康な子をもつ権利は、そもそもない。妊娠中絶での医学的適応に比せられる場合、例外的扱いが許されるべきと言われる。しかし、重篤な遺伝疾患のリスクがその子孫に存する夫婦にPIDを制限することをしても、それは、明確な境界設定を表しておらず、より広範な選別の可能性が開かれる恐れがある。PIDが実施されると、長期間遺伝疾患に苦しむ人たちに、彼らは望まれず、その存在が避けられるべきであったことを思い知らせ、さらにPIDから遺伝病の子孫の回避への移行が、子であるための標準品質の確定へ流れ込み、最後には、診断と選別の可能性のために、自然生殖はIVFに取って代わられるだろう。PIDの選別効果は、中絶行為のそれをはるかに急速に凌いでいくだろう。PIDは、親に多数の胚から適したものを選び取らせることを可能にするだろう[2]。

2. PIDは人間の尊厳に違反しないと解する説
3　伝統的な立場では、PIDは、その全体の経過が選別に向けられ、生命

1　Ernst-Wolfgang Böckenförde, Menschenwürde als normative Prinzip, JZ (2003), S. 814 f.
2　Christian Starck, Verfassungsrechtliche Grenzen der Biowissenschaft und Fortpflanzungsmedizin, JZ (2002), S. 1067.

が留保の下で造られること、即ち「検査付きの生殖」が、人間の尊厳に違反する根拠として挙げられる。しかし、全体経過が胚の選択と廃棄に向けられるというのは、的を射ていない。医師の行為パースペクティヴや親の願望パースペクティヴは、妊娠を引き起こすことである。病理学的鑑定が出ないという客観的条件でこの願望が実現されるときにも、(妊娠の)意図の存在について何ら変わりない[3]。

PIDは、取り出された細胞に遺伝病の有無を診断する技術であって、何か優生学的理由から生命の優劣を決めて、生命の差別をするものでない。(遺伝病のリスクを負った)夫婦あるいは医師がPIDを実施する事態を冷静に考察すれば、その全経過が最初から妊娠の惹起の意図によって貫徹されていることがわかる。PIDの実施のためには、IVFが前提される。IVFは、不妊の克服のための医療である。もし検査で陽性反応が出なければ、夫婦はその胚を子宮に移植して出産することを望むであろう。仮に検査で陽性反応が出たとしても、夫婦は胚を子宮に移植する決定をすることもできる[4]。

4　人間の尊厳によるPID禁止の正当化は、以下の三つのことを前提して

3　この点については、シュロートの検討が参照されてよいだろう。医師が、女性に移植するために胚を作成するが、移植前にPIDを実施しようとするとき、彼は、特別な検査の鑑定結果が出るか出ないかという客観的条件の下で、この胚を使って妊娠を惹起する意図で行為する。承認された刑法学説によれば、客観的条件の下にある意図は、意図として評価されている。客観的条件は、意図を承認することを排除しない。例えば、鍵のかかった車を見つけるという前提で、車を奪おうとしている泥棒は、最初から専有の意図をもっている。PIDで胚保護法1条1項2が充たされているとみなすならば、規範の文言から犯罪化されていけない行為が犯罪化されている。概念の専門用語的意味論も、刑法的解釈を制限する。日常用語は、客観的条件下の意図を、意図として評価する。刑法の一般的な意図概念は、意図されたことが場合によってしか起こらないときにも、意図が仮定されなければならないというように構造化されている。行為者が行為によって惹起されうる意図をもっているということが、意図の仮定にとって十分である。医師が前もって検査を実施しようとして、特別な検査の結果に胚の移植を依らしめるということによって、妊娠を引き起こす医師の意図を重要でないと説明することをしないことが、刑法の概念に適っている。つまり、特別な鑑定結果が与えられないときに、卵細胞を受精させてそれを移植しようとする医師は、この卵細胞で妊娠を惹起する意図で行為している。

4　Horst Dreier, Kommentierung von Art. 1 GG, in: ders. (Hg.), Grundgesetz Kommentar, Bd. 1, Tübingen, 2004, Rn. 97.

いる。(a) 8細胞期の胚は、人間の尊厳の主体である、(b) 研究や移植しないことの中に、この基本権に対する侵害がある、(c) 着床前の段階では、胚の尊厳が、女性の人間の尊厳に対して優先されて当たり前である。それぞれが成り立つのかどうか、検討する必要がある。

　(a) 連邦憲法裁判所の判決では、いつの時点の胚から人間の尊厳が帰せられるのか、明らかにされなかった。二つの堕胎判決では、人間の生命には最初から尊厳が帰せられるが、事例に制約されて着床後の時点だけに関わっている。この時点後では、社会的理由から、12週までに行われる中絶は、違法であるが、不処罰である。医学的適応の中絶は、母親の生命権を顧慮して出生前までは違法でない。人間の尊厳の始まりについては、憲法文献でも殆ど一致していない。受精卵に人間の尊厳が帰せられる（シュタルク）、未出生の生命の場合には、人間の尊厳から生命保護への移行に強い理由が認められ、人遺伝学の判断にとって、人間の尊厳には僅かな意義しか認めない（ドライヤー、ツッペリウス）、人間の尊厳の始まりに対して、特別な人間的なもの、精神性、共通の感覚等を求める（ヘルスター）。

　(b) この問題が解決されなければならないのは、8細胞期の胚が人間の尊厳の担い手であることが仮定されて、PIDにおいてこの基本権に対しての侵害があるときだけである。PIDの中に人間の目的利用とそれによる人間の尊厳の侵害を見ることは、その目的利用された主体が、憲法的意味で人間の尊厳の担い手であるかどうかが明らかにされる前には、非論理的であるだろう。「目的利用理論（Verzweckungstheorie）」は、倫理的にはカントに、憲法的には客体定式に関わるが、それによれば、人間は、固有価値をもった、人間共同体の平等な構成員として承認され、常に客体としてではなく主体として尊重される。検査やそれによる移植の中止に、国家的・私的行為による客体への品位の貶めが存するかどうか問われる。しかし、胚は、他人の研究関心や親の生殖意志に役立つため、利他性のためにだけ造られていない。子をもつという真剣な願望の実現のための扱いの範囲内でのPIDにとって、検査それ自体には人間の尊厳への侵害はない。さらに考えられうる手がかりは、移植しないことによって引き起こされる胚の死滅と選別の論拠である。多くの基本権の担い手から医学的に健康なものだけを移植して、遺伝

的に障害のあるものを廃棄することは、人間の尊厳に反すると言えるだろう。堕胎判決によれば、殺害行為の中に既に人間の尊厳の違反が存するというところから出発できない。むしろ人間の尊厳の違反は、人間（あるいは胚）がその主体としての質において根本的に覚束なくされるとき、あるいは具体的事例での扱いで彼の尊厳への恣意的な軽蔑があるときに、はじめて存するのである。IVFの方法で、三つまでの受精卵細胞が移植されるが、その中の少なくとも二つはそれ以上発達することができないとして、立法者はスタートしている。女性の願いにより移植されないのは、基本法1条1項に一致しないとはみなされない。胚が重篤な疾患ないしは遺伝的欠陥についてだけ検査され、医学的に見て最も発達能力のある胚が移植を予定されるとき、それで人間の飼育が行われているわけでない。胚の消費も、もともとはPIDとではなく、せいぜいのところIVFと連関する。移植しない動機が人間の尊厳違反を根拠づけられるのは、利己的で法秩序によって是認されない動機または胚の生命権を完全に軽蔑する動機が問題であるときである。医学的意図のない性の選択、デザイナーベビーが、それにあたる。

(c) 遺伝的疾患のある胚を事後に移植しないPIDの中に、選別あるいは人間の尊厳違反が認められるにしても、母親の権利がそれに完全に後退するわけでない。人間の尊厳が他の憲法的地位との衡量を許さないことは正しいが、胚の尊厳と母親の尊厳が関連づけられる必然性は拒否できない。不知のままなされる移植や禁止されたPIDと許可されたPNDとの不釣合いが、母親を客体にするならば、母親の人間の尊厳が、胚のそれに劣らず論じられる。胚が、人間の尊厳保障の担い手であるときでさえ、基本法1条の特別な保護内容を少なくとも部分的に形成する特性、悲しみや苦しみを経験する能力が欠けている。だから、母親の尊厳の保護のために、移植前の段階でそれを胚の尊厳より優先させることは正当化される[5]。

5　基本法1条1項（人間の尊厳の不可侵性）は、憲法的規準として、PIDに対して余り生産的でない。PIDにおいて、診断目的のために最初の細胞分裂後に取り出された細胞は、人間の尊厳をもたない。たしかに人工生殖に

5　Friedrich Hufen, Präimplantationsdiagnostik aus verfassungsrechtlicher Sicht, MedR (2001), S. 445 f.

第 1 節　PID（着床前診断）　171

よって体外で造られた胚には、人間の尊厳が帰せられるが、しかし、それは移植へ義務づけるわけでない。一定の素質の診断に結びついている「選別」の可能性は、尊厳の要求の具体化で分化されてきたものから完全に免れているわけではない。PID の投入に先立って、一定の遺伝的素質への徴候が存していることに注意しなければならない。重篤な病気になる素質や生命を脅かす妊娠のリスクについての検査は、それによって移植に反対の決定をしても、人間の尊厳に抵触しない。人間の尊厳が危うくされるのは、積極的優生学の目的設定をもって、あるいは性の選択の手段として、PID から始まる「選別圧力」によって根拠づけられる。その限りで、人間の尊厳の先行作用する保護は、PID の法律的制限を支えられる[6]。

3. PID は生命権の保護に違反しないと解する説

　6　人間の尊厳が PID 禁止のための正当化根拠として除かれるならば、生命と身体的不可侵への基本権が、PID 禁止を正当化するかどうか問われる。その前提には、8 細胞期以後、着床前の胚がこの基本権の担い手であること、診断目的のための細胞の抜き取りや移植の取り止めの中に、基本権への侵害があること、この侵害は母親の対立する権利によって正当化されないことが置かれる。基本法 2 条 2 項による基本権の保護範囲の時間的始まりをめぐる論争は、人間の尊厳のそれに劣らず激しい。連邦憲法裁判所も、受精と着床との間にある胚が、基本法 2 条 2 項によって保護されるのか、未解決なままにしている。現行刑法も、この時点について何も語らない（さもないと、着床防止の避妊剤が、罰せられることになる）。胚保護法が、はじめて着床前の胚まで生命保護を前倒ししている。基本法 2 条 2 項によって保護されるのは、価値性と強度に左右されないすべての生命である。保護範囲は、生命のさらに発達したところの意識、自尊、痛みの感覚で始まるのではない。生命の基本権は、現代の医学水準では、母親との共生によってのみ実現可能である。「生まれる権利」は、IVF の場合、母親の移植への決定に留保されている。女性の意志に反した移植への主観的権利は、憲法的に保護されず、最後

6　Matthias Herdegen, Die Menschenwürde im Fluß des bioethischen Diskurses,

まで貫徹されえない。(全能的でない) 細胞の採取による胚に対しての検査は、その生存可能性と身体的完全性において損なわれていないが、全能的細胞の場合、検査された胚の廃棄の中に生命権への侵害が斟酌されるとき、この基本権の中に移植への主観的権利を認める人だけが、基本法2条2項への侵害を肯定することができる。「障害をもって生まれる権利」は、憲法的見地から親の留保の下にある。生成する生命への国家の保護義務は、胚の主観的権利を越えて、PIDの禁止を正当化できるか。堕胎禁止とアナロジーに、国家は、人間の生命を着床前の段階でも保護する義務をもつと考えられる。しかし、連邦憲法裁判所は、この保護義務の実現に関して、立法者の大きな裁量の余地を強調している。国家の義務を制限することのできる、それと衝突する法益があることが明らかにされてもいる。生成する生命は、その成立と誕生の間の異なった段階で、違った仕方で取り扱われ、また違った強さで作用する制限に服している。個人の基本権の地位に対しての保護義務の関係づけが問題となり、また胚の生命権の貫徹のための禁止法制が、その禁止によって関わる人の基本権と国家の保護義務をより適切な仕方で相互に関わらせるかどうかが重要である。我々のコンテクストでは、胚の生命は絶対的に保護されていない。IVFで二つの受精卵細胞の廃棄が法律上許可されていることも、かくして正当化できる。更に細心の注意で付け加えられることは、最重度の障害の可能な限り早い診断は、胚の固有の身体的完全性と人間の尊厳の意味でも、胚の生命権の顧慮の下にあるということである。短い生命と最も重い苦痛という位相が存在しているが、その場合に、診断は、移植や後の短く耐え難い苦しみに定められた生命に比べると、必要とされる予防手段のように思われる。8細胞期にそういう病気の診断ができれば、出生後に苦しみで叫ぶ子に対しての受動的な臨死介助は、移植しないことよりも過酷な選択肢であろう[7]。

4. PIDの許可（比例性原則に基づく衡量）

7 人間の生命が受精で成立するということから出発するならば、生命の

---

7 F. Hufen, op. cit. S. 446 f.

基本権と人間の尊厳の保障による細胞の原則的保護が出てくる。しかし、生命の基本権への侵害が憲法上評価されている限りで、法律に基づき生命権が侵害される状況が考慮されなければならない。生命そのものへの基本権侵害は、違憲でない。ともかく、基本権侵害は、法律的な基本権の制限のための一般的な限定を顧みなければならない（「制限の制限」Schranken-Schranken）。とりわけ、比例性原則（Verhältnismäßigkeitsprinzip）が、それに数え入れられる。その命じるところは、国家の追求する目的と基本権侵害との不釣合いを禁じることである。胚性幹細胞の研究の目的と基本権侵害（胚の生命の消費・滅失）との間に、そのような不釣合いはない。

　PIDの場合、正当化できる目的、つまり生成する生命の「健康」、生命力の告知が存している。ここで過度の侵害禁止（原則）は、基本権への国家的介入の制限と統制の場合のように明瞭にはまり込むわけでない。ここでは、国家の侵害ではなく、私人による侵害が問題となっている。私人は、基本権の第三者効が欠けているために、直接にこれと結びつけられることはない。基本権との結合は、ここでは侵害する国家としてではなく、保護する国家としての国家に関わる。憲法上命じられた基本権の保護の断念が、直ちに国家の基本権侵害と等置されるわけでない。基本権侵害は、予防可能性の原則にしたがって抑制されるが、保護の委任は、実効性、実行可能性、財政的支援可能性の要求に方向づけられる。保護の委任を指揮する過少保護禁止は、侵害を制限する過度の侵害禁止と等値されるわけでない。立法者は、基本権保護の規準の形成にあたって、異なった基本権主体による生命権の対向する諸要求の間に慎重に釣り合いを見つけることが求められる。PIDの場合、犠牲者と受益者が同じであるが、胚性幹細胞研究の場合には違う[8]。

　8　PIDを禁止するための有利な証拠となるような理由は、倫理的討議よりも憲法的見地からは、ずっとはっきりしていない。PIDが子をもつ願望の実現に役立つならば、人間の尊厳違反は殆ど説明できない。胚の側の生命権、人間の生命のための保護委任、障害者保護は、重要な憲法的法益を表しているが、それらは、親や医師の基本権と関連づけられる。禁止が正当化さ

8　Michael Kloepfer, Humangenetik als Verfassungsfrage, JZ (2002) S. 421 f.

れうるのは、それが憲法的法益を保護するために、当事者にとって必要的かつ狭い意味で比例的に、すなわち期待可能的に適しているときだけである。結局重要なことは、関与する憲法的利益の間の実践的な整合である。濫用の危惧やダム決壊論拠も、比例性の検証に組み入れられている。濫用の危険があるならば、統制と予防のその他の可能性がないときにだけ、行為の禁止は正当化される。PIDは、技術的に扱いやすく無統制に実施されている方式ではない。

　次に、比例性の検証の諸段階を見てみよう。適性（Eignung）のアスペクトが問われる。禁止は、それを用いて望ましい成果が促進されうる一つの方法である。PIDの禁止が、後続の堕胎を伴ったPNDのずっと疑わしい可能性を助長することはないか、憂慮される。全体としては、そのような禁止は、最も初期段階の生命保護の位置価や生命の保護必要性を促進するのに適していると仮定されうる。次に、必要性（Erforderlichkeit）の要請が問われる。もしも国家的処置の目的が、基本権を侵害しないかまたは僅かしか侵害しない別の同等の手段によって達成されうるとき、この要請は充たされない。PIDの完全な禁止は、他のすべての関与者の諸権利に対して、一方的に解釈された生命保護の無差別の貫徹に帰趨するだろう。胚保護法は、濫用の防止を目的にして、子をもつ願望の実現を妨げるものでないならば、一定の適応条件や期間によるPIDの限定は、より穏健な方法として、全面的禁止よりも優先される。除外されうるのは、優生学的に定位された養育計画、外見・髪の色・性のような母親や胚の健康にとって重要でない要素に対してのPIDの投入である。その他の安全策の可能性は、助言義務の手続き等にある。同じような仕方で、純粋な研究目的のための余剰胚の作成とか、リスクを負っていない夫婦にPIDの目的のためのIVFの「広域にわたる」適用のような濫用の危険が防止されるだろう。刑法が、医学的・社会的な対立の解決のための最後の手段（ultima ratio）を表していることも、考慮されなければならない。個別の適用事例が、助言計画の枠組みとか医師の職務規律法で、刑罰的威嚇という大げさな手段よりもよく解決されうる。国家が、妊娠中絶の深刻な葛藤の場合に、刑罰の威嚇よりも助言計画によって、生命の保護を実現できそうであれば、それは、PIDの濫用の防止にもあてはまる。

第 1 節　PID（着床前診断）　175

さらに、狭義での比例性が検証される。それは、侵害の重大さとそれを正当化する根拠の重要性及び緊急性との全体的衡量において、期待可能性の限界が守られるということを意味する。胚の生命は、衡量できないわけではない。侵害は、母親の基本権を保護するために必要であるとき、可能である。胎児疾患的適応の欠落後でも、生成する生命の法益が、母親の身体的・心理的健康に対して引き下がるということが、中絶の憲法的評価の中核に属している。それは、妊娠の後期段階にもあてはまるが、そこでは、母体外での生命の保続可能性や痛みの感覚のような基準が、胚の基本権的立場を強化して、後期中絶の最大可能な防止についての熟慮を命じる。後期中絶が後続するPNDの許可と人間の生命の最も初期の段階でのPIDの禁止との間に、あからさまな評価矛盾が対照される。母親の健康保護との対立事例で、PIDを中絶に比べてより穏やかな方法とみなすことは正しい。PIDが、医師の薦めによって後続のPNDによって補完され、安全を確保されるべきと言うことに反論はできない。それに対して、PIDの限定的な解禁による代わりに、妊娠中絶の領域でのより先鋭な規制によって、評価矛盾を解決することは擁護できない。母親の生命と健康の保護が問題であるところでは、諸前提のいかなる先鋭化も、母親の基本権への正当化を求められる侵害と評価されて、もっと早い争いの解決の可能性があるときにだけ考えることができるだろう。立法者が、PNDと後期の中絶を制限するが、PIDを禁止するならば、基本権侵害の蓄積は、母親の負担に至るであろう。

　狭義の比例性と期待可能性は、問題の全体的位相において連関している。PIDと医学的に適応した移植拒否は、医学的に適応したPNDと堕胎と比べると、母親の保護に関しても胚の保護に関してもより穏健な手段であるならば、PID禁止の期待不可能性は、この場合に特に明らかである。妊娠の後期の段階でさえ、その継続が期待可能性を乗り越えうるということから出発するならば、妊娠の初期段階で移植の前に生成する生命の保護が、親に対してではなく、親の責任を意識した決断との連関でのみ可能であることが明らかになる。それは、生命の保護利益の関心においても、後期妊娠の間に、その対立が緊急状態の適応条件を経由してのみ解決しうるような状況に至っているかどうかについての重要な情報が、親には留保されているということを

前提している。そうでなければ、親に負担をかける「検査付きの妊娠」から出発することも、実際に突拍子もないことではない。少なくとも、妊娠で緊急状態の適応条件が及ぶだろう場合、つまり母親の精神的・身体的健康の危険に至るだろう胚の重度の病気の場合、PID の禁止は期待不可能で違憲である。PID と妊娠の葛藤との並行を否定する考えがあるが、それは、妊娠期間中には女性によって引き起こされたのでない不可避の対立があるのに対して、子をもつ願望を意識的に実現する場合には、親はいわば自ら対立に責めを負っているからである。「堕胎では関与者は反応するのであるが、PID では関与者は行動するのである」。しかし、この論拠は、シニカルで憲法的に顧慮されない。両方の場合に母親の健康に対する危険が問題であること、子をもつ願望の実現を断念するか、子の重い障害のリスクや母親の健康上の負担のリスクを背負い込むことは、人間の生命における重大な対立を表していることが看過されている。遺伝的な負担を負う夫婦の状況も、医師が十分な診断方法と情報によって対応してもよい緊急状況である。関係者に移植の前か後で PND または堕胎は命じられるのに対して、PID は移植前に禁止されるのは、関係者にとって期待不可能である[9]。

5. PID の許可（PND における中絶の許可との比較可能性）

9　PID では、重度の遺伝的障害の検査後、体外の胚が母親に移植されず使用されないことが予想されている。そこには、胚の生命に対して向けられた不作為があるが、人間の尊厳の侵害はない。というのも、重度の遺伝的な障害の予防の下で、生命を発生させる方法が問題であるからである。たしかに妊娠の場合に母親と胚の対立状況は、シャーレの中にある胚を使用しないことが問題であるときとは違っている。しかし、PID と妊娠中絶が、比較不可能で、相互に関連しない、と主張するならば、それは間違っている。PID も、より早い時点に移行された、胚の生命を終結させる処置に他ならない。そこでも、母親は、重度の遺伝的な障害をもった子を受け入れ、月満ちるまで懐胎して、共に生きていくかどうかを選択するように迫られてい

---

[9]　F. Hufen, op. cit., S. 447 f.

る。どちらも、そういう衝突状況に変わりない。人は、母親に胚を移植させて、その結果 PND 後に妊娠中絶の方法で胚を取り出させるように強制すべきなのか。しかし、広範囲に妊娠中絶が許可されているとき、矛盾や偽善の非難をかぶろうとしないならば、PID は、遺伝的適応の限界において許可されなければならないだろう。「ドイツでは、堕胎されるまで胚は絶対的に保護されている」[10]。

10　ハーバーマスは、試しに行われる受精（Befruchtung auf Probe）を倫理的に正当化できないと評価する。試しに行われる妊娠（Schwangerschaft auf Probe）は、長らく法的に許可されてきた（胎児疾患による適応）。倫理的批判が、試しに行われる受精に向けられるが、試しに行われる妊娠に向けられないのは驚くべきことである。胎児疾患の適応条件での妊娠中絶の包括的な許容は、PID の禁止と比較できない（前者では対立の回避が問題であるが、後者ではそうでない）という論拠はもっともらしくない。PID も、重度の障害のある子を育てなければならない可能な対立を回避する目的をもっている。試しに行われる受精は、試しに行われる妊娠と違わない規準によって判断されなければならない。試しに行われる受精が倫理的に不当であるならば、試しに行われる妊娠も同じである。シュロートによれば、具体的な女性にとって具体的な状況で特殊な妊娠の惹起が期待できないように思われるならば、PID もつねに許可されるべきである。女性の心理的な状況は、両場合で比べられる。胎児疾患適応の場合に中絶によって損なわれる価値は、PID を介して損なわれる価値よりも、法秩序にとって保護するに値するとみなされる。後期の中絶の場合に発達した胎児は、苦痛を感じる能力がある。着床後の妊娠中絶では個人の生命が侵害されるが、PID ではまだ個体的生命への途上にある生命が侵害される。生成する子の遺伝的疾患の場合に、中絶が後期段階でも許される限り、PID は禁止できないということが帰結される[11]。

10　Hans-Ludwig Schreiber, Die Würde des Menschen-eine rechtliche Fiktion? MedR（2003）S. 370.

11　Ulrich Schroth, Forschung mit embryonalen Stammzellen und Präimplantationsdiagnostik, JZ（2002）, S. 177.

11　胚は、基本法において単に保護利益にすぎず、権利主体でないから、基本権の侵害について話題とすることはできない。そこから、胚に対しての国家の保護義務だけが導き出される。PIDは、心理的、身体的に強い負担を負わされた親から、障害をもった子が生まれる不安を取り除くという憲法的よりもむしろ倫理的に承認できる目的に役立つ。憲法問題として提起されるのは、PIDの法律的制限が許されるかどうか、ということである。そのことが、同時に母親の基本法2条1項で保護された自由、障害のある胚を移植するかどうかを決定する自由を制限することを意味するからである。PNDが許可され普及していること並びに障害をもつ胚の無処罰の中絶が法律上前提されていることを考慮するならば、PIDに対向しうるのは倫理的立場だけであるということがわかる。より早い時点での可能な診断は許されず、それどころか刑罰で威嚇されるのに対して、移植後に胚のより後の発達段階でそれが許されるならば、それは評価の一貫性の原則と明らかに矛盾して、さらに親の人間の尊厳にも抵触するであろう[12]。

6. PIDの禁止の正当性を説く説

12　胚へのゲノム分析をその権利に関して評価することが肝要であるならば、生命権や人間の尊厳だけでなく、身体的不可侵や情報に関する自己決定に対する権利も重要である。PIDの禁止に着目すると、生命権や人間の尊厳に対して、他の権利には特別な独自の意義は帰せられない。PIDの許可にとっての決定的な判定基準は、生命権と人間の尊厳であって、これらの胚の法益がPIDによって侵害されるならば、他の基本権は別様の結果を引き起こすことはできない。逆にPIDが生命権や人間の尊厳を侵害しないならば、身体的不可侵や情報自己決定権もそのことで何も変えない。(a) 身体的不可侵の権利　細胞の採取が、胚の直接なまたは事後的に作用する健康被害に導くか、胚に苦痛を加えるならば、身体的不可侵の権利は侵害されるだろう。これまでの認識によれば、細胞採取の初期段階の胚の苦痛を感覚はまだない。しかし、細胞の分離によって、胚の実体は影響を受ける。(b) 情報

12　Jöel Ipsen, Der "verfassungsrechtliche Status" des Embryos in vitro, JZ (2001) S. 995.

的自己決定権　出生前の遺伝的データの調査と利用は、出生前でも出生後でも胚に不利な影響を及ぼすことがある以上、胚への情報自己決定権の拡張は命じられている。PID は、病気に関して胚の遺伝的構成を意思に反して確定することに役立つ。彼の情報的自己決定は、両親の要求によって侵害される。(c)　生命権と人間の尊厳　PID は、治療的な処置に向けられていなくて、シャーレの中の胚が移植されるべきかどうかの決定の基礎を両親に与えることにだけ向けられている。胚の移植は、胚が病気に罹っているときには中止される。PID の目的は、不安のある両親の心を鎮め、健康な胚の移植のためのゴーサインを与えることであるが、その方法の目的は、恐れられた病気に罹った胚を隔離し、破棄し、死滅させることである。この種の生命の危険は、それが胚の人間の尊厳をも侵害するかどうか、検討されなければならない。生命の滅失の危険が、必ずしも人間の尊厳の侵害の危険に至るわけでない。個人的な人間的実存の具体的な危険がもはや問題ではなく、特別な付随状況が存しているとき、生命権と並んで人間の尊厳も憲法的な統制規準として引き入れられる。胚に生きるチャンスが拒まれるのは、胚には治療できない苦しみに満ちた病気をもたらし、両親には期待できない負担を生じさせるような遺伝的構成を、胚がもっているからである。しかし、胚からその生命が奪われるならば、その現存在は自己自身のために存しない。人間の尊厳に視線を向けて疑わしく思われる契機は、両親が一定の状況で障害を負った子を懐胎することができない、と見ているという事実でなく、両親が最初から「私達は子を欲するが、その子が遺伝病に罹っていないときだけ、胚に生きるチャンスを与えるだろう」と確定しているという事実である。生命権の枠の中で判定される胚の生命の滅失の危険は、ここでは特別に判定されるべき殺害に至っている。人間の尊厳が、未出生者に対しても、自己自身のための現存在において成り立つならば、その唯一の目的が病気の胚を移植から除外することであるような PID によって、まさにこの原則がないがしろにされる。人間の尊厳は、「小さな硬貨」に転化されてはならない。それは、法秩序の究極の錨、「憲法の非常ブレーキ」である。人間を育種的な野心から改良しようと試みられるときにだけ、この憲法規範が関連するのか、それとも消極的な選別の範囲内で個人的生命が破壊されるときにも、そうである

のか。非常ブレーキを引くことは、避けられないだろう[13]。

　PID の禁止によって、考慮されるべき権利の保護範囲がどのくらい抵触するのか。PID の導入によって関連する胚の権利に、PID の禁止によって関連する第三者の権利（夫婦、特に女性の権利）が対置される。(a) 親権　子の養育と教育は、親の自然的権利であり、まず親に課された義務である。親権の基礎は、親の利益や自由の発達ではなく、子の利益や人格の発達である。子の福祉が、基本権の中心線である（親の決定権を限定する）。ゲノム分析と医学的処置は、さしあたって子の諸権利を侵害しても、子の健康のために必要とされることがある。親は、子の福祉のために、危険に同意する権能をもち、義務を課される。PID の場合、データ調査とそれに関わる決定は、主として親の利益のためである。診断は、治療と鎮静の処置に取りかかるのに役立たない。PID では、検査によって重い不治の病を確かめることが大事である。そのような診断が子の福祉に役立つことがありうるとすれば、病気と結び付いた苦しみが非常に重いので、苦しみを負って生まれてくるよりも存在しない方が、子にとって良いことであろうということから出発するときだけである。たしかに当事者にとって、苦しみと結び付けられた病があるかもしれない。当人がこの病をどのように感じているのか、第三者にとっては客観的に確かめられない。同情の感情は、必ずしも当事者の感じている苦しみに合っているわけではない。治療や鎮静が開始されないことが最初から確定されている診断的処置の実施は、子の福祉に定位された考察にとっては、親権による正当化からは外れている。(b) 家族創設への自由　夫婦は、いつ何人の子をもうけるか、決定する自由をもっている。自然的な方法で妊娠するか、それとも人工的な方法でそうするかは、各人の自由である。産み出される子の権利が、（親の）欲望によって不適切に侵害されない限りで、これは妥当する。PID の利用が問題であるとき、家族創設するかどうか (ob) が問われるのでなく、"ob" が既に決定されたとき、いかにして "wie" も影響されるはずである。胚が遺伝的に健康であることが確かめられたときに、初めて家族創設が最終的に決定されるので、条件づけられた

---

[13] Barbara Böckenförde-Wunderlich, Präimplantationsdiagnostik als Rechtsproblem, Tübingen, 2002, S. 203-210

"ob"が問題になっている。なるほど健康な子をもちたいという願望は正当であるが、緊急の場合、胚の犠牲でこれを達成する権利もないし、胚の滅失によって家族創設の決定を再び撤回するような両親の権能も引き出されない。(c) 夫婦、特に女性の自己決定権　人格の自由な発達のための根本的諸条件の保障。親または母親であることに基づいて自由に決定する権能。PIDの禁止によって、母親になるかどうかの権利は侵害されていない。しかし、そのことが無条件に追い求められていなくて、一定の病気に関して胚の健康状態について知らせるゲノム分析が行われるという前提の下でのみ追い求められるとき、禁止はいかにして（親になるのか）に影響をもつことができる。自己決定権は、遺伝的データの確認と伝達について自ら決定する権能を含んでいる。PIDが禁止されても、両親から自らの遺伝的データを確認する権利が奪われるわけでないが、胚の遺伝的データの確認は妨げられるだろう。胚の遺伝的構成についての知は、両親にとって彼らの更なる自己発達にとって甚しく重要である。もしも胚が不治の遺伝病に罹っていることが判明したならば、両親は更なる生活形成において強く侵害されるだろう。IVFの要求によって親になる準備が既に知らされた後では、移植と妊娠の創設に関しての責任のある決定ができるためには、胚の遺伝的データの確認が両親には必要である。専ら親の利益になる胚の遺伝的データの調査を要求できることが、自己決定権の一部であるかどうか疑わしい。そのことが胚の利益になる場合には、親権の範囲で許される。しかし、その情報が、一方的に利益に定位されて、他の人格に関連したデータを意に反して公開し、他人を生命喪失の危険にもたらすならば、この要求は人間の尊厳と生命権の保障内容に組み込まれることは難しい。知る権利は、潜在的親にも自らの遺伝的構成に関して疑いなく帰せられるが、他人の遺伝的構成について「利己的な」知る権利を同時に含んでいない。人格の自由な発達の権利は、第三者への恣意的な介入を含んでいない。自己決定権の範囲で、PIDによって子の遺伝的構成を確認させる権能が両親に帰せられないならば、それは家族創設をするかどうか（ob）に影響を及ぼす。なるほどPIDの禁止によって夫婦に生殖の可能性は奪われないが、遺伝的な負担を負った夫婦の場合、生殖の制限に導く。最も重い障害を負った子を産みたくないならば、夫婦には自分の子の断念し

か残されていない。その限りで夫婦の自己決定権の事実的な侵害からも出発できるが、自己決定権は留保の下に服している。(d) 女性の生命と身体的不可侵　身体的不可侵の権利は、生理学的意味での人間の健康を害するすべての影響から保護する。心理的な損害も、それが身体的に影響するならば、その保障範囲に含まれる。国家がPIDを禁止するならば、国家は子孫への遺伝病の伝播を恐れる女性から、移植されるはずの胚が遺伝病の保有者であるかどうかを知る可能性を奪うことになる。もし移植されたならば、体内に宿った子が重病かどうかわからない不確実さの中で、彼女は生きざるをえない。通常事例では、もしかすると障害のある子を懐胎して出産するという考えが、自殺の熟慮を引き起こし、女性を生命の危険の状態にもたらす、ということから出発できない。通例でも障害をもった子の懐胎は、まだ健康被害に至らない。その妊娠の経過が、「蓋然的な」健康な子によるそれと異なるケースは殆どない。もっとも予期される状況についての諸観念、出生後に重度の障害がある子に対する世話と憂慮並びに新しい要求を解決することができず、子の苦しみに耐えることができない恐れは、健康に重大で深刻な被害を与える「先行作用」をもつことはある。身体的不可侵を侵害するに至るリスクを引き起こす原因は、(権利)侵害と資格づけられるので、PIDの禁止は、そのようなことを表している。生命権も法律の留保に服するので、その結果、PIDの禁止が、女性の権利を侵害するとしても、憲法的には許可されうる。(e) 女性の人間の尊厳　母親になることの創始が強制されるとき、女性の人間の尊厳に反する。国家が生殖の命令を出すとき、女性は意に反してそのような義務を引き受けることを強いられるならば、彼女の身体と生命の形成が意のままにされ、彼女は独立した主体として尊重されず、子孫の産生のための手段のように扱われている。一般的な妊娠の義務は、母親の自己決定権と衝突するが、母親を単なる客体に貶めていない。国家がPIDを禁止したならば、自らの遺伝的な負担を知っている母親には、この病気を負った子を懐胎して出産することができないと見ているとき、自らの遺伝上の子を産む願望を放棄する可能性だけが残される。選択肢のいずれもが、生命利益や自己発達の制限、さらには健康の被害を意味するが、尊厳とその尊重要求の侵害を意味しない。テストによる無理な要求と他の人間的な生命存在の

廃棄が実現され、その生命権が具体的に危うくされるときに、特別な処置によって健康な子をもつ企図を行う要求が妨げられるとすれば、彼女は恣意的に扱われ、単なる物にされているとは言われない[14]。

［結論］

PID の場合、胚の人間の尊厳の侵害から出発するならば、国家がその保護のために義務づけられる胚の法益と、国家がその保護義務の履行のために比例性の枠の中で介入することが許されるそれとの憲法的衡量はありえない。尊厳を尊重し保護するように国家に要求することは、国家による尊厳侵害をしないこと、すべての明白な人間の尊厳侵害の禁止と懲罰を命じる。国家は、PID の場合、自ら胚の人間の尊厳を侵害しなくても、それに対しての第三者からの侵害を防止する義務がある。

人間の尊厳に依らない衡量の場合、衡量過程は、PID の許可ではなく、むしろその禁止を命じる。国家は、他人の基本権の保護のために、基本権を必要な程度を超えて制限してはならない。国家によって行われるべき法益の保護は、必要な程度を下回ってはならない。衝突する多様な法益が相互的に衡量されなければならないならば、衡量過程には多様な観点が根底に置かれなければならない。他方では、人間の尊厳の生物学的基礎としての生命の法益は、憲法の中でも特別な地位を占める。生命が最高価値を表現しているという背景で、当事者の基本権を評価するような衡量が適切であるように思われる。

医師の場合、研究の自由はもはや絶対的に妥当しないならば、研究の領域での医師の活動の制限は排除されえない。医学の領域の進歩は、人間に関した実験を前提している。身体的・心理的な障害の緩和と克服に対しての医学的研究の意義は、研究の自由の制限に際しても顧みられなければならない。もっとも高次の研究目的も限界にぶつかるが、人間に関しての治験が、学問の進歩のための基礎を形成する認識に到達するために、深刻な危険に至るときにはそうである。PID は、研究の枠組みの中で故意に滅失されることによって、胚から生命チャンスが奪われるという具体的な危険を蔵している。

14　Ibid., S. 210-217.

PIDによって胚に生命の危険があるならば、科学者の研究の自由は胚の生命権に対して貫き通すことはできない。PIDが研究の自由の保障内容に入れられ、PIDの禁止が研究の自由に違反するときでさえ、これに胚の生命権が保障の制約として対置されなければならない。

　女性または夫婦の場合、生命権が絶対的に保障されないように、このことは女性の側の身体的不可侵の権利にもあてはまる。両権利が不一致で対立させられるとき、女性の健康のためにだけ胚が犠牲にされて、釣り合いがとられない以上、生命権に優越性が保障されるべきと説く意見がある。それでもやはり、具体的な個別的事例の鑑定が決定的なものである。PIDの禁止から帰結される女性の健康被害が、もはや保護されるべき法益と理に適った釣り合いがとれないほど大きくて、期待できないような負担を意味するときは、別様の仕方が通用しなければならない。母親において子の健康状態の不確かさは、彼女の身体的不可侵の甚だしい損害を引き起こす。もっとも女性が自らの利益と胚の利益の衝突に入る前に、健康被害の危険の可能性を既に知っていることは度外視してはいけない。IVFを実施する決心をする前に、女性は遺伝的リスクを経験している。その負担を知っているにも拘らず、IVFの利用を決定したならば、女性は最初から胚の遺伝的疾患の危険を知っており、自らの健康の被害の可能性を背負い込んでいる。彼女は、IVFを断念することによって、健康上強い負担のかかる状況を生じさせないとき、自らの健康への危険を避けられたであろう。この側面を顧みれば、女性の意識的に背負い込まれた健康被害より、胚の生命チャンスを優先させることは、不釣合いでない。第三者による生命の滅失の許可は、特別の正当化を必要とする。女性に起こりうる健康被害の深刻さは疑われないとしても、人間の生命の殺害以外の方法でそれが避けられうるならば、それは生命権に対して貫徹されるほど重大なものでない。一方で生殖（の可能性）が事実上奪われることは、両親の自己決定権の甚だしい侵害であるが、他方で両親が唯一可能な方法で生殖できるためには、胚から現存在の正当性が奪われる。両親にとっての生殖の自由の実存的意義にも拘らず、これは他者の生命の危殆化によって実現されえない。PIDの禁止は、両親にとって重大であるが、釣り合いのとれない侵害ではない。立法者が胚の生命を保護する義務があ

り、PIDの禁止が関係者の法益を不釣合いに侵害しなければ、両親と医師にPIDを禁止することは、PIDのために胚から取り出された細胞が全能的であるかどうかに依らず、憲法上命じられるように思われる[15]。

第2節　消費的胚研究（胚性幹細胞の獲得）

　不妊の夫婦が子をもつ願望を叶えるために体外受精を試みるとき、妊娠の成功率を高めるために、女性から余分に卵を採取して、それらを受精させる手順が執られる。体外受精での妊娠の成功率は低いので、女性の体内への受精卵の移植を繰り返し行う必要があるからである。余った受精卵は凍結保存して、次の機会に採っておくのである。移植の度ごとに女性から卵を採取することは、女性に大きな身体的・心理的負担をかけるので、この手順はそれを回避することができる。しかし、妊娠に成功して子を無事儲けることができたとき、移植を予定されている女性が死亡、病気、離婚等で移植が不可能になったとき、保存されている受精卵が不要になる。この後、受精卵はどのように扱われるべきか。一つの可能性として、他の女性に寄贈して子を産んでもらうことが考えられる。しかし、その機会が与えられなければ、この受精卵は、もはや人間に発達する展望をもたず、滅失させられる運命にある。それは、「余剰胚」とも名づけられる。どうせ捨てられるものならば、むしろ有効活用したほうがよいとするプラグマティックな考えを背景に、研究または治療の発展のために余剰胚を消費して胚性幹細胞を作成することが主張される。それに対して、人間に発達する能力をもつ受精卵を殺すことは、人間の尊厳または人間の生命の保護を侵害する、それ故にそのような研究は禁止されるべきであると主張される。そこには、基本権上の対立が存して、ドイツでは活発な論争が繰り広げられている。

15　Ibid., S. 219-223.

1. 胚性幹細胞の作成の禁止（いかなる場合でも人間の尊厳に違反すると解する）説

1　胚が何らかの理由で母親に移植できないか、または最初から研究目的に使用する意図で産出されるとき、より重大な問題が生じる。後者は、「人間の生命実質に関わる消費的研究」である。介入の目的は、個体的生命ではなく、その外にある研究計画である。人間の生命は、目的、主体でなく、手段、客体になっている。消費的胚研究は、人間の尊厳を侵害する。研究目的が、体外受精の改良であれ、優生学であれ、美容法であれ、そのことに変わりない。移植されうることを予想して多くの胚が造られるが、何らかの理由で移植ができなくなったときでも、「余剰の」胚は科学的または商業的目的のために利用されてはならない（但し、イギリスのウォーノック委員会の勧告によれば、受精後14日目までの人間の胚は、研究目的のために利用される）。刑法上の保護を受けない事情があっても、この帰結を変更させるわけでない[16]。

2. 胚性幹細胞の作成の正当性を否定する（余剰胚利用は人間の尊厳に違反しないが、生命権侵害の厳格な要件にあてはまらないと解する）説

2　幹細胞を獲得するという研究目的のための胚の人為的作成は、人間の尊厳保護の重大な違反である。ここでは、最初から胚が完全に道具化されている（もっぱら幹細胞の獲得を目指して胚を消費するために、胚が作成される）。そのような消費的胚研究は、基本法の人間の尊厳保障が妥当する限り、禁止されなければならない。胚が研究目的のために作成されたのでなく、妊娠を惹起するために作成されたが、もはや使われなくなったときには、別の問題が出てくる。妊娠を惹起するためにこの胚が造られたとすれば、その発生には道具化の意図はない。ここでは、第一義には人間の尊厳の尊重ではなく、生物学的—身体的生存の保護に役立つ胚の生命権が問題とされる。それは、人間の尊厳の尊重のように絶対的でも不可侵でもないから、事情によっては侵害することも許される。しかし、その侵害には正当化のための極限的な状況を必要とする（正当防衛、人質救出のための射殺、祖国防衛のための戦争、緊

16　Wolfgang Graf Vitzthum, Gentechnologie und Menschenwürde, MedR (1985) S. 256.

急状況への警察の投入)。そのような侵害の場合には、何らかの制限ではなく、全か無か、生か死かが問題であるから、対立の解決のために他に穏健な方法が使えないようなときにだけ、それが考慮される。幹細胞研究への利害関心を見ると、この厳格な前提が充たされているとは思われない。研究者の利益は、研究の自由の基本権によっても支えられる、正当なものである。しかし、それは人間の殺害を正当化できないように、核心において人間であるところの胚の消費ないしは殺害も正当化できない。研究の利益の場合に問題であるのは、個人または多数の人間の現在の生命や目の前の健康ではなく、全く不確かな期待、これまで治らなかった病気に対しての治療法が幹細胞研究からいつか獲得されうるという期待である。臍帯血から得られた成人の幹細胞を用いた研究でも、期待された成果が獲得されえないかどうか、胚性幹細胞研究が唯一の適切な方法ではないかどうかは不確かであり、学者の間でも論争されている。

　胚の殺害による幹細胞の獲得は、正当化できないものである。このことは、抽象的な演繹のようにみえるかもしれないが、生活世界的にも了解されうることである。幹細胞の獲得のため胚の消費が治療法の研究の利益において可能でない、ということが、どのように膵臓繊維症患者に説明されうるか。それは以下のような議論であろう。もちろん汝の重篤な疾病を治療する道を発見するために、すべてのことがなされるべきであり、そうされなければならない。しかし、汝はかつて着床の前も後もちっぽけな胚であった。汝が排除されることがあったならば、この仕方で何らかの治療法を発見するために汝を排除する権利があったならば、今あることはなかったであろう。彼は確かにこれを理解する[17]。

3. 胚性幹細胞の作成の部分的許可を説く説

　3　幹細胞研究の関心は、幹細胞に内在した無限の発達の潜在能にある。全能的な幹細胞（個人全体に分かれてなる）と分化能をもつ幹細胞（有機体の別々の組織を造りだす）に分けられるが、その区別の境界は明確でなく、さ

17　W. Böckenförde, op. cit., S. 813.

らに不可逆的でもない。特別に幹細胞研究のために体外での胚の作成は、ただ人間の生命形式が認識獲得のために造り出されることを意味する。ここでは、人間の生命の発生から、その固有価値が剥奪されている。最初から個人の発達のパースペクティヴが切り取られた生殖過程は、人間の尊厳に違反する。ただ幹細胞治療のためにだけ役立つ胚の作成の場合でも、同じ結論である（重病の治療が、憲法的価値ヒエラルキーにおいて、研究の自由より高い価値をもつとしても）。これに対して、余剰胚の利用においては、事情が違ってくる。そこに利他的な道具化を見る人がいるかもしれないが、この胚は移植されることなく死滅が予想され、もはや発達の展望をもっていない。それ故に、治療に方向づけられた研究や直接に治療目的のために、この胚から胚性幹細胞を獲得することは、品位を貶め、さもなければ尊厳を損なう取扱いとは思われない。この利用の厳格な禁止は、尊厳の保護以外の正当化を探し求めなければならない[18]。

4　体外受精で語られる問題事例で重要なことは、人格の発達の保護ではなく、人為的に造られた胚の生命と健康の保護である。体外受精で着床のチャンスを高めるために、移植されるよりも多くの胚が獲得され受精されるので、余剰胚研究の必要性と法的許可性の問題が提起される。研究目的のための胚の作成も、人間の科学を発展させるチャンスと理解される。ベンダ報告の出発点は、「人間の生命を目的のための手段として投入するな」という倫理的要求である。死滅へ定められた余剰胚も、研究が決定的な仕方で他人の生命に役立ちうるときにだけ、学問的目的の犠牲にされてもよい。これを越えて、研究目的のための受精は、多数派によって原則的に拒否されている。憲法上学問の自由に引かれる限界について考慮されると、以下のように主張される。人間の尊厳と人間の生命の保護のための憲法の客観的な価値決定から出てくる義務は、学問の自由を制限するのに適している。一方では、研究の遂行するべき要求が出てくる。人間の胚に関する研究が考慮の対象になるのは、動物実験による確証を基礎にしてそれが企てられるとき、遺伝的な母親への胚移植が可能でないか、または胚の病変のために移植ができないと

18　M. Herdegen, op. cit., S, 775 f.

き、研究が健康な人間の生命の成立または維持に役立つとき、最初の細胞分裂を越えて胚を発達させないとき、体外で受精した卵細胞が発生した際に用いられた配偶子の所有者が同意したときである。他方では、人間に生成するチャンスを認めようとしないで人間の生命を造りだすことの禁止が、多数派によって帰結される。凍結保存は、胚がそれにもちこたえられないとき、人間の生命の危険を意味する。長期の凍結保存の場合に世代間の飛躍のために親族関係が損なわれるとき、子の精神的発達に潜在的な阻害が生じてくる、といわれるが、それはまだ証明されていない。危険の現実化についての不確かさが、基本法2条2項1に基づき胚に与えられる法的地位から絶対的禁止を取り出すことを不可能にする。凍結保存は、それによって胚移植のためのチャンスが生まれ、着床のチャンスが高められるならば、不当とはいえないだろう[19]。

5 特別に研究で使用するために胚を作成することは、許可されるべきでない。胚は、木苺状の形状をしているだけでなく、なるほどまだ発達した人間ではないが、人間に発達する潜在性を担っている法主体である。それを道具化することは、禁止される。母親が移植を拒否するか病気であるので、胚が使われないときに、余剰胚の利用の問題が出てくる。そこには、人間の尊厳の保障を侵害していないが、生命保護の制限の可能性はあるように思われる[20]。

6 人間の生命が受精によって成立するならば、生命の基本権と人間の尊厳の保障による胚性細胞の原則的保護がここから帰結される。しかし、生命の基本権への侵害は憲法上認められている限り、基本法2条2項3にしたがえば、法律に基づいてこの権利を侵害することが許されるという事情が顧みられなければならない。生命への基本権侵害は、それ自体違憲でない。もちろん基本権侵害は、法律による基本権制限に対しての一般的な制限（制限の制限）を注意しなければならない。そのために、比例性原理が挙げられる。この原理の部分的刻印は、均衡の命令、つまり国家によって追求される目的

---

19 Christopf Enders, Die Menschenwürde und ihr Schutz vor gentechnologischer Gefährdung, JZ (1986), S. 246 f.

20 H.-L. Schreiber, op. cit., S. 371.

とその都度の基本権侵害とのひどい不釣合いを禁止することである。胚性幹細胞研究の目的と胚の生命の消費ないしは破壊との間に、不釣合いは存しない。人間の生命の特別に高い憲法的価値が考慮に入れられても、胚の段階の生命に完全な基本権保護を承認するにしても、胚の消費的研究による他の人間の生命維持が、原則的に比例性の考えに対しても十分に重きが置かれる目的となる[21]。

4. 消費的胚研究の正当性を認める説

7　研究の自由は法律の留保を受けないから、その制限は原則的に不当であり、基本権内在的な制限によってのみ正当化される。基本法5条3項1による個人的自由の保障から、いかなる制限も正当化を必要とする。この正当化を必要とするのは、自由の行使ではなく、自由の制限である。このことは、権利主体性と結び付けられた憲法的地位を与えられていない人間の胚に関した研究にもあてはまる。余剰胚からの幹細胞の獲得は、憲法的制限にぶつからない。胚の場合に「生命」が問題であるという事情から、権利主体や刑法的保護が結果として出てくるわけでない。人間の尊厳の前倒し作用も、幹細胞研究の制限を正当化できない。幹細胞研究が治療目的に役立ち、その研究成果が人間の苦しみを阻止し緩和するように定められている限り、人間の尊厳からこの研究の禁止ではなくその命令が憲法上正当化される[22]。

8　胚性幹細胞研究は、将来の患者の人間の尊厳と生命保護に役立つ。もはや移植を予定されていない胚からの幹細胞の獲得は、普通に行われる廃棄に対して重大とはいえない侵害であり、潜在的に人間を保護する研究の利益において正当化される[23]。

9　一回の移植の失敗で将来の母親から女性の生殖細胞の獲得のための更なる外科的介入をしないで済ますために、一回の介入でより多くの卵細胞が採取され受精される。ここに、余剰胚の行方についての問題が起こる。余剰胚は、子宮の中で発達することなく滅失を言い渡されている無数の胚と同じ

21　M. Kloepfer, op. cit., S. 421.
22　J. Ipsen, op. cit., S. 995 f.
23　F. Hufen, op. cit., S. 818.

運命を分ち持つ。この事態に直面すると、人間の生命が目的のための手段として濫用されているという反論は空虚であろう。希望なく失われる生命が人間的な目的に役立てられるということが、むしろ尊厳の最終証拠として表される。発達した生命を促進して治療して救うために、科学的試みは必要である。戦争での人間の生命・健康の犠牲に対して、失われる生殖細胞の科学的利用の方が、はるかに少ない犠牲を表している。まだ発達していない人間の生命と精神活動している人間との価値対立が存するが、後者の「神聖な好奇心」が自然から秘密を暴こうとする。科学的研究の組織化と熟達が進行していく中で、背後に根拠としてあるものが真剣に扱われなければならない。この好奇心が発達した生命の福祉に役立つならば、これは研究の優越を根拠づける。研究は、人間の無比性と尊厳を構成する能力に数えられる。研究は、それ自らこの尊厳に関与している。デューリッヒによれば、研究は、人間としての人間を構成する諸活動の一つである。胚が専ら研究目的のために造られるとき、疑念がもたげるが、ここでは研究目的の緊要性に決定が左右される。重篤な病気の予防と治療が問題であるとき、利益衡量に入っていかざるをえない。重篤な病気の軽減や治療のための他の治療法をもたないとき、薬の作成を目的にした胚の作成と利用のために、同じことがあてはまる[24]。

5. 体外受精と子宮への胚移植の連結関係から、余剰胚を周縁的問題とみなす説

10　胚保護法は、この自然的経過に応じて人間の尊厳保障の適切な理解において、体外受精と子宮への移植との厳格な連結関係を規範化した。胚は、専ら卵細胞が由来する女性に移植するために、体外で発生させることが許される。その発達能力を疑い、それを研究に委ねるために、まだ着床されない胚が孤児であることから議論することはできない。体外受精は、個人的な治療的処置としてのみ正当化される。体外で造られた胚が、研究目的や他人の治療のために使用され、診断後に廃棄されるならば、それは他人の目的のための手段としてのみ使用される。それは、人間の尊厳の違反とみなされる。

24　Erich Fechner, Menschenwürde und generative Forschung und Technik, JZ (1986) S. 659.

胚の生命権と消費的胚研究の見込まれる利益との間の衡量は不当である。

　胚の移植についての決定の前に、胚を診断して、場合によってはそれを廃棄すること、また研究や他人の治療の目的のために、胚を作成して消費することは禁止されるべきである。1周期以内に移植されるべき数よりも多くの卵細胞を受精させることの禁止に反して、最初から余分に造られた胚は、違法な仕方で発生した。研究目的のために子の胚を利用することが許されるとすれば、その権利が真剣に考えられていないであろう。同じことは、PIDで不合格になった胚にもあてはまる。体外受精と卵細胞が由来する女性の子宮への胚の移植との憲法上要求される連結関係（Konnexitätsverhältnis）は、胚が残存することを周縁問題にせざるをえない。つまり、胚の発生後の期間または胚の移植の前に、女性が死亡するとか、計画された妊娠に対しての持続的な医学的障害を生じさせるとか、女性が持続的に意思を変えているという場合である。そのような場合、父親と考えが似ているか、子供が欲しいが、自然的な仕方で受胎することができない女性に、余ったままになっている卵細胞を寄贈することが第一に考えられる。けれども、父親の同意が前提とされる。胚の寄贈に関しては、胚保護法が少なくとも変更されなければならない。余ったままの胚は、移植との厳格な連結を顧みて産み出されたものである。これが後で不可能だとわかったとき、または他の子宮を使用できなくなったとき、それは、いかなる発達チャンスもなく、生き延びることのできない胚や人間の死体と比べられる。この事態は、体外の胚の通常のケースとはっきりと区切られ、個別的事例を文書で証明して、濫用を防止する適切な規制によって確保される。法律上守られるべき体外生殖と移植との連結の枠組みの中で稀にしか現れてこない諸事例においてのみ、胚は人間の尊厳に違反することなく研究目的のために利用されてもよい。その自己目的の成就が不可能になったゆえに、それは他の目的に役立ちうるようにされる[25]。

25　C. Starck, op. cit., S. 1072.

第3節　遺伝子治療

　遺伝子治療には、二種類がある。体細胞に行われる遺伝子治療と生殖細胞に行われるそれである。前者は、その医学的成果から見て、当初抱かれた期待よりも遥かに後塵を拝していた。それにおいて、患者の身体固有の細胞が使用される。法的問題は、伝統的な基本権教義学的方法で、人間の尊厳を要求することなく、満足のいく解決が与えられる。

　生殖細胞への遺伝子治療は、広範囲に仮定的で、近い将来に実現可能でない。その方法は、胚保護法によって禁止されている。遺伝子プログラムの改変の中に、人間の尊厳の侵害が見られる。それに対して、「遺伝子的結合の偶然性」（イゼンゼー）の受容が、その命令として現れる。人間の遺伝形質への侵害は、人間の自然への侵害でもある。人間の尊厳は、その起源の自然発生性に依っている。遺伝形質の改変は、新しい人間の生命にとって、尊厳を侵害する外在的規定である。けれども、欠陥のある遺伝子的布置の自由処理不可能性を誓いによって保証して、それを子孫へ順送りすることを人間の尊厳の命令とみなすことは難しい。反対に、「盲目的な遺伝子的固定の非人間性」が、むしろ現れるように思われる。遺伝的な原因で生じる遺伝疾患に基づいて重い障害をもって生まれる運命は、自由処理できない人間の尊厳に属していない。避けられうる苦しみは、人格的同一性の不可譲の在庫に数えられない。その限りで、遺伝素質を不可侵にする義務はありえない。事実また厳格路線の代表者たちは、重度の単源発生の遺伝疾患の場合、遺伝子治療に対して留保をしなければならない。このことは、肯定的（治療的）優生学と否定的（育種的）優生学の区別という困難な問題を提起する。その区別は、包括的に人間の尊厳に立ち戻ることによっては殆ど正確に捉えられないが、結局は回避することができない。さらに、人間の尊厳の具体的な担い手の問題が提起される。それは、生殖細胞の操作で表向き尊厳を侵害する手順において、人間の尊厳の担い手が全然存しないからである。一定の（全く欠陥のない）遺伝子の組み合わせで生まれることを誰も要求できない。さもなければ、自然的生殖も、人間の尊厳に反した外在的規定の模範例とみなさるを

えないだろう[26]。

　最後の点に関して、レルヘの考察も参考になる。自己決定、いわば人間の個性に因る力は、将来に人間を刻印するだろう遺伝形質をむしろ逆に決定している任意の経過を掌握することはできない。さもなければ、通常の生殖に対して防御権のようなものがなければならないだろう。というのも、それは、他者規定、その中でも最も根本的な事例を表しているからである。自らの尊厳が依っている人間の自然発生性を介入が否定する、という議論が他にあるが、それは根拠のあるものでない。ゲノムの新しい結合が、人間の同一性を変えて歪めるという指摘があるが、そのような議論によれば、治療のための侵襲も、絶対に不当とみなされなければならないのか[27]。

　体細胞への遺伝子移植。単源発生の遺伝病が体細胞への遺伝情報の移植ないしは組み入れによって治療できるという希望。その方法の倫理的評価は、臓器移植と変わらない。リスクを負った新大陸の操作技術と類似の法的問題。相応の説明を受けた後に患者の承諾が必要である。緊急の場合でも、患者の承諾なしには処置がとられえない。

　生殖細胞への遺伝子移植。将来考えうる、まだ多くの不確実さを負っている発達段階。目指されている人の生殖細胞への遺伝子移植はまだ可能でない。一細胞期の間に欠陥のある遺伝子を健全な遺伝子と取り替えることによって、単源発生の遺伝病を予防することが目標である。意図した移植が現在では可能でなく、意図せざる移植が当事者だけでなく子孫にも予期せざるリスクに結び付けられていることから、憲法的懸念が出てくる。つまり、人間の生命が実験の客体になっている、これは人間の尊厳の保護と生命と健康の保護の命令と一致しないと考えられる。移植方法の発達が将来完結しないとすれば、原則的な懸念が取り除かれないだろう。方法は重度の遺伝子欠陥の除去にだけ向けられるわけでない。治療と優生学的処置との限界は、確定が難しい。人間を正しいと想定され恣意的に確定された規格によって計り、この規格によって人間を遺伝子的に操作することは、基本法の人間像に反し

26　Horst Dreier, op. cit., Rn. 106-107.
27　Peter Lerche, Verfassungsrechtliche Aspekte der Gentechnologie, in: Rudolf Lukes u. Rupert Scholz（hg）, Rechtsfragen der Gentechnologie, Köln, 1986, S. 106 f.

て、人間をその尊厳において侵害するだろう。そのような苦しみを阻止できないのは非人間的である程の苦しみと結び付けられた最重度の単源発生の遺伝病の場合には、人の生殖細胞への遺伝子移植に将来近づくことができるだろう。しかし、あらゆる濫用の防止のもとで、そのような狭く限定された可能性を検討することができる前提が欠けている。生殖細胞への遺伝子移植を禁止する提案を出す。問題となっている介入は、当該の胚の発達だけでなく、遺伝子的組み立てで将来の子孫をも規定するから、職業身分的な規制では十分とみなされない[28]。

第4節　若干の考察

1. 胚の法的地位

　人間の生命は、法体系上の最高価値をもち、原則的に他の権利よりも優先されるべき地位を占める。しかし、胚の生命には、出生後の人の生命に帰せられる法的地位がそのまま認められているわけでない。胚の生命の法的地位は、(a) 人間の尊厳の基本権的な主体であるのか、(b) 生命に対する基本権の主体であるのか、(c) 保護要求する権利をもつ主体性ではなくて、人間の尊厳（の前倒し作用 Vorwirkung）からまたは生命に対する権利から導かれる国家の保護義務の対象にすぎないのか、いずれの仕方で理解するのか、論争がある。そして、(a) のレベルで、人間の尊厳の不可侵性に基づいて、他の法益との衡量不可能性を導出するのでなければ、(b) のレベルで、胚の生命の法益と女性の法益（自己決定権や家族形成権、生命権等）との衡量、または胚の生命の法益と研究の自由（あるいは治療の原理）の法益との衡量が行われることになる。胚には本来的に基本権的地位が認められないが、しかし、単なる物として扱うべきではないので、基本権の反射（客観法的内容）としてのみ保護する考えが、(c) のレベルである。保護の強度は、(a) (b) (c) の順で小さくなる。

　(a) について肯定する説は、人間または人間の生命に当然に尊厳が帰せら

28　W. G. Vitzthum, op. cit., S. 256.

れるならば、「人間」または「人間の生命」に包含される範囲を、特別の性質・能力に依らしめることなく、できるだけ広く画定するとき、最も初期段階の人間の生命もその中に組み入れられることになる。そのための理由づけ（遺伝子的同一性、潜在性論拠等）は様々であるが、受精卵は、尊厳の担い手の地位を与えられる。人間の生命に対する権利も、それから演繹的に導出されることになる。(a) の肯定説は、当然に (b) の肯定説を含意している。

　(a) について否定する説は、人格に根拠づけられた尊厳概念を採って、それと生物学的生命との懸隔を強調して、基本的に出生後の人間にだけ尊厳の担い手となる資格を認める。もしも出生前の生命に尊厳を認めるならば、現行法での医学的適応、胎児疾患的・犯罪的・社会的適応の場合に、胎児の生命の剥奪が法的に許容されていることは、人間の尊厳の不可侵性と矛盾するだろう。（衡量不可能な）尊厳保障から（衡量可能な）生命保護への転換が要請される。けれども、ここにおいて、胚が生命権の主体として想定されているわけでない。刑法上の堕胎規制（期間・助言条項）を顧みると、人間の尊厳の基本権主体性と同じように、生命権に関しての基本権主体性も受け入れることができないだろう。一定の期間、一定の適応条件にしたがって、母親の意志作用によって打ち負かされる「権利主体性」は、その名に値しないだろう。この立場も、結果として (b) を否定することになるだろう。しかし、体外の胚は、全く保護されていないわけでなく、生命権の客観的内容から、場合によっては人間の尊厳の前倒し作用から、国家の保護義務が導出されるなかで、限定された保護が与えられる。この限りで、(c) は肯定される。(c) のレベルで、胚の生命の（発達にとって不可欠である）母親への構造的依存性に着目して、胚の生命保護が母親の基本権による制約を受けるという構図で理解される。それは、比例性原則に基づいて、それぞれの法益（胚の生命権と女性の自己決定権）の重さを比較してその優劣を決めて（女性の基本権を優越させて）、更に女性に胚を移植して妊娠の惹起・継続を期待することができるかどうか、さらに考慮されることになる。期待可能性の法的評価が、具体的にいかにして行われるのか、その妥当性を改めて検討することは必要なように思われる。例えば、遺伝病の重度の差異とか女性の個別的事情等を勘案しながら、総合的判断を仕上げなければならない（他の基本権との

衡量において、女性の自己決定権の法的評価と期待可能性の法的評価は相互に関連するが、レベル的には区別されるものであることに留意する必要がある)。

2. 胚の生命に関しての特殊問題

　法益が侵害されるのは、切り離された(全能的な)細胞であるのか。たしかにそれは、個としての人間に発達することが可能であるが、もともとは残された細胞と一体となって存在しており、その一部として切り離され、その全体の細胞の遺伝的疾患の有無を検査することを目的にしている。そのような全体的視点から、検査の段階では、胚の法益侵害は考えられない。検査後に胚を移植するかどうかの決定の段階で、胚の法益侵害の問題がはじめて生じる。検査と移植の関係は、必然的関係ではないが、強い相関性は否定できないであろう。

3. 法的評価の重層性

　初期の人間の生命の地位とその取扱いをめぐる議論は、キリスト教における神の創造による生命の神聖(神の似姿)の思想、カント哲学における自律の能力に基づく人格の目的性の思想から強い刻印を受けていることは否定できない。しかし、その法的考察は、人間の生命それ自体についての価値論・原則論だけに留まらず、常に具体的な現実的状況での他者との関係性を基軸にして展開される。その場合、法的評価は、人間生活の全体性の複合性(私的な対等な人間間の関係から個人対国家の垂直的関係に至るまでの多様性)に応じて、重層的な編成を敷いている。個人の基本権の尊重・保護、私的空間での自由、社会的秩序の保持(法違反の行為に対してのサンクション)を目的にして、憲法的空間、私法的空間、刑法的空間がそれぞれ形成されている。生命倫理的問題の法的構成では、これらの異なったアスペクトを有機的に連関させることが求められる。特に、刑法学者の議論は、現行の堕胎法制とその法的現実に規定されている。

4. PIDと消費的胚研究との間の構造的差異について

　PIDは、胚の遺伝的疾患の有無を判定する検査である。結果次第で胚を

移植しない（死滅させる）選択をする。もしも移植したならば、女性に大きな身体的・精神的負担を強いることになるだろう。移植するかどうかの判断は、その後の女性の人生に大きな影響を及ぼすであろう。PIDにおいて、診断の対象である胚の生命保護であるだけでなく、その胚を移植・妊娠することのできる女性の基本権も同時に考慮されなければならない。PIDでは、胚の生命保護と女性の基本権的保護の二律背反的状況をいかに調和させられうるかが問題となる。

消費的胚研究（胚性幹細胞の獲得）は、卵（あるいは受精卵）の採取・提供をする女性の存在を必要とする。妊娠の意思をもって受精卵を作成したが、もはや妊娠の必要性がなくなり、受精卵が残される場合、廃棄するほか道が残されていないときに、医学研究のために利用することが有用と考えられる。この段階では、女性にとって、受精卵はもはや重要な存在ではなくなる。それを利用した胚性幹細胞の獲得は、女性のこれからの人生に殆ど影響を与えることがないであろう。それ以外でも、妊娠の意思がなくとも、卵を採取して、他人に有償あるいは無償で譲渡することもあるだろう。いずれにせよ、かつては誰かの受精卵であったものが匿名化されて、実験用の試料として利用される。けれども、この受精卵も、人に成長することができる潜在能力を備えているにもかかわらず、研究・治療の目的のために滅失される。ここでは、受精卵は、もはやそれ自らのために存在せず、他の目的のための手段として使用されることになる、と言っても、決して的外れではないであろう。消費的胚研究では、胚の基本権的保護に対抗させられうるのは、女性のそれではなく、第三者（研究者や医師）の研究・治療の法益である。

検査あるいは研究のためにだけ受精卵を作成することは、その目的のための手段化として、人間の尊厳に反する、という点で広範な意見の一致がある。妊娠を目的に作成された受精卵において、障害の素質が診断された場合と子が生まれて不要になった場合では、子宮に移植されない（廃棄される）という同じ結果が出てきても、行為の全体的位相は大きく違っている。障害のある子を産まないという意思、障害のある子を育てることが困難な事情が、行為の動機に入り込んでくるとき、比例性原則による利益衡量あるいは期待可能性の考慮を通して法的判断が導かれるのに対して、もう必要としな

いので捨てる他ないという状況では、それほどシビアーな考慮はなされず、仕方がないという感じで片付けられる印象がある。自然界では、受精卵が子宮に着床する割合は、それ程高くない。人間の力を超えた自然の摂理の領域はある。それに倣って、当事者の都合で受精卵を勝手に廃棄することが正当化できるだろうか。受精卵は、たしかに未完で不安定な存在であるが、しかし、個としての人間に発達する潜在能をもっている。同じ受精卵でありながら、その置かれた状況によって違った運命が割り振られる。その差別に、合理的な理由が見出されるのか。PIDでは重度の遺伝病の診断が、消費的胚研究では目的達成のために不要になったことが理由に挙げられ、その間に説得力の程度差はあるものの、受精卵の生命価値レベルの議論ではない。余剰胚の生命価値が、普通の胚よりも生命価値が小さいのでない。社会的事情で、女性の側の論理で胚の廃棄のやむをえなさが説かれている。胚の生命利益が女性の法益よりも常に優越するならば、この構成は妥当性を欠くことになる。両者の法益が比較可能であるときに限って、この構成は意味をもつ。

5. PIDの議論状況

最近の議論は、遺伝的リスクをもった夫婦にPIDを限定的に認めていく（憲法的に違反していない）傾向が強いように思われる。有力な法学者の解釈に、それは認められる。ドライヤーは、遺伝子的損傷や染色体異常が鑑定されたときに着床させないこと、全体の胚の廃棄の中に、胚の尊厳の侵害が認められる、と解する見解に対して、(a) 胎児疾患の適応が合憲的と判断されていること、(b) PND後の妊娠中絶が基本法1条1項によって禁止されていないとき、PID後の胚の移植をしない場合でも、事情は何ら変わらないこと、(c) PIDで体外の胚を廃棄する方が、PND後の中絶よりも女性にかける負担はより小さいこと、(d) PIDは、リスクを負った夫婦に、事後の中絶を伴った検査するための妊娠を回避する可能性を提供すること、(e) 何らかの理由で移植されない健康な胚が凍結保存できるならば、障害をもつ胚を同じように扱うことは、人間の尊厳に反しないことを挙げて反論している。PIDは、診断方法として、人間の飼育やデザイナーベビーへ至るものでない。PIDでは、子が親の遺伝素質の結合から造られたところの同じ遺

伝的標識は、培養されていなくて、検査されるにすぎないのである。したがって、リスクをもつ夫婦に対してのPIDは、憲法に適合している[29]。ヘルデゲンは、利益衡量のためのガイドラインを以下のようにまとめている。母親の自己決定権と胚の移植と妊娠の引き受けへの法律的義務との対立。移植・妊娠の前後に応じて、胚の基本権的保護の段階づけ。選別の傾向をもつ診断に、胚の保護が優先する。それは、PIDの法律的制限のための憲法的正当化を命じる。この保護は、すべての場合に診断的処置の遂行に関わる医師や学者の利益より重い。胚の消費の下でのPIDの禁止が比例的な利益衡量の命令を満足させるのは、許可された診断の他の可能性が利用され、その代わりとなる診断可能性が胚の発達のチャンスを損なわない限りである。生命や身体的不可侵の甚だしい危険からの女性の保護は、非常に重要であるので、PIDの絶対的禁止は正当化できないであろう。沈思された妊娠の断念は、利益の均衡の適切な手段でない。比例的な利益衡量の意味でPIDが許可されなければならいのは、潜在的な母親にとって健康リスクの開明が問題であり、その実現が憲法的見地から着床後に妊娠の継続が期待できないと思われる場合である。潜在的母親の生命保護と健康保護を妊娠の段階に移すことは、妊娠後の生命保護の高まりに反するだろう[30]。シュロートは、ただ研究利用の目的のための胚の作成、ただ全体の利益のための胚の作成を禁止するという言明が、一般にPIDを禁止したものでないことを強調する。親は遺伝的欠陥をもっていても、子をもつ願望を叶えたいが、重い障害を負った子を育てる状況にないときでも、親は胚の生命を保持する目的を肯定する。親は、重い遺伝的障害が確認されないという前提で、胚の生命権を肯定する。この選択には、一般的な道具化は認められない。けれども、PIDの濫用を除去するためには、それは制限されなければならない。人間の生命は、まだ個体的な生命でなくても、恣意的に選択されてはならない。事実は胚にある深刻な遺伝的障害の可能性を根拠にしているということが、PIDのための許可条件として法的に定式化されなければならない。PIDの範囲で適用される検査は、「重大な遺伝的原因による」病気の確定に制限されるべきであ

29　H. Dreier. op. cit., Rn. 109.
30　M. Herdegen. op. cit., S. 776.

る。将来、PIDが恣意的な選択に濫用されないことが保障されるだろう。さらにPIDの実施の任意性が、絶対的に保障されなければならない。むしろ、母親にPIDを断念する権限のあることが医師から説明されるべきであり、また胚の病気が確定されたときに、母親にその受精卵を移植しないように医師から強制してはいけない[31]。

しかし、依然としてPIDの禁止を正当化する主張も存することは注目される。

6. 消費的胚研究の議論状況

単に研究目的のために胚が作成されることの禁止は、広範な意見の一致が見られる。妊娠目的のために作成されたが、もはや不要になった胚の取り扱いが、議論の焦点になっている。

余剰胚には、一人の人間に発達することのできる外的前提が、(将来の)母親の脱落のために欠けている。孤児とみなされた胚に対しての養子縁組の可能性の導入は、現実化のチャンスをもたない。法的には、それは代理母の十分に根拠づけられた禁止を廃止することになるだろうから、事実的には、不確かな将来の診断に直面して、胚の健康と生命のチャンスに長期の冷凍保存が及ぼす影響の問題が未解明のために、国家的規制のための責任のもてる基礎と名前を挙げるに値する利益が存在しないであろうから、そのチャンスはない。選択肢として残されるのは、一方では無限の凍結保存ないしは廃棄であるか、他方では治療目的になる医学的研究のための自由処理可能性である。滅失か実験室の容器の中での生命の永久凍結を、人間の尊厳に適ったものとみなす者が多い(イゼンゼー等によれば、冷凍庫での長期保存は尊厳的でなく、養子縁組がない場合、死なせることが唯一の人間の尊厳に適った解決である)。ドライヤーは、むしろ研究目的のための利用の中にこそ、尊厳の最終的な証を見ている。連帯性の思想が、予期せぬ切子面を備えている。生命や身体的完全性のための国家の保護義務の背景を前に(着床防止剤の使用によって体外の胚の着床を防止することは許されるが、同じ発達段階の胚に関しての

---

31 U. Schroth, op. cit., S. 178.

研究は罰せられるのは何故かを調停するのは難しい。子をもつ願望を叶えるために人為的な仕方で胚を作成して消費することは許されるが、医学的研究の目的のためにそうすることが許されないのは、あまり説得的でないように思われる）または医学的治療の展望の考慮において、それにとって滅失や凍結以外の展望が存しないにもかかわらず、何故余剰胚研究が憲法上不可能であるとみなされるのか理解できない。それ故に、余剰胚研究の許可は、道徳的だけでなく憲法上も十分に主張されうる[32]。

　治療的クローニングの場合、細胞提供者と遺伝的に同じ新しい人間の誕生を目論んでいなくて、重篤な遺伝的疾患の治療のための組織や器官の製作が重要なことである。「研究的クローニング」と呼ばれることもあり、分化能をもつ幹細胞の発達過程とプログラム化過程の学問的認識の獲得とその操作が必要とされる。治療的クローニングについて、除核された卵細胞へ患者の体細胞を移植することによって、目的とする組織や器官の培養が行われ、獲得された代用組織の移植は、等しい遺伝構造のために、免疫的な拒絶反応の問題にぶち当たらない。治療的クローニングは、客体定式にしたがって、人間尊厳に反するとされてきた。1. 望む細胞構造の獲得のために犠牲にされる胚または類似の存在が発生している。2. 他の発生過程の場合、生殖的クローニングへの道を進んでいく。ドライヤーは、1. について、最初期の発達段階の細胞結合に、完全な生命権と人間の尊厳を備えた人間的生物の地位を認めることができるかどうかに、この論拠はかかっているとして、それは有意味的に根拠づけられない、と解する。2. について、治療的クローニングの場合、行為の目的性に中心的な意義が帰せられるが、核移植によって造られた細胞塊は、最初から桑実胚段階を越えて発達させることが予定されていなくて、ここでは人間の唯一性が否定されていないので、治療的クローニングは基本法1条1項に違反しない、と結論づけている[33]。

　それに対して、シュライバー（Hans-Ludwig Schreiber）の指摘は、傾聴に値するように思われる。治療的クローニングで分化能を持つ幹細胞が求められる（全能的細胞を持つ胚ではない）が、その発達の道筋は胚の段階を通過し

32　H. Dreier, op. cit., Rn., 99.
33　H. Dreier, op. cit., Rn. 112-114.

ているようにみえる。求められているのは、完全な人間でなく臓器の代用品である。しかし、治療的クローニングに、短期間の人間の胚、複製の創造を見る別の見解もある。全能的な胚の通過点を経過することを考えると、治療的クローニングは疑わしい。もしこの過程を回避する道、完全な胚に再びプログラム化されず、分化能をもつ細胞の範囲に留まる幹細胞が造られたならば、治療的クローニングに対する懐疑もなくなるであろう[34]。

　iPS 細胞（人工多能性幹細胞、人為的に多能性を持たせた幹細胞）の作成が、京都大学山中教授によって、2006 年にネズミで、2007 年にはヒトでも成功した。皮膚や髪の毛などの細胞を操作して、心臓や神経等の身体の様々な細胞になれる能力を持たせた。さまざまな細胞になる「万能性」は、1981 年に作られた胚性幹細胞と同じだが、受精卵を壊して作る倫理的問題を避けられる。従来の胚性幹細胞研究の取って代わる革命的な新技術の評価が日増しに高まっている。しかし、自然的経過に人為的な加工を施したことに、致命的な欠陥（例えば、ガン化の危険）が生じないとも限らない。それ（皮膚から作られた iPS 細胞）は、万能性を持つ故に、精子または卵子になることができ、それから個としての生命の誕生に道を開く可能性も考えられる。この方法にも、まだ大きな倫理的問題が横たわっているように思われる。

7．遺伝子操作技術についての議論

　遺伝子操作技術は、人間の操作可能性ないしは生物学的決定可能性を内蔵した脅威として感じられ、社会に共有された人間像、人間は自ら自由な存在であり、遺伝子的に決定された存在と考えられない、基底的な観念に触れてくる。「方向感の安定の喪失」と形容された漠とした不安感が漂っている。その中で、遺伝子的偶然性の確保が、個体としての人間の自己同一性と根源的自由を可能にして、人間の尊厳の前提に置かれるべきとされる。けれども、遺伝子的偶然性を不可侵とみなすと、その結果負わされた身体的な欠陥を改善・修復する医学的介入が、一切許されないことになるだろう。遺伝子的健全性のパースペクティヴが、それに補完されるべきである。

34　Hans-Ludwig Schreiber, Die Würde des Menschen-eine rechtliche Fiktion? In: Medizinrecht 2003, Heft 7, S. 371.

人間の存在構造にある根本的な被制約性が、顧みられる必要があるだろう。ある主体が、一旦存在し始めるや否や、自らを産出した作用を否認することは、自らの存在を否定することになり、自己矛盾に陥る。もしも障害を伴わない他の産出方法の選択が可能であったならば、当の主体は自己同一性を失って、別の主体に変ずるだろう。基本法上、生命権が保障されているが、それは当然に享有主体の存在を前提しており、何もないところから自らを存在させることを要求する権利ではない。それはまた、優れた性質・能力を備えることを要求する権利でもない。

8. これらの議論の根底にある時代思潮

多元的社会では、まだ子宮に着床していない胚の地位に関して違った見解が主張されるとき、衡量をする考察方法が必要である。多元社会では、初期の胚の地位規定が絶対的に定立されえないということから、衡量の必要性が出てくる。まだ着床していない胚を包括的な意味で保護することを強要する、規範的に必然的で世界観的に自由な論拠は存しない[35]。生命の神聖から出発して核融合の時点からこれを承認し、胚の包括的な保護を要求するものは、この要求の下に留まることが許されない。

生殖補助医療は、我々を法外な挑戦の前に置いている。それによって発展させられたバイオ技術的可能性は、社会的潮流にぶつかり、それを強める。それは、功利主義的な根本気分であり、それには優生学的な風潮や長生きしたいという生者のエゴイズムが属している。多くの願望が、今や実現されるように思われる。思い通りに操作できるものは、達成したいと人は思う。倫理的規準は、地すべりしている。倫理は技術的可能性によって正されるべきである、と公然と要求するものは、自然科学者だけではない。倫理の改造が、既に動いている。生殖技術やクローニングの可能性は、胚の地位についての考え方の根本的な改めを迫っている。考え方を改める場合、新しい可能性が生み出す陶酔に陥らないようにすること、目的を規定する手段に夢中にならないことが注意されるべきである。最大多数の最大の利益と幸福という

---

35 U. Schroth, op. cit., 179.

功利主義的エートスによって根拠づけられた陶酔は、生命の始まりと終わりでそれに分与されるべき人権を洗い流すであろう[36]。

　価値多元主義の時代で、生殖医学が人間生活の根本のあり方を揺さぶる状況の中で、人間存在とは何かの問いを反芻しながら、深く沈潜して、新な座標軸の再構築が迫られている。

36　C. Starck, op. cit., S. 1072.

第6章　生殖医学の進歩と人間の尊厳・人間の生命の保護 (2)
　　　　——クローン——

はじめに

　生殖補助医療の進歩とその社会的受容は、親子・夫婦のあり方をめぐる（家族）道徳観の違いによって、複雑な様相を示している。イギリスで世界最初の体外受精児の誕生が報道されたとき、社会では不安、驚き、反発をもって迎えられ、強力な反作用が起こったが、体外受精は、人々の子をもつことへの願望を叶えることができ、その技術の安全性も認められることによって、時とともに社会の中に溶け込んでいき、法的・道徳的な受容可能性を獲得した。その技術は世界中で普及して、体外受精児の数は巨大な規模に膨れ上がり、それはもはや特別なものでなく通常の医療と見られている。代理母行為は、アメリカのように基本的に自由に行うことのできる国、イギリスのように善意に基づくそれに限って部分的に許している国、ドイツやフランスのように全面的に認めていない国というように、それに対しての法的規制の現況は、全面禁止と原則自由を両極にして扇状的に広がっている。
　しかし、イギリスのロスリン研究所で、細胞核移植によるクローン技術で、細胞核を提供した羊と同じ遺伝情報をもつ羊"ドリー"が誕生した、というニュースが世界に伝えられたときの衝撃は、過去に例を見ない衝撃的なものであった。従来の生殖補助医療は、自然的な生殖過程にできた障害を回避して、その欠損を人為的に補完する技術であり、全体として見れば、精子と卵子の結合によって始まる自然的な生殖の進行の上に成り立っている。それに対して、クローン技術は、自然的な生殖過程と根本的に異なった方法で、すなわち、体細胞から抜き取られた細胞核を除核された卵細胞に移植して、それに電気的刺激を与えて細胞が初期化して細胞分裂を始めることによって、子を産生しようとするものである。これまでは、有性生殖において精

子と卵子が偶然的に結合されることによって、親の遺伝的素質を部分的に受け継ぐが、全体としては親と遺伝的に異なる、新生の子が生まれるが、クローン技術では、有性生殖によらず細胞提供者と遺伝的に等しいクローン個体を出現させることができる。そのような遺伝的同一の個体は、自然界に一卵性多胎児として存在するが、それらは互いに対等でありかつ同時的でもある。けれども、クローン個体は、オリジナルのコピーとして目的実現のための手段にされ、非対称的関係の中にあり、しかも時間的に隔たった存在である。ここで問題とされるのは、単に生物学的な遺伝的同一性そのものではなく、むしろそれを引き起こした意図・方法・人間関係である（一卵性双・多胎児が自然界に存在しても、この事実が批判されることはないからである）。したがって、クローン技術は、生殖補助医療の成り立つ前提条件を越え出ており、これまで人類が経験したことのない未曾有の出来事を招来しかねず、それが現実化されたならば、我々がその上に立脚している世界信頼を揺るがしかねない。その法的・倫理的規制も、従来の生殖補助医療と同じレベルで考えられないのである。

　人に対するクローン技術の応用は、国内法及び国際法の法的規制のレベルで一致して原則的に禁止されている。そのことは、他の生殖補助医療の法的規制が、それぞれの国民の文化的・道徳的見方の違いによって多岐に分かれている状況と対照的である。クローン技術が社会に及ぼした深甚な衝撃によって引き起こされた社会からの反作用も、同じように抵抗を許さぬほどの巨大なエネルギーであったので、原則禁止の方向へ一気に舵がきられたのである。そこには、熱い情念と強固な信念に裏打ちされてクローン禁止を当然視するような雰囲気の中で、根源的に問われるべきことが十分に問われないまま、議論の幕が下ろされた印象が拭えない。いわゆるクローン問題は、従来の議論枠組みには入りきらない別次元の問題を我々に突きつけているのではないだろうか。そこでは、人間の生命の始原が歪められる可能性があり、人間の始まりに至る過程ないしは人間の生命の始まりを可能にする構成因が問われる。それは、既に存在するものではなく、まだ存在していないが、これから先に存在することになるものが取り上げられ、しかも、人間の存在構造の根本的な諸契機に照らして考察されなければならない問題である。

他方では、人へのクローン技術の応用は、現在では治癒不可能な病気（アルツハイマー病、パーキンソン病、重篤な内臓疾患等）に苦しむ人々を、作成した人クローン胚から全能性をもつ幹細胞を樹立して、壊れた組織や器官と遺伝的に同じものを再生することによって、将来治療できる可能性を秘めている。将来の再生医療の発展への期待は大きいが、特にクローン技術を組み合わせたそれは、患者と遺伝的に同じ組織・器官を作り出すことが可能であるから、免疫上の拒絶反応が起きない点で、その治療的有効性ははるかに高いものである。再生医療の技術の確立を目指した競争が、世界で目下激しく繰り広げられている。人間の生命の保護とそのための治療法の開発は、基本権的に要求できるものである。さらに、クローン技術の利用によって、人の生命の発生現象の解明や病気のメカニズムの探究がさらに進歩するであろう。それは、人の生命についての基礎科学的研究への大きな貢献が期待されている。この意味で、学問の自由も考慮に入れられなければならない。しかし、その目的のために消費される人クローン胚は、母胎に移植されると人に成長する潜在的能力をもった存在である。その限りで、人と同等かもしくは人に準じた扱いが求められるのである。したがって、一方では生命の保護、他方では治療の論理並びに学問の自由の間で、人へのクローン技術の法的規制のあり方が検討される必要がある。日本では、クローン技術規制法での禁止行為は、人クローン胚の母胎への移植のみであり、その作成には及んでいなくて、同法に基づく特定胚指針では、人クローン胚の作成が認められていない。「ヒト胚の取扱いに基本的考え方」最終報告書では、「人クローン胚の研究目的での作成・利用については原則認められないが、人々の健康と福祉に関する幸福追求という基本的人権に基づく要請に応えるための研究における作成・利用は、そのように期待が十分な科学的合理性に基づくものであり、かつ社会的に妥当であること等を条件に、例外的に認められ得る。…その取扱い期間は、ヒト受精胚と同様に原始線条形成前までに限定されるべきである。医療目的での人クローン胚の作成・利用は、その安全性が十分に確認されておらず、現時点では認めることはできないと考えられる。」と、一歩踏み出した。しかし、この審議で、人クローン胚の倫理的地位についての熟慮並びにそれを基礎においた治療の論理や研究の自由との緊張的対決が

余りなされておらず、基本的な判断規準として置かれた「人の尊厳」の意味、道具化・手段化の成立する前提条件についての吟味は殆どなされていないと言ってもよい。人クローン胚の作成の問題性の核心が何かを、直感的ないしは感情的にだけでなく、理性的かつ事柄に即して考察することが改めて求められているとも言える。日本では、人クローン胚の取扱いについて、官製の議論が突出してその構図と方向づけを決めた感があり、本来であればその出発点に据えられるべき関連する学問諸分野（法学、哲学、宗教、生物学、医学等）での議論は乏しく、根本的問題について掘り下げた研究の足跡は極めて限られたものしかない。この現状において、ドイツでの人クローン胚をめぐる多元的・重層的な議論は、大いに学ぶことがあるように思われる。

第1節　クローン技術の特質と内容

　自然界には、同じ遺伝子をもつ生物の増殖は普通に見られることである。バクテリア類は、細胞分裂で同じ遺伝形質を複製して増えていく。植物も、挿し木で、同質の個体を増やしていくことができる。人間でも、特定の条件下で、受精卵細胞の分裂のときに、娘細胞が相互に分割されて、別々に発達する胚が出来上がることがある（一卵性双生児）。

　生物学では、様々な理由から、クローニングの実験が企てられてきた。19世紀末頃、遺伝形質は細胞分裂の経過で変容し縮小して、個別の娘細胞は縮減されたプログラムしかもたないという仮説があったが、もしもこのようであるならば、胚の別々にされた細胞が再び完全な胚に成長することはないであろう。ドリーシュ（Driesch）が、2細胞段階のウニの胚の細胞を分割して別々に発達させて、その二つは、同じ遺伝形質である完全なウニに成長した。これは、2細胞段階で、二つの細胞の中に完全な遺伝的プログラムがあることを示したのである。後にカエルの細胞でも、さらに牛や羊の細胞でも、同じ結果が得られた。つまり、胚性細胞から、いわゆる胚分割の方法によって、クローンが得られたのである。けれども、胚の発達がさらに進むほどに、クローンの成功はそれだけ少なくなった。

　1979年に、イルメンゼー（Illmensee）が、成長したネズミの細胞核を除い

た卵細胞に移植する方法によって、ネズミのクローンを造ることに成功した。この成果は、最初の疑いが出て来るまで、センセーショナルに受け止められた。けれども、この方法を再現することに誰も成功せず、彼も研究者にその方法を見せることを拒んだからである。ソルター（Solter）は、体細胞からのクローン作製が不可能であることを明らかにする研究を公刊した。これが、発達生物学や再生生物学の疑われざる教義となった。この理由から、クローンを目的にした研究は、僅かしか記録されていない。イルメンゼーの華々しい実験の後に点火されたクローンをめぐる倫理的論争も、次第に途絶えていった。後に、スコットランドのロスリン研究所で、イアン・ウィルムート（Ian Wilmut）のグループが、遺伝的に同じ羊を再生させることに成功した[1]。

上述したところから解るように、クローン技術には、(1) 胚分割の方法と(2) 細胞核移植の方法がある。

(1) 特定の性質をもった同一の家畜を再生することが、長年に亘って試みられてきた。いくつかの細胞から出来上がった胚から個別の細胞にばらばらにして、クローンが造り出されるが、それらはまだ全能性を保っており、除核した卵細胞に移植されると、再び完全な有機体に発達することができるからである。この技術によって、8個までの子を得ることはできるが、クローニングの時点では、事後に現れる性質はまだ予見できない。人間の胚の場合でも、胚分割の方法が機能を発揮することが、ジェリー・ホール（Jerry Hall）によって示された。彼は、シャーレの中で遺伝子的欠陥のために後まで生きられない人間の胚を分割して、個別の細胞が正常な分裂経過を示すことができることを明らかにした。

(2) 1996年に、ロスリン研究所のウィルムートが、培養された羊の細胞から遺伝的に同じ羊を再生することに成功した。培養された胚性細胞から採った細胞核を除核した卵細胞に移植する方法が使われた（胚性細胞核の移植によるクローニング）。この方法には、遺伝的に同じ動物を無限に造り出すこ

---

[1] T. Rendtorff u. a., Das Klonen von Menschen-Überlegungen und Thesen zum Problemstand und zum Forschungsprozess, in: Nikolaus Knoepffler und Anja Haniel (Hrsg.), Menschenwürde und Medizin-Ethische Konfliktfälle, Stuttgart 2000, SS. 10-12.

第 1 節　クローン技術の特質と内容　211

とが可能であり、その利用の前に培養された細胞に新しい有利なゲノムを備えさせることも考えられるだろう、という長所がある。しかし、胚分割の方法と同様に、それは造り出される動物の性質を予見することができない。1997 年に、同じくウィルムートの研究グループが、既知の性質をもつ既に成長した動物から遺伝的に同じ動物を無限に造り出す可能性を切り開いた。それは、成長した羊の乳腺細胞を他の羊の除核した卵細胞と電気融解を通して融合させて、そのように扱われた胚を第三の同種の羊の子宮に移植されたが、驚くことに、乳腺細胞と同じ遺伝形質が、完全な羊へ向かう胚の発達傾向を完全な発現まで制御することができるようになった（分化された細胞の核移植によるクローニング）。これまで、分化した細胞は、不可逆の変化を経てきているから、もはや全体的発達の潜在能力をもたない、ということが科学の出発点であった。けれども、乳腺細胞の飢餓化とそれによって始まった平静状態が引き金となって、細胞核の中の遺伝実質が再び胚性細胞のようにふるまうことができるような状態に移行したことである。たしかに、この方法は、277 の融合からたった一つの羊が発達したにすぎないから、とても非効率的である。胚性細胞によるクローニングは、人間のクローンの可能性について大きな倫理的問題を呼び起こさなかったのに対して、成長した細胞からの核移植によるクローニングは、長く続く論争を気遣わせる。これ以外にも、クローンの遺伝的年齢が、予想されているよりも高くないかどうか、また提供された細胞のそれに対応するのかどうか、という問題が明らかにされなければならない。クローンは、短縮された生命を予期させるような染色体の変化を既に含んでおり、最初の生命の間に提供細胞の遺伝形質の中に集積された消極的な変容をすべて含んでいる。これは、とてつもなく大きい遺伝性の重荷である[2]。

　さて、クローン技術が人間に応用されるとしたならば、広範囲の問題を提起するだろう。例えば、人間のクローニングは倫理的に正当化されうるかどうか、それは人間の尊厳のために守られるべき人間性への侵害を意味するのか。これらの問題の判断において、人権に定位された普遍的な規準と同じよ

---

[2]　Ibid., S. 12 f.

うに、世界観的・宗教的な伝統が重要な役割を果たす。科学的な認識の進歩とその生命倫理的な判断のより正確な論証の視座に照らして、それらの広範な問題提起を解決するための最初の一歩となるのが、いかなる目的設定が人間のクローニングと結びつけられているのか、という問いである。それに関して、生殖的クローニングと治療的クローニングが区別されなければならない。前者では、人間の複製が行為の目的である。目的は、生きる能力のある人間の創造である。後者では、目的は、病気の治療と研究であって、生きる能力のある人間の創造ではない。後者で重要なのは、胚の消費の問題であるのに対して、前者で重要であるのは、クローン化された人間の尊厳の保護である。核移植によるクローニングの方法の確立は、不可避的に人間の胚の消費を意味する。それに対して、胚分割によるクローニングは、胚の消費なしに人間にも適用される。けれども、生殖的クローニングでは、既知の性質をもった個人を複製することが、しばしばその目的設定となる[3]。

　倫理的判断にとって、核移植によって全能的状態にもたらされた卵細胞は、胚と等値であり、胚と同じ保護権をもつかどうかという問題が重要である。ドイツの胚保護法では、精子によって受精した卵細胞が、完全に保護に値する。その根底にある考え方は、受精した卵細胞に後に人格的完成を示す潜在的能力が宿っているという潜在性論拠である。核移植によって同じ全能的な状態に移された卵細胞が、この潜在性に基づいて、正常の受精卵細胞と同等とみなすことができるならば、それは研究目的のために消費されてはならないということがあてはまる。ここで提起されるのは、研究目的のために発生した胚を移植する準備がどの女性に行われるのかという問題だけでなく、むしろ、そういう実験がそもそも倫理的に許されるのかどうかという問題である[4]。

　クローニングが、有性生殖の一般的な代用とみなされておらず、非常に特殊な適用に対してだけ問われているということは、生殖的クローニングの論究のための前提をなしている。以下で考えられる可能性が、目的に関して許容されるものから疑わしくさらにおぞましいものにまで段階的に列挙される[5]。

　3　Ibid., S. 14 f.
　4　Ibid., S. 15 f.

1　子孫の複製のための胚分割
　シャーレの中で受精した卵細胞を故意に分割して、一卵性の多胎児を造ることができるだろう。一方で臓器の不全が生じた場合に、相互に臓器を提供することができる双子を、家族が望むことが考えられるだろう。人為的に受精させた多くの卵細胞の中で、正しく分裂することのできるものがたった一つしかないときには、これを分裂した後で分割することで、妊娠の確率を高めるために必要な数の胚を手に入れることができるだろう。
2　子孫の遺伝疾患を避けるために分化した細胞からの核移植によるクローニング
　潜在的な父親が、ハンチントン病を発症する遺伝子的欠陥に襲われているとき、自然的生殖では50％の蓋然性で子孫に遺伝的欠陥が引き継がれることになる。そこで、母親の体細胞を使ってクローンを造れば、子供に遺伝的欠陥が遺伝することはない。
3　不妊での救済のために分化した細胞の核移植によるクローニング
　子をもつ願いは、不妊の場合、養子か非配偶者間人工授精によって叶えられてきたが、生物学的に家族と無縁でない子をもちたい親の願望は、男性の体細胞を女性の除核された卵細胞に結びつけられるときに実現される。
4　死んだ子や重要な人物の代用を造るため分化した細胞の核移植によるクローニング
　交通事故で亡くなった子を甦らせるためあるいは重要人物を複製するために、体細胞を用いたクローン技術が利用されるが、性格的な特徴が遺伝的にないしは環境によってどのくらい条件づけられるのか不明である。クローン化された子は、見た目には、死んだ子と殆ど同じであるが、その性格が死んだ子とどのくらい等しいのかは、全く未解決のままである。
5　特定の目的のため予定された人間団体の創造のための核移植によるクローニング
　運動で鍛えた屈強な人間を、防衛のための戦士として複製することは考えられる。この邪道な例は、我々固有の進化の制御と我々の種の生物学的

5　Ibid., SS. 16-18

自然を変える意図に結び付けて使われる。生殖的クローニングは、自然の進化を人間によって規定された進化に重ね合わせるヴィジョンと結び付けられる。

治療的目的のための人間のクローニングについて考えられる可能性が、以下のように段階的連続で示される[6]。

1　移植用臓器に使うために成人細胞から核移植により生きられる人間のクローニング

　移植医療には、クローニングによって和らげられうる二つの根本問題がある。それは、移植臓器の慢性不足と組織因子の不一致のため移植臓器に起こる免疫拒絶反応である。そこで、臓器不全に陥った患者から体細胞を取り出し、それからクローンを造り出すことが議論される。メディアでは、臓器を取られる完全で生きられる人間がクローン化されるような恐怖のシナリオが構案されているが、これは、再生可能な組織であることもあれば、心臓のように生きるために重要な器官であることもある。しかし、その摘出はクローンの生命を犠牲にすることになる。

2　核移植による移植目的のために脳幹のない人間のクローニング

　患者の救済のために生命にとって重要な器官が摘出される独立した人間のクローンは、生命保護への権利と一致しないので、脳幹のないクローンを生み出すことが議論される。それは、意識をもたないし、長期に自立して生きることができないだろう。専ら臓器の摘出のため、脳幹のないクローンの産生は、この類のあらゆる成員に拡張される人間的被造物の尊厳と一致しないであろう。

3　研究のために投入される胚の産生のため核移植によるクローニング

　胚の発達傾向の研究では、同じ遺伝的欠陥をもった等質の胚を使用することが、研究者には望ましい。そこで、体細胞からのクローニングの技術によって、同じ遺伝形質をもつ無限の数の胚を造りだすことが可能であろう。原理的には、胚分割の方法によっても、特定の遺伝的欠陥をもつ胚

6　Ibid., SS. 18-20.

が、クローニングされるだろう。しかし、造り出される胚の数には、限りがあるのである。
4　研究において投入されるべき胚の複製のための胚分割

　人間の生殖細胞への遺伝子治療の発展に反対する論拠は、受精した卵細胞に治療用の遺伝形質を移植する方法が使われざるをえないということである。女性からこの卵細胞を採取することは、不当な要求であろう。けれども、胚分割によるクローニングで、治療されるはずの全能的な細胞が複製されうる。こういう仕方で生殖細胞治療の方法が確立されたならば、それは遺伝病の防止に投入されるだろう。分割された胚は、生命の発達についての研究を推し進め、遺伝的欠陥の作用を明らかにするために、基礎研究に使用されるだろう。

5　それから臓器が培養されるはずの胚の産生のための核移植によるクローニング

　臓器不全に罹った患者からクローンを造りだし、それを非常に初期の段階でティトキネンの混入によって細胞や臓器へ培養していくことが考えられる。クローンから出来上がるのは、生きられる人間ではなく、利用される臓器だけであろう。これまで、そのような技術が用いられなかったのは、どのティトキネンが個別の細胞を特定の臓器形態に分化させるのを制御しているのか、それがどのように特定の臓器形態に形成するのかが解らなかったからである。もしこの知見がいつの日か得られたならば、誰にでも必要に応じて適合した臓器が培養されるだろう。

6　臓器銀行の設置のための胚分割

　二つの同質の胚が出来上がるように胚を分割して、一方は、完全な人間に発達することができるのに対して、他方は、一定の発達段階で凍結され、臓器の予備品としてはたらくのである。

人間のクローニングに対する法的規制について、特にドイツでは胚保護法における人間のクローニングの取扱いが参照されるべきである。T・グットマン（T. Gutmann）は、胚保護法に関して、人間のクローニングを阻止する立法者の意志は明らかであるが、ドリーの名前で知られた革新的なクローン

技術の出現によって、その用語上の改善を迫られているのではないか、と問うている[7]。胚分割法では、人為的に造られた多胎児の遺伝情報は同一であるが、核移植法では、遺伝情報の99％だけが引き継がれ、その残余は卵細胞の持ち主のミトコンドリアの実質から由来する。遺伝情報の99％の一致は、等しいものであるか。6条の刑法的構成要件の解釈において、類推の禁止が憲法上要求される。司法省の説明では、6条は、「同一の」とは言わないで、「等しい」遺伝情報と言っており、クローン化された胚は、そのゲノムの提供者のそれと完全に同一でなくてもよい、と解説する。しかし、そのような児戯に等しい意味論的講釈では、類推禁止は回避できていない。というのも、「同一の」も「等しい」も、まさに「等しい」を意味して、「殆ど等しい」を意味しない。人間とチンパンジーは、そのゲノムが99％一致していても、等しくはない。6条の胚の構成要件的標識にも、同じく問題がある。この法律の意味での胚とみなされるのは、核融合の時点からの受精した発達能力のある人間の卵細胞であるが、核移植によるクローニングの場合、核融合は生じないから、その胚は、胚保護法から脱落する。かつての司法省は、「既に」という語から、8条の胚の定義は最終的なものでなく、核融合なしに発生した胚も含まれるという立場を採ってきたが、その言葉は、日常用語的にも法律用語的にも時制的意味で理解されるならば、この法律での胚は、核融合によってのみ発生して、その時点から直接に法律の保護下に入るべきである。この解釈は、胚保護法が核移植による人間のクローニングを禁止するという見解に反している。核融合に狙いを定めた結果、細胞核の移植によるクローン化された胚の作製が、法律によって全く捕捉されなくなった。胚保護法は、胚の保護とそれに帰せられる生命利益の保護に役立つ。この目的に適うのは、法的擬制を凝らした胚の概念規定であろう。6条の目的は、将来の人間に狙いを定めて遺伝素質を割り当てることを防止することにある。このために、6条2項は、クローニングによって造り出された胚を女性に移植することを可罰化して、そのような胚が、生存させられるときに

---

7 Thomas Gutmann, Auf der Suche nach einem Rechtsgut: Zur Strafbarkeit des Klonens von Menschen, in: C. Roxin/U. Schroth（Hrsg.）, Medizinstrafrecht, 2 Aufl., Stuttgart 2001, SS. 353-379.

第1節　クローン技術の特質と内容　217

は、殺されなければならないと命じる[8]。クローニングによって造られた胚は、明らかに胚保護法に保護されるはずの胚ではない。立法者が従う規範的原理が、矛盾している。胚保護法の8条にある胚の法的定義と6条との共演の中で、この矛盾は害悪を及ぼしている[9]。6条1項は、受け手の視点から、

---

[8] 人間の尊厳に直接依拠することによって、刑法の構成要件の根拠づけで逃れられない矛盾を呈しているのが、胚保護法6条2項である。女性にクローン化された胚を移植することは、刑罰の下に置かれる。同法6条1項では、可罰的な殺害義務が課せられ、体外の胚は生き延びることができない。胚保護法6条の法益が人間の尊厳であるならば、法律は、それを保護するために、クローン化された胚の殺害を命じていることになる。これは、基本法1条1項及び2条2項、さらには胚保護法の根底にある規範的原理の倒錯に通じている。胚保護法6条2項を別の仕方で救済しようとする試みは、体外のクローンが人間の尊厳にふさわしくない生きるに値しない生命であるからでなく、これに自らの同一性がコピーされている人間の尊厳が対置されるから、体外のクローンの生命権は消滅しなければならない、と解する（同意のないクローニングの刑法的禁止は、本人の人格権の保護のために正当化される。しかし、その危険が起こったならば、複雑な法益を呈するだろう。許可なくコピーされた人間の保護される利益が、クローニングされた胚の生命利益に対して貫徹できるかどうかは疑わしい）。人間の体細胞のクローニングが提供者の承諾によって行われる通常の事例で、本人の尊厳喪失について語ることができるのは、彼の具体的利益や自己決定権から抽象化された尊厳概念が解き放たれるときだけである。人間の尊厳が自律的な決定自由を守るのでなく、彼自身、彼の意志と自己評価に反して保護されるべきようにする構成は、憲法秩序の基礎をもつものでない。

[9] これに対して、以下のような反対の解釈も出される。6条では、他の胚、胎芽、人間、死者と等しい遺伝情報をもつ人間の胚を人為的に発生させたものは、5年以下の懲役刑に処せられ、この胚を女性に移植したものも、同じように処せられるが、その企図も罰せられる。その可罰性の前提となるのは、人間の胚が発生することである。胚の概念の規定が、まず必要である。同法8条によれば、胚とみなされるのは、核融合の時点からの受精した発達能力のある人間の卵細胞と胚から取り出された全能的な細胞である。クローニングの場合、前者の概念規定は役立たない。胚分割の方法には、後者の概念規定が該当する。全能的な細胞の分割によって、胚が得られるからである。もう一つの核移植の方法に関しては、この規定の意味での胚が発生しているか問われる。文言の範囲を越えて可罰性を拡張することは、たしかに憲法上禁じられている。しかし、立法者は、この法的規制によって、人間の胚をその発生の始まりから包括的に保護し、「bereits」の表現を用いることによって包括的な保護の意図を明示しようとしている。8条の規定は、最終的な妥当を要求するものでなく、技術の継続的な変化に適合させられなければならない。したがって、許容できる解釈をたどれば、細胞核移植によって出来上がった果実は、8条の意味での胚と資格づけられる。次に、6条の中の「等しい遺伝情報」は、胚分割の方法では問題なく認められるが、

十分に明白な意味論的内容が引き出されないだけでなく、明らかな立法的な保護目的も引き出されない。規範は、基本法103条2項の確定性の命令を充たしていない。

　国際レベルでの人間のクローニングに対しての立法的規制には、欧州評議会の生命倫理協定の追加議定書[10]がある。それは、他の生きている人間ない

　核移植の方法では、細胞核は遺伝情報の99％しか含有していない点で、疑わしいところがある。法律の文言に従えば、同一で（derselbren oder identischen）はなく、等しい（gleichen）遺伝情報…とあり、明確にクローニングと関連づけられている表題とその内容を考慮すれば、細胞核のDNAの同一性が、遺伝情報の比較にとって決定的であるとみなされるだろう。等しい遺伝情報の要求は、両方のクローニングで充足されている。胚の実存は、胚分割では受精とともに始まり、核移植では受精と等値されるような出来事とともに始まる。人間の概念の下では、出生から死までの生まれた人間が理解されている。しかし、死者の概念には、問題があるように思われる。それは、死んだ人間にだけ関わるのか、死んだ胚や胎芽も含まれるのか。死者の概念が死んだ胚を含まないとすれば、それは立法者に意図された人間の胚の周辺保護に矛盾するだろう。けれども、これは、許容限界を超える解釈であろう。文言が、ここでも解釈の限界をなす。6条の文言には、死者の概念の解釈の仕方への指示はない。5条の規定に、死者と並んで死んだ胎芽が言及されている。法律内の統一的な概念使用の意味で、立法者は包括的な死者概念を採らず、死者と死んだ胚を概念的に分離しているというように、体系的に考量されるべきである。それ故に、死者の概念は、死んだ人間に限定される。死んだ胚からの体細胞核の採取は、6条の適用を受けない。したがって、胚の定義は、等しい遺伝情報、全能性、死者の概念の明晰化に適するように行われなければならない。最後に、胚保護法5条は、人間の生殖細胞への人遺伝学的介入を、そのような細胞の遺伝情報の人為的変更を刑に処することによって制限している。クローニングの過程の範囲での遺伝形質の変更は、新しい生物がもはやクローン化されたものと等しくなく、可罰性が問題にならないという帰結に至りうる以上は、この規定が、クローン技術の適用との連関での遺伝子操作に作用を及ぼすのかどうか、検討されなければならない。5条の可罰性の前提は、人間の生殖細胞に介入されることである。人間の生殖細胞の法的定義に入るのは、全能的な胚性細胞、さらに卵・精子細胞である。細胞核移植のために用いられる卵細胞は生殖細胞であっても、そのために用いられる体細胞はそうではない。また生殖細胞の遺伝情報の人為的変更とは、ゲノムの塩基の対が、人間の介入に基づき、遺伝された状態から外れることをいう。未受精卵の細胞核の交換は、この遺伝情報の変更を表していないかどうか問われる。細胞核の摘出がこの変更に当たるならば、除核それ自体が罰せられることになろう。5条4項1によれば、全能的な細胞に実施された変更は、その変えられた細胞が受精に用いられなければ、罰せられない。細胞核移植の場合でも、卵細胞は受精に用いられていない。この構成要件にあてはまらないとき、可罰性の規定も適用されない。したがって、細胞核移植は、5条の禁止に含まれない。

しは死んだ人間と遺伝的に同じである人間存在を創造する目的をもったあらゆる介入を禁止している（1条1項）。ユネスコの「ヒトゲノムと人権に関する世界宣言」[11]において、ヒトゲノム研究やその応用そして遺伝情報の利用において、人間の尊厳や人権が侵害されるのを防止することを目的にする。ヒトゲノム研究の基本として、いかなる研究・応用も人権や人間の尊厳を損なってはならないこと（10条）が規定され、ヒト個体のクローン作製は、人間の尊厳に反する行為として許されない（11条）。

第2節　クローン技術に対するSF小説的・感情的反発または十把一絡げの議論

　クローン羊ドリーの誕生後、人へのクローン技術の応用の可能性が人々に直感的に感じられ、人クローンの出現に対して漠然とした無底の不安と非現実的な期待に囚われた中で、当初は様々な荒唐無稽な意見が飛び交った。独裁者（イラクのフセイン）が自分のコピー作りを命じて権力を永遠に握ろうと企んでいるらしいとか、優れた戦闘能力を備えた等質の兵士を無限に作り出すことができそうだとか、アインシュタインやモーツァルトのような天才（卓越性）を複製することも可能になるかもしれない……[12]。そのような空想譚がまことしやかに語られる一方で、クローン人間を造ることは、「非人間的な所業」、「狂気と自然の倒錯」、「人間の生命の身の毛もよだつ瑣末視」、「人間の尊厳への明らかな違反」、「人間の自然に反したこと」であるとして、憤怒と嫌悪の入り混じった強烈な情念で糾弾されてきた[13]。けれども、こういう人間の尊厳に反するという主張は、十把一絡げになされたもので、冷静に考えると十分に批判に耐えられないように思われる。

10　Ein Zusatz-protokol zur Bioethik-Konvention des Europarats.
11　Universal Declaration on Human Genome and Human Rights.
12　Johann S. Ach, Hello Dolly? in: Johann S. Ach u. a. (Hrsg.), Hello Dolly?, Frankfurt am Main 1998, S. 130 f.
13　T. Gutmann, op. cit., S. 360.

第3節　人クローンに反対する諸論拠

　人クローンの作成の方法（胚分割と核移植）と目的（生殖と治療ないしは研究）に応じて、倫理的・法的規制の在り様は時と所によって違っているが、生殖目的の為に核移植の方法で行われるクローン技術は、倫理的にも法的にも禁止されるべきとする点で一致している。しかし、その禁止を正当化する根拠として挙げられているものは、多岐にわたっていて、それぞれがどれ程説得的な構成を備えているかは改めて検討されなければならない。以下で、代表的な論拠を取り上げてみよう。

1.（神の）創造の御業に対する侵害

　神学的・形而上学的立場から、クローニングは、創造の業に対しての許されざる介入である、と批判される。人間が生殖の自然的過程に介入して、全く新しい種を任意に扱えるようになったとしたら、人間はいわば神の役割を演じることになるだろう。しかし、この種の神学的・形而上学的論拠は、現在の世界観的に中立な国家に直ちに普遍化することができないだろう。さらに、創造の業の自由処理不可能性を引き合いに出すものは、自然を文明化して人間の支配下に置こうとしてきた人類の長い歴史に及ぶ活動に照らして、反論を受けることになる。そこでは、例えば家畜の改良的飼育や新しい品種の創造が行われてきた。我々の先祖も、挿し木をしたりジャガイモを栽培したりして、既にクローンを造りだしてきた。したがって、それは、殆ど説得力のない論拠ということになる[14]。

2. 安全性論拠

　これまでのクローン技術をめぐる経験から、多くの流産が生じるだけでなく、多くの胎芽が受け入れられないリスクに晒されるように、それは広汎に

14　Eric Hilgendorf, Klonverbot und Menschenwürde-Vom Homo sapiens zum Homo Xerox? in: Max-Emanuel Geis u. a.（Hrsg.）, Festschrift für Hartmut Maurer zum 70. Geburtstag, München 2001, S. 1152.

制御不能な実験の性格をもつ。既に生物学的に年を経た分化した細胞から、クローニングによって生まれた人間は、どのような老化過程の影響下にあるのか、さらに体細胞に起こる変異が、核移植の場合に、ガンや病気を子孫に引き起こすかどうか、不明である。このことが、現段階で体細胞から核移植の技術を使って人間をクローニングする試みの例外なき法的禁止を正当化する。その保護利益は、出生したクローン化された人間の生命利益と健康利益である[15]。

3. ホルンクルス？

　クローン技術の投入は、二級の人間を生み出すのではないか。クローニングは、完全に人間でないとして周辺に追いやられる、新しいカーストを産み出すのではないかという恐れを抱かせる。これは、平等原則に定位された論拠である。この戦略の長所は、未婚の出産や性別に基づく差別に対しての批判に無理なく連結できることである。その短所は、クローン禁止が、想定された間接的な効果、即ち社会的反作用に支えられているということである。クローニングされた人間は、フランケンシュタインのような怪物あるいはホムンクルスではない。やはり、クローニングによって造られた人は、権利能力をもち、法秩序の完全な保護を享有する。クローニングがクローン化された人間の尊厳を侵害するときでも、それはその人の尊重要求を減じるわけでない。生殖の事情は、法人格としての生まれた人間の地位に抵触するわけでない。人間のクローンは、法秩序の基礎の上では、人間間の新しい不平等に導いていかないし、平等命令や差別禁止に違反するわけでない。しかし、この言い回しでおかしなことは、いかにしてクローン人間の法的差別が可能であるとみなされ、基本法の人格概念と平等原則の規範的基礎が犠牲にされるのか、ということである（ここには、二つの立場が、同じように態度表明されている。つまり、「クローン化された人間が、すべての禁止にもかかわらず、一旦出来上がったならば、それは、他のすべてのものと等しい尊厳をもつ」）。それとも、クローン化された人間の社会的差別に対して警告しているのか。とりわ

15　Thomas Gutmann, op. cit., S. 364.

け、差別論拠だけで刑法上の構成要件は根拠づけられない[16]。

4. 損害論拠のパラドックス

　子は、自己を同時にはじめて存在させる行為（クローニング）によって、損害を受けていると有意味的に語ることができない。K．ゼールマンによれば、クローニングや生殖細胞への遺伝子治療の場合、そのような介入によって造りだされる人間の有機体が問題となる（着床や出生の後に介入の（悪い）結果がさらに出てくることが考えられる）。それらに対して、消費的胚研究や着床前診断の場合、人間の有機体がさらに発達することができないか、廃棄される前に実験に使用されるので、その問題構成が違っている。「誰かある人の個人的な人間の尊厳が、彼がまさに個人として発生したということによって、侵害されうるかどうか…問われうる。ある行為が、ともかくこの行為に自らの生命を負っている個人の人間の尊厳に、抵触することがあるだろうか」。ある遺伝的素質が引き継がれたことで、個人的な人間の尊厳における欠落が表されているわけでない。「自然的なもの Natürlichen」からの個人的な遺伝素質の離反や「外在的規定 Fremdbestimmung」の観点によって、個人的な人間の尊厳が侵害されるわけでない。さもなければ、そういう侵害が、あらゆる妊娠を促進する治療的介入にも、生殖において子を外在的に規定する親権にも存することになるだろう。自然的生殖に通例であるよりも高い程度で遺伝的偶然性が侵害されたという反論が出されるが、これは偶然と品種改良との対立から発するものである。後者を許してはならない十分な理由があるが、しかし、それが、そのような品種改良に自らの生命を負っている当の人間に欠けたとされる人間の尊厳に関わることはないのである。多数の遺伝的に同じ個人の産出の場合でさえ、そうでなければ全く存在することがなかった個人が、その産出の状況によって個人的な人間の尊厳において侵害される、と主張することは難しいのである[17]。

16　Ibid., S. 364 f.
17　K. Seelmann, op. cit., S. 165 f. この点に関して、アッハの以下の考察も参考になる。利益に定位された道徳観念のパースペクティヴから問われることは、クローンが特殊な仕方で生み出されたことから、クローンにどのような害が生じているのか、という

ビルンバッハーは、子の遺伝的構成の新たな部分的な決定が、子の自己同一性を変えている、というエーザーの改造論拠（Verfälschungs-Argument）に、パラドックスが潜んでいることを指摘する。子の自己同一性の改造について語りうるためには、その遺伝的な部分的決定の前に、それが既に自己同一性をもっていなければならない。遺伝的構成において操作された子は、操作されなかった場合とは違った自己同一性をもっているはずである。改造論拠は、クローニングにも的中しないだろう。除核された卵細胞に遺伝物質が移植される場合、これに全く別の自己同一性が押し付けられたからという根拠づけには賛成できないだろう[18]。

ことである。この問いには、二重の意味がある。(1) クローニングの方法の適用が、クローンに対して、その生の見通しを損なうような身体的（心理的）リスクを含意しているのか、(2) まだ存在していない人間に、それを存在させる仕方によって損害が加えられるのか。これらの問題に関わる状況は、まぎらわしい（verwirrend）。クローンは、存在しないことが選択肢に入っているならば、彼の成立の特殊な事情とそれと並行して現れる可能な侵害について製作者を非難するため、いかなる根拠をもつだろうか。クローンは、自らの生を生きる価値がないと判断しない限り、普通に生まれてくるよりも危険な仕方で生み出された事情を訴える理由をもつことはないように思われる。ところで、クローンに対しての選択権と製作者に対しての選択権は違っている、つまり、クローンは、損害と負荷を背負った生命と生存しないことを選択できるが、製作者は、異なった生殖の可能性の間で選択して、よりリスクの少ない方に決定する可能性がある、と反論される。しかし、製作者は、リスクの多い生殖方法に決めたとき、いかにクローンにリスクを加えているのか。クローニングの時点で、クローンはまだ存在していない。まだ全く存在していない利益の担い手の利益とは、いかに考えられうるか。アッハは、利益に定位した道徳の立場からも、まだ存在していないものに損害を加えることを根拠づけ可能であると説いている。ある時点で実際に願望をもった、もつ、もつだろう、その充足のためにXが必要十分条件であるとき、EntitätにXに対する利益（関心）が帰せられる。いかに存在させるかという様式・仕方によってクローンに道徳的に重大な損害を引き起こすのは、クローンがその生涯で実際にもつ願望の実現への必要十分条件が、クローニングによって存在させられないときである。我々は、全く特定な仕方で生み出されたことにクローンが苦しむのではないかと恐れるきっかけをもつ限りで、クローニングの適用によってクローンの利益を損なっていると仮定する十分な理由がある。クローンが、普通に生まれてくる人間に対して、特別なリスクに晒されうることへの間接事実があるようにみえる。このリスクがどのくらい大きいのか、殆ど規定できない（Ach, op. cit., S.132）。

18 D. Birnbacher, Gefährdet die moderne Reproduktionsmedizin die menschliche Würde? in: Anton Leist (Hrsg.), Um Leben und Tod, Frankfurt am Main 1990, S. 267 f.

これらの論拠には、D. パーフィット（D. Parfit）によって一般的に定式化された「非同一性の問題 Problem der Nichtidentität」のパラドックスがある。損害は、概念上、加害的な介入の前後の状態の比較を必要とする。しかし、そのような比較は、（クローン化された）存在と非存在との間ではできない。この論拠は、たしかに含意において非常に複雑である。さもなければ存在しなかっただろう人間のクローンを、同一の個人に対しての可能な損害をただ参照指示して根拠づけることは、実際難しい。そこで、この損害概念の問題とそのジレンマから離れて、ファインバーグ（Feinberg）にならって、次のように問うことはできるだろう。つまり、子が生まれた場合に対して、子の福利と発達のための最小の前提が確保されていない状況下では存在させられない子の道徳的権利が、クローニングによって侵害されていないかどうか。そのような生まれた人間の利益の保護によって動機づけられた論拠には、議論上の付帯費用がかかる。そうしなければ、wrongful life ないしは wrongful conception 問題の枠組みにおいて、極めて重い障害を受けた子が、親に対して、一定の事情の下で生存させられたことを非難するという疑わしい帰結に至るであろう。けれども、パーフィットの反論に立ち向かうならば、ファインバーク流の構想を引き合いに出さなければならない。その立場を採るとき、クローン化された人間が晒される心理的次元が、子の福利と発達の基本的な最小限の前提が疑わしくなるような実在的次元に達しているかどうか問われるが、そうではないだろう[19]。

ノイマンは、いかなる前提で人間の権利や利害関心が語られうるのか、問うている。その様な規準となる時点について論争があり、一方で道徳的に有意味な権利や利害関心をもつ能力を出生に見るものがいるが、少なくとも最も早い時点は胚の段階に求められるであろう。それより早い段階では、権利や利害関心を侵害されるものはいない。可能的な人間を造らないこと、生まないことは、決してその権利や利害関心を侵害するものでない。逆に、可能的な人間を造ること、生むことが、将来の個人の権利や利害関心を侵害することは大いにありうることである[20]。

19　T. Gutmann, op. cit., S. 368 f.
20　U. Neumann, op. cit., S. 160 f.

5. 心理的損害の論拠

　クローン技術によって、それで生まれてくる子に心理的な点で、またその発達に関して付け加えられる損害の中に、クローニング禁止の根拠があるだろうと考えられる。そのような子は、遺伝的唯一性が欠けている感情に苦しめられ、その個人性と自律に関して自らを欠陥があるとみなすだろう。しかし、クローン化された子が細胞核提供者に抱く依存感は、自然に造られた子が親に対して抱くそれよりも強いだろうか。自らの遺伝的個性が他の人においていかに発展したのかを眼の前にした子は、自らの性格があらかじめ規定されていると信じるだろうか。H. ヨナスが予測したように、クローンが主観的に単なるコピーとみなす事情は、「彼ら自らになるという自発性を麻痺させる」ことになるのだろうか。以下で、ヨナスの所説について、詳しく見てみよう。(段落末尾の数字は、H. ヨナス「人間をクローニングする」[21]の該当頁である)

　　H・ヨナスのクローン批判は、不知への権利（Recht zum Nichtwissen）に基づいて展開される。夫婦の選別（Gattenauslese）による遺伝子的コントロールは、計画者の観点からすれば両性による生殖の不備をもつ、つまり染色体の交差ないしは再結合の計算不可能性によって富籤（Lotterie）であることに変わりない。この自然と偶然の融合を妨げるのが、クローン技術である。それは、「遺伝子操作の最も専断的で、目的において最も奴隷的な形式」であり、その目的は、遺伝実質の恣意的な変更でなく、自然の支配する戦略に矛盾するその恣意的な固定（Fixierung）である」。(179頁)

　　ヨナスは、クローニングに関して、以下の三つの問いを立てている：クローニングによって何が実現されるのか。それは何故実現されるべきか（それを願望するためのどういう根拠があるのか）。それは実現されるべきか（その目標は承認されうるかそれとも非難されうるか）。(182頁)

　　クローニングがもたらした身体的帰結は、「細胞提供者の遺伝的な分身」を生んだことである。ヨナスは、クローンと提供者を「時間的に異なった同一の双子」と解している。「同時的でないこと（Nichtgleichzeitigkeit）」が、重要なポイントである。「クローンは、一方的に、先在するオリジナルのコピー

21　Hans Jonas, Laßt uns einen Menschen klonieren: Von der Eugenik zur Gentechnologie, in: ders., Technik, Medizin und Ethik, Frankfurt am Main 1985, SS.162-203

である。時間の隔たりは、任意である。組織培養で漠然と長い間生かしておくかあるいは再生させることができる以上、クローンの萌芽は、ずっと前に死亡した提供者から誘導されうる。多くのクローン姉妹が、同時にあるいは相前後して同じ供給源から誘導されうる。このように任意に日付を決められる生殖は、間接に同一的な双子関係の中に存立するだろう」。「複製された遺伝型は、すべての等しい遺伝的潜在性を有している以上、少なくともその一つの現実化、ときにはもっと多くの現実化が、何らかのクローンの子が自己自身の生を始める前に、一つの表現型の進行の中に、既に全部またはその一部が明るみに出ているのである」。(182-183 頁)

　クローニングによってその唯一性から解放され、反復して固定されるべきものは、何か無比的なもの（Einzigartige）である。クローニングするための理由は、卓越したもの（Vortrefflichkeit）の持続と複製である。クローニングは、進化の成果の固定であるが、進化による進歩の一部でもある。もう一つの目標は、何かの目的のために均一性をもつという長所である。それは、優れた素質の家畜の飼育に適したものである。しかし、人間の領域では、全く別の考慮が必要となる。動物の飼育家は、自分が動物について何を欲するかを知っているが、しかし、我々は、人間について何を欲するのか知っているだろうか。そのような知において、我々とは誰であるか。L・カスは、この技術の完全な発展によって可能になる人間の複製のリストを、以下のように列挙している：(1) 種を改良するか生命を喜ばしいものにするため、偉大な天才や美をもつ個人の複製、(2) 両性の結合による富籤の中に含まれる遺伝的疾患のリスクを回避するため、健康人の複製、(3) 人間の能力の種々の側面に対しての自然や環境の相対的意義についての科学的研究のため、遺伝的に等しい主体の連続的生産、(4) 不妊夫婦に子を得させること、(5) 独自に選択された遺伝型をもった子を誰かに得させること、(6) 将来の子の性のコントロール、(7) 戦争と平和の特殊な業務のため、同種の主体のチームの創設、(8) 遺伝的に等しい双子の移植のため器官の予備として利用されるために、あらゆる人のコピーを造ること、(9) クローン不足を招かないように、ロシア人や中国人を打ち負かすこと。ヨナスは、そういうことが最後にどうなるのかを我々に見させる好奇心を付け加えている。これらのリストは、余り愉快なものではない。自己複製の願望ほど倒錯した願望はない。同質の仕事チームへの願望ほど冷笑的で功利主義的な願望はない。遺伝的に等しい研究主体への願望ほど科学狂信的なものはない。全体として、我々は、連続と複製をする価値のある卓越性の論拠が人間的連関を支配して、その方法の実践化が異常なものに制限されていると仮定することができる。(183-186 頁)

第3節　人クローンに反対する諸論拠　227

　卓越性の論拠は、それが偉大なものへの崇拝に訴えて、沢山のモーツァルトやアインシュタインやシュヴァイツァーをもつことが人類の誉れとなることの願望に敬意を払う限りで、素朴であるが、いかがわしいものではない。けれども、これらすべては、思弁的であり、倫理的問題──クローンであることは関係する主体にとって何を意味するのか──にとって皮相なものである。ここで、我々は、選択の量、配分、相対的意義について、我々全員にとっての利得とコストについての推定上の問題に関わりあうのでなく、本質の考察を与えるような洞察の超経験的な確実性を希望することができる。(186-187頁)

　その中心的な本質問題は、先決されない自己性 (nicht präjudizierter Selbst) についての問題である。それは、同一で (identisch) あるが、同時的でない (nicht gleichzeitig) 双子の想定された状況である。それは、これまでの一卵性双生児の状況と対置される。自然の双子は、厳密に同時的であり、いずれも他方に先在せず、前もって生きられた生を後に生きることができず、自らの自我や可能性の発見が先取りされていない。遺伝型がどのくらい人格的な歴史を規定するのか、生物学的同一性が客観的に、主観的知とは独立して等しい伝記的な帰結をもたらすのかどうかはどうでもよいことである。「重要なことは、有性生殖的に造られた遺伝型が、それ自体新しいもの (Novum) であり、始まりですべてのものに不知であり、同胞に劣らず担い手にも実存の完成でやっと明らかになってくることである」。「不知は、自由の先行条件である：さいころを新しく振ることは…一回的に自らの生を生きる、すなわち…世界との出会いの中で自己になるという案内人のいない努力において自己自らを発見しなければならない」。ここでは、同一的な双子の状況について語られたのであり、同一の遺伝型の客観的な力について語られたのではない。人間のクローンの萌芽の状況について、その経験の内在的な事柄について語られるべきであり、それは、生理学的でも形而上学的でもなく実存的な考究に至るのである。それは、生物学的な決定要因の程度についての厄介な問題を外しておくことができる。(187-189頁)

　正真正銘の双子の同時性に対して、前もって与えられた遺伝型のコピーは、当該の表現型に対して等しくない諸条件、クローンの欠点につながる不等性を生み出している。いかなる個人も自己だけに固有で誰とも分有されない一回的な遺伝型を要求する超越的な権利の概念が導入できるかもしれないし、クローン化された個人が、この基本権においてアプリオリに侵害されたと推論できるかもしれない。個人的・身体的な唯一性の普遍的事実は、指紋押捺制度を裏付けている。しかし、どれほど多くまたは少なく遺伝的なものが個人

の唯一性に寄与しているのか、全くわからないだけになおさらのこと、各々個別に造られることに対する権利があるかどうかは不問に付しておくのがよい、とヨナスは考える。そして、ヨナスの論拠を根拠づけるのは、そのように隠された、せいぜい推定された身体的差異性に対する先在的な権利ではなく、最高に明白な、内在的な「不知に対しての権利」なのである。それに訴えることは、倫理的理論の中で新しい。自己認識の知は、高次の生命の特徴として称揚されてきたが、自己固有の将来の知は、いつも暗黙に除外されていて、何らかの仕方でそれを得ようとする試みは、啓蒙主義では迷信として、神学からは原罪として、罰則で禁じられてきた。知ることの権利や許可を否認することから、知らない権利を主張することへの一歩が踏み出される。我々は、今や、全く新しいが、まだ仮設的な状況に直面して、この一歩をとらなければならない。その状況は、これまで適用可能性が欠けていたために隠れていた権利の現実化のための最初の機会を表している。(189-190頁)

　ここで単純で事象的でない事実とは、仮説的であるが、クローンの萌芽が自己について余りにも多くを知り、他人もそれについて余りにも多くを知っているということである。この二つの事実（自らが既に知っていることと他人が既に知っていること）は、「彼自らになること（Er-selbst-Werden）の自発性と第二には他人とのかかわりの純粋性をも萎えさせる」。細胞提供者の既知のアルケー型は、すべての知らされたもの（クローンと聴衆）に対して、あらかじめ予期、予言、希望、恐れ、目標設定、比較、そして成功と断念、達成と失望を一方的に押しつける。これらすべては、生成する人格の徐々に組み立てられていく知からではなく、既に存在した模範の出来上がった知から借用されたものである。この想定された知は、あらかじめ地図作成された主体の中で、彼自らの模索する試みと前進する発見の直接性を抹殺せざるをえない。遺伝型がその固有の力によって人の運命となるのかどうかは、実際に重要なことではない。遺伝型の複製が、実際に生活の型の反復を意味するのかどうかは重要なことではなく、提供者がその種の理念をもって選ばれ、その理念が専制的に主体に作用するのである。そのようにして、生の冒険が、誘惑したり不安にさせたりする開放性から詐取されている。過去から未来をうわべの知で先取りすることは許されたが、ここでは最も内面的な領域で、「私は誰か」という問いの領域でそうされている。この問いは、秘密から出て来るのであり、その解答を見つけられるのは、秘密に伴われて探求されるときだけである。秘密の主観的な欠如は、真正の成長の条件を破壊する。想定された知が真か偽かはどうでもよいことであり、それが自己同一性の獲得を妨げるのである。というのも、クローン化された人が何を考えているのかと

いうことが、実存的に重要なのである。クローニングによって産まれたものは、不知の保護の下でのみ与えられる自由を最初から剥奪されている。来たる人間存在からこの自由が故意に奪われるのは、犯されてはならない償われない犯行である。(190-192頁)

クローンは、自らの由来を知る必要がないと反論されることがある。主役となる人が隠されている限り、内情に通じたものが関知していることは、道徳的に耐え難い不安定な状況である。早すぎる伝達と遅い自己発見は、等しく忌むべき選択肢である。(192-193頁)

これまでクローニングにおける全く仮設的な不測の事態をきわめて詳細に描いてきたのは、人間の遺伝子操作の全く新たな問題圏の役に立ちうる倫理的新大陸が、人類の経験の中で類比のない極端な例の純粋性によってはっきりと開示されるからである。ヨナスは、この知の側面を強調した特殊な倫理に合意しない場合でも、以下の単純な原則、未出生者を自らの認識獲得の手段にしてはならないということを容認しなければならない、と説く。この原則だけが、人間の遺伝化学で現に行われている実験や人間的素材を用いた予備実験を禁止する。栄光に満ちた模範に幻惑された人たちは、発達する技術に避けられない失敗の産物（誤って形成された胚とか奇形の人）について懸念すべきである。(193頁)

最後にヨナスが総括した道徳的命令は、以下のようなものである：何人も真正な行為の可能性、即ち自由の条件そのものである不知への権利を存在全体から拒んではいけない：自己自身の道を発見して、自己自らに驚いているようなあらゆる人間生命の権利を尊重せよ。しかし、自己自身についての不知の擁護が、汝自身を知れという古い戒律といかに調和するのか。ヨナスによれば、あの戒律が我々に課している自己発見は、この自己の生成の道であること、知られることなく与えられたものから、人生の試行の中で行われるところの自ら知るようになることと合わせられて自らを生み出すことである。(194頁)

H・ヨナスのクローン反対の論拠をまとめれば、それが、遺伝子操作のもっとも専断的で、目的において最も奴隷的な形式である；その目的は、遺伝子実質の恣意的な変更でなくて、自然の支配する戦略に矛盾するその恣意的な固定である；細胞提供者の遺伝的分身、時間的に異なった同一の双子である；一般にクローニングのための理由は、卓越性の持続と複製（家畜の飼育）であるが、人間の領域では、全く異なった考慮が必要である；先決されない自己性についての問題。有性生殖的に創造された遺伝型が、新しいもの

(Novum) で、その始まりにはすべての人に不知であり、その担い手にも存在の完成で明らかになる；不知は、自由の先行条件である（経験の内在的事柄、実存的な考究）；破滅を招く知。自己について既知であると想定されることは、まず本人自身になる自発性を萎えさせ、次に他者との関わりの純粋性を萎えさせる；クローニングによって生まれたものは、不知の保護下でのみ与えられる自由を最初から奪われている；ヨナスの道徳的命令：存在全体に自由の条件一般であるところの不知の権利が拒否されてはならない。自己自身の道を発見し、自己自らに驚愕できるような、あらゆる人間の生命の権利を尊重せよ：ということである。

　ヨナスの見解の精髄を理解するうえで、アッハ（Johann S. Ach）の以下のまとめは有益である。ヨナスによれば、クローンの作製は、不知への権利（Recht auf Nichtwissen）、自らの伝記の不知に対する権利に違反している。それは、クローンを過当な要求をする期待に晒して、彼の自由な人格の発達を阻害している。クローンが、他の人間と同じ遺伝的構成を分かち合っているが、その遺伝的模範と同時ではなく発達するという事情が、クローンにとっては後で生きる「表現型Phänotyp」として、その発達の自由の強力な制限を意味する。クローンは、その生がいかに送られるかを想定しつつ知る影響下で成長せざるをえないであろう。クローンは、ある目的のためにこの特定の遺伝的基礎によって造った他人の予期の影響に晒されている。「彼自身の道を見つけ自己自身にとって驚きであるべきあらゆる人間の生の権利を尊重せよ」。ゲノムが個人に及ぼす影響ではなく、ゲノムがクローンの人生行路を規定することとその仕方が、ヨナスにとっては決定的なことである。そのことは、遺伝的な自然的基礎が、人格性の発達と自己同一性の発達にどれほど影響を及ぼすかということとは独立している。クローンの生活史が本質的に遺伝的にあらかじめ表現されていることを彼自身や彼の周りの人たちが信じている社会的環境でクローンが育つだろう事実が、クローンの個人的発達を妨げるのに十分である。クローンが他の人間と同じ遺伝的基礎を分け合っているという事実でなく、予期の態度が、クローンの発達の潜在力を制限するのである[22]。

　ヨナスの見解に批判的な立場は、グートマンの以下の評価に見ることがで

きる。個人の唯一性は、遺伝的素質と自然的・文化的環境と学習過程との相互作用の結果出来上がる。人間は個人として遺伝的に決定されているという考えは、間違っている。「人間の人格と行態が、専ら優先的にゲノムによって決定される」という遺伝的本質主義は、広く流布している先入見である。この理由から、クローンの子の親は、前もって形作られた行為予期に向かいがちとなり、遺伝的オリジナルの反復に定位された発達のチャンスを子に押し付け、子から自己固有の生を成長させる可能性を奪うだろうと予想する。「影を映した生命 Lebens im Schatten」の論拠によれば、クローニングの問題性は、遺伝的に前もって決定されているということよりも、むしろ子の社会的な決定の危険の中にある。これらすべてが、思弁的であるともいえる。この状況は、たいていの親が自らの模範像または役割モデルにしたがって自然に生まれた子を形作る仕方と、質的に違っているだろうか。親が子に自らの模範像を押し付けるかまたは子を厳しく躾けることを想定するからといって、我々は自然的な仕方で子を儲けることを禁じるだろうか。最後に、一つの強力なプラグマティックな論拠が残される。親の自由権や婚姻・家族の憲法的保護が、市民の家族計画への予防的な介入をさせないときでも、クローンの領域は、そのように生まれた子に対するクローニング特有の損害の危険が、生殖上の人格権の原理的保障を掘り崩さないように抽象的に禁止するために足りるぐらいに区画づけられる[23]。

　シュタインヴォルトは、ヨナスの「不知の権利」に対して、幾つかの疑問を呈している。ヨナスによれば、クローン化された人が固有の自己を見出せないのは、ゲノムがそれを妨害するからでなく、周囲の世界が間違った信念を抱いているからである。そうであるならば、分割による胚のクローン（人為的な多胎形成）は許されるが、真正のクローン（核移植）は禁止されるという区別には、十分な理由が説明されていないように思われる。ゲノムが、遺伝的・体質的に条件づけられた性質と同様に人生行路を前もって描くことができないことを知ったならば、クローンに文句をつける筋合いでないだろう。クローンの自由は、体質的ないしは社会的に引き起こされるような行為

22　Ach, op. cit., S. 137 f.
23　Gutmann, op. cit., S. 366 f.

を拒むことができ、親には残念ことだが、情熱的に自由の中で自己形成することができると知ったならば、不知の権利を考える余地はないだろう。ヨナスは、おそらく遺伝的決定論について言われるすべてに同意するだろう。そして、この遺伝的決定論から帰結される結論を自ら引き出さなかったことによって、ヨナスのクローンに対する態度が批判される。クローニングに影響を及ぼす観念が、クローン化されたものに固有の自己を発見し Novum になるのを妨害する、とヨナスが考えたから、この結論を引き出さなかったのだが、ヨナスがこの観念の力を正当に評価したならば、クローン禁止は、子に親の願望イメージ押し付ける一つの適用にすぎないだろう。さらに、ヨナスのクローン反対の議論で、どのくらい責任の原理が置き去りにされているのかを、一卵性双生児を「自然の気まぐれ」とする解釈が示唆している。一方で受胎調節ホルモンが多胎の形成を刺激して、他方でそれを阻止することができることを人が知っている以上、多胎の出生に人間の行為は責任を負っている[24]。

6. 尊厳論拠

Ⅰ 人間に対する生殖型クローニングに関して社会に広範に広がっている不快感 (Unbehagen) があり、そこには人間の飼育化や遺伝的選別への恐怖に極まった身の毛もよだつような幻想が支配している。この恐怖は、政治的・法的次元にも及んで、「人間の生命のびっくりするような過少評価」、「人間の尊厳に対しての明白な違反」、「人間の自然に反した」というように表現されている。生殖的クローニングに対する拒否の一致は、この技術が従来の生殖医療を凌駕した革新的性格を現していることだけでなく、それが「全く反自然的なこと」とみなされる点にある。ここに表されているのは、人間が自らを創造者に高めることによってその限界を突破したというタブーである。このタブーを守るために、いかなる相対化や衡量からも免れた唯一の審級、すなわち人間の尊厳が持ち出される（科学の発達のダイナミズムに基づいて、厳格に拒否する立場から離れて新しい技術の完全な許容へのダム決壊が

---

24 Ulrich Schteinvorth, Kritik der Kritik des Klonens, in: Hallo Dolly?, S. 100ff.

第3節　人クローンに反対する諸論拠　233

起こると考えられる領域では、人間の尊厳の侵害を主張することによって断言的な禁止の定立が正当化される）。しかしながら、一定の行為（クローニング）が、ある人の尊厳の侵害を実際に表しているのか、また何故そうなのか、きちんと根拠づけられなければならない。また人間の尊厳が何を意味しているのかについて、多様な見方がある。

(1)〔クローニングによる、人間の個人性と人格的同一性の喪失〕。

　人間存在のクローンは、人間の自己同一性に対しての脅威、人格権の侵害を表している。それは、人間それ自体に、第三者による先行的規定ないしは遺伝的決定からの保護を与えないままにしておくからである。人間のクローンは、人の主観性への直接的侵害に等しい[25]。

　他の将来の人間の本質についての実存的決定を行うような外在的決定の不当性。独自の、反復できない自己同一性への人間の本質的権利を考慮して、クローニングは人間の尊厳に対しての明白な違反である[26]。

　人間を操作する遺伝子情報をこっそり持ち込むこと。個人的な自己同一性、人間的個人の一回性と不純でないことが、失われている。遺伝的に規格化された人間は、自己同一性を獲得できない。それは、向精神薬や外科的治療によって、自らの操縦能力が失われた人間に似ている。その種の遺伝子操作は、人間の尊厳に反する[27]。

　積極的な品種改良的選別も、クローニングや完全に同じ多数の人間の産生も、人間の脱個人化の危険を招く。人間の本質から、独自の、交換できない、反復できない人格に対する権利が直接帰結される。クローニングの無性生殖は、生物学的な操作に関して、伝承された技術とは異なった、原理的に全く新しいものである。人間のクローンは、憲法的タブーに反しているから、それ自体不当である。それは、個々の個人の水平化、将来世代に対してのゲノムのプールの水平化の恐れがある[28]。

クローニングによって、人間の人格の個人性が軽蔑される、人間の一回性

25　Thomas Kienle, Das Verbot des Klonens von Menschen, in: ZRP 1988, Heft 5, S. 187.
26　Benda, op. cit., S. 30.
27　Vitzthum, Gentechnologie und Menschenwürde, in: Medizinrecht 1985 Heft 6, S. 256.
28　Vitzthum, Die Menschenwürde als Verfassungsbegriff, S. 208 und Anmerkung 144

が失われる、人間の主体としての性質、それどころか人間の個人的同一性、一回性、人格性が奪われる、という上記の主張に対して、その中に遺伝的・還元主義的仮定が暗黙に根底に置かれていて、（人間の人格性要求・尊厳要求を覚束なくするので）間違っているだけでなく、危険でもある、と批判される[29]。人間の主観性はゲノムの直接的産物である、と解されるときに、これらの主張の趣旨は最もわかりやすい。ゲノムが個人の全存在を決定するというドグマに立てば、ゲノムが同じであれば、同じ考え・行為をする主体ができあがるはずである。これに対しての反証として、一卵性双生児が挙げられる。クローニングされた人は、個人性をもたないということは、同じゲノムをもった人は等しく、等しい行動をするという仮定に基づいているが、それは正しくないだろう。一卵性双生児は、クローンと同様に遺伝的に同じであるが、彼らは身体的にも心理的にも等しくなく、違った指紋、違った行動、違った個人性をもっている。ゲノムの等しいことは、同じ二人から個人性を奪わない。人の個性と人格的同一性は、その遺伝的素質の中に埋没しているのでなく、遺伝と環境との相互作用の中で発達した結果なのである。クローン化された人は、その行為において前もって規定され計算されるものとして理解されているようにみえるが、人間のすべての性質をあらかじめ規定して、その生をコントロールするような技術は存在しない。人間を生理的・心理的な作用によってではなく、遺伝的・バイオテクノロジー的に操作する技術は、空想的である。

(2)〔クローニングによる人間の自己固有の個体化の遂行の出発条件ないしは行為する主体の素質の活動野の侵害〕

M・フックスによれば、クローニングが人間の個人性を脅かすという議論に対して、さしあたって二つの反駁が出される。第一には、遺伝型（Genotyp）と表現型（Phänotyp）の間に差異があること、第二には、唯一の個人的なゲノムに対しての権利のようなものがあるとすると、それは自然界で一卵性双

29　Thomas Gutmann, op. cit., S. 370.

生児の存在によって既に否定されていることである。人間の自己同一性が遺伝的同一性によってのみ規定されうるわけでないことは、遺伝型と表現型の複合の仕方が様々であり、さらに異なった環境からも影響されるためである。そこで、個人の個人性（Individualität）ないしは唯一性（Einmaligkeit）の論拠について、詳細に評価されなければならないであろう。クローンが（互いに）区別できないわけでないことは、そのつど空間と時間の中で独立した場を占めている生物が問題であるという事実から既に結果として生じてくる。もともとミトコンデリアのDNAの作用や有機体の生命の成長過程でのゲノムの変化が、両者の違いを示している。さらに、クローンは、オリジナルと等しい人生の前史をもつことはない。二つの遺伝的に等しい個人の経験の不等性。脳は、クローニングによって複製できない[30]。

　この点について、シュタインヴォルトの指摘も興味深い。人間は、生まれながらの諸特性を意のままにして、自ら選択する目的にそれを使用する能力を発達させている。人間のクローンは、等しいゲノムにもかかわらず、身体的、心理的、知的に等しいわけでない。個人が経験した環境の正確なコピーのチャンスは、必然的にゼロに等しい。どの個人も、他人とは異なった時空点を占めている。個人の個人性は、人間が世界を経験するだけでなく、そのように経験したことについての概念を発達させるということによっても強められる。等しいゲノムをもっていても、各人がする経験は、他人がする経験と同じではない。誰もが、それぞれ違ったパースペクティヴから、世界を見ている。経験の差異性が、概念形成に相乗化される。ゲノム、環境の影響、経験が、我々の行態だけでなく、概念をも規定している。それらが、我々を個人性と唯一性をもつ存在にする。我々は、自らを個人的で唯一的であると理解し、その唯一性において承認されることを欲する。クローン化されたかどうかは、そのための役割を果たすものでない。不知の権利が承認されるときでも、クローニングはそれを侵害しない。クローニングは、クローン化されたものに、彼が何になることができるかについて、何も知らせてくれない[31]。

30　Michael Fuchs, Der Einzelne und seine Einmaligkeit. Überlegungen zu einem Argument in der Debatte um die asexuelle Fortpflanzung, in: Jahrbuch für Wissenschaft und Ethik, Bd. 5, Berlin, New York 2000, SS. 65-69.

個人的唯一性への要求は、遺伝的決定論の間違った観念に基づいているかどうか、またそれは、この決定論の彼方でも有意味的に提起されうるかどうか、検証されるべきである。第二の問いに対して、二人のクローンの厳密な等しさは、道徳的な問題を表していない、二人の違った人格にとって、質的な差異性は必要でない。質的には同じでも、数的には違った人は、それぞれ自己固有の身分証明書を受け取ることができるだろう。遺伝的決定論の不適切性が指摘されるとき、個人性が保護に値するものであり、それは個人が質的に唯一的であるときに与えられるが、代替不可能でありたいという経験が決定的なものである。個人性と唯一性の概念的結合は、もちろん必然的なものでなく、不可分性（Unteilbarkeit）と無介在性（Nichtmittelbarkeit）が、個人性にとって決定的である。個人性と質的な唯一性が意味することについて、精査する必要がある。空間と時間の中に存在するものにとって、それが個人的で唯一的であることが必ずあてはまる。けれども、質的な唯一性への要求は、空間と時間のなかの個体化によって全うされるわけでない。二つのゲノムの質的な同一性から生物の質的な同一性を演繹しようとすると、強い決定論から出発しなければならなくなるが、いかなるクローンも、生命史の始まりから、空間と時間の中に固有の場を占め、また特殊な規定性をもつ個体存在である。さらに、人間の個体性を、生物としての個体の規定においてではなく、人格性において存立する全く特殊なものとして評価する論拠も見られる。それは、存在論的に条件づけられた単一性の中にあるのでなく、個体が自ら達成しなければならないものでもある。そこから、自己固有の個体化の遂行の出発条件が、特別に顧みられなければならない。出発点を分かち持つものの数が、非常に大きいところでは、個体的な自己遂行は困難である。唯一性への願望は、現実にただ一度出現するような特殊な遺伝的な出発点への願望として理解される。言い換えれば、ゲノムによって刻印された身体の唯一的な諸性質は、人格的な同一性の象徴的表現ともいえる。身体的な形象には、象徴的な意義が帰せられうる。この象徴的内容は、予期圧力（ヨナス）と同義ではない。遺伝子的に規定されたメルクマールに言及する

31　Steinworth, op. cit., S. 108.

第3節　人クローンに反対する諸論拠　237

ことで、個人的ゲノムの実効性の意義と限界が正しく評価されるように思われる。この象徴力は、どこに基礎を置くのか[32]。

　L・ホネフェルダーは、ゲノム分析、遺伝子治療で、人間の主体としての性質を原理的に覚束なくするものは何か、以下のように考察する。まず、個人的主体の自己目的性から出発するとき、他律的な目的の下での人間の排他的な従属（遺伝子プールの改良のため個人の利用、特定の人間タイプの作成や育種）は、主体の個人性や自己同一性に関わる尊厳の侵害とみなされ、遺伝的性質にかかわる個人間のあらゆる差別が、主体としての平等性に関わる尊厳の侵害とみなされ、主体存在に不可欠な自己決定の否定（同意なき個人ゲノムの分析、遺伝的不知の権利を侵害する強制告知、個人の遺伝的データに関わる保護の侵害）は、自律としての尊厳の侵害である。次に、上記の主体存在でなく、主体存在の担い手である生物の自然に着目するとき、人間存在に不可欠な枠組み条件とみなされる基本的な人間学的構造方式（conditio humana）が明らかにされなければならない。認識し行為する我は、有機体に対立するのでもなければ、それと一体化しているものでもない。身心二元論も生物学的一元論も採ることはできない。我と離れがたく統一されている肉体（Leib）と我と対立する、対象として観察される、道具として利用される身体（Körper）という有機体の二重性が見失われてはいけない。人間の有機体に関して、絶対的不可侵性も無制限な自由処理可能性もありえず、人間の自然にその行為の道徳的規範化にとって意義が帰せられるのは、それが人格の発達にとって任意でなく投企に開かれた枠組みとして証示される程度である。新しい人類遺伝学的な行為可能性の倫理的判断にとって、類的自然から起こってくる諸要求に格別な意義が帰せられる。このことは、さしあたって生命の根本的価値にあてはまる。個人のゲノムは、両親のゲノムの融合に負っているから、生命の自然発現性、遺伝的偶然性は、権利として保護されるべきだろうと考えられる。しかし、生殖細胞への介入は正当化できないとみなされるとき、それをゲノムの特殊な存在論的性質で根拠づけるのは筋違いであろう。ゲノムの種特殊的、個別的な特殊性を表すのは、その組み合わせであり、しか

32　M. Fuchs, op. cit., SS. 72-77.

も、この結合の一回性は、人格の唯一性と同じものでない。個人的ゲノムは、個々の主体の自然的な発達の潜在能を設定するが、その中の僅かな標識だけ一義的かつ不変的に確定されるにすぎない。それは、個人の生命を運命的に決定するけれども、主体が人格の不変的な同一性をなすものを行為しつつ形成するという意味での潜在能である。有機体的自然は、人間に限界を引き、枠を設けるけれども、この枠の中で高い柔軟性によって特徴づけられる。個人的ゲノムに帰せられる高い威厳は、構成要素の一回的な存在論的性質に負っているのでなく、その一回的な結合が、「行為する主体の素質の活動野（das Dispositionsfeld des handelnden Subjekts）」を表すという事実に負っている。個人的ゲノムの根源が、生殖に関わるパートナーの偶然的な選択に因っているという意味で、自然発生的で偶然的であるという事実が、介入に反対する倫理的な根拠になるのは、自然的な生成に特別な威厳が帰せられるからでなく、それに代わる選択肢が、外から行われる計画された介入であるからである。製作するという意味での他律と比較して自然的で偶然的な生成は、高い程度で人格の尊厳の不可侵性を確保する可能性である[33]。

　ゲノムの重要な意義は、身体と自我との交差に基づいている。個人のゲノムに帰せられる高い威厳性は、その構成要素の一回的な存在論的質のおかげではなく、その一回的な結合が行為する主体の素質の活動野を表しているという事実のおかげなのである。もちろんこの交差は、同一性を意味していなくて、自然的条件下でも、個人のゲノムが唯一的な布置をもっているわけでないので、個人的ゲノムの単なる繰り返しによって、人格が攻撃されているわけでない。けれども、個人の遺伝的素質は、「人間の出発諸条件の重要な部分」である。それは、人格的存在に対しての先行条件ではないが、個人化のプロセスを容易にする。この立場は、ゲノムに個人的人格の発達にとっての特別な役割が帰せられることを仮定している（遺伝的決定主義ではないが、遺伝的本質主義である）。これに対しての反論として、人格性と身体性の間に深い切れ目を入れる立場（シュタインヴォルトたち）、人間の個人性にとって免疫系や中枢神経系が本質的な意義をもつという立場がある。しかし、両シ

33　Ludger Honnefelder, Humangenetik und Menschenwürde, in: T. Brose / M. Lutz-Bachmann (Hrsg.), Umstrittene Menschenwürde, Hildesheim 1994, SS. 157-175.

ステムとも遺伝的制御に起因しており、たとえ有機体の個体性が免疫作用の能力や中枢神経系の形成で始まるとしても、その前史は個人的ゲノムの歴史として記述されるのである。さらに個人的ゲノムと並んで、人間存在の身体的実存に関わる他の契機があるだろうか。人間的個人の身体的、心理的な性質に関して、生命史を越えて持続する個人的ゲノムを凌ぐものが報告されていない以上、個人性や自己同一性に関してゲノムの考察が特別な重要性をもつアスペクトが挙げられるように思われる。個人的ゲノムに負わされている特殊性は、取得されたり習得されたりするものではなく、既に与えられたものである。実践的な自己理解は、人間的自由が物質的な前提なしにあるということから出発していない。物質的な前提の下に、個人的な遺伝的素質は、我々に属しているが、自らの自由の結果ではないものの中心的な領域を表している。遺伝的唯一性は、評価に値する[34]。

　これらの疑問には、たしかにもっともなところがあるが、一卵性双生児（分割胚）と核移植による人クローン胚（核移植胚）との生成上・構造上の重要な違い（模範の存在と時間的隔たり）を注視する必要がある。分割胚にあてはまることが、そのままクローン胚にもあてはまるのか。クローン胚では遺伝的プログラムが同じであることに含意されていることが、その独自のあり方に即して検討されなければならず、分割胚を例にとりながら、それから個人性が奪われないと断言することができるだろうか。

　クローニングによる個人性・唯一性の喪失という主張において、個人性・唯一性が存立する基盤として、それらの担い手が属する人類が考えられていることにも留意しておいた方がよいだろう。

(3)〔目的のための手段——客体定式 (1)〕

　クローニングは、人間の自己目的性を疑わしいものにするのか。以下で、クローニングは一定の目的のための手段化となる、と説くエーザーたちグループとノイマンの見解を紹介する。

---

[34] M. Fuchs, op. cit., SS. 77-83.

アルビン・エーザー（Albin Eser）たち

　人間のクローニングが禁止されるのは、そのように発生した人が他の人と等しいゲノムをもつという事実にあるのではない。個人のゲノムは、人格の身体的自然の不変の自然的な発達枠組みとして、特別の保護下にあるが、しかし、人の個性と人格的同一性は、その遺伝的素質の中に埋没しているのでなく、環境との相互作用で行われる発達の帰結である。人格の尊厳に適って、遺伝的決定論を回避しようとすれば、自然の多胎からできた人に、他のすべての人と等しい尊厳が帰せられなければならない。すべて禁止にも拘らず、クローン化された人が誕生したときでも、彼は他のあらゆる人と等しい尊厳をもつだろう。人のクローニングで疑わしきことは、自己のゲノムと他人のゲノムとの一致ではなく、人がある目的のための手段として造られること、そして、この目的のために彼に課されていることは、他人と遺伝的に等しくあることである。人クローンが、他人の代役となったり、他人のために臓器や組織の提供者となったりする場合が、これにあたる。この場合、遺伝的同一性が、造り出された人がそれに役立つはずの目的のために操作されている。彼は、遺伝的同一性によって他人に役立つために存在する。第三者の目的の支配下に置くために、ある人をその遺伝的同一性において操作することは、人格の核心に抵触して、尊厳によって保護された自己目的性に反するところの道具化である。双子として造られた子は、自分がそのゲノムを担っているところの人を反復しなければならない期待の下に立っている。それは、「前に生きられた生を生きる」ことにならざるをえないだろう。ゲノムの重複を個人的人格の尊厳の違反にしているのは、第三者の目的との結合である。それは、クローン化された人から、「自己に固有で、遺伝的に予期されない同一性において尊敬される根本的な可能性」を奪っている。「生殖の過程で、一倍体の生殖細胞が新しい個体のゲノムに結合される仕方の偶然は、第三者による生物学的前規定の客体であることから、当の人を保護する作用をもち、遺伝的な外的規定に従属することから人の自由を守る」。それは、「個人的ゲノムの自然的生成の他律」であるが、人間の尊厳に対応する自己の発達の自由を恣意から守ることであるならば、二人の生物的親から生まれ、自己の遺伝的同一性において操作されない人の権利のようなものがあるように思われる。意図的にクローニングから造られたものは、一卵性双生児と違って、個性の発達から開放性と自由を奪う他律的な目的設定の下に立つであろう。「個人的人格の自由な発達は、自然的生殖の構造の維持と非常に緊密な全体的連関にあるので、個人的人格の尊厳と自由のために、人間の類と結び付けられた自然的生殖の尊厳も尊重されなければならない」。自然の等しい諸条件の下に服し

第3節　人クローンに反対する諸論拠　241

ていることが、この点で廃棄されるならば、当の個人の諸要求が侵害されるだけでなく、世代連続の中の根本的調節が変えられ、人間間での新しい不平等へ導き、その結果、家族の保護と平等命令並びに差別禁止に反するだろう[35]。

ウルフリット・ノイマン（Wlfrid Neumann）
　クローンが不可避的にその全実存において利己的関心のために設定されていて、道具化されている。人間のクローニングの目的は、オリジナルと同一の遺伝子的プログラムをもった人間の創造である。この遺伝子的素質に関してのみ、将来の人間個体に生命価値が認められる。換言すれば、ある人間の全実存が、特定の遺伝子素質をもった同胞に対しての他者の利害関心の中で設定される。ここに、他者が専ら外在的な目的のための手段として利用されている。定言命法によれば、それは人間の尊厳の侵害にあてはまる。その際に、倫理的に非とされる行為の着手の時点で、この他者が生まれていなかったこともまた受精されていなかったことも、妨げになることでない。それは、生殖以前（ante natum）の行為が問題ではあるが、生殖以後（post natum）も特定の目的のために道具化された同胞に影響を及ぼしているから。遺伝子技術や生殖技術に依らなくても、大規模農家や王国の跡継ぎを得ようとするように、親の利己的な目的のためにだけ子が造られる場合がある。しかし、将来の跡継ぎを手段化することは、人間の社会生活の一部にだけ関わっている。こういう部分的な手段化は、日常生活で避けられない。人間の尊厳の原理が禁じるのは、単に他者を目的に対する手段としてだけ利用すること、他者の存在全体を利己的目的のためにだけ利用することである。さらに、この要請は、将来の人間が特定の目的のために手段化されるような、人間の遺伝的形質へのあらゆる介入にあてはまる。遺伝子技術によって生み出されたオリンピック競技の勝者は、グロテスクなものであろう。ここでも、人間の尊厳の原理に反するのは、遺伝子技術による介入そのものではなく、それと結びついた目的設定の方である。決定的なのは、介入が将来の人間の道具化を意味するのか、それとも、介入が将来の人格のためになされるのかということである。将来世代から病気や苦痛を除いてやるための遺伝子治療上の介入は、人間の尊厳の侵害を意味しない。人間の尊厳は、人間の特質として解するならば、理性的・倫理的本性の中にあり、生物学的素質の中にはない。人間の尊厳とその侵害の可能性の論理的位置は、人間の人格的・社会的次元であって、その生物学的次元ではない[36]。

35　Albin Eser u. a., Klonierung beim Menschen, in: Hello Dolly? SS. 232-239.
36　Ulfrid Neumann, Die Tyrannei der Würde, in: ARSP 84 1998, S. 160 f.

上述の見解の趣旨は、他人の目的のための手段として造られること、主観的な意図・期待の支配下に置かれることでクローンから自己同一性が剥奪されることが、人間の尊厳に反するということである。但し、この場合、何らかの目的、意図に適った遺伝子プログラムが作製されることが、不可欠の契機となっている（単なる社会的な教育、躾けによる目的実現とは区別されている）点を見落としてはならない。このことを考慮に入れることによって、「人間の全実存が、特定の遺伝素質をもつ同胞に対する他者の利害関心の中で樹立される」こと、相手の存在全体を利己的目的のためにだけ利用することが、人間の尊厳に反する、というノイマンの主張も十分に理解できよう。人間の生殖細胞の偶然的結合が、遺伝的な外在的規定から個人の自己発達の自由を守るために必須のことであり、この意味で「自然的生殖の尊厳」も尊重しなければならないとするエーザーたちの主張も、遺伝的レベルでの恣意的な操作の禁止に基づいている。しかしながら、人間の尊厳は、恐ろしく不確定な概念である。道具化のトポスは、人間の尊厳違反を確定するのに適した規準であるのか、疑問が投げかけられている。例えば、たった一人の子が不幸にも亡くなったとき、その子の身体から細胞を採取して、子のクローニングを行うことを、親が決心する場合に、クローン化された子は、外在的目的のためのただの手段でなく、その創造がむしろ生殖の唯一の目的である。自然的な生殖過程では、パートナーは子孫を産むことと並んで他の目的も追求するが、上述の人為的な生殖過程では、後に生まれる子が唯一の問題である。人間が他の目的のための「単なる手段」にされているかどうかによって、人間の尊厳の違反の現存が規定されるならば、上述の例では、人間の尊厳に対する違反は確認できないであろう。逆に、自然に造られた子は、いつも純粋な目的自体であるのか、決して他の目的のための手段でないのか。生殖が、ある目的のために役立てられるということの中に、本来的に尊厳を侵害する何かがあるのだろうか[37]。

(4)〔道具化禁止と客体化禁止——客体定式 (2)〕

37　Thomas Gutmann, op. cit., S. 372.

J・ケルステン（Jens Kersten）は、道具化禁止（Instrumentalisierungsverbot）と客体化禁止（Objektivierungsverbot）を区別する。すべてのクローニングが、道具化禁止の規準によって捉えられるわけでない。道具化禁止を基礎にすると、人間のクローニングは、包括的にではなく、特定の目的を指示してのみ禁止されることになるだろう。三つの事例を比較してみよう。
　(ⅰ) 専ら子をもつ願望の実現のためのクローニング（純粋な生殖的クローニング）
　ここでは、人間を手段として利用することは、クローン技術使用の目的ではない。むしろ、クローンは、それ自身のために生み出されている。子をもつ願望の実現は、クローニングに関して利他的な目的として理解されうる。有性生殖の場合、子をもつ願望の実現も、生まれた子を自己目的として理解することを疑えない以上、無性生殖の場合も、この評価は変わらない。親の子をもつ願望の実現が、子の尊厳の保持としてみなされる。無性生殖の場合に、できた子を両親の愛の表現と見てはいけない理由はない[38]。
　(ⅱ) 利他的目的と結びついた子をもつ願望の実現のためのクローニング
　例えば、既に生まれた病気の子のために、（その子と同じ遺伝子構造をもつ）組織または臓器の提供者を得る他の動機がある場合、「移植用のクローニング」の扱いは、それぞれの事情に左右される。病気の子の承諾能力で始まり、生まれた子からの任意の臓器の摘出で終わるが、現行の臓器移植法制にしたがってのみ可能であろう。動機が子をもつ願望に結びつけられている限り、人間の尊厳の違反と評価できない。ただし、上述の事例では、クローンの子が、彼自身のために愛されず尊重されないことがありえないわけではない。それを道具化禁止違反と評価することが難しいのは、有性生殖と比較するとき、兄弟姉妹を生む、遺産相続人を生む願望にも同じことが見られるからである[39]。
　(ⅲ) 専ら利他的目的の実現のためのクローニング
　ここに入れられる事例は、子をもつ願望の実現が客観的に除かれているので、つねに道具化禁止に対しての違反が存する。［人間の飼育のためのクロ

38　Jens Kersten, Das Klonen von Menschen, Tübingen 2004, S. 485.
39　Ibid., S. 485ff.

ーニング］大量生産による人間の飼育のためのクローニングは、最適化された子孫を生むために生殖の目的志向的な操作を行うものである。このようにして生まれた人間は、道具化され、人間の尊厳に反するだろう。けれども、クローニングのすべての場合が、必ず人間の飼育を表しているわけでない。［診断的・治療的・科学的目的のためのクローニング］ここでは、細胞、組織、臓器の提供を越えるクローン子の発達が考えられておらず、その存在が第三者のための治療的、診断的理由から廃棄されることが、客観的に確定されている。クローンは、ここでは第三者の目的のための手段であり、少なくとも目的それ自体ではない。

第3の事例グループは、明らかに道具化禁止に違反するが、人間の尊厳の保障に対しての違反の確認は、人間の尊厳の保護が、人間の発達の中でいつ開始されるのかという問いへの答えにかかっているだろう。個人的な人間の生命とともに、人間の尊厳の保障は始まる。それは、全能的な細胞とともに現存する。この事実に、人間の尊厳の保障は結びつけられる。治療的、診断的、科学的目的のためにクローニングされた胚の樹立は、人間の尊厳の保障に対する違反として除外される[40]。

しかし、クローン問題について、人間の尊厳の保障を道具化禁止から主体・客体定式に拡張したアスペクトにおいては、生殖目的のためでもクローニング禁止が根拠づけられるだろう。この根拠づけは、クローニングされた将来の人間が、人格的な自己発達の能力を主体として自己理解することに対して、ゲノムがいかなる意義をもつかを検討することによって行われる。この人間の自己理解は、二人の間のゲノムの事実的同一性によって危うくされるわけでない。特定のゲノムの意図された配置が、クローンの主体としての質を原理的に覚束なくして、彼の尊厳を危うくするように思われる。ここで人間の主体としての危険は、人間がゲノムの総体以上であると指摘しても当たらないであろう。このことを適正に把握するためには、遺伝的決定論に関して流布している誤解が避けられなければならない[41]。

人間は、身体的にも心理的にもゲノムによってのみ決定されているわけで

---

40 Ibid., S. 488f.
41 Ibid., S 490.

ない。遺伝型と表現型に差異が見られ、ゲノムの発現の仕方が、複雑な遺伝的継起の動的プロセスを経るもので、環境要因によっても影響される。ゲノムへの介入は、死せる物質を形作るように、全体として計画できないものである。「活動性に対しての活動性」。生物学的な技術は、能動的物質の自己活動性との協演である。遺伝的な変更の結果は、非常に限定的にしか予見できず計画できない。また遺伝的介入は、不可逆的である[42]。

　Homo Xerox の例えも、誤解させるものである。胚分割の場合だけ、同一のゲノムをもった二つの個体が造られる。遺伝的要因の環境的要因の複合的作用の中で、一卵性双生児も、同一の条件下でも違って発達するだろう。人間をゲノムに縮減しなければ、人間をコピーすることはできないだろう。クローニングされた人間は、オリジナルであり、その自己同一性は疑いの余地なく、その個人性は否定できない[43]。

　遺伝的決定論から、クローンがその産出の仕方によって、単なる客体にされているかどうかという問いに対しての答えにおいて、誤った推論に導いてはならない。奴隷支配のアナロジーが使われるが、人間はゲノムの「奴隷」でないならば、いかにして製作者またはオリジナルの遺伝的に媒介された奴隷であるのか。ゲノムの割り当ては、クローンに対しての製作者またはオリジナルの支配を根拠づけない。一度確定されたゲノムからの人間の解放は、奴隷からの解放と違って論外である。奴隷の社会的地位の定義は、クローニングによって表象されるよりも、はるかに包括的に決定されうる。遺伝的な身体の特質の割り当ては、人間の自己理解にとって、所有とは全く別の不当に我が物とする身体の特徴を意味する[44]。

　デザインされた産物としてのクローンというアナロジーもあるが、説得的なものでない。デザインは、美的形象であり、そのまま人間に転用できない。あらかじめ決められたデザインは、複雑な生ける素材には貫徹できない。人間に特定のゲノムを割り当てるとき、ゲノムの発現のプロセスを完全に操作できないからである。クローニングの場合、有性生殖とは違って、遺

42　Ibid., S. 491f.
43　Ibid., S. 492f.
44　Ibid., S. 494f.

伝的な現存在（Dasein）だけでなく、遺伝的な相存在（Sosein）も決定されているという認識は正しくない。クローンは、表現型が遺伝的だけでなく環境の要因によっても規定されるから、決して型づけられた生産品のように、目的に向けられて製作されているわけでない。遺伝的なデザイナーの力への主観的な謬信は、人間の尊厳の違反を根拠づけるのに十分でない。客観的にデザイナーベビーを産み出すことができない技術は、禁じられないだろう。むしろ、この技術によって、人間はデザインされない、型づけらない、生産されないという遺伝的啓蒙が、命じられるだろう[45]。

　個人の自己理解と自己発達にとってのゲノムの意義が、改めて検討されなければならない。個人的ゲノムは、人間の身体的な構成条件と発達条件を遺伝的に確定する。人間のクローンにあらかじめ決められたゲノムが割り当てられるとき、身体の遺伝的な構成条件と発達条件に、他者の目的に向けられた意志に出くわす。自己固有の発達を、直接に自己固有の自然として自己に取り戻す可能性が、彼から奪われる。けれども、身体的に媒介された自然的な自己理解は、自由な社会的行為のための前提である。というのは、他者の意志によって遺伝的に形成された身体的な素質域では、クローンは、もはや自然的に自己固有の行為素因と社会的に媒介された行動素因を区別できなくなる。それ故に、人間の尊厳は、人間の偶然的な遺伝構成の維持を要求する[46]。

　ゲノムは、一人の人間の生物学的特徴の規定において、「本質的な」役割を演じる。それは、遺伝決定主義的な人間像から出発しないで、個人的自己意識にとってのゲノムの象徴的な意義を強調することによって、厳格な因果性を突破するのである。表現型は、ゲノムによって本質的に刻印されるが、ゲノムによって排他的に決定されるわけでない。この象徴概念について、個々の人間でゲノムの個別的な作用の仕方が心理学化されている。人格と身体の特殊形式としての人格とゲノムの関係が、さらに解明されなければならない。人間は、遺伝的知識を通して、彼の身体性を教えられる。それは、個人に彼の身体や気質に関する自然的素因を通知する。身体と自我の関係は、プレスナーの人間学に拠りながら、以下のような二重性―私は身体（Leib）

45　Ibid., S. 495f.
46　Ibid., S. 497f.

第 3 節　人クローンに反対する諸論拠　247

としての有機体に同化されるとともに物体（Körper）としての有機体と対立する―において捉えられる。私は、身体存在である故に物体（肢体）を完全に意のままにできず、物体（肢体）をもつ故に身体の完全な不可侵も可能でないだろう。自我は、固有の遺伝的素質を身体的に経験するとともに、物体に対する仕方でそれに関わっている。人格とゲノムの関係に移すならば、人格は、遺伝的素質の表現として理解され、それに関与することもできる。この意味で、ゲノムへの介入は原則的に禁じられないし、ゲノムの完全な自由処理も許されない。では、ゲノムの割り当てとクローンの自己理解は、いかなる関係であるのか。ゲノムが、「行為する主体を制約する素質の領野」であるならば、クローニングによるゲノムの割り当てが他者に決定されていることは、クローンの主体の自己理解にとって言語道断のことである。しかし、ゲノムが人間をすべて決定するわけでないから、意識的に割り当てられたゲノムにクローンが向かい合い、自ら態度を決める可能性は残されており、目的志向的なゲノムの割り当てに、「どういうこと？」と反問して拒むこともできるだろう。その問いが将来のクローンによって不問のままにされるか、重要だとはみなされないことはありうるが、こういうことは、生殖目的のためにクローニングを試みるものに委ねることはできない。主体の行為を制約する素質の領野が、自然的な根源でなくて、第三者の意識的なゲノムの割り当ての結果であるならば、それは主体の自己理解や自己発達にとって何を意味するのか。そこでは、クローンには、彼の固有の自然と外在的に与えられたものとを区別する可能性が失われている[47]。

　クローンは、彼の身体の中に自己固有の自然を発見できず、目的志向的な他者の意志に突き当たる。クローンは、他者との関係で自らを人格として理解し発達させるために、「自己固有の自然」の中に拠り所を求めるとき、自らの有機体の中に社会的因果性を見出す。人格の自然運命が、第三者の意志によって社会的に規定されるとき、これは社会化の運命の表現である。専ら社会化の運命の産物であるような人格から、状況の布置の流れの中で「自我」が脱落するだろう。したがって、行為する主体として遺伝的に確定され

47　Ibid., SS. 498-504.

た素質の領野が他者によって規定されず、彼の自然的な現存在が他者によって規定された遺伝的な様相存在でないことが、人間の自己理解と自己発達にとってなくてはならない。自然運命の自由処理不可能性が、個人の自由意識にとって本質的な意義をもつように思われる。ゲノムの形成における偶然は、因果的規定を欠いた否定的契機であるが、そこから自己存在が確かめられる限界であるので重要である。私のゲノムが、他者の意志の計画的形成から限界づけられるのが、遺伝素質の結合における偶然である[48]。

Ⅱ　クローニングによってその尊厳が侵害されているのは誰か、と問うとき、クローン、オリジナル、そして人類が、その担い手として挙げられるだろう。それぞれを仔細に考察すると、尊厳の侵害の存否とその内容の説明が多岐にわたり、その中には人間の思考の限界にぶつかる問題も含まれ、その全体像の統一的な把握は容易なことではない。この問題に本格的に取り組んだ論文が幾つかある中でジョルデンの論文[49]と、これまでたびたび参照されるヴィテックとエーリッヒ共著論文[50]をとりあげてみよう。

　　ジョルデン（J. C. Joerden）
　　　クローニングによって産み出されたものは、遺伝的に同じ「コピー」を表しており、その分身のようなものをもつという奇妙な状況に置かれている。クローンは、製作品のように作られたと嘆かれるが、人間の純粋の発明品というわけではない。自然は、双子等を産み出すことによって、クローンの所業に関わっているが、現代のクローニングは、それを双子等の出生の時間的隔たりで補ったものであると考えられるだろう。その時間的隔たりが、倫理的に有意味な相異であるとはいえない。自然の中で双子等が出現することから、遺伝的に同じ人ができたという論拠でクローンの禁止を支持するのは、あまり説得的でない。そもそも、クローンが、実際に製品のように作られたことを訴えることができるだろうか。クローンをもっとよい状態にもたらす選択肢があったならば、それは筋の通ったことであるだろう。しかし、この

48　Ibid., S. 504f.

49　Jan C. Joerden, Wessen Rechte werden durch das Klonen möglicherweise beeinträchtigt? in: Jahrbuch für Recht und Ethik, Bd. 7 (1999) SS. 79-90.

50　Lars Witteck und Christina Erich, Straf-und verfassungsrechtliche Gedanken zum Verbot des Klonens von Menschen, in: Medizinrecht 2003 Heft 5, SS. 258-262.

ようなことは考えられない。というのも、選択肢とあるのは、クローンを初めから全然産み出さないことになるからである。明らかにこの具体的な個人をよくするというよりむしろより悪くする変化であるだろう（クローンが、多大な苦痛をもたらす障害を負って生まれて、生きる価値が非常に損なわれているような場合は、話は別なことになるのだが）。生まれたクローンは、このような仕方で世に出てきたことを有意味的に訴えることはできないのである（もしも、同じ遺伝素質をもった個体に、障害なく生まれてくることが可能であるならば、これは違ったことになるであろう。クローンを作製した医師が、そういう介入をしないという選択をとったならば、彼はクローンの権利を侵害したことになる。しかし、同じ人格を語りうるために、どれほど遺伝子を変えることができるか、という困難な問題は残される）。したがって、コピーの権利は、クローニングによって侵害されない。クローニングは人間の尊厳を保護する義務に反するという論拠は、間違っている（ノイマンは、カントの定言命法の目的定式に遡って、クローニングの人間の尊厳違反を肯定する。目的定式によって人間の尊厳の議論に持ち込まれた新しい側面は、カントがそれをもはや自然主義的に人間存在の生物学的基礎の完成として理解するのでなく、むしろ標準的な規準に対しての行為の社会的意義を説明することにあるならば、この側面が目的定式の適切な解釈で成り立つのは、人格に帰せられた自由が人格から奪われることによって、人格がもはや目的としてではなく、単に手段としてのみ扱われるときである。しかし、クローニングによってクローンが産み出されるならば、このことはクローンにあてはまらない）。クローンは、普通の方法で生み出された他の子と同じように目的の達成のための単なる手段として役立てられるものでない。しかも、創造の時点で、どちらも存在しておらず、創造の作用によって人間の尊厳に抵触するわけでない（「配慮は、利己主義を変装させる。人間をクローニングするものは、それに損害を及ぼしているわけでない。」「生物学は、道徳を知らない」「ゲノムの奴隷支配」）。

　オリジナルの権利についてはどうか。誰もが唯一的（einmalig）であることを信頼しているが、この感情は、時間的に隔たっているが、双子等として繰り返されることをいつも念頭に置かざるをえないとき、甚大な損害を経験する。自然の双子の場合にも、これと類似のことがたしかに意志に反して起こるにせよ、それは甘受しなければならない運命であるのに対して、クローニングの場合に根底にあるのは、人間の計画である。このことは、クローニング技術に反対する証明にはならないが、オリジナルがそれによって自らの権利を侵害されることを示している。そこでは、自らの遺伝情報を自由にす

る権利が考えられなければならない。クローンの場合、クローニングによってその権利が侵害されることはありえないが（その過程なしには、クローンは存在しないから）、オリジナルの場合には、保護されるべき利益が危険に晒されている。つまり、クローニングの許可は、オリジナルとしてそのために細胞を使用するものの同意にかかっている。死者の場合には、相続人の同意で十分であるか、あるいは生前に与えた承諾が死後も有効であるかどうか、問題が残される。いずれにせよ、クローニングへの同意がない場合、それはオリジナルの権利を侵害する。

オリジナルやクローンの個人的権利が、クローニングと対立しなければ、社会の見地からクローニングの解禁が定式化できるかどうか問われなければならない（ここで社会の「権利」という場合、それは「利益」と同義語として使われる）。第一には、クローニング技術の導入の社会的コストが問われ、第二には、社会に対するこの技術の否定的な影響が問われる。後者では、適合的なクローニングによって等質の宮殿衛兵を作り出す考えや、自己自らをクローニングさせて子の中に生き続けることによって不死になる考えが思い付かれる。そのことと結びついた人類の遺伝実質の貧困化は、比較的小さいだろうが、完全に拒まれているわけでない。また誰がクローンを懐胎するのかという問題も残されている。

ヴィテックとエーリッヒ（Lars Witteck u. Christina Erich）
　細胞核移植方法の技術的特殊性は、卵と精子の融合を基礎にしなくて、二つの一倍体の染色体系列から、一つの新しい偶然的合成から結果として出て来る二倍体の系列へ結合されないことにある。クローンは、一人の人の遺伝物質から出来上がっている。

　クローンの尊厳が損なわれていると言われるとき、遺伝的模範の先在によって、クローンの固有の人格的個性の発達が妨げられているかどうか問われる。一定の素質の制約を受ける領域で決定に従属しているという恐れによって、クローンの発達可能性が影響されることは考えられるだろう。さらに、クローンに遺伝的同一性が他者の側から指示されることによって、クローンを計画の対象に貶めて道具化する危険がある。その他に、クローンが自然的でない生殖とオリジナルの遺伝的な複製にすぎないという事実とに基づいて、周りから差別され完全な価値のある人間とみなされないという不安もある。しかし、こういった懸念は、論題を未来に関連づけることによって本質的に推論を基礎にしたものである。クローンは、同じ遺伝的素質をもった生きた模範が存在するという事情によって、その他の人間と違っているが、そのこ

とだけでクローンの人間の尊厳への尊重要求を否定することを正当化できない。連邦憲法裁判所が既に判決したように、「人間の生命が存するところでは、それに尊厳が帰せられる」ならば、クローンが人間の種に属さないとみなされるときにだけ、クローンに人間の尊厳の付与を認めないことが可能である。さもなければ、一旦生まれたクローンにも、他のすべての人間と同じような自らの尊厳の尊重要求が帰せられる。したがって、クローンの将来についての純粋な思弁だけで、クローンの尊厳の侵害を根拠づけることはできない。それに加えて、遺伝的に唯一的でない個人としての存在が人間の尊厳を根拠づけるという論拠は、不当にも人間の人格性を遺伝的素質に短絡させて、環境や社会に関連した影響を除去している。ある行為を加害とみなすとき、それがなければ、害を受けたと想定される個人が存在しない結果となるだろうから、そうすることは馬鹿げたことになる。その製作の作用がクローンの生命を根拠づける以上、抗議する可能性もまさにこの作用に基づいており、それ故に、製作の作用が尊厳侵害の作用を同時に表すことはできない。クローンにおいて人間の尊厳に照準をあてることに反対する決定的な論拠は、製作の時点にこの尊厳の担い手が存していないことである。

　次に、オリジナルの尊厳の侵害について考えてみよう。遺伝的に同じコピーの創造によって、オリジナルの尊厳が侵害されているように思われる。しかし、遺伝素質の提供者が、その経過と結果に同意しているならば、尊厳の侵害の可能性は除かれるのではないか。けれども、この議論は十分なものとはいえない。というのも、人間の尊厳は、自由な任意処理可能性の下に置かれない。人間の尊厳は、個人に人格としての現存在によって帰せられるのであり、個人の自由に処分できるものではない。オリジナルが基本権的に侵害されるのは、彼の（遺伝的）唯一性が奪われることの中にある。この唯一性は、出生時に人間に帰せられるだけでなく、全生涯にわたって彼の個人性を刻印するファクターである。彼がこの唯一性を失うならば、法理解と価値理解の根底にある基礎としての人間の尊厳が否定される。オリジナルの個人性の維持は、人間の尊厳の構成要素として、法益を形成している。

　最後に、人類の尊厳の侵害について考えてみよう。生きている人間の遺伝的コピーの創造は、主体に関連づけられた尊厳要求の中で彼を侵害するのか、それとも超個人的なコンテクストの中で人類の尊厳として人間の尊厳を侵害しているのか、問われる。人間の尊厳の概念は、個人主義的意味だけでなく、類に関連づけられた意味をもつ。人が人間の尊厳を保護しようとするとき、個人の担い手だけでなく、同時に社会も保護する。この尊厳の機能と不可分に結びつけられているのは、客観的な義務づけとしての尊厳の性格である。

それは、いかなる人間にもその実存のおかげで帰せられている尊厳要求の裏面として、すなわち「他のあらゆる人間に人間性の尊厳を実践的に承認する」義務としてみなされる。生殖的クローニングを手段にして未出生の人間の遺伝的素質のコントロールによる遺伝的な偶然性原理の操作は、この人間の尊厳の尊重への義務を損なう。その中に表現されているのは、そのつどゲノムの配列の偶然性に根拠づけられた人間の不完全性の不承認と軽蔑である。この不完全性は、人間的個人の本質と唯一性を成すものである。人間は、自己自らの弱点を認識し、まさにこの弱点が他者の目においても評価されるべき彼の人格性の唯一性を成すということに反応し、同時にその上に組み立てることによって、それを乗り越えることができる。有性生殖の新しい作用において遺伝的結合の多様なヴァリエーションの上に基づいた、個人のコンテクストに関連づけられた不完全性の事情に、人間の類の各成員は、それに当然属すべき尊重の義務を負っている。人間のゲノムの不可侵性は、人間の尊厳の全体を成す構成要素である。生殖的クローニングによる新しい遺伝的結合の偶然な成立の妨害は、人類に帰せられる尊厳の軽蔑を意味する。

　上記の引用で注意を惹くのは、クローンの尊厳の侵害についてこれまで語られてきた様々な言説（人格的個性の発達の阻害、遺伝レベルでの他者の決定による介入、自然的でない生殖、遺伝的複製、他者の差別的視線）が、クローンが将来に一人の個人に成長したときに遭遇するだろう問題を想定したもので、産生されたクローンそれ自体に言及していない点で、それらは説得的でないと評価していることである。また連邦憲法裁判所の堕胎判決で出された原則、「人間の生命が存するところでは、それに人間の尊厳が帰せられる」ということが正しければ、クローンにも他のすべての人間と同じように尊厳が与えられるはずである。さらに遺伝的素質が人格性を決定する見方には、環境や社会からの影響が欠落している点で疑わしい。

　以上の考察の他に、より根本的な意味でクローンにその尊厳の侵害を認めることが難しいことを、ヴィテックたちは説いている。クローニング以外の方法で自ら存在するに至らなかったクローンは、他に選択肢をもたない以上、クローニングを尊厳違反とみなすと、自らの存在をも否定する自己矛盾に陥るからである。このような主張は、多くの論者にみられる。H・ドライヤー曰く、「自らの生命を負っている行為をその個人の尊厳の侵害と格付けすることは、論理に基づいて困難である」[51]、K・ゼールマン曰く、「誰かの

第 3 節　人クローンに反対する諸論拠　253

個人的な人間の尊厳が、彼がまさに個人として生まれたことによって、損なわれているかどうか…問われている。ある行為が、ともかくこの行為に自らの生命を負っている個人の人間の尊厳に、抵触することがあるだろうか」[52]、M・ヘルデゲン曰く、「生殖的クローニングの場合、クローンに尊厳保護を先行的に及ぼすことによって、人間の尊厳の侵害を根拠づけられない。というのも、そのような尊厳侵害は、クローンの固有の存在を超越した、産生されないことに対しての要求を前提するだろうから。クローン化された胚は、移植後に胚として発達することで、尊厳をもつ存在になる。着床のパースペクティヴのうえに、尊厳保護が基づいているが、それが同時に尊厳侵害と認定されることはありえない」[53]。「損害論拠のパラドックス」とも呼ばれる（この詳しい検討は、本節 4　損害論拠で既に取り扱われた）。

　欲求・利益に定位した観点から、ビルンバッハーは、クローンが個人としてよりも模範として見られる心理的危険並びに早い老成と奇形の高い確率という生理学的危険に脅かされているという批判に対して、クローンが遺伝的に条件づけられている素質から自己の危険を早くに察知して、それに対しての備えをするチャンスをもつことができること、クローンがその成立の特殊な事情によって条件づけられた損害とともに、生存しないことよりも生存することを選ぶことを説いている[54]。

　上述のクローンの存在（せしめられたこと）に（損害の発生がない故に）尊厳の侵害がないという立場に対して、クローニングで造られた子には、個人的唯一性の喪失、道具化、遺伝的偶然性の破壊ないしは製作者と製作物の関係の故に、尊厳の侵害が起こりうるとする立場が優勢であるように思われる（個としての人間の尊厳だけでなく、類としての人間の尊厳にも拡張されるのであ

51　Horst Dreier, Kommentierung von Art. 1 GG, in: ders. (Hrsg.), Grundgesetz-kommentar Bd. 1, Tübingen 2004, Rn. 111.
52　Kurt Seelmann, Gefährdungs- und Geführsschutzdelikte an den Rändern des Lebens, in: R. Zaczyk u. a. (Hrsg.), Festschrift für F. A. Wolff zum 70. Geburtstag, Berlin 1998, S. 485.
53　M. Herdegen, Kommentierung von der Art. 1 GG, in: Maunz/Dürig, Kommentar Grundgesetz, Rn. 98.
54　Dieter Birnbacher, Aussichten eines Klons, in: Hallo Dolly? S. 58 f.

るが)。

　オリジナルに関しては、自らが唯一の存在であることの確信が、常に自己の分身が意識されることで妨げられ、遺伝的唯一性が死ぬまで生の全体を刻印している点で、その喪失が人間の尊厳の違反とみなされる。この点に関して、ドライヤーは、オリジナルの自発的意思が欠けている場合には、そこにクローニングされたものの遺伝的な唯一性が軽蔑されているから、彼の尊厳の侵害を認めるが、彼の自発的意思があるときには、そうならないと解する[55]。フランケンベルクも、自己決定が人間の尊厳を構成する要素であるならば、自発的に行為したものが客体に貶められるのは難しいと説く（その立場は、ピープショーに任意に出演した女性や興業上の職務として投げられる小人に対してと同様に、クローニングでコピーされるオリジナルに対しても妥当する）[56]。これらの見解に対して、人間の尊厳の原理は、個人に人格の存在の故に帰せられ、各人が任意に処理することができないもので、自発意志は、尊厳の侵害を止揚しない、と考える論者もいる。クローニングされる人間は、遺伝的に等しい素質をもつ人間を産み出すことによって、自らの遺伝的同一性が奪われることを意識している。完全に自然な生殖条件からかけ離れた生殖過程に対してのクローニングされた人間の同意は、彼の自由処理できる権限を超えている。

55　Horst Dreier, op. cit., Rn 111.
56　Günter Frankenberg, Die Würde des Klons und die Krise des Rechts, in: Kritische Justiz, 33 (2000), Heft 3, S. 329 f. フランケンベルクは、彼の立場に反対するピープショー判決の擁護者たちの主張、人間の尊厳が「不可譲で」あること、自発意志や承諾について実質的な意味で語りえないことについて、いずれも空回りしたものであると指摘する。たしかに自らを売り自らを奴隷にしたとしても、このものが自らの尊厳を失うことはないけれども、「不可譲性」から、尊厳の担い手が自らの命を危険にさらすことができなくなるわけでない。自己決定や自発意志は、なるほど経験的な概念であっても、規範的で抗事実的な概念を核にしている点で、ある決定や行為の帰結が適切に明るみに出されたものには、典型的なリスクが見極められたならば、それらは自発意志的なものとして加えられるだろう。医療的侵襲行為に対しての承諾、ピープショーやビッグブラザーショーへの強制されたのではない自己露出、クローン計画への自発的な参加に対して、このことはあてはまる。それに疑いを差し挟むことは、自己決定を配慮する意向の中で解体し、配慮する外在的規定に取って代えることを意味するだろう。

しかし、人間の尊厳の原理は、個人に人格の存在の故に帰せられ、各人が任意に処理することができないものである。自発意志は、尊厳の侵害を止揚しない。人間の尊厳は、不可譲 (unveräußerlich) である。この再批判に対しても、「不可譲」の意味は、自らを身売りした者も自らを奴隷とした者も、自己の尊厳を喪失していない（これこそが、賦与理論の核心である）ということであり、しかも、尊厳の担い手が自らの生命を危険に晒すということを、それは排除していない。この論点について、二つの立場が対立しており、それらを止揚する解決を見つけることは容易でないが、ここで肝要なことは、自発意志がなるほど人間の尊厳を構成するものであるからといって、それが人間の尊厳の可能根拠を否定するまでは許されないということである。言い換えれば、人間の尊厳の規定のための最後の審級は、当事者自身に残されるが、主観的な自由処理可能性の限界は、意志自由の前提が廃棄されるところで引かれなければならない。フランケンベルクのように、いかなる自由な決定・行為によっても失われることのない存在論的な尊厳に照準をあてることは、ここでは的外れということになる。自由な決定・行為によって壊されることがあるが、決して壊されてはならない尊厳の前提条件とは何かが明らかにされなければならない。個人的な唯一性が、そのようなものとしてみなされるかどうか。そのことを基本的に肯定してもよいならば、オリジナルがクローンの産生を欲したときに、個人的な唯一性への危険はどのようになっているのか。承諾した者にとって、その危険は消滅する（承諾しなかった者にとってのみ、その危険は存続する）のか。本人の意思次第でその存否が違ってくるようなものは、人間の尊厳の構成要素として資格づけられるのか。むしろ、クローニングで子をもつことを欲した者は、その中に自らの遺伝的個性の連続的拡大を錯覚していないだろうか。さらに、自発的意志に関して、生きているもののクローニングと死んだもののクローニングでは、異なって論じられる必要があるだろう。特にオリジナルが死者であるときには、生きているものの場合のように、自由意志を切り口にして問題を解決することができないのではないか。クローニングによる子の産生が、いかなる意味（心理的レベル、身体的・遺伝子的レベル、人格的レベル）で、オリジナルの個人的な唯一性を脅かすのか、さらに掘り下げて検討する必要があろう。

クローニングによる人個体の産生は、従来の生殖補助医療が前提としていた方法（自然的な有性生殖）とは根本的に違った仕方（核移植による無性生殖）でなされる点で、それが人類社会に及ぼす影響の深甚さを計りがたいので、これまでの議論枠組みでは扱い切れない、人間の尊厳の新しい規範的次元を必要にしているように思われる。それは、（クローンやオリジナルといった）主体に関係づけられた枠組みを超えて、類に関連づけられたパースペクティヴへの転換を図るものである。しかし、人間の尊厳の新しい規範的次元で、それがどのように解されるのかについて、多様な見解が出されている。ヴィテックたちの趣旨は摑みにくいところがあるが、カント的な「すべての他人に即してある人間性の尊厳を尊重する」義務を、生殖的クローニングによる遺伝的偶然性原理の操作が損なっているとして、その中には個人の本質と唯一性をなしているところの人間の不完全性への軽蔑が認められるからであるとする。不完全性とは、各個人がそれを認識してそれに対応することのできるだけでなく、他人から見ても人格の価値ある唯一性をなしている「弱さ」である点で、人類の各成員は、このコンテクスト依存的な不完全性の事情を尊重しなければならないのである（ヴィテックたちの基本的視点において、人間の尊厳の保護を受けるのは、個人の担い手だけでなく社会でもある）。

　ベンダやヴィットゥムは、クローニングによって、人間の主体性や個人性が尋常ならざる程度まで危害を受けているので、そこに個人の侵害だけでなく、人間をその人格存在において形成するもの、即ち本質的・人間的なものの疎外を見ている。人間の尊厳の法規定は、人間の固有価値を「彼の身体的、心理的、精神的存在にとって本質的である」もの、「人間的なものの中核」をなすものにおいて保護するならば、それは広範な射程をもつはずである。このような評価の前提とされ根底におかれた「人間の本質」を内容的に充足する人間像は、「人間の不完全性」によって刻印されている[57]。それは、不十分な「自然の投企（Entwurf der Natur）」とみなされて、そのことによって「特殊な人間的なもの（das spezifisch Humane）」が発達したのであり、

57　Ernst Benda, Erprobung der Menschenwürde am Beispiel der Humangenetik, in: Aus Politik und Zeitgeschichte, Bd. 3/1985, S.35. Vgl. Christopf Enders, Die Menschenwürde und ihr Schutz vor gentechnologischer Gefährdung, in: EuGRZ 1986, S. 242 f.

それを保護することが必要となる。不完全性は、自らを完全性へ関連づけることができ、自己決定と自己答責の能力によって傑出することができるものである。人間の本質に属しているのは、不完全性とこれを越え出ていく潜在的な能力である。しかし、この不完全性を「想像された完全の状態」を基準にして計り正す試みは、「新しい存在（neues Wesen）」を結果としてもたらす。それは、もはや基本法がそこから出発するような人間でないであろう。特に遺伝子構造への介入は、個々の人間から尊厳の基礎である自由を奪うだけでなく、人間それ自体を欲求、才能、選好で決定し水平化する可能性の恐れがある。プログラム化され規格化された人間は、プログラム化され規格化された役割の中で自己同一性を獲得できない。この自己同一性の問題が、人間の尊厳の危険に直面して、人間の尊厳の憲法概念において強調されなければならない。人遺伝学による人間の尊厳の危殆化は、個別的な基本権の拡張解釈で効果的に防御できなくて、ここでは人間の尊厳は、我々の法益保護の体系の中での憲法的な非常用ブレーキの役目を果たさなければならない。デューリッヒのように人間の尊厳の厳格解釈は、もはや十分なものでない。我々は、既にそこにいる個々の人格を潜在的に損なうのでなく、人格それ自体を脅かし最終的には歴史と憲法の主体としての人間を疑わしくする発展に近づいている。人遺伝学による危険は、個々の人間の損害やその尊厳の侵害でなく、「侵害されるものの破壊」とでも称すべきことが起きる領域に入ってきた[58]。

　人間の尊厳の承認理論の代表者であるH. ホフマンによれば、人間の尊厳に反したとする道徳的判断が比較的容易であるのに対して、その法的判断に困難が伴うのは、法的意味での人間の尊厳が、非人間的な措置による尊厳の剥奪から保護されなければならない個々の具体的な人間の尊厳として理解されるところから生じる。ドイツの歴史的経験を背景にして、人間の尊厳が、個人主義的・具体的に、個々の人間の実体存在論的・価値論的な属性として考えられてきた。しかし、接合子や桑実胚に対して、そのような意味での人格の尊厳を語ることは邪道であろう。むしろ取り扱われている事例で

58　Wolfgang Graf Vitzthum, Die Menschenwürde als Verfassungsprinzip, in: Juristenzeitung 40, 1985, S. 208 f.

は、人間の生命が自己目的として尊重されるのでなく、目的のための手段として濫用されると言ってよいだろう。「あらゆる他の人間に人間性の尊厳を承認せよ」というカントの要請は、人格としての人間の道徳的自律の理念に基づいている。この熟慮は、個体になる前の人間の生命に直ちに関わるものでないが、ここに解決も潜んでいる。カントによれば、尊厳は、我々の自己意識の中で経験される、道徳行為をする類的に特殊な能力の故にのみ、個人に帰せられる。そして、我々は、自らを拒否することなしに、我々の種のいかなるものにもその能力を否認することができない。「人間の尊厳の概念は、共同人間性のコミュニケーション概念である」。ここに法的意味で問題となりうるのが、人間という生物的類の身体的・偶然的な個人として、自己答責的に人格性を発達させる可能性の（共同人間性を構成する）諸条件は、我々の自己理解に従えば何かということである。「人間の自由は、個人的素質が他の人間の介入によって彼に分ち与えられていないということに基づく」。我々は、この考えを人間の胚の素質を用いたすべての人工的な産出へ予防的に拡張しなければならない。発生した個人に、自らを人間という類的存在として理解することを不可能にすることをしてはいけないし、またその身体性の偶然をその個体の契機として育てることを妨げることをしてはならない。あらゆる人間の飼育は、そのことに矛盾する[59]。

　以上のような「類に関連づけられた」尊厳の諸観念は、困難な生命倫理的問題の解決に際して、個人的な人間の尊厳の侵害を認識できないが、この展開を人間の尊厳の法的規定に遡って操ろうとしたところから出てきている。そのときに要請されるのは、「人間の尊厳の全体を成す構成要素の人間のゲノムの不可侵性」、「人間の種に帰せられる尊厳の侮辱」としての「生殖的クローニングによる新しい遺伝子的結合の偶然に影響された成立の妨げ」である。H. ドライヤーによれば、ここに思いがけなくも人間の尊厳から「分子構造の尊厳（Würde einer molekularen Struktur）」がでてきて、二つの一倍体の染色体のさいころ賭博が、憲法保障に高められることになっている。事柄にしたがって議論するならば、類に関連づけられたというより、むしろ社会

59　Hasso Hofmann, Biotechnik, Gentherapie, Genmanipulation‒Wissenschaft im rechtsfreien Raumü In: Juristenzeitung 41, 1986, S. 259 f.

に関連づけられたということであろう。バイオテクノロジーの操作によって個人の尊厳や分子構造の尊厳が損なわれているのを見るのでなく、相互作用の障害や方向設定の喪失が損なわれているのを見るだろう。あらかじめ決定され意識的に選択された遺伝素質をもった新しい人間の生命の創造が、クローニングによってやり遂げられるとき、人間の尊厳は、個人の担い手から離れて、高次の次元にある法共同体の上に確立されなければならない。個体性の人工的産出と工業的生産が許されないのは、あらゆる人間の一回性と個体性の客観的諸条件が危うくされるからである。生殖的クローニングは、具体的な法共同体の中での相互的な人間関係の可能性の諸条件を掘り崩している。遺伝的個人性を人為的に複製することによる人間の工場生産の追求が許可されるという観念は、政治的共同体を支える規範的基礎の上にある方向設定の安定の危険をもたらすだろう。個人の尊厳の上に根拠づけられた社会性の集団的な自己理解が、危うくされている。クローニングの禁止だけが、あらゆる個人の唯一性の承認の目印となる全体社会的な相互作用の成功のための不可欠な前提を維持することになる[60]。

7. 類倫理的自己理解

　クローニングが個々の人間の尊厳を損なう理由は、子の人生行路の部分的な先決にあるのか。いかなる人間も、彼の親やその他の産出者の企図に還元されてはならないという意味で、「計画されないことへの権利（Recht auf Ungeplantheit）」をもっているのか。自己が誰であり、自己がいかなる生を送ろうとするのかを知ろうとする行為者の視点から、彼がいかなる仕方で自らのゲノムに至ったのかは、重要な差異をなしている。それは、当の人格が自らの固有の発達の自然的な惹起についての決定を他の人格に負っているや否や変じられることになるような道徳的な自己理解である。人間のクローンは、責任ある行為のための前提を壊している。他人の遺伝プログラムを決定するものは、いかなる人も自由の一部が奪われるように他人を意のままにしてはならない条件を損なうことになる。クローニングは、すべての法的人格

---

[60] Horst Dreier, op. cit., Rn. 111, 118, 119.

の規範的平等に対しての不可欠な前提が損なわれる作成手順のタイプである。この論拠は、重要である。以下で、J. ハーバーマスの類倫理的自己理解と自由の根源についての考察を詳しく見てみたい（段落末尾の数字は、ハーバーマス『人間の自然の未来』[61] の該当頁である）。

　　ハーバーマスは、伝統的な正しい生のモデルの構想が衰退していく終局に、ロールズの政治的リベラリズム（世界観の多元主義と生活様式の個人主義化に対応する）を位置づけ、そこからポスト形而上学的節制（Enthaltsamkeit）が醸成されてくるのを見るが、今日の「類の倫理学」の問題（生命科学の進歩とバイオテクノロジーの発達が、行為の可能性を拡張するだけでなく、新しいタイプの介入をも可能にしている）に関わることで、それが限界にぶつかっている状況を把握している。「我々がある（sind）ところの自然と、我々が自ら自己に与えるところの有機体的な装備との境界」が消えかかって、そのことによって「有機体的な実体の深所に達した新しい種類の自己関係（Selbstbezug）」が出来上がっている。人間のゲノムへ介入する新しい可能性を、規制を必要とする自由の増大とみなすのか、それとも各人の選好に依らしめる権能付与とみなすのか、という原則的な問題が出て来る。ハーバーマスは、この根底にある問題を、現代の自由理解への挑戦という視点で輪郭を描こうとしている。それは、「我々の規範的な自己理解の自生的な、今まで主題化されることなく受け入れられてきた本質的な諸条件」を照らし出すであろう。近代ヨーロッパの世俗の思想も宗教的信仰も、「新生児の遺伝的素質とその将来の生活史のための有機体的な出発諸条件とが、他の人間によるプログラム化や意図的な操作から免れている」ということから出発している。今日意のままにされることが、「二つの違った染色体系列の予見できない結合の帰結を伴う偶然的な受精経過の自由処理不可能性（Unverfügbarkeit）」である。この偶然性が、自己存在可能にとっての必然的な前提と相互人格的な関係の原則的に平等な本性であることが明らかになる。大人が子孫の望ましい遺伝素質を形成可能な産物とみなして、自由裁量で適したデザインを構想するとすぐに、彼らは、遺伝的に操作された製品を介して一種の自由処理を行ったことになる。そのときには、子孫は自らのゲノムの製作者に釈明を求め、自己の立場から望ましくない、生活史の有機体的な出発状況の結果に責任を負わせることができる。この新しい帰責の構造は、人格と物件との境界の消失から帰結される。障害児の両親が、出生前の誤ちの物質的帰結の責任を民

61　Jürgen Habermas, Die Zukunft der menschlichen Natur, Frankfurt am Main 2005.

第 3 節　人クローンに反対する諸論拠　261

事訴訟で医師に取らせ、損害賠償責任を要求することが起きている。あたかも医学的予想に反して出現した障害が、器物損壊の構成要件を充たすかのように。ある人が他の人の自然的素質について下す不可逆的な決断によって、これまで知られていない相互人格的な関係が成り立ち、それが我々の道徳的感覚を損なう。一方が他方に不可逆的でその有機体的素質に深く介入する決定を行うことによって、自由で平等な人格の下に原則的に成り立つ責任の対称が制限される。社会化の運命に対してもつ自由は、出生前に行われるゲノムの作成に対してもつ自由とは別物である。自己固有の形成史を自己批判的に我がものとする可能性は、遺伝的に操作された素質に対しては、（自然的生殖で造られたものと）同じ意味で与えられていない。(27-31 頁)

　生殖補助医療は、社会的に親であることと生物的な由来との関係に介入して、センセーションを巻き起こしてきたが、それが遺伝子技術と遭遇することによって、PID が導入され、さらに治療目的のための臓器の培養や遺伝子改変的な介入への見込みが開かれてきた。そのような状況で、胚の生命保護よりも研究の自由を優先して、研究のために初期の人の生命を明示的に樹立するわけでないが、やはり何らかの仕方でその利用を要求する場合、新しい治療法を発展させるという高次の目的が掲げられてきた。しかし、「治療の論理」からの根拠づけに、全幅の信頼が置かれているわけでない。政治的な自己了解過程にとって、パースペクティヴの喪失は最大の危険である。PID の実施は、それ自体道徳的に許され法的にも甘受されうるが、重篤な遺伝病の僅少な事例に限定されてきた。バイオテクノロジーの進歩と遺伝子治療の成果の連なりの列に、遺伝病の予防のために体細胞（あるいは生殖細胞）への遺伝子的介入が、許可されようとしている。消極的優生学と積極的優生学との区別が必要になるが、この境界は、概念上または実際的理由から流動的であるので、限界が流動的である中でまさに正確な限界を引く逆説的な挑戦を受けることになる。この論拠は、リベラル優生学（治療的介入と改良的介入との限界を認めず、個人の標識を改変する目的の選択を市場の参加者の個人的な選好に委ねる）の擁護に有効である。しかし、ラウ演説が想起されるべきである。「いったん人間の生命を道具化し始めるもの、生きる価値のある（lebenswert）と生きる価値のない（lebensunwert）を区別し始めるものは、立ち止まることなく一つの軌道を進んで行く」。留保つきで造られること、遺伝子検査後に生存に値するないしは発達に値するかどうか判定されることは、人間の生命の尊厳と一致するのかという問題が出て来る。医学的研究の目的のために胚の産出と利用が広がって常態化している程度において、出生前の人間の生命についての文化的意識が、限界に対しての道徳的感覚力が損得計

算によって鈍磨される帰結によって変わってくる。そこで、PIDや幹細胞研究のテーマも、自己道具化や自己犠牲化のパースペクティヴから連関づけられる。この見地から、道徳的に命令され法的に保障された人格の不可侵性と、その身体的な具象化の自然発生的な様相の自由処理不可能性との目だたない規範的な共演が照らされる。PIDの場合、望まれない遺伝素質の選別と望まれる遺伝素質の最適化との限界を保持することは困難である。重篤な病の子の出生の防止と遺伝形質の改良との概念的な限界は、もはや鮮明に切り分けられない。さらにアウトサイダー的な医師が、人間の生殖的クローニングに取り掛かっている報道に接するとき、人間の類が、その生物学的進化を自らの掌中に収めるだろうパースペクティヴが思いつかれるが、そこでは「進化の共演者」、「神を演じる」というような喩えが語られる。(36-42頁)

　キメラ、クローン人間、実験によって消費される胚への嫌悪の念の中に、太古の感情の名残が存続するであろう。「人間的自然の道徳化」が類倫理的自己理解の自己主張の意味で捉えられるとき、それは全く別の観念を生じさせる。そして、我々が自らを我々の生活史の不可分の作者として理解し、我々を自律的に行為する人格として相互に承認することができるかどうかは、この類倫理的自己理解にかかっている。法的な手段でリベラルな優生学への馴致を防止して、親の染色体の融合に一定程度の偶然性と自然発生性を確保することは、黴臭い反近代主義的抵抗とは別の表現であろう。これは、反省的になった近代の社会学像に適しているだろう。遺伝子操作が類存在としての我々の自己理解を非常に変えるので、近代の法観念や道徳観念への攻撃で、社会的統合のそれ以上に背後に進むことのできない規範的基礎が同時に損なわれるだろう。近代化プロセスの知覚の中での形態変化によって、バイオ技術的な進歩を生活世界から透かすように浮かび上がるコミュニケーション的構造に適合させるように「道徳化する」試みに別の光が当たるであろう。(49-51頁)

　ハーバーマスは、操作されない遺伝素質の不可侵性の保護が、人格的同一性の生物学的基礎の自由処理不可能性によって根拠づけられるのかという問題にテーマを限定する。それに関して、法的保護は、「人為的に侵害されない遺伝的遺産への権利」に表現されている。その権利によって、医学的に根拠づけられた消極的優生学の許可が先決されないだろう。消極的優生学は、道徳的衡量や民主的意思形成によって帰結されるとき、操作されない遺伝素質への基本権というものを制限するだろう。それはさておき、テーマの限定によって考察外に置かれたバイオ政策的諸問題（新しい生殖技術、臓器の交換、医学的に幇助された死）は、リベラルな観点から人格的自律の増大とみなされるが、それらの望ましからざる社会的な副作用には批判が向けられる。遺

伝子テストの制度的利用や遺伝子診断が呈示する知との人格的関わりの問題も、さらに論争されている。これらの生命倫理的諸問題は、人間的自然の診断の透徹化と治療的制御の拡張と連関しているが、選別や標識の変更を目指す遺伝子技術及びそのために必要な将来世代に向けられた研究は、新しい種類の挑戦を意味する。それらは、「我々が本性上あるところの」身体的基礎を意のままにする。カントが「必然の王国」に数え入れたものは、進化論的見地から「偶然の王国」に転じられる。遺伝子技術は、この自由処理不可能な自然の基礎と「自由の王国」との境界をずらしている。内的自然に関わる「偶然の拡張」を我々の最適化の遊動空間の拡張より際立たせているものは、それが「我々の道徳的経験の全体構造を変える」という事情である。ドウォーキンは、これまで確固不動とみなされてきた道徳的な判断・行為の諸条件に遺伝子技術が引き起こしたパースペクティヴ転換によって、このことを根拠づけている。「進化も含めて自然が造り出したものと、我々が世界でこのゲノムを使って始めたものとを、人は区別する。いずれにせよ、この区別は、我々があるところのものと、我々が責任においてこの遺産といかに関わるのかということとの間に境界を引く。偶然と自由の決定との間の決定的限界は、我々の道徳の背骨をなしている。我々は、ある人間が他の人間を構案するという見方を恐れている。なぜなら、この可能性が、偶然と決断との間の限界をずらすからである。」遺伝子改変的な優生学的介入が、我々の道徳的経験の全体構造を変えるということは、強力な主張である。偶然と自由の決定との間の限界の移動は、道徳的に行為し実存のために気遣う人格の全体の自己理解を病的に変化させ、我々の道徳的自己理解と類倫理的背景との連関を意識させる。我々が自らを固有の生活史の責任のある作者とみなして、相互に対等の人格として尊重しあうことができるかどうかは、我々が自らを人間学的に類的存在として理解するかどうかにかかっている。(51-55頁)

　人格以前の人間の生命の扱い方は、全く別のゲージの問題である。それは、文化的な生活形式の多様の中の差異にではなく、我々が自らを人間として同定し、他の生物と区別するところの直感的な自己理解、つまり類存在としての我々の自己理解に触れてくる。至る所で違っている文化ではなく、どこでも人間学的普遍性の中にある像が、ここでは問題である。研究目的のための胚の利用や留保付きの胚の産生をめぐる議論で、情動的な反応の中には道徳的高揚というよりも何かみだらなものへの恐れが表されている。それは、信じられていた大地が足下から崩れていくときに捉えられるような眩暈感覚である。種の限界をキメラが破る瞬間に催す吐き気が、予兆的である。「類の同一性の不安定の中に、倫理的な新天地がある」。抽象的な理性道徳は、類とし

ての倫理的自己理解にその支えをもつという事態を見失ってはいけない。このようなパースペクティブから出てこざるをえない問いとは、人間の自然の技術化が類倫理的自己理解を変えて、倫理的に自由で道徳的に平等な生物であると我々を見ることができなくなってしまうのか、という問である。(72-74頁)

人間のゲノムの連結の操作やまもなく進化を掌握できる遺伝子研究者の期待は、主観的なものと客観的なもの、自生的なものと製作されたもののカテゴリー的区別を揺るがす。問題となるのは、我々の自己記述においてこれまで不変と想定されてきたところの、深く根差したカテゴリー的区別のバイオ技術的な脱差異化である。それは、道徳的意識が冒される、つまりその下で我々が自らを固有の生の作者及び道徳的社会の同等の構成員として理解することのできる自然発生性の諸条件が冒されるほどに、類倫理的自己理解を変化させるであろう。自己固有のゲノムのプログラム化について知ることは、我々が身体として実存し、ある意味で我々の身体で存するときに伴われている自己理解を妨げるだろう。そのことによって、人格間の非対称的な関係が出来上がる。(76-77頁)

生活世界は、アリストテレス的に組み立てられている、つまり、われわれは、無機的自然と有機的自然を区別して、さらに人間の動物的本性と理性的・社会的本性を区別する。この揺るぎなきカテゴリー的分類は、世界と関わる仕方によって制約されたものである。それは、(a) 利害のない自然観察者の理論的態度、(b) 製作して目的に向けて行為する主体の技術的な態度、(c) 利口に、道徳的に行為する人格の実践的態度に分かれるが、第三の場合での人格は、相互作用連関において、すなわち戦略家の客体化する態度とコミュニケーション的行為者の遂行的な態度において出会うのである。さらに、農夫、医師、育種家の実践は、違った態度を必要としており、それらの世話、治療、育種の実践には、「自己自ら統制する自然の固有の動力学への尊重」が共通している。しかし、現代の経験科学は、客観的態度に技術的態度を結合して、科学から客体化された自然の技術的な自由処理への転換が、社会の近代化のプロセスをもたらしたのであり、科学技術の適用の論理によって、たいていの実践領域は刻まれている。遺伝子研究や遺伝子工学の発達は、栄養、健康、長寿のバイオ政策的目的に照らして正当化されるが、そのことで忘れてならないのは、育種の実践での遺伝子技術的革命は、もはや自然の固有の動力学に適合させる治療的様相で成し遂げられているのでなく、類存在としての自己了解にとっても構成的である根本的な区別の脱差異化を示唆する。偶然に操られる種の進化が遺伝子工学の介入領域に押し出される程に、製作

されたものと自然に生成したもののカテゴリーが脱差異化されていく。物質の技術的加工と有機的自然との育種的ないしは治療的な関わりの行動様式から、この対置は明らかとなる。ヨナスによれば、遺伝子工学の行動様式は、自由に処理される自然との協働の関係によって、技術者による技術的な介入とは区別される。死せる素材と有機体との区別。リベラル優生学は、遺伝素質の遺伝学的修正と態度や期待の社会化的修正を比較して、優生学と教育との間に目立った違いはないとする。この論拠は、この遺伝的素質を改良する優生学的自由を正当化するために、両親の教育的権限の拡張を意味する。遺伝的素質は、環境と偶然的な仕方で相互作用して、直線的に表現型の属性に転化するわけでない。それ故に、遺伝的プログラム化は、プログラム化された人の将来の人生設計の不当な修正を意味するわけでない。この論拠は、成長するものと製作されるもの、主観と客観の区別の均等化に支えられた疑わしい並行化に陥っている。人間の遺伝素質へ拡張された操作は、治療的行為と技術的製作の違いを後退させる。人間のゲノムの組み合わせへの影響が、成長した人間の環境への影響と本質的に区別されていない。人は、自己の生の遂行において、肉体としてこの身体であるということによって、自らの身体を所有する。身体の所有は、先行する肉体存在を客体化する後天的な能力の結果であるが、第一義的なものは、肉体存在の経験様相であり、人格の主観性もそこから生まれてくる。優生学的に操作されて成長したものに自らの肉体が何か製作されたものとして顕われてくる度合いに応じて、体験された生の参加者のパースペクティヴが、製作者の対象化するパースペクティヴと衝突する。リベラル優生学は、自然の運命と社会化の運命の並列化によって、余りにも単純化している。（80-91頁）

　そのおかげで自らの生存が可能とされた工場生産の観念に子が直面するとき、これまでとは全く違った事態が生じるだろう（ここで、遺伝的決定論が想起されてはいけない。遺伝的プログラムがどれほど将来の人の性質・素質・能力を実際に確定して、その行為を事実上決定するのかということとは独立に、この状態についての事後的知識が、その身体的・精神的生存に対しての当人の自己関係に介入するからである）。第一の人格の生ける生の遂行的な態度から、彼自身の肉体が出生前に介入の対象にされるときの観察者のパースペクティヴへの転換が、ここでは行われている。成長したものが、自らの遺伝的素質への介入に他者が企てたデザインについて知ったとき、制作された存在のパースペクティヴが自然発生的な身体存在のパースペクティヴに重なり合う。そのことによって、成長するものと作られたものとの区別の脱差異化が、自己固有の生存の仕方に入り込んでいる。それは、出生前に遺伝

技術的な侵害の結果、自由処理不可能であると体験された主観的自然が、外的自然の断片の道具化から出てくるという眩暈させるような意識を引き起こす。こうした事態を想像がたくましくドラマティックに考えることに、疑念が投げかけられる。私のゲノムの組成を誰かがデザインしたことを知ったからとて、そのことが私の人生に重大な帰結をもつはずだということが本当にわかるのか。自分が事前に作出されていることを知ったからといって、自分からの疎隔感が必ずしももたらされるわけではないだろう。(94-95頁)

　優生学的にプログラム化された人間は、自らの遺伝素質がその表現型の刻印に影響する意図において操作されたという意識をもって生きなければならない。道徳的な確信や規範は、構成員のコミュニケーション的行為を介して再生産される生活形式の中に位置を占める。個人性は、深層の言語的コミュニケーションの社会化する媒体を通じて成し遂げられるので、個人の完全性（不可侵性）は、相互の交渉で大事にする性格に依っている。定言命法の目的定式は、いかなる人格も「常に同時に目的それ自体として」みなす要求並びに人格を「決して単に手段として」扱わない要求を含んでいる。関係者は、衝突事例でも、コミュニケーション的行為の立場で相互作用を続行していくべきである。彼らは、第一の人格の参加者パースペクティヴから、第二の人格としての他者に、彼と何かについて了解する意図で態度をとる（逆に第三の人格の観察者の態度から彼を対象化して、自己固有の目的のために道具化してはならない）。道具化の道徳的に有意味な限界をそれによって印づけるのは、コミュニケーション的関係（回答と態度表明の可能性）が健全なままである限り、第二の人格との対置で第一の人格のすべての捜索から必然に免れているもの、すなわち、人が行為し批判者に語り答えるときに、人がそれによって自らであるところのものである。自己目的の「自己」とは、その都度独自の要求に定位される生の遂行のための作者（Autorschaft）であることの中に表されている。誰もが独自のパースペクティヴから世界を解釈して、独自の動機から行為して、独自の計画を構想して、独自の利益と意図を追及するが、それが真正の要求の源泉である。もちろん、行為主体は、道具化禁止に満足することはできない。定言命法は、各人に、第一の人格のパースペクティヴを、全員が共通に普遍化できる価値定位にそこから達することのできるところの相互主観的に分たれた我々のパースペクティヴのために放棄することを要求する。目的定式は、法則定式に架橋されている。妥当な規範は普遍的同意を受けるはずという理念は、我々があらゆる人格の中に、それらを自己目的として扱うことによって、「人間性」を尊重するはずである、という規定でしだいにはっきりしてくる。人間性の理念は、我々が相互的に包括的

な社会の構成員とみなされる我々のパースペクティヴを受け入れるように、我々を義務づけている。衝突事例で規範的了解がいかに可能であるか、定言命法の法則定式が言い表しているが、それは、誰もが普遍的法則として欲しうるような格率に、自己固有の意志を結びつけることを要求する。自律的に行為する主体は、根底にある価値定位について不合意が生じたとき、規制を必要とする題材に関して、全員の根拠づけられた合意に役立つ規範を発見し発展させるために、討議に入らなければならない。一方では、個人として自己固有の代替できない生を営むべき人格の「自己目的性」、他方では、各人格に人格としての特質において帰せられる等しい尊重が、そこでは問題である。だから、道徳規範の普遍性は、抽象的なままであってはならず、すべての個人の特殊な生活状況と生活構想に敏感でなければならない。個性化と普遍化を制限する道徳が、考慮に入れられなければならない。第一の人格の権威が弱められてはならず、道徳が独自の生を遂行する個人の自由を確保するのは、普遍的規範の適用が、個人の人生投企の形成余地を制限しないときだけである。有効な規範の普遍性の中に、同化しない強制のない相互主観的な共同性（利害と解釈パースペクティヴの差異性を考慮して、他者の声を平準化したり抑圧したりしない）が表現されなければならない。それ故に、道徳的に判断する人にとって、固有の自己存在可能と同様に他者の自己存在も重要である。討議参加者の否定発言の可能の中に、代替できない個人の自発的な自己理解と世界理解が言語化されなければならない。この自己存在可能に関して、我々の生活史の中に遺伝的プログラムによって達している他者の意図が、阻害する要因として出てくるということである。自己存在可能に必要であるのは、人格が自らの身体の中に安らっていることである。身体は、人格的実存の具現化の媒体である。中心と周縁、自己のものと他者のものへの方向づけの意味は、身体と結合される。身体的実存は、人格がその身体と自己同定するという条件でのみ、パースペクティヴの差異を可能にする。人格がその身体と同一であると感じられるためには、彼は自然発現的なものとして経験されなければならない。(95-101頁)

　自己固有の自由は、何か自然に自由処理できないものとの関連で体験される。人格は、その有限性はさておき、自己固有の行為や要求のそれ以上遡りえない根源として、自らを知る。人格は、自己固有の由来を、自由処理できない始まりに帰せられなければならない。出生の自然性も、そのような自由処理できない始まりの役割を充足させる。アレントの「生まれ出づること（Natalitaet）」が想起されるべきである。永劫回帰の連鎖を全く別のものが突破するという希望、新鮮に生まれてきたものの到来を好奇心で待つ周囲のも

のの眼差し、「予期せざるものの予期（Erwartung des Unerwartens）」が、ここには現れている。この新しさへの漠とした希望によって、未来を支配する過去の力は粉々にされるであろう。アレントは、生まれ出づることの概念で、創造的始まりから成長した主体の意識への架橋を図っている。出生が、自然と文化の間の分水嶺として、新しい始まりを印づける。人の社会化の運命とその有機体の自然運命との区別が、出生で開始される。自由処理不可能な始まりと歴史的実践の可塑性との区別に関連づけられてのみ、行為者は遂行的な自己帰責を許される。人は、自己の連続性を想定するときにだけ、自らを帰責できる行為の作者並びに確かな要求の根源として理解する。自己存在の連続性が生活史の変転の中で我々に可能であるのは、我々が我々であるものと我々とともに起こることとの差異を、身体的実存において確定できるからである。身体的実存は、社会化過程の背後に戻っていく自然運命を継続させている。過ぎ去った自然運命の自由処理不可能性は、自由意識にとって、しかも、自己存在可能そのものにとっても、本質的なようにみえる。自己固有の有機体の遺伝的プログラムの中に他者の意図が巣くっているのを認めるや否や、出生は、いつでも自ら始めることのできる意識を行為主体に与えることのできるような始まりではもはやないであろう。プログラム化された人は、改変されたゲノムによって貫通されているプログラマーの意図を、前者の行為の遊動空間を限界づけるところの偶然の事情として、自らを理解することができない。むしろ、プログラム化された人は、相互作用の中に共同演者として入り込むが、プログラム化されたものの行為の遊動空間の内部では、対抗するプレヤーとして現れないのである。（101-105頁）

　自由主義的社会では、各市民は自らの個人的な生活計画を最善の力で追及する等しい権利をもつ。この倫理的な自由の遊動空間は、遺伝的に制約された能力・素質・特性によっても規定されている。自ら選んだのでない有機体的な出発諸条件下で自己固有の生を営む倫理的自由に関しては、プログラム化された人も、自然に造られた人と変わらない状況にさしあたって居ることになる。ただし、望ましい特性や素質の優生学的プログラム化は、それが本人の人格を一定の生活計画に固定して、自己固有の生の選択の自由を制限するとき、その計画に対して疑念が出て来る。成人したものは、親が一定の完成へ至る素質に結び付けた外的な意図を、親の家の職業的伝統と似た仕方で、自分のものにすることはできる。彼は、親の期待（数学的または音楽的才能で何かを行う）に、家族共同体の濃密な網の目を反省する中でかそれとも遺伝的プログラムとの対決の中で出会うのかどうかは、本人がこの期待を自らの野心に変えるか、あるいは徴候として認識される素質を自らの努力のチャ

ンスや責務と捉えるときには、何らの本質的な相違はないであろう。「適合的な」意図の事例では、自らの身体的・精神的実存からの疎外の作用と、自己固有の生を営む倫理的自由の制限は現れてこない。しかし、自己の意図と他者の意図との調和が保障されることが確実でない限り、不協和音の出る事例も除外することはできない。その場合、自然運命と社会化の運命が、道徳的に重要な点で違っている。子が第二の人格の役割を引き受ける人間形成の過程にある相互作用的な構造は、親が抱く性格を模る期待を取り消しできるようにする。それは、子の依存性の非対称を回顧的に均して、生成（Genese）を批判的に加工することによって自由制限的な社会化過程から解放される。遺伝的プログラムは、沈黙した、ある意味で答えられない事実である。まさに、このチャンスが、親が自らの選好にしたがって企てた遺伝子的な固定化の場合には存しない。遺伝子的介入は、計画された子を、第二の人格と呼んで了解過程の中に組み入れるコミュニケーション的遊動空間を開示しない。遺伝的に固定された意図に不満を抱くものは、自然に生まれてきた人のように、反省的に自分のものにして意志的に連続した生活史の経過の中でふるまうことができない。これは、クローンの状況にも似ている。クローンは、時間的にずれた双子の人格と生活史への模範を意識した眼差しによって、取り繕われない固有の未来を奪われている。改良的な優生学的介入は、それが、本人を、第三者の拒否できない不可逆の連関に固定して、自己固有の生の作者として理解することを妨げる限りで、倫理的自由を侵害している。リベラルな優生学は、プログラム化された人の妨げられない自己存在可能に関わるだけでなく、同時に前例のない相互人格的な関係を生み出すであろう。他のもののゲノムの望ましい組み合わせについての不可逆的な決定によって、自律的に行為し判断する人格の道徳的な自己理解の自明な前提を疑わしくする関係のタイプである。すべての人が平等な規範的地位を引き受け、相関・対称的な承認を互いに負っているという確信は、人間の間の関係の原則的な可逆性から出発している。誰も、原則的に、不可逆的な仕方で他者に依存してはならない。遺伝的プログラム化によって、非対称的な関係、独特のパターナリズムが生じる。親と子の社会的依存性とは違って、親と子の系譜論的依存性は逆転できない。親は子を産むが、子は親を産まない。この依存性は、その存在（Existenz）だけに関わり、その様相存在（Sosein）、将来の子の生命の質的規定には関わらない。プログラム化されたもののデザイナーへの遺伝的な依存性。プログラムの立案者は、パターナリスティックな意図で、他者の遺伝素質を合意なしに一方的に意のままに扱う。その帰結は不可逆的である。パターナリスティック意図は、遺伝的プログラム中に沈殿して、コミ

ュニケーション的に媒介された社会化の実践の中には沈殿しないからである。一方的に企図された遺伝子操作の帰結の不可逆性。すべての人は、あれこれの仕方で、遺伝的プログラムに依存している。意図的に確定された遺伝的プログラムへの依存は、他の理由からも、プログラム化された人の道徳的自己理解にとって重要となる。それは、原理的に、プログラム化されたものとの役割を交替することが拒まれていることである。産物は、デザイナーに対して、そちらの側でデザインを投企することができない。プログラム化は、それが他人の自己存在可能や倫理的自由を制限するかどうかの観点ではなく、それがプログラム化するものと表現された産物との間の対称的関係を妨げるかどうかの観点で、我々の関心を呼び起こす。そのような不可逆な社会的依存性は、自由で平等な人々の道徳的・法的な社会の相関的・対称的な承認関係の中に、異物（Fremdkörper）を形成する。これまで社会的相互作用で出会われたのは、生まれた人だけであって、作製された人ではない。（105-112 頁）

　ハーバーマスの所論から導かれることは、個人人格の自由な発達が自然的生殖の構造の維持と緊密に連関していること、人間の生殖の自然的偶然性は、平等命令と尊厳原理の妥当の前提ないしは条件であることである。「人間の尊厳保障のための自然的偶然性の弁護」。人間の尊厳保障は、自然的または社会的な富くじの可能な結果を排除しないし、逆に「偶然の子」であるという生物学的事実が、人間の尊厳の構成因である。遺伝子操作やクローニングによる人間の生命への介入・操作（人間の自然の技術化）は、道徳的経験の全体構造がそこに根差している類倫理的自己理解を揺るがし、主観と客観、成長するものと製作されたもののカテゴリー的区別を脱差異化する。その結果、我々は、自らを独自の生の作者及び社会の同等の構成員として理解する自然発生性の諸条件を失う。自己固有の自由は、何か自然の自由処理不可能なものとの関連で体験されるからである。クローニングに反対するハーバーマスの論拠を支える他の側面は、不当な実力行使の禁止である。他の人格の遺伝的素質を恣意的に扱うことは、製作者と製作物との関係を根拠づけるが、その依存関係は、相互人格的な関係とは違っている。デザイナーは、その製作品の最初の形象を非対称的に確定する。そのことによって、人格間のコミュニケーション関係を不可能にする。

　グートマンは、ハーバーマスの「類倫理的自己理解」について、次のよう

第3節 人クローンに反対する諸論拠

に評している。それは、道徳的存在としての我々の自己理解にとって我々の身体的実存の遺伝的基礎の自由処理不可能性の意義についての問いに答えるものである。一人の人間が、他の人間に対して、彼の有機体的素質を確定する不可逆的な決定を下すや否や、自由で平等な人格の下で成り立つ責任の対称性が制限される。役割交替の可能性がない、遺伝工学的プログラマーと生産品との間の不可逆的で非対称的関係が、普遍的道徳と法治国家の基礎を壊すであろう。すべての人が等しい規範的地位を占め、相互に対称的な承認に負っているという確信は、人間間の諸関係の原則的な可逆性から出発しているので、生殖的な遺伝子操作の技術で、法観念と道徳に対して埋め込まれたコンテクストが損害を受けることがあるだろう。遺伝的素質の割り当ての中にある非対称は、自立的に行為する人としての個人の一般的、相互的な承認の条件を掘り崩すので、受精過程の自由処理不可能性と造られた個人の遺伝的結合の偶然性が、我々の人格間の諸関係の原則的に平等な本性のための必然的な前提をなしている。ここに、人格の不可侵性とその身体的な具体化の自然発現的な様相の自由処理不可能性の模範的な協演が存している。しかしながら、ハーバーマスのこのような目論見が、はたして成功しているかどうかについて、グートマンは批評的である。ハーバーマスの議論の構造の意義は、人間の遺伝的基体の自由処理可能性についての討論の「見失われた環 (missing link)」を呈示しているところにある。人間の自然の技術化が、自らを自由で平等な存在として理解できない程、類倫理的自己理解を変えているとまでは十分に立証されていない。人格として尊重されることの法的、道徳的基礎は、彼の遺伝的な出発点となる基礎が、全体的ないしは部分的に割り当てられるという事情によって抵触されることはない[62]。ヘルンレによれば、そのような強い推論は、誇張されたものである。これらの批判を受け止めて、遺伝レベルと人格レベルの連続と断絶の諸相について、より掘り下げられた考察が必要であろう。

---

62 Thomas Gutmann, "Gattungsethik" als Grenze der Verfügung des Menschen über sich selbslt?, in: Wolfgang van den Daele (Hrsg.), Biopolitik, Wiesbaden 2005, SS. 252-259.

第 4 節　治療的クローニング

　治療的クローニングの場合、細胞提供者と遺伝的に同じ新しい人間の誕生を目論んでいなくて、重篤な遺伝的疾患の治療のための組織や器官の製作が重要なことである。「研究的クローニング」と呼ばれることもあり、分化能をもつ幹細胞の発達過程とプログラム化過程の学問的認識の獲得とその操作が必要とされる。治療的クローニングについて、除核された卵細胞へ患者の体細胞を移植することによって、目的とする組織や器官の培養が行われ、獲得された代用組織の移植は、等しい遺伝構造のために、免疫的な拒絶反応の問題にぶち当たらない。治療的クローニングは、客体定式にしたがって、人間尊厳に反するとされてきた。1.　望む細胞構造の獲得のために犠牲にされる胚または類似の存在が発生している。2.　他の発生過程の場合、生殖的クローニングへの道を進んでいく。ドライヤーは、1.　について、最初期の発達段階の細胞結合に、完全な生命権と人間の尊厳を備えた人間的生物の地位を認めることができるかどうかに、この論拠はかかっているとして、それは有意味的に根拠づけられないと解する。2.　について、治療的クローニングの場合、行為の目的性に中心的な意義が帰せられる。核移植によって造られた細胞塊は、最初から桑実胚段階を越えて発達させることが予定されていない。ここでは、人間の唯一性が否定されていない。治療的クローニングは、基本法 1 条 1 項に違反していない[63]。

　シュライバー (Hans-Ludwig Schreiber) の指摘は、傾聴に値するように思われる。治療的クローニングで分化能を持つ幹細胞が求められる（全能的細胞を持つ胚ではない）が、その発達の道筋は胚の段階を通過しているようにみえる。求められているのは、完全な人間でなく臓器の代用品である。しかし、治療的クローニングに、短期間の人間の胚、複製の創造を見る別の見解もある。全能的な胚の通過点を経過することを考えると、治療的クローニングは疑わしい。もしこの過程を回避する道、完全な胚に再びプログラム化さ

63　H. Dreier, op. cit., Rn. 112-114.

れず、分化能をもつ細胞の範囲に留まる幹細胞が造られたならば、治療的クローニングに対する懐疑もなくなるであろう[64]。

第5節　若干の考察

　一　人のクローニングで誰の尊厳が侵害されているのか、という問題について、クローンに対して損害論拠が成り立たず、オリジナルが自らのクローニングの際に生殖の自由ないしは自発的意志に基づいて行為したならば、そこに人間の尊厳の侵害が認められないことになるので、直接に関係したものの個人的利益の保護以外のことに視線が転じられざるをえない。個々の人間から人間の類へ拡張すること。しかし、類の尊厳で理解されていることは、かなり幅があるように思われる。それは、生物学的なヒトの集合概念から、経験的に積み重ねられた人間の自己像を経て、形而上学的な人間の本質概念まで及んでいる。

　遺伝子操作技術は、人間の操作可能性ないしは生物学的規定可能性を内蔵した脅威として感じられ、社会に共有された人間像、例えば人間は自らを自由な存在であり、決して遺伝子的に決定された存在と考えられないというような人間像に触れてくる。クローニングによって、個人の尊厳も分子的構造の尊厳といわれるものも侵害されていないのに、その出来事を経験して知った社会の成員たちの間には、「相互作用の障害」、「方向感の安定の喪失」と形容されるような漠とした不安感が蔽っている。それは、類に関係づけられた（gattungsbezogen）というよりも、むしろ社会に関係づけられた（gesellschaftsbezogen）議論といってもよいかもしれない。人々が自らの存在において当然に前提している世界信頼を揺るがし、方向感覚を見失わせる恐れがある。ゼールマンは、人間の尊厳の社会に関連づけられた意味構成について、人間の生命の末端面に対しての尊重ないしは崇敬の感情の由来を分析することによって明らかにしようとしている。一方で初期（受胎後14日前まで）の人間の有機体に、他方で臓器摘出される死者に、人間の尊厳の担い

64　Hans-Ludwig Schreiber, Die Würde des Menschen-eine rechtliche Fiktion? In: Medizinrecht 2003, Heft 7, S. 371.

手を見ることは難しいが、それらが勝手に処分されることに言いようのない憤りを我々は感じる。初期の胚や死者との関わりの中で人間の尊厳や崇敬の念へのアピールは、個人権よりもむしろ社会的利益に狙いを定めたものである。そうであれば、どのような社会的利益なのか。その場合に問題であるのは、他の個人の多数の個人的利益に対する理想化された定式にすぎず、人間の尊厳や崇敬は、不特定多数の個人における生命や社会的承認の個別的権利のような極めて具体的な利益に対する集合的名辞であると考える可能性もあるだろう。しかし、そのような利益を脅かすのはどのような危険であるのか。遺伝子治療、消費的胚研究、着床前診断で、障害を負ったものに対して、今日ではそのような障害をもはやもたなくてもよいという態度をとる危険が出てきて、それによって彼らの社会的承認が阻害されるのではないかということである。それらの行為の帰結は、不特定多数の人間の不安感にあって、上記の権利や利益に関しての現存在確信（Daseinsgewissheit）を損なっていることである。死者との関わりで禁止される場合でも、同じような安定感情に着目した論拠（死後も来世で平穏であることへの生者の信頼が守られること）が見られうる。危険と安定感情に方向づけられた様々なタイプは、抽象的危険犯から、生命や社会的承認に対する危険が第三者の部分的に不確かな行為に媒介された非常に複雑な犯罪構造を経て、安定感情の保護にまで及ぶ。けれども、人間の尊厳や崇敬で考えられていることは、危険の計算や危険の感情に汲みつくされず、将来の不確かな生起の危険に向けられているのでない全く別の種類の感情の保護である。それは、着床前ないしは脳死後の人間の有機体との関わりによって直接に襲われてくる感情である。それは、後に残された者たちに宿る、畏敬、恐れ、悲しみ、傷つけられた自尊の感情であって、それらは、人間の尊厳と崇敬の侵害と通常名づけられているものの背後に隠されている。そのような感情の中に、非合理的な「アニミズム的な感情の残余」を見ることもできるだろう。それにもかかわらず、今日では、人間の有機体に対しての行動様式に直面して、畏敬、恐れ、悲しみ、傷つけられた自尊の感情の中に、人間の相互作用の全く合理的な要素を見たがるところがある。見かけ上の類に関連づけられた相互作用の侵害の例は、個々の人間に対しての相互作用の障害の中に存しているだろう。初期の胚と

の関わりでの禁止は、我々の自尊心のため、傍観者として類との関わりで赤面しないために必要であろう。死者との関わりでも、一度は我々の下にいたないしは我々より前にいたものの追憶の栄誉が、相互に承認しあうアイデンティティーと自尊に属している（ホフマン）。その中に、人間の生命の末端面での人間の尊厳と崇敬の保護の合理的な核心が存立しうるだろう。死者の場合に保護が時間的な限界を呈すること、生き延びたものも時間的に限定されて権利を要求することしかできないこと、墓所も数十年後には均され再利用されうることも、こういう解釈を基礎にして説明できる。コミュニケーションの保護（という考え）だけが、保護の時間的な段階づけと時間的終結を根拠づけることができる[65]。

他方では、類の尊厳に対して、批判的・懐疑的な立場もある。類の尊厳を根拠づけるための全体の利益に遡る手がかりの危険は、人間の代わりにイデオロギーが保護されるということの中にではなく、個人的な人間の尊厳に尊厳性を分有した集合利益が対置され、それが構成上個人の基本的な尊重要求に対して自己貫徹することの中にある。これは、恐ろしい観念である。それは、人間のクローン禁止のために持ち込まれた論拠の議論上の付帯費用ともいえるだろう[66]。

クローン禁止をしようとするものは、尊厳保護の主体としての個人ではなく、人間の類を注視している。コピーやオリジナルの自律の保護のためでなく、根本的なタブーの防護と人類の未来のために、人間の尊厳の新たな内容が開示される。つまり、「全体の人間像」の保護、「本質的—人間的なもの」の保護、「我々の自己尊重」の保護である。それは、尊厳の個人権的な構造を跳び越え、「人間の尊厳」の代わりに、「人類の尊厳」が問題となる。しかし、そのことによって、基本権的に保障された尊厳は、その具体的・個人的な担い手を失う。個人を種の代理人として注視するグローバル化した尊厳保護は、個人的な権利保障の領域を捨て去り、クローン禁止を支えることができない。なるほど論争されているが、支配的な見解は、個人権的な狭さを、基本法1条1項の客観法的次元に逃避することによって免れようとする。客

---

[65] Seelmann, op. cit., 22. 486-490.
[66] Gutmann, Auf der Suche nach einem Rechtsgut, S. 377 f.

観的な価値秩序の要素として保護されるべきなのは、個々の人格の尊厳でなく、類の尊厳である。尊厳保護の客観化は、それが習俗パターナリズム的に個人の尊厳の担い手の自己決定を巧みに隠すとき、解消できない矛盾にはまり込む。この尊厳の担い手が、尊厳のある行為についての想定された支配的な観念の名目で、逆説的に教育的・配慮的な措置の客体になっている。個人的な権利保障としての人間の尊厳は、それから遺伝子技術的な危険の紀律化が期待されるときには、過大要求され、そして、「人間の最適化」が客観的な価値秩序と対置させられるならば、別の法的解決の道が求められなければならない。尊厳の担い手としてのクローンやクローニングへのオリジナルの自発的な協力をパターナリスティックに否定する代わりに、具体的な個人や集団に裁断された尊厳保障に人類を入れて投影する代わりに、倫理的な命令が強制的でなく憲法委任に移行されうる。それは、個人権的な束縛なしに、遺伝子技術によるゲノムの奴隷化に対抗する社会の決定を表すことができるだろう。社会が人間の尊厳を引き合いに欺瞞的な確かさで衡量する代わりに、広範で公共的な討議と最後には政治的決断へ自己貫徹するとき、それは人遺伝学のリスクの解明とリスク評価についての自己確認に役立つであろう[67]。

　二　人間の尊厳違反を道具化・手段化の中に見る立場の原型的な定式が、カントの定言命法であるが、その意味の曖昧さは、既にショーペンハウアーによって批判されていた。それを法学的に改鋳した客体定式も、融通無碍に用いられるパスポートに化す危険性があるので、少なくとも最小限の自明さを確保する必要がある。明らかな尊厳の逸脱は、例えば、特別に残忍な刑罰、拷問、劇烈な形式の軽蔑等である。これと同じことが、人遺伝学的実践にあてはまるとは言い難い。クローニングは、いつでもクローンの道具化を表しているのか、またいかなる意味においてか。クローンの軍隊のような連続的な複製の場合には、道具化がはっきりしているが、クローニング技術を用いて不妊の夫婦に子を得させるようにすることは、不当な道具化を表しているのか。後者の場合、クローンが特定の遺伝情報の担い手として造り出さ

67　Frankenberg, op. cit., S. 331 f.

れることが問題ではなく、期待を抱いた親に遺伝的に類似した子を得させる目的のために造り出されているという意味で問題とされる。ここから敷衍すれば、いかなる子の産生も何らかの仕方で将来の子の道具化でないのか、ということである。例えば、問題を孕んだ夫婦の関係の修復のため、親のナルシズム的欲求を充たすため、親の経済的安定を保証するため等に、どれ程多くの子が造られているのか。しかし、これらの場合、当事者の尊厳の尊重と一致しない道具化の形態が問題となっているわけではないだろう。道具化論拠の古典的定式であるカントの定言命法の自己目的定式によれば、自己固有の目的の実現のための手段として他人を引き入れることを許可するが、専ら（ausschließlich）他人を手段として利用することを排除する。クローニングのすべてに、このことがあてはまるであろうか[68]。

ビルンバッハーは、ある目的のために子を産むことが、何故道徳的に憂慮すべきことなのか問う。計画とか目的・手段の合理性が人間の尊厳に反するはずだということは、これらが人間の完全性の証明とみなされるとすれば、それだけ理解できないものになる。道徳的に憂慮すべきことは、目的設定そのものでなく、具体的に他人に害を加える目的あるいは手段である。しかし、一定の目的のための生殖の道具化は、このように生まれたものが、尊厳の点で批判されるべき道具化の対象、さもなければ害を加えられる対象にされることと必然的に結びつけられるわけでない。道徳的に問題であるのは、クローンそのものの加害ないしは準加害であって、その産出の根底に目的があるという事実でない。とすれば、この種の加害の問題は、人間の尊厳というような強力な反論を持ち出さなくても、倫理的に斟酌されうる。道具化論拠は、これまで語られたことに何も付け加えるものでない。道具化論拠の成り立つ前提条件とそのきめ細かい類型化が、さらに必要だろう[69]。

三　遺伝的偶然性の確保（第三者からの遺伝子操作・固定の排除）が、個体

68　Ach, op. cit., S 134 ff.
69　Birnbacher, Aussichten eines Klons, in: Hello Dolly? S. 63. 道具化禁止の構造について詳細に論じた考察として、Dieter Birnbacher, Annäherungen an das Instrumentalisierungsverbot, in: G. Brudermüller u. K. Seelmann (Hrsg.) Menschenwürde, Würzburg 2008, SS. 9-23.

としての人間の自己同一性とその根源的自由を可能にして、人間の尊厳の前提に置かれるべきものとされる。人間のゲノムの不可侵性が、人間の尊厳の統合的な構成要素であるならば、生殖的クローンによる新しい遺伝的結合の偶然的生起の妨害を、類としての人間に帰せられる尊厳に対しての侮蔑として解することもできる。個人的人格の自由な発達が、自然的生殖の構造と密接に結び付いているところから、自然的生殖の尊厳の尊重さえ要求される。このような見方に対して、以下のような疑問が投げかけられている。ドライヤーは、遺伝的偶然性に人間の尊厳の根本を見ることに対して、二つの一倍体の染色体の結合の「さいころ賭博」を憲法上の最高価値に押し上げ、人間の尊厳を「分子的構造の尊厳（Würde einer molekularen Struktur）」に変ずることだと辛辣に批判する[70]。グートマンは、人間の尊厳の自然的生殖の尊厳への転換が本筋を外れたものであると批判する。生殖過程が、それ自体尊厳をもつことはない。自然的なことに関して、人間を他の動物と区別するものは何もないからである。グートマンは、この視点から問題を敷衍して、ハーバーマスのテーゼにジレンマが免れないことを指摘する。つまり、カント的には、行為の生物学的・因果的決定は自由と責任の問題から切り離されるが、ハーバーマスのテーゼは遺伝的決定論を前提する限りで支えられるのに、カント的伝統の議論においてはこの決定論を否定しなければならない。クローニングによって人間に影響を及ぼす可能性が、道徳的主体としての地位と法的人格性のレベルに達しているという仮定は、根拠づけられていない（クローンは、倫理的に憂慮されるべき存在として害されている、という見解は的外れである。道徳的に疑わしい仕方で人間を創造することは、道徳的主体としての地位に抵触するわけでない）[71]。因果的自然と自由との区別に立脚して、「人間の尊厳は、人間の特質として解するならば、理性的・倫理的本性の中にあり、生物学的素質の中にはない。人間の尊厳とその侵害の可能性の論理的位置は、人間の人格的・社会的次元であって、その生物学的次元ではない。」とノイマンのように結論することもできるだろう[72]。

70　H. Dreier, op. cit., Rn 118.
71　Gutmann, op. cit., S. 373.
72　Neumann, op. cit., S. 161.

第5節　若干の考察

　遺伝的偶然性は、他のものと同じでない唯一性、独自性、個体性を可能にする基本的条件をなすものである（これと対照的に、あらかじめ設計図にしたがって大量生産される製品は同質的である）。そのことは、生物的・遺伝子的意味でだけでなく、人間学的・社会学的意味でも語られうる。つまり、人間は、自らの意志で自らの生の始まりを決定することができない、むしろ理由もなく自らの生を背負わされると言った方がよいかもしれない。宿命、被投性という厳粛な事実。人は誰でも、人間の生物種に属する両親から、同じ種に属する人間の子として生まれると同時に両親から半分ずつ遺伝素質を受け継いで、全く独自の唯一の存在として生まれた。23対の染色体の結合は、天文学的数字の確率で決定される。何故そのように結合されたのか、何故この子が生まれてきたのかを、説明できるものは誰もいない。このことは、人間の生の始まりが、他の人間の意志、欲求が及ばないところで成り立っているということである。人間存在の最根底で誰にも支配されないところで、一人の人間の生が始まる。そこに、人間の生にとっての深い意味が潜んでいるように思われる。個人としての人間の遺伝子的基礎が、偶然的に成立される。人間の親から人間の子が生まれるのは、因果的必然である。しかし、ある親から新しい子が生まれるとき、その個性の構成は決して必然的ではなく偶然的である。遺伝子的因子の組み合わせは、人為を越えている。それは、誰が製作したものでもなく、自然に生成したものである。もしも人間の親と子の関係が、製作者と製品の関係になったとするならば、製作されたものは、自らの原因を既に他者の意志によって規定されているから、自らの意志の始動を自己原因によって起こす経験をもつことができない。デザイナーベビーの作製（できたらの話だが）やクローン人間の作製は、まさに子の遺伝子的構造を人為的に決定する限りで、一方が他方に依存する関係を作り出すことになる。戦慄するような畏れ多いことである。背負われる生は、本人自身のものである。それが望ましいものか嘆かわしいものかは誰にも決められない。どうして他者が、そのような業を果たすことができようか[73]。

　次のように、換言できるかもしれない。その始まりに二つの染色体が偶然

73　西野基継、「4　特集コメントに答えて」『法の理論』27（2008年10月）、161-162頁。

に結合されることによって、全く新しくユニークな個としての生命が創られる。個としての生命は、生まれると同時にその固有の遺伝子的構造を引き受ける他なく、死ぬまでその刻印を押しつけられるが、遺伝子的結合は偶然によって決められる。自らの存在に先立って、存在するか否か、存在の様相を選択できるものは誰もいない。自然の生殖において、たしかに親の意志と行為がはたらくが、それらは遺伝子的結合を可能にする端緒にすぎず、決してそれを決定する威力ではない。これまでは人間の意志が絶対に及ばないところで、生命の始まりが起こったのである。そのようにして生まれた人だけで社会を作り、相互的にそのことを暗黙に了解して、それぞれ生活してきた。それだけでなく、自らの存在の根源において、誰の決定からも免れていることによって、生まれてくるものは、原初的な自由を与えられたとも言えるのである。遺伝的偶然性は、人間存在の個人性・唯一性と自由と未来開放性を可能にする。しかし、生殖的クローンは、遺伝的偶然性を破壊する。ドライヤーの遺伝的偶然性の解釈は、余りにも生物主義的である[74]。

　しかしながら、実際問題として、以下のことも顧みられなければならない。遺伝的偶然性を不可侵とみなすと、その結果負わされた身体的な障害を改善・修復するような医学的介入が一切許されなくなる。遺伝的偶然性の保護と両立する仕方で、遺伝的健全さのパースペクティヴも入れられなければならない。人遺伝学的介入によって遺伝病から解放されるものは、そのために喜んで遺伝的偶然性の制限を受け入れるだろう。それだけでなく、生まれてくるものが、望まれる優れた素質を備えるように、遺伝的偶然性に介入し改良できたならば、おそらく文句をつけないであろう[75]。

　四　人クローンに対して、損害論拠があてはまらないとして、人間の尊厳の侵害を認めない立場には、釈然としないものが残る。損害が成り立つには、既にそれを受ける主体の存在が前提されなければならないにも拘らず、

74　「人間の尊厳と人間の生命」試論、『法の理論』26（2007年11月）、44-45頁。
75　Frankenberg, op. cit., S. 330 f. レルヘは、遺伝子の新しい結合が人間のアイデンティティーを変え歪めるという指摘に対して、治療のための侵襲も絶対に不当とされなければならないのか、と批判する。Vgl. Peter Lerche, op. cit., S. 107.

当の主体がまだいない段階で、事後に損害の惹起が予想される創造作用（クローニング）の是非が問題とされる点である。この創造作用の後に、主体がはじめて存立されるのである。論理的な不整合が、この論拠には潜んでいる。当の主体が、一旦存在し始めるや否や、自己を存在させた作用を否認することは、自らの存在をも否定することになって、自己矛盾に陥ってしまう。もしも損害を伴わない他の創造作用の選択が可能であったとしても、そのときには、当の主体は、自己同一性を失って、別の主体に変ずることになる。人間は、基本法上、生命権を保障されているが、それは、当然に享有主体の存在を前提しており、何もないところから当の主体を存在させることを要求する権利（存在に関わる権利）ではない。それと同時に、優れた性質・能力を備えることを要求する権利（様相に関わる権利）でもない。新しい生命が始まることは、あらゆる人為を越えた自然の摂理のなせる業である。それは、当の主体に背負わされる。すべてが、安寧を約束するわけでなく、時には苦難の元になる身体的欠陥をもたらすことがある。実存は、重荷である。それとの自己同一化を強引に迫られる何かを、前もって選択することはできない。たとえ障害を背負って生まれることになったとしても、その欠陥を理由にして、社会（親、医者等）を訴えることはできない。Wrongful life 訴訟は、人間の存在構造の制約から逸脱した欺瞞的な振る舞いと言わざるを得ない。

　五　ところで、ヨナスの反論と結び付けられるのは、クローンが遺伝的に同じ模範と時間的な隔たり（zeitlichen Abstand）をもってこの世に生まれる場合だけである。それは、成人の人間がクローニングされる場合にはあてはまるが、人間の胚が将来の多胎の形成の目的でクローニングされ、移植され、この世に生まれるときにはあてはまらない。ここには、模範と模像との間の時間的隔たりがないので、予期圧力がちくちく刺すことはない。ヨナスの論拠は、特別にクローニングに向けられた論拠ではない。クローニング以外でも「同時でないこと（Nichtgleichzeitigkeit）」、「有害な知（verderblichem Wissen）」を布置した処置、例えば、女性が長期間冷凍保存した胚を移植され、既に生きている子の一卵性双生児を時間的に遅れて懐胎して生み落とし

た場合にも、ヨナスの論拠はあてはまる。さらに、遺伝的知並びに時間的隔たりについて、違った程度が区別されうるだろう。

　ヨナスが人間のクローニングを遺伝実質の固定（Fixierung）として描いていることは、彼の反論が特に遺伝的決定の一形式としての人間の遺伝的複製に向けられていることを指摘したものとして読み解くことができる。したがって、不知に対する権利は、確定されていないことへの権利（Recht auf Nichtfestgelegtheit）と結び付けられている。この意味で、ハーバーマスは、人間のクローニングを「自由処理不可能な地帯への意図的な介入」と批判している。クローニングは、これまで知られていない遺伝的な模範と模像との相互人格的関係を根拠づけるが、そこでの遺伝実質の意図された固定は、クローンに対して出生前に他人が定めた判断が生涯に存続するということを意味する。ヨナスの論拠は、生殖的クローニングのすべての形式を排除できるわけでなく、また遺伝的決定が時間的隔たりとともに現れるようなその他の介入も禁止するのに対して、ハーバーマスにおいては、時間的隔たりは重要な役割を演じてなく、その代わりに人間のクローニングが成長した人間の相互関係で対称的条件を損なうであろうという事情が重要である。その対称関係の侵害とは、クローンが、生みの親がクローンに行った同種の遺伝的固定を、逆にこの親に対して原理上行うことができないということである。この論拠は、どれほど説得的であるか。決定の異なった程度を区別することが、ここでは必要である。体外受精の場合、遺伝的富くじは、受精のための生殖細胞の選別によって制限されていて、顕微授精の場合も唯一つの精子が一つの卵細胞に注入される限りで、同様のことがあてはまる。これらの場合には、遺伝的な出発条件についても、受精の産物の遺伝的状態についても、遺伝的潜在力がこの処置によって制限されているということ以上のものではない。しかし、人間の遺伝形質への意図的な介入の場合には、これと別様であろう。それによって、人間の遺伝的状態が決定されるだろうから。ハーバーマスの論拠が進んでいくためには、遺伝的決定の程度はどのくらい高いのか。社会化の運命への依存は、遺伝的な運命への依存と別物であるという主張は、人を欺くだろう。遺伝的決定の事実でなく、他人の自由処理に自らを負っていることについてのクローンの知が、自由を脅かすであろう。この点

に関して、生物学的再生産と社会的再生産は区別できない。人間は生物学的遺伝と同様に社会的運命によっても決定される。人間の能力と性質は、遺伝的素質と社会文化的な諸条件の複雑な相互作用に負っている。結局、ヨナスの論拠もハーバーマスの論拠も、脆弱であるように思われる。彼らが依っている仮定によれば、遺伝的決定論のイデオロギーが広範に広げられて、遺伝的ないしは遺伝的決定が自己の内面化された予期の態度や先入見または第三者の予期の態度や先入見に達しているのである。この仮定が的を射ているかどうかは、経験的な仕方でしか証明できない。それが正しいとしても、クローンに反対する論拠が得られるわけでないだろう[76]。

　六　人間において、遺伝的同一性が、直ちに個体性・唯一性を表すことはない。一卵性双生児がそれぞれ独自の道を歩むことは、そのよい例証である。遺伝子プログラムが一元的に個々の人間の身体的・精神的特徴を決定しているのでなく、遺伝子と環境との相互作用においてそれはできあがる。ゲノムは、人間存在の総体でない。こういう仕方で、遺伝子決定論が間違ったテーゼであり、遺伝子レベルの操作・模写が、個々の人間の生全体を直接に決定していないから、人へのクローニングを人間の尊厳の侵害とみなすことはできない、と帰結することがもっともらしく受け止められた。さらに、遺伝子プログラムの支配が、因果的・機能的な生命現象の領域に及ぶだけで、自由の領域にまで達することはない以上、人間の独自の卓越した能力、概念による抽象化能力が、個々の人間の個人性をより強く形作ることが強調された。それらの主張に、ここで異を差し挟むつもりはない。しかし、それらは、的を射た批判とは言い難い。遺伝子決定論の否認が、論理的には遺伝子決定論の全部否定に至るわけでない。すべてを規定する遺伝子（完全）決定論の否認は、遺伝子（部分）決定論まで斥けているわけでない。遺伝子決定論が、遺伝子プログラムが、生命の有機体的な組成と機能から、心理的な気質・感情・性格を経て、精神的な信念・価値観までを網羅して一元的に決定する、ということを意味しているならば、その否認は、遺伝子プログラムの

76　Ach, op. cit., ss. 141-144.

支配が精神の領域まで及ばないと指摘するだけで成り立つ。遺伝子プログラムが、人格のトータルな存在を決定する、と信じる人はまずいない。遺伝子が人間の生全体をどの範囲でどのくらい強く制約するものなのか、まだ正確にはわかっていない。遺伝子と身体的諸特徴や特定の病気との相関は、かなり解明されている。遺伝型と表現型との対応は、皮膚・髪・瞳の色、人種や身長や体形…、気質や性格…、信仰や世界観や政治的立場の諸段階に応じて、濃いところから薄いところへ変わっていく。単純な徴表を規定する生物学的因子は少なく、両者の相関は確定的であるが、複雑で高度な作用・状態を規定する生物学的因子はそれだけ増大して、両者の相関はますます不確定的にならざるをえない（遺伝的プログラムの表現型への発現の段階差）。遺伝子の生命諸活動に及ぼす影響の範囲と深度の評価は、より精妙で、より複合的なものたらざるをえない。

　七　ところで、人間のクローニングの理由と目的についての問いは、人間的なものについての我々の理解の地平で立てられ、社会的な討議の中で取り扱われなければならない。クローニングの全体の多様性の中での差異を考慮して、クローンの判断に対しての締め括りとして結論が出されるべきである。人間の生殖的クローニングは、自立して生きられる人間的個人を造りだすが、そのように成立した人間のクローンは、他の人間と同じような尊厳が帰せられる。クローンの問題にとって、生殖の種類は決定的なことではない。人間の自然的出生も、胎児のある種の自己決定に負っているわけでない。人間の尊厳の統制的な倫理的原理としての意義は、この尊厳が人間に彼の自己決定の前にそれを越えて帰せられるということで示されている。この連関で「統制的」とは、個人的人間への期待が、あらゆる人間の人格的個性の尊重に限界づけられているということを意味する。人間の出生でその両親や社会からかけられる期待は、具体的な個人の尊厳の下位に置かれて「統制される」。公共空間では、クローン化された人間は、視覚的にも性格的にも体細胞を提供した人間と等しいだろう、という完全に間違った観念が流布している。それが特にあてはまるのは、クローニングによって生み出された人間が、遺伝的同一性の意味で亡くなった子の代用として願望されているとい

う見解である。その見解は、決定論的な理解に拘束されている。この目的のための生殖的クローニングは、全くナンセンスである。子孫の遺伝病防止のために、核移植によるクローニングは有意味な目的設定でない。というのも、クローニングによって損害を受けた子をもつリスク、子が遺伝病をもって生まれるリスクが高まることは、十中八九ありそうなことである。PIDが許可されてならば、遺伝病の子孫を排除することができるだろう。クローニングが不妊治療の範囲で将来実施されうるかどうかは、議論のあるところであるが、核移植による人間のクローニングは、リスクが非常に高いので、現況では筋の通った擁護できる草案ではない。

　治療的クローニングが生殖的クローニングと区別されうるのは、産み出される人間のクローンの目的が、それ固有の生存になくて、生命に重要な臓器の代用を目指す医療的措置にあるからである。けれども、人間の尊厳や自己決定権との関連では、人格的個人が臓器の代用への期待を実現するように義務づけられえない以上、比較可能な問題が提起される。治療的クローニングで生きられる人間を発生させるのでなく臓器が培養されるような潜在的可能な方法は、現時点では思弁的な性質のものである。けれども、それらは、医学の治療目的にとって遺伝子研究や遺伝子技術の意義の増大に関連して見られなければならない。理由と目的についての問題は、原則的に拒まれえない。これらの議論は、人間の尊厳の尊重と承認のための指標として、胚保護の原理的問題に還元されてはならない。そこでは、研究とその応用に携わっているものの倫理的完全性と人間の尊厳も問題であるからである。その限りで、研究過程の推移の中で人間の組織と器官の治療的クローニングの議論と可能性は、代替的な可能性と方法の探求と同定のために開かれていなければならない。人間の尊厳の原理の統制的意義は、今日重きをなしている考察方法に研究を性急に固定化することから守ることにある。

　倫理的見地から論争されている状況は、核移植によって全能的状態にもたらされた卵細胞が、生きられる人間に発達することができるが、その代わりに臓器を培養するために利用される状況である。胚の消費なしに実行されるような、この方法の選択肢がないかどうか、究明されるべきである。治療的クローニングと同じように仮説的である選択肢は、事実あるだろう。卵細胞

が核移植によって全能的状態に移行されず分化能しかもたないように、それを改変することに成功したならば、胚の消費なしに臓器を培養することが可能であろう。このことが意味するのは、それが人間の有機体に発達することはできなくて、適切な条件下で多様な細胞型に発達する潜在能力しかもたないということである。いつの日か、既に分化した細胞が再び分化能をもつ状態にもたらされる方法が発達すると、その結果、それが適切な処置で必要な臓器や組織に分化させられうることになり、卵細胞の利用が放棄できるだろう。第三の選択肢には、異なった臓器のために幹細胞が発明されることである。したがって、胚の消費の問題を回避するだけでなく、より負担の少ない方法であるような選択の道があるならば、治療的クローニングの発達のため学問的努力をすべて使い尽くすことは、倫理的に正当化できないだろう。治療的クローニングは、女性が卵提供者として待機していることを頼みにしている。第四の選択肢は、胚性幹細胞の利用である。それは、卵細胞と同じように、体細胞核の移植によって臓器のレシピエントに適合させられて、特定の組織に培養されうる。ひょっとしたら、核移植なしにも、対応するレシピエントの遺伝的実質がそれに移植される限りで、適合する臓器に発達させることが将来されるかもしれない。けれども、この選択肢には、一方で胚の消費によって幹細胞が樹立されること、他方で幹細胞自身が全能的であることという問題が残される[78]。

　人クローン胚は、法的・倫理的にどのように位置づけられるのか。この問題を考えるためには、人クローン胚はヒト受精胚と同じであるかどうか、検討する必要があるだろう。「人クローン胚は、人の要素のみから構成される胚で、母胎に移植すれば人になりうる点で、受精胚と区別できない」として、人クローン胚はヒト受精胚と同等の位置づけを与えられるべきとする見解がある。しかし、「人クローン胚は、核移植という自然界に存在しない人為的なプロセスによって作成された胚であることから、受精という自然的プロセスを経て形成されたヒト受精胚と同じとは考えられないとする。…人クローン胚も…母胎に移植すれば人になり得ること、人クローン胚がヒトの要

78　Rendtorff u. a., op. cit., SS. 20-24.

素のみから構成される胚である」ことから、人クローン胚はヒト受精胚に準じた位置付けを与えられるべきとする考え方がある。これらの見解に対して、「人クローン胚は、核移植という自然界に存在しない人為的なプロセスによって作成される点で、…ヒト受精胚と性質が異なること、また、クローン技術規制法上、人クローン胚の子宮への移植が禁止されており、したがって、一般には生命の誕生を想定し得ないこと、さらに、現在の技術水準では、一般にクローン胚が出生に至る可能性が受精胚よりはるかに低い」から、人クローン胚はヒト受精胚とは異なった位置づけが与えられるべきとする考え方がある。我々の伝統的に積み重ねられてきた道徳的感覚に照らせば、人から由来する要素から形成され、母胎に移植すれば人になりうる存在を、「物」と同じように扱うことには、強い抵抗を覚えるだろう。もし人クローン胚が母胎内で発達して誕生したならば、その作成が法的に禁止されているからといって、それを殺害することはやはり正当化できず、ヒト受精胚と同じ法的保護を受けるべきであろう。

回顧と展望

　一　人間の尊厳の不可侵性のテーゼは、人口に膾炙して、最高のタブーとして全く疑われえない（「最高価値」、「支えとなる構成原理」）。尊厳は、人間的なものそのもの（das Humanum schlechthin）として、いかなる価値づけ相対化する介入からも免れているとされる。「尊厳は、その担い手と違って絶対的なものである」。けれども、人間の尊厳の内容と射程範囲については根本的な論争が起こっている。「尊厳の神聖性についての確かさに、その内容と具体化についての確かさが対応していない」。「反対に、その出発点となる公理についての確かさが、明らかにその射程範囲についての不確かさに急転する」（人間の尊厳の内容に関して、二つの相反する傾向がある。一方には、日常的な利害対立にもそれを論拠として援用するための広範な用意があるものである。それは、重大な価値を小銭化することに傾きがちである。他方には、そのような最小化の傾向に対して、憲法的な尊厳保障の実践的な変換を広範に断念する要求が提起される。そうするのも、その絶対的なタブー保護を根本的な人格性の構成諸要素の重大な侵害のために保留するか、それを人間的なものの最崇高な放射のために備蓄するためである）。人間の尊厳は、絶対的なものとして疑われざる承認を受けているが、その内容に関しては、多義的で活発に論争されている。その具体的な確定が問題であるところで、より不確かさが明らかになる。

　二　これまでの考察から明らかなように、人間の尊厳は、現代において人類が未曾有の歴史的危機にぶつかったときに、必ず引き合いに出されてきた基本原理といえるだろう。第一には全体主義国家による非人間的な組織的な殺戮に直面して、第二には生命科学（生殖補助医療、バイオテクノロジー等）による人間の生命、特にその遺伝形質に対する介入に直面して、人間の尊厳は、たえず意味内容を更新し拡張してきたように思われる。第一段階では、人間の固有の卓越した性質・能力とか個人の唯一性・多様性が強調され、人

格の尊厳と個人の尊厳という伝統的概念が登場した。第二段階では、初期の人間の生命の取り扱い、さらに人間の遺伝プログラムの操作の可能性をめぐって、生命の尊厳、類の尊厳という新しい概念が導入された。人格の尊厳は、人間の特殊の性質・能力、即ち理性的性質と道徳的自律の能力の故にすべての人間に認められる。それは、理念的人間ないしは抽象的人間に定位した人間性（人間一般）の尊厳と言われうる。個人の尊厳は、各個人にその個性的差異を認めつつあるがままにおいて等しく与えられる。それは、現実的人間ないしは具体的人間に定位した尊厳である。生命の尊厳は、人間の生命が存在するところでは当然に尊厳が与えられ、初期の生命であっても等しく扱われるべきであると解される。類の尊厳は、バイオテクノロジーの進歩による生物学的存在の最基底にある遺伝子的レベルへの操作の可能性に対しての橋頭堡として主張される。それは、個々の人間の尊厳でなく、全体としての人間、人類の尊厳と言われる。

　これらの四つの概念は、一応、人間の尊厳の概念の下に入れられるが、それぞれ他と区別される固有の意味をもつ。前二者は、主に人間の精神的・人格的側面に定位して、理性的能力と道徳的自律を備えた主体性に特徴をもつが、後二者は、主に人間の自然的・生物的側面に定位して、その内在的な性質・構造として表され、主体性の契機を欠いている。けれども、それぞれの人間の尊厳の類型は、自己完結的にその独自の構造を成り立たせることはできず、何らかの仕方で他の類型と相関的に関係せざるをえないところがある。以下では、この点について若干の検討を加えておきたい。

　（ⅰ）デューリッヒに代表される人格性の尊厳は、時間と空間から独立してあり、法的に実現されるべき存在的所与として、一方では個々の人間の現実的な様相から超越しているが、他方では個々の人間が現実的にせよ潜在的にせよ何らかの仕方でそれを分有するとされている。具体的人間がまだ生まれていなくてもまた既に死んだとしても、人間から生まれてきたものや人間であったものは、「人間の」尊厳を分有する。デューリッヒは、この点について、人間の生命は受胎でもって始まり、受胎の瞬間にもはや変えられない新しい存在核ないしは人格核が出来上がり、その中にこの人間のすべての本質的なもの、根本的なもの、全体の本質存続が決定される[1]、と付け加えて

いる。けれども、ここから、胎児が人間の尊厳の主体であると導き出されているわけでなく、主体としての基本権の保有者に達していないにせよ、単に人間の尊厳の保護を受ける地位にすぎないことが強調される[2]。人間の尊厳は、主観的公権でなく、国家の構成規範として基本法的価値体系の中の最高の法価値であり、基本権の解釈原理としてはたらくからである。ところで、デューリッヒの人間の尊厳の理解において恒常的に存在するとされるもの（人格性ないしは自己意識・自己決定・自己形成の能力）は、現実の多様な人間のあり方から抽象された本質的属性である限りにおいて成り立つともいえる。個々の人間が、ただ存在することにおいて尊厳をもっていると考えられているわけでない。現実態から切り離されてこの恒常的な契機が一人歩きすると、具体的人間から遊離する傾向をもち、ベンダが批判したようにそれらを選別する規準として作用する可能性をもっている。すべての「人間」と呼ばれるものに人格性を根拠にして尊厳が帰せられるとき、その中で人格的資質を欠いたものにいかなる意味で尊厳が与えられるのか、さらに詳述される必要があるだろう。人格の尊厳それ自体に関しては、現実から抽象された本質である故に、他から侵害されることはありえない。尊厳の侵害が生じるのは、現実の具体的人間においてであり、そのための認定方法として「客体定式」が導入されたのである。客体定式が可能であるための前提は、その適用を受けるものが手段化されてはならない目的それ自体であるということである。目的自体とされるものは何かという問題が、その背後に横たわっているが、カント哲学では目的自体は人格と解されていた。その限りで、客体定式は、人格の尊厳と連関しうるが、人格の尊厳を超えた問題領域を含んでいることを注意するべきである。

　（ⅱ）尊厳の侵害が現実の具体的な人間に関して生じることを考慮するならば、個人の尊厳は事柄により適った構成であるように思われる。しかし、

1　G. Dürig, op. cit., Rn. 24.
2　胚に人間の尊厳と基本権能力が承認されるとき、それは民法（BGB）の意味での権利能力の概念が変更されたことを意味しない。ここで、憲法が、私法の相互性秩序に能動的に関与する法技術上の時点を、受胎にまで延長するように強いているわけではない。しかし、憲法が、統一的な法モラルの意味で、胚に私法の保護利益を承認するように強いていると考えることはできる。Vgl. Ibid., Rn. 24, Anmerkung 2.

人間の個体性には変種が含まれているならば、人格的能力を全く欠くか、あるいは喪失したか、不十分にしか発達していないものは、いかなる根拠から尊厳を認められるのだろうか。P. シンガーや N. ヘルスターのように、意識して決定するような人間特有の能力が欠けている故に、これらのものたちに基本的な生存する権利さえも否定する立場がある[3]。人格の尊厳の考えを採らない以上、人間を具体的な個人として把握する見地からは、他とは異なり、他とは独立して、それ自らの中で完結した存在であるという特殊性ないしは唯一性以上のことは導き出されなくて、それらは人間以外の生物にも同じように認められる特徴なのである[4]。では、人間的個人がそれぞれ違っているにもかかわらず、劣弱者にも等しく尊厳が帰せられるのは、共通の標識としての人間という生物種に所属しているからであるのか。その推論は、パラドックス[5]とか誤謬推理[6]と批判されてきた。そもそも人間の尊厳の妥当

---

3 N. Hoerster, Forum: Ein Lebensrecht für die menschliche Lebensfrucht, Juristische Schulung 1989, Heft 3, SS. 172-178.

4 Wilhelm Wertenbruch, Grundgesetz und Menschenwürde, Carl Heymanns Verlag 1958, S. 171 ff.

5 個人的意味での人間の尊厳は、すべての人に帰せられうる以上、すべての人間において実際に達成されていない特殊な性質に結びつけられてはならない。さもないと、精神的障害者や反社会派の人のように、人間にふさわしくない仕方で扱われる危険のあるものに、尊厳が認められないことになるだろう。概念が実践において重要になるときに、それはまさに役立たない。そこで、合理性や自律性を有していないものにも、類への所属性に基づいてもつとされる「原理的能力」を認めてやることで、当面間に合わせる。しかし、こういう一時しのぎの構成（Hilfskonstruktion）は、パラドックスである。というのも、典型的である構成員がこの能力を有しているところのクラスに所属していることによって、典型的でない構成員がそれを有しているわけではない。シュトラウスの言う名の鳥は、典型的な鳥がそれをもっている故に、飛ぶことができる「原理的能力」をもっているわけでない。Vgl. Dieter Birnbacher, Gefährdet die moderne Reproduktionsmedizin die menschliche Würde? in: Anton Leist (Hrsg.), Um Leben und Tod, Suhrkamp 1990, S. 269.

6 人間の尊厳を人間の人格性の上に基礎づけ、この人格性を人間の理性的性格と自由から演繹して、しかも、そのときに人格価値をホモサピエンスの種に属するすべての個体、明らかにそれらの属性をもっていない個体（胎児、幼児、精神薄弱者、重度の精神病者）にも承認することの中には、古い誤謬推理があるのではないか。古典的な存在論による基礎づけは、経験的な性質を実体の外に現れ出た現象形式にすぎないとして、プラトン・アリストテレス的な普遍実在説に結びついていくが、唯名論の立場

根拠は、人間の生物種への所属という生物学的事態から導き出されえない[7]。なぜ現実の具体的な個人に尊厳が帰せられるのか、これまでの説明では十分に根拠づけられていない[8]。

からは、人格性が一定のメルクマールによって示されていない存在者に、人格性を承認することは困難である。Vgl. Robert Spaemann, Über den Begriff der Menschenwürde, in: E.-W. Böckenförde u. R. Spaemann (Hrsg.), Menschenrechte und Menschenwürde, Klett-Cotta 1986, S. 305.

7　Kathrin Braun, Die besten Gründe für eine kategorische Auffassung der Menschenwürde, in: Matthias Kettner (Hrsg.), Biomedizin und Menschenwürde, S. 82f., S. 91f. ブラウンは、カント哲学の中に自意識的な個人の自律を立て、個人の特定の属性に尊厳を帰せしめるリバタリアン的端緒に対して、人間の尊厳の保護を人間存在であること以外の経験的諸条件に結びつけない端緒（断言的な端緒）を見ている。価値と尊厳の区別では、価値は相対的であり、他の価値と衡量されるのに対して、尊厳は価値あるいは目的それ自体を意味する。人間は目的それ自体である。人間は、理性と自由意志を賦与された存在として、自ら目的を定立する能力をもつ。人間の尊厳の妥当根拠は道徳能力である。道徳能力が完全に発達した人間だけが人間の尊厳の担い手であるならば、誰もそうではない。道徳能力は人間において完全に発達しているわけではない。けれども、道徳能力を発達させたのは、人間の類である。尊厳の担い手は、いくばくかの人間ではなく、すべての人間である。出生と死が（他から）人間を区分けする（sortierende）性質となる。しかも、それは包囲する（einschließende）基準であって、排除する（ausschließende）基準ではない。人間の尊厳の不可分性を守るためには、排除的に作用しない基準を選ぶべきである。人間の尊厳について語ることは、具体的な権利の担い手を名づけられなければ無意味である。人間の尊厳は真空に最高価値として浮かんでいるのではない。それは、直接に効力を持つ権利である。それは尊厳を帰せられる存在がいつも権利の担い手であることを意味する。しかし、そのことは、その権利が主観法的に形成されなければならないことを意味するのでなく、それを客観法的に保護することが有意味である。権利の担い手の地位をもつために、すべての権利を主張することができることを必要としない。彼らは、個々の権利を行使できるか否かによらず、「権利に対しての権利」をもつ。人間という生物種への所属は、断言的な端緒においては包囲的な区分基準であるが、尊厳の妥当根拠をなしているわけではない。受精の事実が他の生物学的メルクマールよりすぐれているのは、それがDNAの完成を含むからでなく、包囲的な基準であるからである。

8　現存するのは、具体的な個体としての人間のみである。類としての人間は、個体としての人間が存在することを前提にして、その集合として成り立つ。人類が、それ自体で単独に存在しているわけでない。このような意味での個体性は、優れて存在様式を表す唯一の契機と言ってよい。このことに関して、グリムの以下のような興味深い尊厳理解がある。「…尊厳は、人間の類的概念（それと結びつけられた人間の様相存在の普遍的理解）と結びつけられるだけでなく、第一には具体的な個人的人間に結びつけられ、しかも、彼が理想的に創造された様相存在基準（Sosein-Kriterium）をど

293

　しかし、それとは別の解決の糸口はないだろうか。人格としての一般的・抽象的・理想的な人間像から出発するのでなく、日常世界で出会われる特殊的・具体的・現実的な人間存在が問題とされる限り、多様な個性的差異をもつ人間を、それぞれの能力や成果の違いに応じて異なった価値づけをするのでなく、不完全で欠陥をもつ個人の在り様をそのものとして受け入れ、前提に置かなければならない[9]。そのような人間存在の有限性・滅失可能性の中に、逆説的な仕方で保護必要性が出てこないだろうか。そこに、人間の尊厳の萌芽が宿っていないだろうか[10]。

　　のくらい充たしているかに依らないで、むしろ、彼の現存在（Dasein）、即ち彼の個人的な人間的実存に結びつけられる。したがって、重要なことは、人間がどのようにあるかではなく、唯一つ彼が存在するということ、彼が実存するということだけである。…尊厳は、人間に彼の単なる現存在に基づいて帰せられる価値である。つまり、尊厳は、人間の現存在の中に唯一の条件をもつ価値である。…尊厳は、人間の存在価値である」（Christian Grimm, Allgemeine Wehrpflicht und Menschenwürde, Duncker & Humblodt 1982, S. 56.）。しかし、単に存在することは、無内容な空虚を意味するわけでない。それぞれが、固有の性質・能力をもち、独自の目標の達成を目指しつつ、自己発達する存在である。この動態的プロセスにおける各人の自己同一性（アイデンティティー）の保障に、人間の尊厳の中核を見る見解もある（Peter Häberle, Die Menschenwürde als Grundlage der staatlichen Gemeinschaft, in: Josef Isensee u. Paul Kirchhof（Hrsg.), Handbuch des Staatsrechts, C. F. Müller Juristischer Verlag 1987, bes. S. 839 ff.）。もともと、個体の独自性は、精子と卵子の偶然的結合による遺伝子構造の確定に基づいている。遺伝子コードの決定が、誰かの意図の下に作為されたのでなく、自然の経過の偶然性によっていることに、個体としての存在の根源性が潜んでいるように思われる。全体として見れば、人間の尊厳についての議論で個体性を取り扱うときには、個体性一般ではなく、特殊人間的な個体性を問題にしている。日常の中で個人（Individuum）について語るとき念頭に置かれているのは、純然たる個体ではなく、個体の人間である（決して個体の牛でもなければ個体の猿でもない）。人間の尊厳の考察において、個体性には同時に人間性（人間であることないしはそれを可能にする諸属性）が不可分に結合されているのではないか。古来の存在論によれば、形相と質料、実存と本質の両極的構造においてすべてが実在するというように考えると、個々の存在物はその中に一定の本質性を内属させて成り立つ、つまり、個人も既に自らの中に人間性を分有して在在するのである。

9　ヴェッツは、傷つけられやすい、困窮した、不完全な生物としての人間を出発点にした尊厳理解を説いている。Vgl. Franz Josef Wetz, Menschenwürde als Opium fürs Volk, in: M. Kettner（Hrsg.), Biomedizin und Menschenwürde, Suhrkamp 2004, S. 227ff.

10　西野基継、「人間の尊厳についての予備的考察」（法哲学年報1990『法思考の現在』）

(iii) 人間の生命をもつものに尊厳が帰せられるという堕胎判決のテーゼについて、その意味内容の解釈も不確定である。人間の生命の経験科学的考察（例えば、生物学的研究）から得られた知識（有機体の組成と機能、生命現象としての物質代謝、生殖、免疫の機構等）に基づいて、人間の尊厳を発見することはできないだろう。これまで指摘されてきたように、そのような推論は、自然主義的誤謬を犯している。人間の行為に対する命令・禁止は、自然科学的認識の帰結から導出されないし、また根拠づけられない。たしかに自然科学的所与は、対象的な関連点として、また規範的適用のための連結点として顧みられなければならないが、決してそのような命令の源泉とか妥当根拠ではない[11]。では、人間の生命は、どのように理解されるべきか[12]。生命には、究めがたい謎めいたところがある。生命は、それ自らを目の前にある何かで直接に提示することができない。生命は、一個の個体（生命体）において自己保存と自己発達を通してはじめて保続されている。その個体は、他の個体（親）の生殖行為によって生まれてきた（命を獲得した）のであり、自らの由来を同種の他の個体に遡り、さらにそれが属する生物種の生命、究極的には生物界全体の生命に連なっているとも考えられる。今ここにある生命はすべて、30億年の生命の流れがあったからこそ可能であった。およそ生命をもつものは、この壮大な生命系の網に繋げられた微小な存在である。生命は、宇宙的なレベルのマクロな生命、人間という生物種のレベルの生命、個体レベルの生命というように多層的に見られる。人間の生命についての考察も、個体の生命を第一に中心的に取り上げられるが、その背後に人間という類の生命、生命系全体を貫いている生命にも及んでいく。特に、「人間の生命」と言われるときの「人間の」とは、ただヒトという生物種に所属していることを意味するのか、それとも人間を他と区別して特徴づける人間

115-123 頁。

11　E.-W. Böckenförde, op. cit., S. 810.

12　生命それ自体が神聖であれば、人間の生命が動物とか植物の生命より高いことにならない。人間の生命に神聖性を限定しても、人間の生命とそれ以外の生命との区別がいかに倫理的に正当化されるか、さらに問わなければならない。Vgl. Kurt Bayertz, Introduction: Sanctity of Life and Human Dignity, in: K. Bayertz (ed.), Sanctity of Life and Human Dignity, Kluwer Academic Publishers 1996, p. x v

的な性質をもっていることを意味するのか。人間の生命の内容は、生物学的・生理学的所与に依っている自然的概念であるが、その中に快苦の感覚や喜怒哀楽の感情、意志、認識等の精神的・心理的な作用も同時に営まれている。生きている人間は、「自己統合する生理的・心理的な統一」である。ここから、有機体の諸活動としての狭義の生命とそれを含むすべての人間的諸活動としての広義の生命を区別することができる。生命は、人間のすべての諸活動の基礎であり、同時にその中に表現されている。しかも、人間の生命は、世界に開かれて、他の自然事物や同じ人間の生命に出会い、関係しながら、自らを保持している。人間は、このようにして様々な経験をしながら、社会的な脈絡で解釈された生命を感得していく。法も含めた規範的次元で問われているのは、意味複合体としての生命であって、単に生物学的事実としての生命ではない。ルシュカが言うように、私はかつて胚であったが、その胚から発達したものである以上、胚もまた私に等しい[13]。胚への尊厳の拡張は、「固有の私の根源についての人間の自己理解」[14]にも適っている。

（ⅳ）生命倫理学的議論（遺伝子操作、クローン）で、もはや個別の人間の尊厳が問題でなく、むしろ全体の人間の類の尊厳が問題であって、「主体に関連づけられた」尊厳から「類に関連づけられた」尊厳への方向転換が認められる。その新しい人間の尊厳の構想は、一方ではクローニングにおいて侵害されるはずの主体の不存在という消極的な要因によって、他方では類としての人間の遺伝子総体への予測不可能な影響という積極的な要因によって形成されてきた。さらに、クローンの誕生による慣れ親しんだ人間像からの逸脱とか社会全体の不気味な気分の醸成というような「社会に関連づけられた」諸要素が、そこに絡まりあって、類の尊厳の全体像は極めて捉えにくくなっている。少なからぬ法学者が、基本法の制定の歴史からも、規範の文言からも類の尊厳を導き出すことには懐疑的である。類の尊厳は、客観法的規

---

13 Joachim Hruschka, Zum Lebensrecht des Foetus in rechtlicher Sicht, in: Juristenzeitung 46 (1991), S. 508.
14 私たちが「私」と名づけているものは、伝記にある日付をつけられたときに始まるのでない。それは、人間の有機的な自然からの連続的な発達の中で生じている。だから、私たちは、自分が生まれたとき、まだ「私」と言わず、いかなる想起も保持していないけれども、「私はそのとき生まれた」と語る。Vgl. R. Spaemann, op. cit., S. 303 ff.

範としての基本法によれば、何らかの人格的な保護客体を前提する以上、そこから単純に引き出すことはできないからである[15]。人間の尊厳原理の拡張によって払わなければならない代価は、人間の尊厳の中核領域の希薄化である[16]から、あくまで「主体に関連づけられた」尊厳に留まらなければならない[17]。けれども、人間の遺伝子構造への介入には、人間の尊厳の危殆化の新しい次元が示現されており、そこにはもはや個々の人間に対する侵害は存せず、人間そのものをその欲求や素質において平準化して「侵害されうるものの破滅」とでも形容されることが起こっている[18]、と考える法学者もいる。人間の尊厳を個々の主体にだけ短絡的に結びつけることを警戒する人もいる[19]。

---

15 H. Dreier, op. cit., Rn. 116-117.
16 U. Neumann, op. cit., S. 151.
17 H. ホフマンは、これまで人間の尊厳の保障に関して、その国家構成的な契機がなおざりにされていたことの反省から、人間の尊厳を「社会的承認において社会的な尊重要求の肯定的な評価によって」構成されている、と解する。尊厳は、国家の創設作用において人間が相互に認め合い、法仲間として約束し合っているものである。尊厳は、法的意味において、実体概念でも性質概念でも成果概念でもなく、「関係概念」または「コミュニケーション概念」である。また基本法1条1項の法益は、「共同人間的な連帯性」である。ハーバーマスによれば、「人間の尊厳は、知性とか青い目のように生まれながらに"保有している"性質ではない。それは、むしろ、互いに人との等しい交わりの中で、相互的な承認の間人格的な諸関係の中でのみ、意義を持ちうるような"不可侵性"を際立たせる」。「人間の肉体をはじめて魂の入った精神の容器にする主体性は、他者との相互主観的な諸関係を経て形成される。個人的自己は、譲渡という社会的な仕方によってのみ成立し、相互作用的な承認関係のネットワークの中でのみ固定される」。「有機体を出生でもってはじめて言葉の完全な意味で人格にするのは、相互主観的に分有された生活世界の公共的な相互作用連関に受け入れる社会的に個人化する作用である」。このような尊厳理解に立つと、国家の創設に関与する者たちの相互的な約束に加わることのできないもの、例えばまだ生まれていない人間の生命とか消え去った人間の生命については、尊厳を語ることができないことになる。少なくとも、かつて我々の下にともにいた者への追憶から出てくる敬意のゆえに、死者の尊厳を語ることには意味があるかもしれない。しかし、人格的個性は、一度は現存在をもたなければならない。胎児は、社会的な尊重要求の主体でなく、法義務の可能な保護客体である。Vgl. Hasso Hofmann, Die versprochene Menschenwürde, Universitätsdruckrei der Humboldt Universität (Berlin), 1993.
18 Graf Vitzthum, Die Menschenwürde als Verfassungsbegriff, in: Juristenzeitung 40 (1985), S. 209.

むしろ、人間の尊厳の概念の中に、二つの親縁的であるが、はっきりと違っている構想——個別の人間に帰せられる尊厳の尊重の構想と類としての人間性の尊厳の尊重の構想——が潜んでいることを積極的に認めていく立場があるが、それによると、尊重の対象が、前者では具体的な肉体を備えた人間であるが、後者では類としての人間の特有なものと不変なものの像であり、個人的な人間の尊厳は、必ず具体的な個人を有しているが、類的な人間の尊厳は、必ずしも個人的な担い手を必要としない[20]。人間の尊厳の概念が、人間の生命の始まりと終わりへ、さらに人間の類へ拡張されることによって、それは中核の意味と拡張された意味に分かれるが、前者では個人的主体がその担い手となり最小限の個人の基本的権利を保障するのに対して、後者では現実的な主体とみなされない人間の類に向けられ、それに対応する権利がなく専ら責務として課される[21]。

人間の尊厳の主観的次元と客観的次元との関係について、一方では尊厳の中に表明された個人の不滅の価値要求と尊重要求は、人間の類への帰属性から演繹されるが、他方では人間の類の人間性は、個人の中にのみ実在性を獲得することができるから、人間の尊厳の主観的次元は客観的次元に従属するのでもなければ、後者が前者の下位に置かれるのでもない。個人性と連帯性は、同じように人間的実存の次元である[22]。

三　人間の尊厳の法的性格について、国家の構成原理、最高の価値原理としての客観法的性格を説く立場（デューリッヒ以来の伝統的な理解）と基本権としての主観法的性格を説く立場が、対立している。しかし、前者が、基本権と完全に遮断されるのでなく、「一歩一歩個人の権利主体のために現実化されるすべての客観的法の最高の構成原理」と考えられていること、また後者は、個別的基本権との関係で基本権としての人間の尊厳をいかに理解する

19　Ernst Benda, op. cit., S. 32.
20　D. Birnbacher, op. cit., S. 268 ff.
21　D. Birnbacher, Ambiguities in the Concept of Menschenwürde, in: K. Bayertz (ed.), op. cit., p. 114–117.
22　G. Vitzthum, Gentechnologie und Menschenwürdeargument, S. 137 f.

べきかという難問が残されていることが、看過されるべきでない。人間の尊厳は、基本法上不可侵であるとされ、他の基本権や法益との衡量を許さない絶対的性格を与えられる点で、人間の生命に対する権利が、法律の留保の下に置かれ、他の基本権や法益と衡量される相対的な性格をもつのと対照的である。人間の尊厳の衡量不可能性がいかなる場合でも貫徹されると、既存の法規制との間で深刻な矛盾に陥ることがある（着床後の胎児が、人間の尊厳を有し、他のすべての法益に優越するとされながら、刑法では一定の適応要件の下で中絶が法的に許容されるという矛盾）。それ故に、人間の尊厳の衡量不可能性を保持するために、その適用範囲の厳格化・狭小化に傾くか、あるいは比較が無意味となるような高次化（原理的性格）に傾く。人間の尊厳は、伝統的に個人の自律や人格性に結び付けて理解されてきた。そこから、人間の尊厳の侵害は、カントの道徳哲学をモデルにした「客体定式」に基づいて、物への人の品位の貶め、主体としての質を原則的に覚束なくする取扱い、人間の恣意的な軽蔑の場合に生じると解される。そのためには、尊厳侵害の特殊的なもの、特別な付帯事情、行為の態様・動機が必要である（「行為構造に関連づけられた」尊厳概念）。人格に発達していない段階の人間（精神障害者、幼児、未出生の人間等）には、この人間の尊厳の概念はそのまま適用されない。理想化された抽象的人間に定位した尊厳概念に代わって、現実のありのままの具体的人間に定位した尊厳概念が台頭してくる（「帰属される地位に定位した」尊厳概念）。その一つとして、「人間の生命が存するところで、当然に尊厳が帰せられる」という考えが、連邦憲法裁判所判決で出された。それは、特別な理性的・道徳的能力に依らずとも、ただ人間の生命であるということに基づいて、尊厳が等しく賦与されるべきことを意味している（生命に定位した尊厳概念は、人格の尊厳より広く適用されるが、その適用範囲や保護強度に関しては激しい論議があるところである）。この二つの異質な議論レベルは、人間の尊厳を構成する基本要素である以上、両者の分離を交差の諸相についての分析を掘り下げ、より根源的な人間の尊厳の全体像がこれから築かれなければならないだろう。

　このような議論枠組みに規定されて、人間の尊厳の法的地位について、おおよそ三通りの考え方が出されている。(a) 人間の尊厳を基本的に原理と解

して、衡量不可能性にその本質的作用を見るので、衡量されうる生活領域へのその適用を自制して、（人格の尊厳を背景にして）自由と平等への甚大で粗暴な侵害だけを、人間の尊厳に対しての違反と考える立場、(b) 人間の尊厳の基本権的性格を認めつつ、目的自体としての、主体としての人間のありかたを根本的に危うくする行為に人間の尊厳への侵害を見るが、理性的・道徳的能力を備えた人格への潜在的可能性に、人間の尊厳の保護範囲を拡張する（受精卵も尊厳をもつ）とともに、衡量不可能性を堅持し続ける立場、(c) 人間の尊厳の基本権的性格を認めるが、厳格な衡量不可能性を放棄して、人間の生命の発達段階に応じた尊厳の保護の程度差を受け入れ、人間の尊厳の規範の制限可能性を容認する立場である。生殖補助医療の法的規制についての考察も、これらの人間の尊厳の理解に底礎されているのである。

　人間の尊厳は、憲法体系の頂点に位置し、他の個別的基本権の根拠であるとともに、基本権の解釈適用において常に参照される。両者は、同列に置かれていないが、常に結びつけて扱われる（結合定式）。ドライヤーが「合金的融解」と呼んだ事態において、人間の尊厳は、基本権の特殊具体的な内容に何を付け加えたのか。憲法裁判所の多数の判決が出されているが、その実質的内容は依然として不分明である。人間の尊厳が単独で適用された事例は、まだ見られない。人間の尊厳は、基本権のように特別な限定された保護領域をもたず、人間の包括的な経験に及ぶ「一般条項」的性格をもち、規範構造的に開かれている。しかも、人間の尊厳は、「不可侵」と制定され、絶対的性格を有する。その限りで、他の基本権や原理との衡量不可能性が導かれる。このような「絶対的な尊厳」概念の要請とともに、他方では他の基本権と連結して、それに引きずられるように衡量可能性を帯びてくる「相対的な尊厳」概念が構成される[23]。人間の尊厳には、この相反する二重性が潜んでいる。後者の意味での尊厳概念が行き過ぎると、人間の尊厳の独自の法的地位がなし崩しにされかねない危険性が出てくる。そのことに備えて、ドイツの法学者の間では、広い尊厳概念ではなく、狭い尊厳概念に傾きがちである。しかるに、先述のように、人間の尊厳は、「人間行動と人間経験の全体

23　Steinacher, op., cit., S. 84f.

的な多様性」に関わる以上、広い照射効をもつはずである。人間の尊厳は、極端な事例に向けられた規範（Sondernorm）から日常に向けられた規範（Allnorm）へ転換する[24]。法実務では、基本法の諸規定と繋がれることによって、人間の尊厳の遍在化がさらに進んでいる。人間の尊厳は、保護領域から接近することはできず、逆に侵害事象から具体的事例に即して明らかにされてくる。シュタルクの言うように、人間の尊厳を一つの完結した定式で表すことはできない。このような意味で、人間の尊厳は、とても扱いにくい概念である。

四　人間の尊厳の不可侵性（衡量不可能性）に関して、それを遵守する多数説に対して、様々な生活局面での人間の尊厳の具体的現実化に即して、他の法的価値との衡量を認める人間の尊厳の段階的保護を説く立場が出されている。最高の法価値としての人間の尊厳が、人間の生活領域をより広範に照射すればする程、人間の尊厳の原理から具体的な問題に降りて行くことが多ければ多い程、それだけますます生活事態における規範的な整序が問題となり、対立する規範的な観点の衡量が必要となる。人間の尊厳の展開による分化の可能性に応じて、人間の尊厳の制限可能性が引き起こされる。適用レベルで対立する権利・利益（例えば、女性の生命・自由と胎児の生命）に人間の尊厳が結びつけられると、衡量不可能な人間の尊厳の衝突ということになって自己矛盾に陥る。人間の尊厳は、特定の個別的基本権や人格的発達・生命のような一般的基本権と同じレベルで比較されないもの（超越的契機）であるが、同時にその他の基本権から切り離されることなく、その中に自らを具体化するもの（内在的契機）でもある。（それらを包含した）人間に関わるすべての事柄に関わる全体的なものとして考えられるべきではないだろうか。

五　人間の尊厳の実用的な定式として案出された「客体定式」ないしは道具化禁止は、余りにも漠然としている点に問題があるが、自ら同意して他人の目的の手段としてはたらく場合にそれを適用するには躊躇せざるをえな

24　H. Dreier, Konsens und Dissens bei der Interpretation der Menschenwürde, in : C. Geyer(Hrsg.), Biopolitik, 2001, S. 236.

い。客体定式が適用される前提問題として、単に手段として扱われていけないもの、目的自体が何であるのか、明確にされなければならない。そのことはいかにして決められるのか、改めて検討されなければならない。特に人間の生命の初期段階にある受精卵やクローン技術によって作製された生命体にこの定式を適用する場合に、これらが留意されていなければならない。客体定式によって確定される人間への侵害内容が、いかなる意味で人間の尊厳に対する侵害とみなされるのか、根本的に検討の余地があるように思われる。

　六　生命倫理的議論では、消費的胚研究が「手段と操作化」のために人間の尊厳に反する、生殖細胞への遺伝子変換が人間の自然の否定と評価され、クローニングも人間の尊厳に違反するという主張がしばしばなされるが、技術とその適用領域はそれぞれ違っており、それらの各々に人間の尊厳の論拠は違った仕方で持ち込まれている。一方では（初期の）胚の尊厳が語られ、他方では人間の類の尊厳が要請される。しかし、上述の諸問題の憲法的判断に対しての人間の尊厳の意義は、考えられているよりもずっと小さいことが有力な法学者によって説かれてきた。その際に、ドライヤーは、(a) 最初期の人間の生命は、尊厳の人格的な担い手とみなされうるか、(b) 担い手の資格（Trägerschaft）が肯定されるならば、それの取り扱い（行為）に人間の尊厳の侵害が存するのか、という二つの問いは、人間の尊厳に関わる異なった次元にあることに注意を促している[25]。(a) 人間の未出生の（着床後の）生命だけでなく、着床前の生命にも、人間の尊厳の保障の人格的な担い手であるという見方は、非常に広まっているが、精神史的由来に照らして、人間の尊厳は未出生の生命に関わっていないこと、基本権や人間の尊厳テーゼは、個人に関係づけられることに着目すれば、人間の尊厳の先行作用は、せいぜい個体化ないしは着床の段階までしか拡張されず、それより前（着床前）の段階には及ばないことから、普及した見解は甚だ疑わしい[26]。(b) バイオテクノロジーや人類遺伝学の人間への応用は、人間の尊厳に違反するかどうかを評価するために、客体定式ないしは道具化禁止が持ち込まれる。そ

25　H. Dreier, Kommentierung von Art. 1. Rn. 77-80.
26　Ibid., Rn. 81-87.

れは、当該行為が人間の尊厳に違反することの自明さないしは社会的合意があることを前提する。しかしながら、上記の革新的技術のケースでは、これは欠けている。担い手資格の問題と関連づけると、受精後まもない細胞塊に、軽蔑や品位の貶めのような尊厳の侵害事象を見ることができるだろうか。人間の尊厳の侵害を有意味に語りうるためには、ある種の落下高度（Fallhöhe）、いわば尊厳を失わせる可能性（Entwürdigungspotentials）が必要なように思われる[27]。

　ドライヤーは、広く流布しているすべての生命の等価値性の原理に対して、「生まれた人間の生命権と未出生の生命の保護の間のカテゴリー的区別」を提起して、未出生の生命の場合には、その保護が段階づけられ、僅かな保護水準しか受け入れられていないこと、段階づけられた未出生の生命の保護を説いている。そこでの参照規範は、人間の尊厳の保障ではなく、生命権である。生命権は、法律の留保を受けるので、発達とともに増大する生命保護の観念と両立しうる。

　七　人間の尊厳と人間の生命との関係を考えてみると、人間の生命は、人間の尊厳の生物学的基礎条件をなして、人間の尊厳について語りうるための前提である。しかし、生命の消滅した後でも、死者の社会的名誉・評判は存続して、その侵害を排除する必要があるし、人間の生命の初期段階、さらには生物学的生命の発生の仕方が問題とされるとき、人間の尊厳が論拠として持ち出される。人間の生命の保護は、生命が存続しているところの生命の始まりと終わりの範囲に及ぶにすぎないが、人間の尊厳の保護は、その範囲を超えて、一方では受精の段階さらにはそれを可能にする前提条件へ、他方では死後にも及んでいく。人間の生命の保護は、その発達段階、能力、健康であるか障害を負っているか等の諸条件に依らずに、等しく適用されなければならない。それは、その他の考慮をしないで生命が生き続けることを維持し促進する（他からの侵害を排除する）傾向性をもっている。優生的な遺伝子操作されたもの、クローンも、生命の保護を享受する。その限りで、それはま

27　Ibid., Rn. 88-91.

た人間の尊厳を認められる[28]。しかし、クローニングは、人間の存在構造の根源を瓦解しかねない点で、人間の尊厳に抵触する。「尊厳と生命の生物主義的で短絡的な等値」[29]に陥らないように注意しなければならない。生命の個体性を根本的に規定する遺伝子レベルの偶然的結合の可能性が、第三者の利害関心によって任意に変えられてはならない。

八　人間の尊厳が人間の生命に関連づけられることは、何らかの理性的・道徳的能力の有無・程度に依らずに、人間の生命という生物学的事実に基づいて尊厳が等しく与えられることを意味する。人間の生命とは何かと問われると、一概に答えられない。「人間の」と「生命」という二つの構成要素のどちらに重点を置くかによって、その相貌は大きく違ってくる。一方では「生命」の根源へ遡っていくにつれて、個人の特有のゲノムの配列へ、さらには個体差を貫いている生物種に共通のゲノムへ、最終的にはすべての生物種を支えて36億年に亘って受け継がれてきたゲノムの総体に拡張されるが、他方では「人間」を他の生物種から区別する独自の性質・能力に定位して、さらには個としての人間に不可欠である主体性・唯一性を強調して、（保護される）生命の範囲が限定される（生命の質）。

連邦憲法裁判所の見方では、生命に対する権利は、最初から尊厳の承認と結びつけられている。初期段階の生命も、法が生物種の保護下においている単なるバイオマスでない。自然主義的観察者は、細胞の塊以上を認識しないかもしれないが、憲法は、胚に基本権の担い手としての人間の生命を見ている。尊厳は、ホモサピエンスの類に関連するだけでなく、個人としての人間にも関連する。これに、尊厳のおかげで、人格的な質が帰せられる。人格的尊厳の主体としての人間的生物の承認は、憲法の規範的作用である。基本権は、人間存在を、身体的実存においても、道徳的実存においても包括する。

28　人間の尊厳は、原理上、人間の遺伝素質の不可侵を命じる。そこから、違法に産み出され、遺伝子操作され、クローニングされた個体が、人間の尊厳の保護から除外されることを意味しない。Vgl. J. Isensee, Die alten Grundrechte und die biologische Revoltion, in: Bohnert u. a.（hrsg.）, Verfassung-Philosophie-Kirche, Festschrift für A. Hollerbach, 2001, S. 262.

29　H. Hofmann, Die versprochene Menschenwürde, S. 9.

この基本権的連結に対して、それは、生物主義的・自然主義的誤謬の帰結であると批判される。人間の尊厳と生命権の連結は、外されるべきである。胚には、人間の尊厳に構成的であるすべての諸前提——自我意識、理性、自己決定能力——が欠けている。この自然主義的誤謬に対しての批判は、主知主義的誤謬に囚われたものである。それは、人間の尊厳を、理性的なものや達成能力をもつものの層に還元しているから。連帯的な承認社会での自己主張、コミュニケーション、協力をすることができるものである。そのテーゼの背後には、永続的に更新される社会契約の憲法理論的構成がある（その中で、構成員は互いに尊厳を承認しあう）。尊厳の保障は、まだこの承認社会に属していないものについては語られない。ホフマンによれば、胚は、「社会的な尊重要求の可能な主体でなく、法義務の可能な保護客体である」。この議論は、説得的でない。社会契約は、第三者のために締結されるから。また国家的に構成された社会は、将来世代の福祉に向けられるから。

　人権は、権利章典の理解では、契約的な構成の作品としてではなく、自由処理できない基準値、すべての人間に本性上賦与された権利、国家的結合に入っていくときでも、奪われることのない権利とみなされる。これらの権利の第一のものは、生命の享受である。討議することができないものへの通行閉鎖は、精神病者にも及ぶことになる。これらのものも人間の尊厳に関与すべきならば、人間の尊厳は、アプリオリな妥当性をもち、主意主義的な再構成から免れていなければならない。個人は、社会的な討議に関与するから、人間として承認されるわけでない。むしろ、彼が人間であり、尊厳に基づいて人間に属し、排除されてならないから、関与者として受け入れられる。社会契約の理論は、人間の尊厳の基本法的保障を説明するのに殆ど適していない。基本法のテクストにおいても、歴史的コンテクストにおいても、人間の尊厳の保護は、契約的意志の表現としても、主権による法定立の流出としてでもなく、憲法制定者が神と人間への責任を自覚して信仰告白する超実定的法の授与として現れる。我々の法圏の原理として、人間の尊厳は、キリスト教的伝統に起源をもち、その世俗的な派生態として基本法に流入した。もちろん、超越的演繹は、憲法の権威をもたない。これは、憲法の中の内在的——哲学的なものに、当然与えられるものでない。

連結の離脱の法実践的効果は、中絶の解除や胚の遺伝子技術的利用を妨げている憲法上の障壁を取り外すことである。それは、ある種の教義学的志向をもつ。

　生命に対する権利は、法律の留保の下にあるが、生命の剥奪は、厳格な条件下で、人間の尊厳に関連しても適法たりうるということである。人間の尊厳の留保なき保障は、生命保護の法律の留保を破棄しないし、それを適用できないようにしない。人間の尊厳との関連で生命に対する権利の特殊な構造が保たれている。それは、基本法が人間の尊厳に対して予想している国家の保護義務によって強化されている。

　人間の尊厳は、絶対的な性格をもつ。基本権の制限に服さない。それは、基本権でなく、基本権の根拠である。人間の尊厳は、定義から免れている。それは、基本法的な価値体系の中心である。他の法価値は、それを中心にして周りに配され、それから照射される。人間の尊厳は、それらが衝突するとき、互いに衡量されるべきとき、人間の尊厳への近さや遠さに応じて、制限に対しての抵抗や重要さに影響を及ぼす。基本権に対する人間の尊厳の影響は、基本権に人間の尊厳の絶対性を調達してやることでない。生命保護は、事態によって差異化される。生命保護は、尊厳保障との連関で異なった現実的な所与と法的な対立状況に適応する。人間の尊厳と生命保護の結合は、胚への遺伝子技術的介入に対しての遮断を根拠づけるわけでない。けれども、それは、可能な介入の正当化に高い要求をする。

　人間の尊厳の照射は、生命に対する権利の保護範囲を越えて、基本権の意味での個体的生命がまだ存せず、やっと生命が生じた前段階に及んでいる。人間の尊厳の保障から将来の生殖に対しての指令、例えば、人間の生殖細胞系列の人為的改変の禁止、人間のクローニングの禁止等が出て来る。ここで侮辱されているのは、個人の人間の尊厳ではなく、人類一般の尊厳である。その指令は、客観法のレベルで保たれている。たいていの法律的禁止は、人間の尊厳の保障に原則的な後ろ盾を見出し、例えば、それは研究の自由の留保のない基本権を制限することができることの正当化を見出す。憲法上正当化された人工生殖の禁止に対しての違反は、そこから人間の生命、クローン化された多生児が生じても、これに胚の基本権的地位が閉ざされるように影

響してはいけない。人間の尊厳は、生殖の事情を顧みず、人間の類のいかなる成員にも帰せられる。また人間の尊厳の保障は、人間が自らの品位を落とさない、子孫を家畜のように飼育しない、生殖を親から切り離し、目的化、産業化しないということである。人間が自らの遺伝的形質を動物のそれと混じらせないことは、人間が自ら負う尊重に属している。

　九　人間の生命が滅失されても、直ちに人間の尊厳の侵害に至るわけでない（人質救出のための誘拐犯の射殺等）。殉教や尊厳死のように、自らの生命の自発的終結が逆に尊厳を印象づけることがある。人間の生命に対しての法的保護は決して絶対的なものでなく、行為者や行為の状況からやむを得ざる場合には、その否定の結果をも法的に許容するのであり、これらの特殊な諸事例はそれにあたる。それらの特殊例を除外すれば、人間の生命をもつものの中に尊厳を認められないものはない。人間の生命である以上、等しく尊厳を与えられる、と言ってよい。しかしながら、人間の生命である故に、それに尊厳が帰せられること、つまり、人間の尊厳の根拠としての人間の生命を証明するのは、十分な考慮を要する。人間の生命を組成し動かしている有機体的構造を解明することによって、尊厳が見つけられるわけでない。ヒトという生物種に所属していることでもって、尊厳が導き出されてくるわけでない。経験的に確認できる事実や性質から、何らかの要求する当為は演繹されない。（後者の主張に対して、固有の生物的な種や集団を特権化することであり、本質的に人種差別論や性差別論と何ら変わらない人間種優越主義である、と批判される。白人の人種あるいは男の性に属しているものに、実質的な理由なしに権利を与えるが、黒人の人種や女の性には渡さずにおくことが正当でないように、ヒトの生物種に所属するものに実質的な理由なしに権利を与えるが、他の知能のある生物には渡さずにおくことは正当でないからである）。ヘルスターやシンガーは、人間の尊厳の根源をヒトの生物種に求める代わりに、意識の能力に求めて、人間の胎児や胚に尊厳を承認する代わりに、知能のある生物に尊厳を認める。しかし、どちらも、人間の尊厳の経験的根拠づけという点では、同じ誤りの轍を踏んでいる。

　そこで、観察者の視点の下で外側から人間の生命を把握するのでなく、実

践的生活者の態度において自己または他人との交渉の中で人間の生命を観取することへ、方向転換が行わなければならない。生命は、観察者の視界には、生命体の細胞・組織・器官の構造と機能を実証科学的に説明する仕方で捉えられる（外から見られた生命、対象としての生命）のに対して、それは、実践者の視界には、人間諸活動を通して自らの内に呼び起こされる感覚や欲求を通して経験される（内から感じ取られる生命、主体としての生命）が、同時に世界の中での出会いにおいて自己の中だけでなく他者に対しても呼び起こされる感覚・欲求を通して経験される（社会的文脈の中での生命）。我々は、そのような意味づけられた人間の生命の構成諸契機として、根源性、全体性、偶然性、個体性、自律性、時間性を読み取ることができる。ここから、人間の生命の規範的根拠づけのための端緒が付けられるのではないか。

「生命」は、人間社会において、単独で且つ自力のみによって生存しているのではなく、親の生殖行為によって存在せしめられ、その生物学的発生から、きわめて長い時間を家族の中で親とともに扶養生活を送ることになる。生命は現実に近づいて（wirklichkeitsnahe）見ると名をもった一人の私人として特殊な利害関係の網の目の中に置かれ、その動きに否応なく引っ張られることになる。このことは、生命がその生物学的構造・過程についての評価だけで、（法的）扱いが決められず、周りの人たちの意向・不安がもちこまれ（外在的アスペクト）、左右されることになる。しかも、親密圏の人間関係は一般社会の法的・経済的関係とは大きく異なったものである。親密圏の権利義務関係は、私法上の契約関係に代表されるようなそれとは異なったものである。カントの含畜深い言葉が想起されるべきである。「（出産）によってわれわれがある人格を当人の同意なしにこの世におらしめ、専断的にこの世の中に持ち込んだ、そうした働きとみなすことは、実践的見地からすれば、まことに正当かつ必然的な考え方である。……両親はその子供をいわば自分たちの製作物として、また自分たちの所有物として破壊したり……できない」（カント『人倫の形而上学』法論の第1節　私法§28）

生殖医学は人間の生命の多様な存在形態を生み出した。自然受精胚、人為的な（体外の）受精胚、凍結受精胚、余剰胚、人為的な（体内の）胚、分別クローン胚、核移植クローン胚、治療クローン胚、着床した核移植クローン

胚、診断用に分離された受精胚これらの初期胚の法的地位についての統合的な理解もすなわち胚の形態・機能（内部的要素）と周囲の関係者の利害（外部的要素）を区別しつつ結びつける考察が必要であろう。

　人間の生命を取り巻く生命科学の介入の深刻化に直面して、ハーバーマスの以下の視点は貴重であるように思われる。人間の尊厳の論拠を、人間の生命にその始まりから適用する方向で拡大することは、説得力がない。他方で、人格における人間の尊厳の絶対的妥当性と胚の生命保護とを区別し、後者は他の法益と衡量できるとする法学的区別も、出口なき論争の扉を開いてくれるものでない。人格以前の生命をどう評価するかという問題は、その他の多様な利益の中の一つの利益に関わることでないからである。生まれる前の人の生命とどのように関わるかは、類的存在としてのわれわれの自己理解に関する問題でもある。われわれが自己を自律的で平等な、道徳的根拠に基づいて生きる生物であると理解する仕方は、生命保護の倫理と内在的に関連しあっている。後世の人が、もはや自分たちが人生遂行の分割されざる起動者と思えない事態、あるいは自己の人生の独立した書き手として責任を問われることのない事態に陥らないようにしなければならない。人間の生命は、最も初期段階であっても、研究の自由とか健康な子が欲しいという望みとか重大な遺伝病の治療法の確立の可能性といったことと、同じ秤に掛けて引き換えるつもりはないという直感がある[30]。

　ピッケルの時代洞察に耳を傾けてもよいだろう。人間の生命利益が益々相対化される時代傾向の中で、「尊厳」保障の解釈が生命利益の保護の根拠と範囲の解釈に照射するときにのみ、それは固有の神聖な領域をもつ。逆に、「尊厳」を遠ざけておくことによって、他の人間への操作的・利用的な介入の余地が拡大される。尊厳をカプセルで包んで理念化することに対して、ますますプラグマティックに是認された生命の相対化を許容する補償的な取扱いが根を深く下ろしつつある[31]。この状況を克服するためには、尊厳と生命が統一的な価値秩序の部分として捉えられる必要がある。機能統一の共同作

30　J. Habermas, Die Zukunft der menschlichen Natur, S. 114 ff.
31　Eduard Picker, Menschenwürde und Menschenleben, in: H. H. Jakobs u. a.（Hrsg.）, Festgabe für Werner Flume zum 90 Geburtstag, Berlin 1998, S. 191 f.

用によって、初めて目的を達成する体系の諸要素として形成される。保護利益としての尊厳の再生命主義化（Revitalisierung）が命じられている[32]。

　十　人間の尊厳は、この上もなくやっかいな（heikelstes）概念である。思うに人間の尊厳を構成する複合的な諸契機の間の緊張と分裂から由来しているように思われる。(i) 人間行動の包括性にかかわるところから、遍在化、普遍化の傾向が出てくるが、その規範の不可侵性から絶対化、超越化の傾向が出てくる。(ii) 人間の尊厳が属せられる地位（Status）・担い手資格（Trägerschaft）に関しては、包囲的（einschließeude）、包含的（inklusive）基準を用いて（受け手）の適用範囲を拡張する傾向が出てくるが、尊厳の侵害（の認定）に関しては、（行為者の）行為の様相の特殊性、極限性によってその対象が限定される傾向が出てくる。(iii) 侵害次元は論理的に保護次元が先行して確立された後にはじめて語りうるにもかかわらず、人間の尊厳においてはあらかじめの保護範囲を確定することができない。このような人間の尊厳のアンビバレント性は、いかに、どういう方向でその全体は構造が理解されるべきか、今後の困難な課題である。

32　Ibid., S. 239 ff.

著者紹介

西 野 基 継（にしの　もとつぐ）

1951年　岐阜県羽島郡笠松町出生
1974年　京都大学法学部卒業
1980年　京都大学大学院法学研究科
　　　　基礎法学専攻博士課程単位取得満期退学
現　在　愛知大学法学部教授

論　文

「アルトゥール・カウフマンの法哲学の生成と構造」(一)〜(四)
　（愛知大学『法経論集』136, 137, 138, 142号）
Menschenwürde als Rechtsbegriff in Japan, in: ARSP Beiheft 101.

翻　訳

A・カウフマン『法・人格・正義』（共編訳、昭和堂、1996年）

人間の尊厳と人間の生命　　新基礎法学叢書8
2016年2月29日　　初　版第1刷発行

著　者　　西　野　基　継
発行者　　阿　部　成　一

〒162-0041　東京都新宿区早稲田鶴巻町514番地
発行所　　株式会社　成　文　堂
　　　　　電話 03(3203)9201　FAX 03(3203)9206
　　　　　http://www.seibundoh.co.jp

製版・印刷　シナノ印刷　　　　　製本　佐抜製本
　　©2016　M. Nishino　　　Printed in Japan
　　　☆乱丁本・落丁本はおとりかえいたします☆
　　　ISBN978-4-7923-0589-5 C3032　　　検印省略

定価（本体4000円＋税）

新基礎法学叢書 刊行のことば

　このたび、以下に引用する阿南成一先生の基礎法学叢書（1970年〜1998年）刊行のことばの精神を引き継ぎ、新基礎法学叢書の刊行を開始することにした。そのめざすところは、旧叢書と異ならない。ただし、「各部門の中堅ならびに新進の研究者」という執筆者についての限定は外すことにした。基礎法学各部門の「金字塔をめざして」執筆する者であればだれでも書くことができる。基礎法学の研究者層は大変薄いこともあり、それ以外の法学部門の研究者だけでなく、哲学、歴史学、社会学等の専門家、さらには、教養あるすべての人々にも、読んでいただけるような内容になることを期待している。

　　2012年1月　　　　　　　　　　　　京都大学教授　　亀　本　　　洋

基礎法学叢書 刊行のことば

　現代は《変革の時代》であり、法律学も新たに生まれ変わろうとしている。かかる時代にあって、法哲学・法史学・比較法学・法社会学等のいわゆる基礎法学への関心も高まり、これらの学問の研究は、ますます重要性を加えつつある。

　しかし、いずれの学問分野においても、基礎的研究の重要性が説かれながら、その研究条件は、応用的ないし、実用的研究に比して、必ずしも恵まれていない。このことは基礎法学についても同様かと思われる。

　それにもかかわらず、基礎法学の研究は、こんにちことのほか重要であり、幸い全国各地には基礎法学の研究にたずさわる研究者が熱心に研究活動をつづけている。そこで、ここに《基礎法学叢書》を企画し、これを、基礎法学の各部門の中堅ならびに新進の研究者の研究成果の発表の機会とし、以って基礎法学の発展を期することとした。

　この基礎法学叢書として今後二〜三のモノグラフィーを逐年刊行の予定であるが、それらはいずれも基礎法学部門の専門、学術的な研究成果であり、各部門の発展途上における金字塔をめざして執筆されるものである。

　本叢書が基礎法学の発展に寄与できれば幸いである。

　　昭和43年2月　　　　　　　　　　　大阪市立大学教授　　阿　南　成　一